煤炭营销策略与实践

章亚军　张雪莹　魏旭东　著

中国商务出版社
·北京·

图书在版编目（CIP）数据

煤炭营销策略与实践 / 章亚军，张雪莹，魏旭东著. -- 北京：中国商务出版社，2023.12

ISBN 978-7-5103-5019-1

Ⅰ. ①煤… Ⅱ. ①章… ②张… ③魏… Ⅲ. ①煤炭工业－市场营销学 Ⅳ. ①F407.21

中国国家版本馆CIP数据核字(2023)第250231号

煤炭营销策略与实践
MEITAN YINGXIAO CELÜE YU SHIJIAN

章亚军 张雪莹 魏旭东 著

出　　版：	中国商务出版社
地　　址：	北京市东城区安外东后巷28号　　邮　编：100710
责任部门：	发展事业部（010-64218072）
责任编辑：	刘玉洁
直销客服：	010-64515210
总 发 行：	中国商务出版社发行部（010-64208388　64515150）
网购零售：	中国商务出版社淘宝店（010-64286917）
网　　址：	http://www.cctpress.com
网　　店：	https://shop595663922.taobao.com
邮　　箱：	295402859@qq.com
排　　版：	北京宏进时代出版策划有限公司
印　　刷：	廊坊市广阳区九洲印刷厂
开　　本：	787毫米×1092毫米　　1/16
印　　张：	31　　　　　　　　　　　　　字　数：600千字
版　　次：	2023年12月第1版　　　　　　　印　次：2023年12月第1次印刷
书　　号：	ISBN 978-7-5103-5019-1
定　　价：	79.00元

凡所购本版图书如有印装质量问题，请与本社印制部联系（电话：010-64248236）

版权所有盗版必究（盗版侵权举报请与本社总编室联系：010-64212247）

前　言

煤炭一直以来都是人类社会发展不可或缺的能源资源，它为工业生产、能源供应和经济发展提供了坚实的支持。然而，如今的煤炭市场正面临着前所未有的挑战与机遇。随着全球能源行业的转型、清洁能源的兴起以及环境可持续性的重要性日益凸显，煤炭行业必须积极应对这些挑战，以保持其竞争力和可持续性。

本书首先深入探讨了煤炭市场的动态变化，以帮助读者更好地理解和应对这个复杂而充满机遇的领域。本书不仅将讨论传统煤炭市场的运作方式，还将关注新兴市场、技术创新和可持续性趋势，以便为煤炭企业提供具有前瞻性的市场分析和经营战略。随着世界各国对气候变化的担忧日益增加，清洁能源的需求不断增长，给煤炭行业发展带来了巨大的压力，但也为其提供了转型的机会。本书将探讨煤炭企业如何应对这一挑战，采取创新的技术和策略，以减少碳排放并提高可持续性。

其次，本书深入研究了煤炭市场的供应链管理、营销策略和销售实践。本书探讨了如何建立高效的供应链，确保煤炭的质量和可靠性，并提供客户所需的灵活性。本书分享了一些成功的营销策略，包括市场定位、品牌建设和数字营销，以帮助企业吸引客户并提高销售额。

最后，本书关注煤炭行业的未来展望，探讨全球能源趋势、技术创新和市场需求如何塑造煤炭行业的前景。本书探讨了煤炭作为能源资源的未来，以及它在能源转型中的角色。这将有助于读者更好地了解煤炭市场的长期发展趋势，并为行业未来的决策提供参考。

希望本书能够激发创新思维，促使煤炭企业采取可持续和竞争性的策略，以确保其在未来能够持续繁荣。通过分享最佳实践和前瞻性理论，希望我们可以共同推动煤炭行业的转型发展，为促进清洁能源的利用做出积极贡献。

目　录

第一章　煤炭产业概览 ... 1
 第一节　煤炭产业历史 ... 1
 第二节　煤炭市场现状分析 ... 17
 第三节　产业链与价值链分析 ... 23

第二章　煤炭市场分析与定位 ... 31
 第一节　煤炭市场细分与特征 ... 31
 第二节　煤炭竞争格局与竞争对手分析 ... 38
 第三节　煤炭客户需求与趋势预测 ... 45
 第四节　煤炭 SWOT 分析与机会威胁评估 ... 55
 第五节　煤炭产品定位与差异化策略 ... 63

第三章　煤炭生产与市场供应链管理 ... 69
 第一节　煤炭采矿与生产流程 ... 69
 第二节　煤炭质量控制与产品标准 ... 77
 第三节　煤炭市场供应链优化与物流管理 ... 84
 第四节　煤炭仓储与库存管理 ... 92
 第五节　煤炭供应商关系与合作策略 ... 101
 第六节　煤炭库存风险管理 ... 107

第四章　煤炭营销策略与渠道管理 ... 115
 第一节　煤炭品牌建设与推广 ... 115
 第二节　煤炭销售渠道选择与拓展 ... 123
 第三节　煤炭营销传媒与广告策略 ... 131
 第四节　煤炭市场推广与宣传活动 ... 137

第五章　煤炭国内市场开拓　146

第一节　煤炭区域市场分析与机会评估　146
第二节　煤炭地方政策与市场准入　153
第三节　煤炭地方合作与战略联盟　160
第四节　煤炭地方市场推广策略　165

第六章　煤炭国际市场拓展　174

第一节　煤炭国际市场机会与挑战　174
第二节　煤炭出口政策与国际贸易法规　181
第三节　煤炭跨国市场分析与选择　186
第四节　全球能源转型与国际竞争　193

第七章　煤炭创新与可持续发展　201

第一节　技术创新与智能矿山管理　201
第二节　环保与碳排放管理　208
第三节　煤炭洗选与清洁能源生产　214
第四节　煤炭资源综合利用　221
第五节　社会责任与绿色营销　227

第八章　煤炭市场风险管理与危机应对　233

第一节　煤炭市场风险分析　233
第二节　供应链风险与灾害应对　239
第三节　价格波动与财务风险管理　248
第四节　危机传播与公关策略　256

第九章　煤炭政策法规与合规管理　265

第一节　煤炭政策法规解读　265
第二节　合规管理体系建设　273
第三节　煤炭环保与可持续法规遵循　281
第四节　政府合作与政策倡导　290

第十章　煤炭人力资源与人才培养 ... 297
第一节　人才需求与招聘策略 ... 297
第二节　培训与技能提升 ... 304
第三节　绩效管理与激励机制 ... 312
第四节　团队建设与领导力发展 ... 320

第十一章　煤炭财务管理与投资分析 ... 327
第一节　财务报表分析 ... 327
第二节　资本预算与投资决策 ... 334
第三节　资金管理与融资策略 ... 340
第四节　财务风险管理与控制 ... 347

第十二章　煤炭社会与利益相关者关系 ... 356
第一节　社会责任与可持续发展 ... 356
第二节　利益相关者参与与沟通 ... 364
第三节　社区关系管理 ... 372
第四节　煤炭企业公益与慈善活动 ... 379

第十三章　煤炭危险废物管理与环境保护 ... 386
第一节　危险废物管理与处理 ... 386
第二节　煤炭采矿环境影响评估 ... 392
第三节　水资源管理与保护 ... 399
第四节　生态恢复与保护工作 ... 407

第十四章　煤炭行业未来展望与战略规划 ... 416
第一节　煤炭行业未来趋势 ... 416
第二节　战略规划与可持续发展 ... 423
第三节　新技术应用与创新方向 ... 429
第四节　全球市场发展与国际竞争 ... 435

第十五章　煤炭资源的未来发展 ... 441
第一节　煤炭资源的全球重要性 ... 441

第二节　煤炭的采矿与生产 ································· 449

第三节　煤炭供应链管理 ····································· 456

第四节　煤炭的环境与可持续性问题 ····················· 463

第五节　煤炭的替代能源趋势 ······························ 472

第六节　煤炭的技术创新与数字化转型 ·················· 479

参考文献 ·· 485

第一章 煤炭产业概览

第一节 煤炭产业历史

一、煤炭的历史起源

煤炭是一种重要的化石燃料，广泛用于能源生产、工业制造和其他领域。煤炭的历史可以追溯到几千年前，它在人类文明的发展过程中发挥了重要作用。本节将探讨煤炭的历史起源，包括其最早的发现、采矿和使用，以及煤炭在不同历史时期的演变。

（一）煤炭的起源和形成

煤炭是一种重要的化石燃料，它的起源和形成是一个漫长而复杂的过程，涉及地质、生物和化学过程。在本部分中，我们将深入探讨煤炭的起源和形成过程，以及它在地球历史和人类社会发展过程中的重要性。

1. 煤炭的基本定义

煤炭是一种由有机物质在高温、高压条件下长时间分解和转化而成的矿物质。它主要由碳、氢、氧、氮和硫等元素组成，其中碳是其主要成分。煤炭通常分为几种不同类型，包括褐煤、石煤、烟煤和无烟煤，其特性取决于形成过程中的不同条件。

2. 煤炭的起源

煤炭的起源与地球历史的演化密切相关。大约3.5亿年前，地球表面的大气中含氧量较低，大多数陆地上都是浅海或沼泽地。这些湿地环境是煤炭形成的理想场所。以下是形成煤炭的一般过程：

（1）植物生长

在古代的湿地环境中，植物生长茂盛。这些植物可以是蕨类、蕨类植物、藻类或树木等，它们吸收二氧化碳，并在光合作用中将其转化为有机物。

（2）死亡和堆积

这些植物最终死亡，落叶、树枝和植物残渣堆积在湿地底部。这些有机物在缺乏氧气的湿地环境下，不容易分解，开始逐渐堆积。

（3）沉积和堆压

随着时间的推移，这些有机残渣被淤积物覆盖，并逐渐埋藏在地下。这些淤积物包括泥土、泥炭和矿物质，它们对有机物的分解提供了保护。

（4）高温和高压

随着更多的沉积物堆积，上面的层压力增加，同时地下温度也在升高。这些因素导致有机物质经历热解反应，逐渐转化为煤炭。高温和高压是煤炭形成的关键因素，它们促使有机物质失去氢和氧，逐渐富集碳。

（5）煤炭类型的形成

不同类型的煤炭形成在不同的条件下。褐煤是在较低的温度和压力下形成的，因此其碳含量较低，而烟煤和无烟煤是在更高温度和压力下形成的，具有更高的碳含量和能量产出。

3.煤炭的地质过程

煤炭的形成与地质过程密切相关。地质学家使用地质历史、岩石学和煤层地层学来研究煤炭的产生和分布。煤炭通常位于地下，嵌入在沉积岩中，煤层由不同类型的煤炭交替堆积而成。这些层的分布可以帮助地质学家了解地球历史，包括气候、植被和地壳运动的演化。

4.煤炭的重要性

煤炭在人类社会中发挥着重要的作用，尤其在工业革命之后。以下是煤炭的一些关键应用领域：

（1）能源生产

煤炭是重要的能源来源之一，用于发电、供热和工业生产。它为许多国家提供了稳定的电力供应，尤其是在没有其他可行能源资源的地方。

（2）工业化

煤炭在工业化进程中发挥了重要作用，促进了交通运输、钢铁制造和其他重要工业领域的发展。

（3）化学品生产

煤炭还用于生产化学品，如合成氨、甲烷和一氧化碳，这些化学品在化工和石油工业中广泛得到使用。

（4）钢铁制造

煤炭用作冶金炼铁的原材料，辅助生产钢铁。

5.煤炭的环境和可持续性问题

尽管煤炭在许多方面对社会经济有益,但它也伴随出现一些严重的环境和可持续性问题。煤炭燃烧释放二氧化碳和其他温室气体,加剧了气候变化。此外,煤炭开采和燃烧会导致空气和水污染,对生态系统造成损害。因此,为了解决这些问题,许多国家已经采取了减少对煤炭的依赖和发展更可持续能源的措施。

总之,煤炭的起源和形成是一个复杂的地质和化学过程,涉及古代湿地环境、有机物质的分解和地质压力。虽然煤炭在人类历史发展过程中发挥着重要作用,但伴随会出现环境和可持续性问题。因此,我们需要在继续使用煤炭的同时,积极寻求可持续的替代能源和减缓其环境影响的方法。

(二)早期人类对煤炭的发现和使用

早期人类对煤炭的发现和使用是一个扣人心弦的历史故事,它标志着人类文明的进步和对自然资源的认知。本部分将深入探讨早期人类如何发现煤炭以及它是如何用于不同的用途,从取暖到工业生产,都对人类社会产生了深远的影响。

1.煤炭的早期发现

早期人类对煤炭的发现可能是一个偶然的事件。在人类历史的早期,煤炭可能是通过自然现象暴露在地表的,如火山喷发、地震或岩层的侵蚀。当古代人类首次遭遇到这些黑色的矿物质时,可能会对它们产生兴趣。最早的煤炭可能是石煤或烟煤,这两种类型的煤炭相对容易辨认并被用于点燃火源。

2.早期的煤炭用途

(1)火源和取暖

早期人类最初将煤炭用于点燃火源。他们发现将煤炭点燃后可以提供明亮的火光和持续的热量,这对于照明和取暖非常有用。煤炭的使用使人类能够在寒冷的季节保持温暖的同时提供了一种可靠的火源,其可以用于烹饪食物。

(2)工艺和金属冶炼

古代人类还将煤炭用于金属冶炼。煤炭的高热值和温度控制能力使其成为在铜、铁和其他金属矿石的冶炼过程中不可或缺的一部分。这一应用促进了冶金技术的发展,对于青铜和铁器时代的到来产生了深远的影响。

(3)艺术和装饰

古代人类将煤炭用于艺术和装饰。通过在墙壁上绘制或雕刻,使用煤炭制作的颜料可以创造深黑的绘画和雕塑作品。这一应用在古代文明中很常见,如古代埃及和古代中国。

3.煤炭的重要历史时期

（1）煤炭在中国

中国是世界上最早使用煤炭的国家之一。早在公元前4世纪，中国就开始使用煤炭来烹饪和取暖。古代中国还开采煤炭用于冶金和工业生产。煤炭的使用在中国的历史中占据了重要地位，尤其是在煤炭资源丰富的山西省。

（2）煤炭在欧洲

欧洲在工业革命之前广泛使用煤炭。煤炭的大规模采掘和使用成为工业革命的关键因素之一。19世纪，英国成为煤炭生产和使用的中心，煤炭为蒸汽机、钢铁制造和纺织工业提供了必要的能源。

4.煤炭的影响

（1）工业革命

煤炭的广泛使用是工业革命的核心。蒸汽机的发明和工厂的兴起需要大量的能源，而煤炭正好满足了这一需求。煤炭的使用推动了机械化和工业化的发展，加速了社会和经济变革。

（2）城市化

煤炭的使用促进了城市化的发展。工厂、矿山和铁路的建设吸引了人们前往城市寻找工作，城市迅速扩张，成为现代社会的中心。

（3）环境问题

尽管煤炭在工业化进程中发挥了巨大作用，但它也伴随出现了环境问题。煤炭燃烧释放大量的二氧化碳和其他有害气体，加剧了气候变化问题。此外，煤炭采矿和燃烧导致产生空气和水污染，将对生态系统和人类健康产生负面影响。

早期人类对煤炭的发现和使用是人类文明发展过程中的一个重要阶段。煤炭的广泛应用推动了工业革命和现代社会的兴起，但也带来了环境问题。随着可持续能源的兴起，人类社会正逐渐减少对煤炭的依赖，以应对气候变化和环境挑战。煤炭的历史为我们提供了一个深思熟虑的案例，说明资源的利用和环境保护之间需要平衡与可持续性。

（三）煤炭的中世纪和工业革命时期演变

煤炭在中世纪和工业革命时期的演变是人类历史上一个重要的发展阶段。它从一个相对较小规模的能源来源，逐渐演变成工业化和现代社会的主要动力之一。在本部分中，我们将深入探讨煤炭在中世纪和工业革命时期的演变，以及它对人类社会产生的深远影响。

1.中世纪时期的煤炭

中世纪是煤炭在欧洲的早期使用时期。在这个时期，煤炭主要用于局部供热和工匠工坊。以下是中世纪时期煤炭的主要应用和演变：

（1）取暖和烹饪

在中世纪，人们开始将煤炭用于取暖和烹饪。煤炭相对较便宜，因此它在一些地方替代了更昂贵的木材作为取暖和烹饪的燃料。

（2）工匠和手工业

煤炭被广泛用于工匠工坊，如锻铁和陶瓷生产。煤炭的高温能力使得金属冶炼和陶瓷制作更加高效。

（3）煤矿

中世纪时期，煤炭开采仍然是一项相对小规模的活动。煤炭矿井通常由当地居民和手工业者开采，用于满足当地需求。

2. 工业革命时期的煤炭

（1）煤炭的广泛采用

工业革命是煤炭历史上的一个分水岭。18 世纪末和 19 世纪初，煤炭的大规模采掘和使用成为工业化的关键。以下是工业革命时期煤炭的主要应用和演变：

（2）煤炭的燃烧

蒸汽机的发明和煤炭的广泛使用相互关联，推动了工业化的快速发展。蒸汽机是以煤炭为燃料的，它完善了工厂、矿山和铁路的机械设备，加速了生产力的提高。

（3）煤炭的交通运输

煤炭可以用于火车和船舶的动力。铁路运输的兴起使煤炭可以从矿山迅速运送到工厂和城市，大大促进了物资和人员的流动。

（4）煤炭的钢铁冶炼

煤炭的高温特性使其成为钢铁冶炼的理想燃料。工业革命时期，钢铁的需求大大增加，煤炭的广泛使用推动了钢铁产业的发展。

（5）城市化和工业化

工业革命时期，城市迅速扩张，人们涌入城市寻找工作机会。工厂、矿山和铁路的建设使城市成为工业化与经济发展的中心。

3. 煤炭的环境和社会影响

尽管煤炭在工业革命中发挥了巨大作用，但它也会伴随产生一些负面影响。煤炭的大规模开采和燃烧导致出现大气污染和酸雨，对生态系统和人类健康产生了负面影响。此外，煤炭工矿的劳工条件恶劣，引发了工人运动和工会的兴起。

煤炭在中世纪和工业革命时期的演变是人类历史上的一个重要篇章。它从一个较小规模的能源来源演变成工业化和现代社会的主要动力之一,推动了工业化、城市化和现代化的发展。然而,煤炭的广泛使用也会伴随产生环境问题和社会问题,这促使人们不断寻求更加可持续的能源和生产方式。煤炭的历史为我们提供了一个重要教训,即需要平衡能源需求和可持续性,以应对气候变化和环境挑战。

(四)煤炭的现代时代

煤炭在现代时代仍然扮演着重要的角色,尽管面临着日益严重的环境和可持续性挑战。本部分将探讨煤炭在现代时代的应用、产业、环境和可持续性问题,以及未来可能的发展方向。

1.煤炭的现代应用

尽管现代社会中有许多替代能源来源,煤炭仍然广泛用于多个领域:

(1)电力生产

煤炭是许多国家主要的电力生产源,尤其是在亚洲、欧洲和北美洲。发电厂使用煤炭来产生蒸汽,驱动涡轮机,生成电力。尽管天然气和可再生能源的份额在不断增加,但煤炭发电仍然占据着重要地位。

(2)工业生产

煤炭可以用于许多工业过程,如钢铁冶炼、水泥制造和化工生产。煤炭提供了高温和高压所需的能源,且对这些过程至关重要。

(3)温室气体排放控制技术

一些现代应用是与环境保护和气候变化应对有关的。煤炭气化和煤燃烧技术的改进使燃烧时的温室气体排放得以减少。此外,一些项目将二氧化碳从燃烧后的废气中捕获和储存,以减少碳排放。

2.煤炭产业和市场

(1)煤炭生产

全球煤炭产量在现代时代仍然非常巨大,尤其是在中国、印度、美国和澳大利亚等国家。不同类型的煤炭(如石煤、烟煤、无烟煤)具有不同的能源特性,满足各种需求。

(2)国际贸易

煤炭是国际贸易中的重要组成部分,煤炭的出口和进口市场非常活跃。一些国家生产大量煤炭,而其他国家则依赖进口以满足其能源需求。

(3)煤炭价格波动

煤炭价格受多种因素影响,包括国际市场需求、生产成本、能源政策和地缘政治因素。价格波动可能会对煤炭产业和使用者产生影响。

3. 环境和可持续性问题

尽管煤炭在现代时代有广泛应用,但它仍面临着严重的环境问题:

(1) 温室气体排放

煤炭燃烧释放大量二氧化碳,是气候变化的主要驱动因素之一。这引发了国际社会对减少碳排放的担忧,并推动了可再生能源和能效技术的发展。

(2) 空气和水污染

煤炭的开采和燃烧导致出现大气和水的污染,将对环境和人类健康产生负面影响。颗粒物、硫化物和氮氧化物排放会影响空气质量,酸雨和水污染则危害水资源和生态系统。

(3) 社会问题

煤炭开采和工矿业常常伴随着社会问题,如劳工条件、社区影响和地方经济依赖。矿工和当地居民可能受到自身健康及社会问题的影响。

4. 煤炭的未来发展方向

虽然煤炭面临诸多挑战,但仍有一些发展方向可能有助于减轻其环境和可持续性问题:

(1) 清洁煤技术

投资清洁煤技术,如超临界煤电技术、碳捕获和储存技术(CCS)等,将有助于减少燃烧时的碳排放。

(2) 转型和多元化

一些国家正努力实现能源的多元化,减少其对煤炭的依赖,并由此推广可再生能源和核能。

(3) 煤炭替代品

研发和部署煤炭替代品,如氢气、天然气和生物质能源,以减少煤炭的使用。

(4) 能效改进

改进能源效率,以减少对煤炭的需求。通过技术创新和设备升级,可以更有效地使用能源。

(5) 国际合作

国际社会需要加强合作,共同应对气候变化和能源问题。制定全球能源政策和采取措施,以减少碳排放和推动可持续能源的发展。

总之,煤炭在现代虽然具有重要意义,但其使用和影响也面临着复杂的挑战。未来在寻求可持续能源的道路上,需要综合考虑煤炭的环境、经济和社会因素。煤炭行业和政府机构应共同努力，以确保煤炭资源的可持续性，同时推动绿色技术和清洁能源的发展。

煤炭在现代时代仍然扮演着重要的角色，作为能源来源和工业原料。然而，煤炭也带来了环境和社会问题，尤其是与气候变化、污染和社区影响有关。为了解决这些问题，需要采用清洁技术、能源多元化和能源效率改进等措施。同时，国际社会需要共同努力，以应对全球性的气候和能源挑战，确保可持续的能源未来。

总的来说，煤炭的历史起源可以追溯到几千年前，它在人类文明的发展中扮演着重要角色。从古代文明的取暖和冶炼到工业革命时期的燃料需求，煤炭一直是世界上最重要的能源之一。然而，在现代，煤炭不仅面临环境挑战，还会受到可再生能源的竞争。未来，煤炭的地位将继续受到影响，但它仍然在一些国家和地区具有重要的地位，直到清洁能源替代取而代之。

二、工业革命时期的煤炭应用

工业革命是人类历史上的一场重大变革，标志着从手工制造到机械生产的转变。这一时期，以英国为中心的国家经历了工业化的飞速发展，煤炭在这一过程中发挥了重要作用。本部分将探讨工业革命时期的煤炭应用，包括其在能源、工业、交通和社会发展方面的重要性。

（一）煤炭在能源生产中的作用

煤炭在能源生产中一直发挥着重要的作用，尤其是作为一种化石燃料。在能源生产领域，煤炭被广泛用于发电、工业生产和供热，虽具有很多优点，但也伴随着环境和可持续性挑战。本部分将深入探讨煤炭在能源生产中的作用，以及与之相关的重要问题。

1.煤炭在电力生产中的作用

煤炭在电力生产中起到至关重要的作用，尤其在全球范围内。以下是煤炭在电力生产中的主要作用：

（1）基础负荷电力

煤炭发电厂通常用于提供稳定的基础负荷电力。由于煤炭的储存和燃烧相对稳定，它可以全天候运行，以满足不断变化的电力需求。这使得煤炭在电力系统中具有可靠性和连续性。

（2）大规模电力生产

煤炭发电厂具有大规模电力生产的能力，能够为大城市、工业区域和整个国家提供所需的电力。它们通常具有高电容量，可以满足大量用电设备的需求。

（3）相对低成本

相对其他能源来源，煤炭通常具有较低的生产成本，使其成为提供廉价电力的一种重要选择。这有助于确保电价相对稳定,并为工业和家庭提供经济实惠的电力。

2.煤炭在工业生产中的作用

煤炭在工业生产中扮演着重要角色,尤其是在冶金和化工等领域。以下是煤炭在工业生产中的主要作用:

(1)冶金

煤炭被用于高温冶炼过程,如钢铁和铝的生产。它提供了所需的高温和还原性能,有助于将矿石转化为金属。

(2)化学工业

煤炭可以用于化工生产中,制造一系列化学品,包括合成氨、甲烷、乙烯和一氧化碳等。这些化学品在制药、肥料、塑料和其他工业中广泛使用。

(3)水泥制造

煤炭用于水泥制造,它提供高温,有助于烧结原材料并产生水泥。水泥是建筑和基础设施建设的关键材料。

3.煤炭在供热领域的作用

煤炭在供热领域发挥着作用,尤其是在一些地区作为冬季取暖的主要燃料。以下是煤炭在供热领域的主要作用:

(1)居民供暖

煤炭炉和锅炉被广泛用于供暖家庭和企业。煤炭燃烧提供了稳定的供暖,对人们在寒冷季节中保持室内温暖非常重要。

(2)工业供热

煤炭可以用于工业供热,如加热工业设备和生产过程中的热水。这对工业生产的持续运营至关重要。

4.环境和可持续性问题

尽管煤炭在能源生产中具有许多优点,但它也会伴随出现严重的环境和可持续性问题:

(1)温室气体排放

煤炭燃烧是主要的温室气体排放源之一,尤其是二氧化碳(CO_2)。这将对气候变化产生负面影响,将加速全球变暖。

(2)空气和水污染

煤炭燃烧释放大气颗粒物、硫化物和氮氧化物,导致空气污染和酸雨。此外,煤炭采矿和燃烧也对水体产生污染。

（3）社会问题

煤炭采矿和燃烧会导致社会问题，包括劳工条件、社区健康和地方经济依赖。矿工和当地居民可能受到采矿和煤炭燃烧产生的有害影响。

5. 未来的发展方向

为了解决环境污染和可持续性问题，煤炭产业和政府机构正在探索一些发展方向：

（1）清洁煤技术：清洁煤技术是为了减少煤炭燃烧时产生的污染和温室气体排放而开发的技术。这包括超临界煤电、超临界二氧化碳气化技术和燃烧后气体捕获等。这些技术有助于提高煤炭燃烧的效率，减少其对环境的负面影响。

（2）可再生能源整合：一种减少煤炭使用的途径是整合可再生能源，如太阳能和风能。这些可再生能源可以在电力生产中提供清洁的替代能源，减少其对煤炭的依赖。

（3）能效改进：提高能源效率是减少对煤炭的需求的重要方法。通过技术创新和设备升级，工业和电力生产可以更有效地使用能源，减少其对煤炭的需求。

（4）转型和多元化：一些国家正逐渐减少对煤炭的依赖，推动能源多元化。这包括向天然气、核能和其他清洁能源的过渡。

（5）碳捕获和储存：碳捕获和储存技术允许将燃烧后的二氧化碳捕获并储存在地下储库中，而不释放到大气中。这有助于减少煤炭燃烧对气候的不利影响。

煤炭在能源生产中发挥着重要作用，为电力生产、工业生产和供热提供了重要的能源来源。然而，煤炭的使用也会伴随出现严重的环境和可持续性问题，包括温室气体排放、空气和水污染以及社会问题。为了解决这些问题，煤炭产业和政府机构正在采取措施，如清洁煤技术的应用、可再生能源的整合和能效改进。未来，煤炭的影响虽然可能会减小，但仍然可能在能源生产中发挥一定作用，特别是在那些尚未完全过渡到清洁能源的地区。然而，应对气候变化和环境挑战需要更多的创新及国际合作，以确保能源生产的可持续性。

（二）煤炭在工业制造中的应用

煤炭在工业制造中有着丰富而多样化的应用。从冶金到化工、水泥制造和其他工业领域，煤炭一直是一个重要的原材料和能源来源。本部分将深入探讨煤炭在工业制造中的应用及其重要性。

1. 冶金工业

冶金工业是煤炭在工业制造中的一个主要应用领域。在冶金过程中，煤炭被用于高温炼铁、炼钢和铝等生产工艺。以下是煤炭在冶金工业中的具体应用：

（1）高炉冶炼：高炉是用于从铁矿石中提取铁的关键设备。在高炉内，铁矿石、焦炭（一种煤炭类型）和石灰石混合在一起，焦炭的高温燃烧提供了必要的还原性能，将铁矿石中的氧还原为铁。

（2）炼钢：炼钢是将铁通过去除杂质和调整合金成分来生产出不同类型的钢的过程。煤炭通常用于加热炼钢炉，提供其所需的高温。

（3）铝冶炼：在铝冶炼中，煤炭可用作还原剂，帮助从铝土矿中提取铝。

2. 化工工业

煤炭在化工工业中也扮演着重要的角色。它被用于制造多种化学品和产品，包括合成氨、甲烷、乙烯、一氧化碳等。以下是煤炭在化工工业中的应用：

（1）合成氨：合成氨是制造化肥的关键原料。通过气化煤炭和氮气，可以生产合成氨，这有助于提高农业生产和粮食产量。

（2）甲烷和乙烯：煤炭可以用于生产甲烷和乙烯等烃类化合物，这些化合物可以在塑料、化学品和燃料生产中广泛使用。

（3）一氧化碳：一氧化碳是用于制造一系列化学品和产品的关键原料，煤炭气化可以生产一氧化碳。

3. 水泥制造

煤炭在水泥制造中有广泛的应用。水泥是建筑和基础设施建设的重要材料。煤炭被用于水泥窑中，提供其所需的高温，帮助原材料烧结并生成水泥熟料。另外，煤炭的燃烧还有助于提供水泥制造过程中所需的热量。

4. 供热领域

在寒冷地区，煤炭仍然是供热的主要燃料之一。煤炭锅炉和炉炼可以用于供应居民和工业设施所需的热水和蒸汽。这对人们在冬季保持室内温暖至关重要。

5. 环境和可持续性问题

尽管煤炭在工业制造中发挥着重要作用，但它也会伴随出现严重的环境和可持续性问题：

（1）温室气体排放：煤炭燃烧是主要的温室气体排放源之一，尤其是二氧化碳（CO_2）。这将对气候变化产生负面影响，进而加速全球变暖。

（2）空气和水污染：煤炭燃烧释放大气颗粒物、硫化物和氮氧化物，导致空气污染和酸雨。此外，煤炭采矿和燃烧也对水体产生污染。

（3）社会问题：煤炭采矿和燃烧会导致社会问题，包括劳工条件、社区健康和地方经济依赖。矿工和当地居民可能受到采矿和煤炭燃烧产生的有害影响。

6. 未来的发展方向

为了解决环境和可持续性问题，煤炭产业和政府机构正在探索一些发展方向：

（1）清洁煤技术：清洁煤技术，如超临界煤电、碳捕获和储存技术，可以减少煤炭燃烧时产生的污染和温室气体排放。

（2）可再生能源整合：将可再生能源整合到工业制造过程中，以减少其对煤炭的依赖。

（3）能效改进：提高工业和制造过程的能源效率，减少其对煤炭的需求，通过技术创新和设备升级可以更有效地使用能源。

（4）转型和多元化：一些国家正逐渐减少其对煤炭的依赖，推动能源多元化。这包括向天然气、核能和其他清洁能源的过渡。

（5）碳捕获和储存：碳捕获和储存技术允许将燃烧后的二氧化碳捕获并储存在地下储库中，而不释放到大气中。这有助于减少煤炭燃烧对气候的不利影响。

煤炭在工业制造中有着多样化的应用，从冶金到化工、水泥制造和供热领域。然而，煤炭的使用也会伴随产生严重的环境和可持续性问题，包括温室气体排放、空气和水污染以及社会问题。为了解决这些问题，煤炭产业和政府机构正在采取一系列措施，包括清洁煤技术的应用、可再生能源的整合、能效改进和能源多元化。未来，煤炭的应用虽然可能会逐渐减少，但在某些工业领域仍然具有重要作用，特别是在那些尚未完全过渡到清洁能源的地区。然而，应对气候变化和环境挑战需要更多的创新及国际合作，以确保工业制造的可持续性。同时，需要在继续使用煤炭的同时积极推动环保和清洁技术的发展，以减少其带来的不利影响。

（三）煤炭在交通领域的应用

煤炭在交通领域的应用相对有限，主要是在过去几个世纪中，由于技术的限制和环境意识的不足，煤炭被用于对某些交通工具的发展推动。然而，随着现代科技的发展和环保意识的提高，煤炭在交通领域的应用已经大幅减少，被更清洁和高效的能源替代。以下是关于煤炭在交通领域应用的一些历史和现状的信息：

19世纪和20世纪初的煤炭火车：在19世纪和20世纪初，蒸汽火车是煤炭在交通领域的主要应用之一。蒸汽火车使用煤炭来产生蒸汽，以推动列车行驶。这是煤炭在铁路运输中的重要用途，但随着时间的推移，煤炭火车被电力火车和柴油火车所替代，因为后者更加高效和环保。

船舶燃料：在过去，某些船舶使用煤炭作为燃料，尤其是在19世纪末和20世纪初期。蒸汽船使用煤炭来产生蒸汽，从而推动螺旋桨。然而，类似于火车，随着时间的推移，煤炭被石油燃料和其他清洁能源所取代。

煤炭汽车：尽管煤炭汽车曾一度存在，但它们并没有成为主流交通工具。煤炭汽车使用煤炭来产生蒸汽或气体，以推动车辆发展。这种技术一直受到燃料效率低、维护困难和环境污染的限制，因此并未在现代交通领域取得广泛应用。

现代交通领域的煤炭应用：目前，煤炭在现代交通领域的应用非常有限，几乎可以忽略不计。传统的煤炭燃料汽车和船舶已经被更环保与高效的替代品所取代，如汽油、柴油、天然气和电力。电动汽车、混合动力汽车和燃料电池汽车等清洁能源技术逐渐改变了交通行业。

总的来说，煤炭在交通领域的应用已经大幅减少，主要是由于环保法规的制定、技术进步和人们环保意识的提高。现代社会更多地关注清洁能源和可持续交通解决方案，以减少其对环境的负面影响，减少温室气体排放，改善空气质量，因此煤炭已不再是交通领域的主要燃料选择。

（四）煤炭对社会变革的影响

煤炭对社会变革产生了深远的影响，尤其是在工业革命以及其后续的发展过程中。以下是关于煤炭对社会变革的主要影响：

工业革命的推动力：煤炭被认为是工业革命的关键推动力之一。它为工业生产提供了廉价的能源，使大规模生产成为可能。工厂和矿山的大量机械化和自动化都依赖煤炭提供的能源。

城市化和人口增长：工业革命时期，煤炭矿区的发展导致了大规模的城市化和人口增长。大批农村居民涌入城市，寻求工业工作机会。这一过程改变了社会结构，城市人口数量迅速增加。

劳工运动和工会兴起：工业革命时期，工厂和矿山中的工人工作条件恶劣，工时长，工资低。这导致了劳工运动和工会的兴起，工人要求改善工作条件和工资待遇。煤炭工人往往会积极参与这些运动，因为他们的工作条件特别艰苦。

污染和环境影响：煤炭燃烧会产生大量的大气颗粒物、硫化物和氮氧化物，导致空气和水污染。这些污染物对环境和人类健康将产生负面影响，引发了人们对环境保护的关注和法规的不断制定。

运输和通信革命：煤炭的大规模采掘和运输推动了交通和通信革命。煤炭矿区需要建设铁路、港口和运输网络，这促进了交通基础设施的发展，从而改善了货物和信息的流通。

能源多元化和技术创新：煤炭的广泛使用促使了能源多元化和技术创新。随着时间的推移，人们开始寻求更多的能源来源，如石油和天然气。同时，也出现了煤炭清洁技术，以减少其对环境的不利影响。

社会结构变化：煤炭产业的发展改变了社会结构。矿区社区虽然在煤炭业繁荣时期兴盛，但也在煤炭需求下降时面临着挑战。这种变化影响了居民的生计和社会互动。

国家和国际政治：煤炭资源的控制和利用对国家与国际政治产生了重要影响。一些国家依赖煤炭出口，从而影响了其国际贸易和政治关系。

总的来说，煤炭对社会变革产生了深远的影响，从工业革命的推动力到城市化和劳工运动，再到环境和能源政策的制定，都与煤炭紧密相关。然而，随着时间的推移，社会对煤炭的依赖程度逐渐减小，因为人们越来越意识到其带来的环境和危害人类健康问题。因此，煤炭的地位在能源和社会变革中也在发生变化，向更清洁和可持续的能源方向发展。

工业革命时期的煤炭应用对社会、经济和技术领域产生了深远的影响。作为主要能源来源，煤炭推动了工业化的发展，促进了生产力的提高和贸易的发展。蒸汽机的出现改变了生产方式，带动了工业、交通和制造业的革命性发展。然而，煤炭的广泛使用也引发了环境问题和社会不平等，促使社会和政府采取行动来解决这些问题。

工业革命时期的煤炭应用成为现代工业社会的基础，同时引发了一系列社会变革。随着时间的推移，人们逐渐认识到煤炭的开采和使用带来的环境污染与危害人类健康影响，积极寻求替代能源和更加可持续的生产方式。因此，工业革命时期的煤炭应用既是历史的里程碑，也提醒我们在能源利用和工业发展中需要考虑可持续性与环保。

三、煤炭产业的现代发展

煤炭一直以来是世界上最重要的能源之一，被广泛用于电力生产、工业制造和热力供应等领域。然而，随着全球对环境和气候变化问题的关注不断增加，煤炭产业面临着新的挑战和机遇。本部分将探讨煤炭产业的现代发展，包括其在能源市场中的地位、技术创新、环境可持续性和未来前景。

（一）煤炭在全球能源市场中的地位

尽管可再生能源的崛起和对清洁能源的需求增加，煤炭仍然在全球能源市场中扮演着重要角色。以下是煤炭在不同地区的地位：

中国和印度：中国和印度是全球最大的煤炭消费国，其工业和电力需求继续推动煤炭的需求增长。尤其是在中国，煤炭仍然是主要的电力生产能源。

美国：美国虽然是世界上最大的煤炭生产国之一，但煤炭在其能源组合中的份额逐渐下降。天然气和可再生能源在美国的能源市场中占据了越来越大的份额。

欧洲：欧洲国家积极采取措施减少煤炭的使用，并推动清洁能源转型。一些国家已经关闭了煤炭电厂，改用天然气和可再生能源。

新兴市场国家：一些新兴市场国家，如印度尼西亚、越南和巴基斯坦，仍然依赖煤炭来满足本国的能源需求。这些国家的电力需求不断增加，促进了其对煤炭的需求。

总的来说，尽管煤炭在一些地区的地位不断下降，但其在全球范围内仍然有巨大的市场。今天，煤炭产业面临着越来越多的挑战，包括环保法规的完善、气候变化问题和人类社会对清洁能源的需求。

（二）煤炭产业的技术创新

煤炭产业在现代发展中积极寻求技术创新，以提高效率、降低环境污染带来的影响并保持竞争力。以下是一些煤炭产业中的技术创新领域：

超临界和超临界燃煤电站：这些高效电厂使用超临界蒸汽参数和超临界二氧化碳循环，以提高燃煤电厂的效率和减少碳排放。

CCS 技术：碳捕获与储存（CCS）技术旨在捕获燃煤电厂产生的二氧化碳，并将其储存在地下储库中，以减少大气中的温室气体排放。

清洁煤技术：一些煤炭电厂采用先进的燃烧和气化技术，以减少污染物的排放，包括硫氧化物、氮氧化物和颗粒物。

燃料多样化：一些电力公司探索将生物质、氢气和其他替代燃料与煤炭混合使用，以降低碳排放并提高能源的多样性。

矿山自动化和数字化：现代煤炭矿山采用自动化和数字化技术，以提高采煤效率和安全性。自动驾驶设备、远程监控和数据分析等技术被广泛应用，降低了采煤过程中的风险，并提高了产能。

煤炭煤化工技术：一些煤炭企业将煤炭用于生产化学品、燃料和其他高附加值产品，开展多元化业务，并减少对电力生产的依赖。

这些技术创新帮助煤炭产业提高了效率、降低了环境污染带来的影响，并提供了更多的发展机会。今天，人们仍然需要不断投入研发，以应对未来环境的挑战和资源需求。

（三）煤炭产业的环境可持续性

煤炭产业的环境可持续性一直备受争议。煤炭燃烧产生大量的二氧化碳、硫氧化物和氮氧化物等污染物，可以对大气和水体产生负面影响。为了应对这些环境问题，煤炭产业采取了下面一系列措施：

环保法规和排放控制：各国制定了严格的环保法规，规定了煤炭电厂和矿山必须遵守排放标准。这些法规要求采取措施减少大气和水体污染。

碳捕获与储存（CCS）：CCS 技术被广泛研究和应用，以减少燃煤电厂的二氧化碳排放。捕获二氧化碳并将其储存在地下是一种减少温室气体排放的方法。

可持续采矿实践：煤炭矿山采用可持续采矿实践，以减少土地破坏和水体污染。这包括植被恢复、水体管理和采矿遗址修复。

替代能源和能源多样性：一些国家鼓励能源多样性，减少对煤炭的依赖。可再生能源、天然气和核能等清洁能源逐渐取代了一部分煤炭。

社会责任：一些煤炭公司采取社会责任措施，以改善当地社区居民的生活条件，提供更多的就业机会和支持可持续发展项目。

这些措施虽然有助于减少煤炭产业对环境的负面影响，但也需要不断改进和加强监管，以确保煤炭产业的环境可持续性。

（四）煤炭产业的未来前景

煤炭产业的未来前景虽然会在一定程度上受到不确定性的影响，但仍然存在一些挑战。

清洁能源过渡：全球对清洁能源的需求不断增加，煤炭产业将面临市场需求减少的压力。政府和能源公司应加大投资力度，推动可再生能源、能效技术和碳捕获与储存技术的发展。

环保法规：世界各国通过制定越来越严格的环保法规来限制碳排放和矿山经营活动。这将增加煤炭生产和电力生产的成本，促使企业更注重环保措施。

转型和多元化：一些煤炭公司正在积极寻求多元化业务，减少对煤炭的依赖。这包括生产化学品、生物质燃料和可再生能源。

新兴市场需求：尽管在发达国家的需求有所下降，但一些新兴市场国家的电力需求仍然继续增长，这为煤炭产业的发展提供了一定的市场。

总的来说，煤炭产业面临着巨大的变革和挑战。未来，煤炭产业需要不断创新，提高环保水平，同时积极寻求多元化，以适应不断变化的能源市场和缓解环境污染带来的压力。以下是一些可能影响煤炭产业未来前景的因素：

国际合作：全球范围内，国际社会越来越强调减少碳排放和应对气候变化。一些国际合作和协议，如巴黎协定，将影响煤炭产业的未来。国家可能会采取更加积极的措施来减少煤炭的使用，从而降低碳排放。

创新和新技术：煤炭产业需要继续投资研发和创新，以改进清洁燃烧技术、提高效率和减少环境污染带来的影响。新技术的发展可能会改变煤炭产业的竞争格局，通过提供更多的解决方案来减少排放。

社会接受度：社会对煤炭产业的态度和接受度将影响其未来前景。社会运动、公众意见和环保组织的影响力可能会导致政府采取或施行更多的环保措施和政策来限制煤炭的使用。

煤炭资源储量：煤炭产业的未来将受到煤炭资源储量的限制。如果资源储量有限，生产成本上升，那么煤炭产业可能就会受到更大的挑战。

总结来说，煤炭产业的未来前景虽然充满不确定性，但它仍然在一些国家和地区具有重要地位，尤其是在一些新兴市场国家。为了保持竞争力并实现可持续发展，煤炭产业需要积极应对环境和市场变化，推动技术创新，降低碳排放，并探索多元化的发展机会。随着全球能源格局的不断演变，煤炭产业将继续面临挑战，人们将寻找新的途径来满足能源需求和减少环境污染带来的影响。

第二节 煤炭市场现状分析

一、全球煤炭市场趋势

煤炭一直以来虽然是世界上最重要的能源之一，但随着全球对环境和气候问题的关注度不断增加，煤炭市场正在发生深刻变革。本部分将探讨全球煤炭市场的趋势，包括供需情况、环境可持续性、技术创新和未来前景。

（一）供需情况

1. 供应情况

煤炭产量：全球煤炭产量一直保持稳定，尽管在一些国家出现了波动。中国、印度、美国和澳大利亚是全球最大的煤炭生产国。

出口国：澳大利亚和印度尤其依赖煤炭出口。澳大利亚是全球最大的煤炭出口国，向亚洲等地区供应大量煤炭。

2. 需求情况

电力生产：煤炭仍然是全球电力生产的重要能源之一。中国和印度等新兴市场国家的电力需求继续增加，推动了其对煤炭的需求。

工业制造：煤炭在一些国家的工业制造中仍然扮演着重要角色，特别是在钢铁和水泥生产等领域。

供暖和家庭生活：煤炭在一些地区仍然用于供暖和家庭生活，尤其是在气候寒冷地区。

（二）环境可持续性

温室气体排放：煤炭燃烧产生大量二氧化碳，是主要的温室气体排放源之一。因此，减少煤炭的使用被认为是应对气候变化的重要措施之一。

空气和水污染：煤炭燃烧产生硫氧化物、氮氧化物和颗粒物等有害物质，将对空气和水体产生负面影响，导致人类产生呼吸道疾病和水质恶化。

采矿和生产过程：煤炭采矿和生产过程对环境产生影响，包括土地破坏、水污染和采矿遗址修复等问题。

CCS技术：碳捕获与储存（CCS）技术被广泛研究和应用，以减少燃煤电厂的二氧化碳排放。捕获二氧化碳并将其储存在地下是一种减少温室气体排放的方法。

环保法规和政策：许多国家实施了严格的环保法规，限制煤炭的排放和煤矿运营活动。另外，一些国家也推动能源使用的可再生能源和清洁能源转型，以减少煤炭的使用。

（三）技术创新

高效煤炭电站：超临界和超临界燃煤电站采用高效蒸汽参数与超临界二氧化碳循环，提高了电厂的效率并减少排放。

清洁燃烧技术：一些煤炭电厂采用先进的燃烧和气化技术，以减少污染物的排放，包括硫氧化物、氮氧化物和颗粒物。

自动化和数字化：现代煤矿采用自动化和数字化技术，以提高采煤效率和安全性。自动驾驶设备、远程监控和数据分析等技术被广泛应用。

多元化和煤化工技术：一些煤炭公司探索将煤炭应用于生产化学品、燃料和其他高附加值产品，以开展多元化业务并减少其对电力生产的依赖。

（四）未来前景

清洁能源过渡：全球对清洁能源的需求不断增加，煤炭市场将继续受到市场需求减少的压力。政府和能源公司将加大投资力度，推动可再生能源、能效技术和碳捕获与储存技术的发展。

环保法规：世界各国制定了越来越严格的环保法规，限制煤炭的排放和煤矿运营活动。这将增加煤炭生产和电力生产的成本，促使企业更注重采取环保措施。

转型和多元化：一些煤炭公司正在积极开展多元化业务，减少对煤炭的依赖。这包括生产化学品、生物质燃料和可再生能源。同时煤化工技术的发展也为煤炭公司提供了多元化的机会。

国际市场：全球煤炭市场将受到国际政治和贸易关系的影响。贸易争端、制裁和国际合作将影响煤炭的价格与其在市场的流通。

煤炭资源储量：煤炭产业的未来受到煤炭资源储量的限制。如果资源储量有限，生产成本上升，那么煤炭市场可能就会受到更大的挑战。

总的来说，全球煤炭市场正经历着深刻的变革。尽管煤炭仍然在一些地区具有重要地位，但面临着不断减少的市场需求及环保压力。煤炭企业需要积极应对这些挑战，推动技术创新，提高环保水平，并探索多元化的业务机会。随着全球能源格局的不断演变，煤炭市场将继续受到各种因素的影响，煤炭企业需要灵活适应不断变化的环境。在未来，可持续性和环保将成为决定煤炭市场走向的关键因素。

二、国际煤炭价格和需求

煤炭一直以来是世界上最重要的能源之一，被广泛用于电力生产、工业制造和供暖等领域。国际煤炭价格和需求趋势对全球能源市场与经济具有重要影响。本部分将深入探讨国际煤炭市场的价格和需求情况,以及影响这些趋势的因素。

(一)国际煤炭价格趋势

国际煤炭价格是受多种因素影响的复杂市场。以下是一些影响国际煤炭价格的主要因素:

供需关系:供需关系是决定煤炭价格的核心因素之一。煤炭的价格往往会受全球煤炭供应和需求的平衡情况影响。如果需求超过供应,价格就会上升;反之亦然。

国际市场:国际市场对煤炭价格产生显著影响。煤炭是一种可交易的商品,国际市场的情况会影响其价格的波动。国际市场包括主要煤炭生产国和消费国之间的进口与出口。

能源市场动态:煤炭的价格受其他能源价格的影响,尤其是天然气和石油。当天然气或石油价格上涨时,一些能源生产商可能会转向使用更多煤炭,从而推高煤炭价格。

货币汇率:煤炭价格会受货币汇率波动的影响。如果本国货币贬值,通常就会导致煤炭价格上升,因为进口煤炭的价格会变得更昂贵。

政府政策和法规:政府政策和法规可以影响煤炭价格,尤其是环保法规和碳定价政策。严格的环保法规可能导致煤炭生产成本上升,推高价格;碳定价政策可能会增加煤炭的成本,因为碳排放成本被内部化到煤炭销售价格中。

天气和气候事件:气象和气候事件可能会影响国际煤炭价格。例如,极端天气可能影响采煤和煤炭运输,导致供应中断,从而推高煤炭价格。

地缘政治因素:地缘政治事件、战争和贸易纷争也可能会对煤炭价格造成不稳定性。政治不确定性通常会导致市场不确定性,从而影响煤炭价格。

国际煤炭价格通常根据不同种类的煤炭制定。主要的煤种包括:

硬煤:硬煤是最高级别的煤种,通常用于钢铁生产和工业加工,其价格通常较高。

焦煤:焦煤是用于炼钢的原材料,价格受全球钢铁需求和供应情况的影响。

烟煤:烟煤是一种广泛用于电力生产和工业制造的煤种,其价格在国际市场上非常重要。

亚烟煤和褐煤:这些是较低级别的煤种,通常用于电力生产,它们的价格相对较低。

国际煤炭价格通常以吨或兆焦耳计价。价格的波动性取决于上述因素的变化。

(二)国际煤炭需求趋势

国际煤炭需求在全球各地都会受到多种因素的影响。以下是一些主要影响国际煤炭需求的因素:

电力生产需求:电力生产是全球煤炭需求的主要驱动力之一。尤其是在一些新兴市场国家，电力需求持续增加，促使煤炭需求上升。

工业需求：煤炭在一些国家的工业制造中仍然扮演着重要角色，尤其是在钢铁和水泥生产等领域。工业需求将对煤炭需求产生重要影响。

供暖和家庭需求：煤炭在一些地区仍然用于供暖和家庭生活，尤其是在气候寒冷地区。

全球人口增长：全球人口的持续增长会导致更多的能源需求，包括电力和供暖需求，从而推动煤炭需求上升。

工业化和城市化：随着世界各地的城市化和工业化进程的加速，电力需求和工业需求也在增加，从而促进了煤炭需求。

环保政策和清洁能源转型：许多国家实施了环保政策，鼓励使用清洁能源和实施减排措施。这些政策可能限制了煤炭的使用，尤其是在发达国家。

能源多元化：一些国家鼓励能源多元化，减少对煤炭的依赖。可再生能源、天然气和核能等清洁能源逐渐取代了一部分煤炭。

碳定价：一些国家实施了碳定价政策，对碳排放征收费用。这使得燃煤电厂的运营成本上升，从而减少了煤炭需求。

国际煤炭需求因不同国家和地区的经济、政策与能源需求情况而异。一些国家对煤炭的需求仍然强劲，而其他国家正在逐渐减少其对煤炭的依赖。这种多样性导致了国际煤炭需求的复杂局面。

（三）国际煤炭市场现状

目前，国际煤炭市场呈现出以下一些主要特点和趋势：

中国的需求：中国一直是全球最大的煤炭消费国，其电力需求和工业需求仍然保持强劲。中国的煤炭需求对国际市场具有重要影响。

印度的需求：印度是另一个煤炭市场活动的重要参与者，其电力需求和工业需求也在增加。印度对煤炭的需求增长了煤炭交易的市场机会。

天然气竞争：在一些国家，天然气作为更清洁的替代能源逐渐取代了煤炭。这种竞争对国际煤炭市场产生了一定的压力。

环保法规：各国制定了越来越严格的环保法规，限制煤炭的使用和燃烧。这些法规增加了煤炭的生产和运输成本，对煤炭价格产生了影响。

出口国角色：一些国家依赖煤炭出口，如澳大利亚和印度尼西亚。这些国家的出口政策和市场策略对国际煤炭价格及供应产生重要影响。

能源多元化：多个国家鼓励能源多元化，减少其对煤炭的依赖。可再生能源和清洁能源的发展改变了国际能源市场的格局。

投资和创新：煤炭产业积极寻求创新，提高环保水平和生产效率。新技术和矿山自动化等措施有助于提高生产效率。

国际煤炭市场的现状是多元化的，并受多种因素的影响。市场上的不确定性和动态使国际煤炭价格与需求变得复杂。国际煤炭市场需要不断适应变化的环境和需求，寻找新的机会并应对挑战。

（四）未来前景和展望

国际煤炭市场的未来虽然充满不确定性，但有一些趋势和展望值得关注：

清洁能源过渡：全球对清洁能源的需求不断增加，国际社会对减排和应对气候变化的压力不断增强。这将导致一些国家减少对煤炭的依赖，从而影响国际煤炭市场的需求。

碳定价和环保法规：越来越多的国家实施碳定价政策和严格的环保法规，增加了煤炭的生产成本和使用成本。这将影响煤炭的竞争力和需求。

投资和创新：煤炭产业需要继续投资研发和创新，以提高生产效率、减少环境影响，降低生产成本。技术创新和可持续生产实践有助于提高行业的竞争力。

国际贸易和地缘政治：国际贸易关系、地缘政治事件和冲突仍然可能会给国际煤炭市场带来不稳定性。政治和贸易纷争可能导致价格波动。

多元化和能源转型：一些国家正在积极寻求多元化能源供应，减少其对煤炭的依赖。可再生能源、天然气和核能等清洁能源将逐渐替代煤炭。

新兴市场需求：尽管在发达国家煤炭需求下降，但一些新兴市场国家的电力需求继续增长，为国际煤炭市场提供了一定的市场机会。

总的来说，国际煤炭市场正经历深刻的变革。未来，煤炭市场将受到越来越多的环保和气候政策的影响，同时也将受到技术创新和市场需求的推动。煤炭产业需要积极应对这些变化，以确保可持续发展并寻找新的商业机会。尽管国际煤炭市场面临着挑战，但仍然存在一些机会，特别是在那些依赖煤炭的地区和新兴市场。未来，煤炭产业只有不断适应变化的环境，才能满足全球能源需求并减少环境影响。

三、煤炭市场的竞争情况

煤炭一直以来是世界上最重要的能源之一，广泛用于电力生产、工业制造、供暖和其他领域。然而，随着对环境和气候变化的关注不断增加，以及可再生能源和清洁能源的崛起，煤炭市场正经历着深刻的变革。本部分将探讨国际煤炭市场的竞争情况，包括市场参与者、竞争动态和未来趋势。

（一）市场参与者

国际煤炭市场涉及各种各样的参与者，包括生产商、消费者、中间商、政府和国际组织。以下是主要的市场参与者：

煤炭生产商：这些公司从地下或露天矿山开采煤炭。全球范围内，一些主要的煤炭生产国包括中国、美国、印度、澳大利亚、印度尼西亚和俄罗斯等。大型煤炭公司如中国煤炭、白云煤电、必和必拓、大同煤矿等在市场上扮演着重要角色。

煤炭消费者：电力公司、工业制造企业和家庭是煤炭的主要消费者，其购买煤炭用于发电、生产钢铁、水泥和其他工业产品，以及供暖和家庭用燃料。

中间商：中间商如煤炭贸易商、煤炭经纪人和航运公司在国际煤炭贸易中起着重要作用，其购买煤炭并将其转售给最终用户，同时提供物流和运输服务。

政府和监管机构：政府和监管机构制定了煤炭产业的法规和政策，包括环保法规、采矿许可和能源政策。这些政府机构在监管市场中发挥重要作用。

国际组织：国际能源机构（IEA）、联合国环境计划署（UNEP）和世界银行等国际组织提供煤炭市场的数据、分析和政策建议，其促进了国际合作和可持续能源发展。

（二）竞争动态

煤炭市场的竞争动态受多种因素影响，包括供需关系、环境可持续性、价格波动和技术创新。以下是一些主要的竞争动态：

供需关系：国际煤炭市场的竞争取决于供需关系。如果煤炭供应过剩，价格通常就会下降，导致激烈的价格竞争。相反，供需不平衡可能导致价格上升，有利于生产商。

价格波动：煤炭价格波动很大，取决于多种因素，包括能源市场动态、天气事件、地缘政治因素和货币汇率。价格波动将对市场竞争产生重要影响。

环境可持续性：环保法规和碳排放问题对煤炭市场产生了压力。国际社会对减排和应对气候变化的关切加剧了煤炭公司对清洁能源的需求，这对煤炭产业构成了竞争性挑战。

投资和创新：一些煤炭公司积极寻求创新，提高环保水平和生产效率。新技术、自动化和碳捕获与储存技术等措施有助于煤炭公司提高竞争力。

多元化：一些煤炭公司探索多元化业务，包括生产化学品、生物质燃料和可再生能源。多元化可以减少煤炭公司对电力生产的依赖。

国际贸易：国际煤炭市场受国际贸易关系和政治事件的影响。贸易纷争、制裁和政治不确定性可能导致煤炭市场不稳定性。

环保投资：一些煤炭公司在减排和环保方面进行重要投资，以提高可持续性和符合环保法规。这种投资有助于煤炭公司提高竞争力。

（三）未来趋势和展望

国际煤炭市场将继续面临深刻的变革，充满不确定性。以下是煤炭市场的一些未来趋势和展望：

清洁能源过渡：国际社会对清洁能源和减排的需求不断增加。这将导致一些国家减少其对煤炭的依赖，尤其是在发达国家。煤炭市场可能会面临市场需求减少的压力。

碳定价和环保法规：环保法规和碳排放政策将继续对煤炭市场产生影响。越来越多的国家实施碳定价政策，对碳排放征收费用，从而增加了燃煤电厂的运营成本。同时，严格的环保法规可能导致煤炭生产成本上升，从而影响市场竞争。

能源多元化：一些国家鼓励能源多元化，减少其对煤炭的依赖。可再生能源、天然气和核能等清洁能源将逐渐替代煤炭。这可能导致煤炭市场的需求下降。

投资和创新：煤炭产业需要继续投资研发和创新，以提高效率、减少环境影响和降低生产成本。新技术和自动化将成为提高竞争力的关键。

国际市场：国际贸易关系和地缘政治事件将继续影响煤炭市场的竞争情况。政治和贸易纷争可能导致价格波动与市场不稳定性。

多元化：一些煤炭公司正在积极寻求多元化业务，以减少其对电力生产的依赖。这可能包括生产化学品、生物质燃料和可再生能源。多元化有助于煤炭公司降低市场风险。

新兴市场需求：虽然在发达国家的煤炭需求下降，但一些新兴市场国家的电力需求仍在增长。这为国际煤炭交易提供了一定的市场机会。

总的来说，国际煤炭市场虽然面临挑战，但也存在机会。市场竞争将受到供需关系、环境可持续性、价格波动和技术创新等因素的影响。煤炭产业需要灵活应对这些变化，采取可持续性措施，提高竞争力，并寻找新的商业机会。未来，环保和清洁能源将成为决定煤炭市场走向的重要因素，同时技术创新和市场需求将推动煤炭行业的发展。

第三节　产业链与价值链分析

一、煤炭产业的供应链分析

煤炭产业的供应链是一个复杂而庞大的体系，涵盖了从采煤到最终用户的各个环节。这一供应链包括煤炭的采矿、加工、运输、贸易和最终使用等多个环节，其中每个环节都有其参与者并存在挑战。本部分将深入探讨煤炭产业的供应链，包括主要环节、市场参与者、供需动态以及可持续性问题。

（一）主要供应链环节

采矿和开采：煤炭的采矿是供应链的第一环节。煤矿可以分为地下矿山和露天矿山，分别用于开采不同类型的煤炭。采煤过程涉及爆破、采煤机械操作、煤炭开采和矿井管理等环节。

加工和筛分：采煤后，原煤通常需要进行加工和筛分，以去除杂质、精煤和分级。这一环节通常包括煤炭洗选、破碎和筛分等工序，以生产符合质量要求的煤炭产品。

运输和物流：煤炭的运输是供应链的重要环节。煤炭需要从矿山运送到各种终端用户，包括电厂、工业企业和家庭。运输方式包括铁路、公路、船运和输送带等。

贸易和市场：煤炭市场是供应链的核心环节，包括国内市场和国际市场。市场参与者包括生产商、贸易商、中介商和最终用户。市场决定了煤炭的价格、需求和供应。

最终使用：煤炭的最终用途涵盖了发电、工业制造、供暖和家庭其他用途。不同的最终用户需要不同类型和质量的煤炭。

（二）市场参与者

煤炭生产商：煤炭生产商包括采矿公司和矿山经营者，其负责煤炭的采矿、加工和生产，是供应链的起点。

煤炭加工商：煤炭加工商负责将原煤加工成符合市场需求的产品。他们进行煤炭的筛分、洗选和处理等工序。

运输和物流公司：运输和物流公司负责将煤炭从矿山运送到各个目的地。这包括铁路公司、航运公司、卡车运输公司和输送带运输。

贸易商和经纪人：煤炭贸易商和经纪人在市场中扮演着重要的角色。他们购买煤炭并将其销售给最终用户，同时提供物流和交易服务。

政府和监管机构：政府和监管机构制定了煤炭产业的法规与政策，包括采矿许可、环保法规和贸易政策。他们在监管市场中发挥着重要作用。

最终用户：最终用户包括电力公司、工业制造企业和家庭。他们购买煤炭分别用于发电、生产钢铁、水泥、供暖和家庭用燃料。

国际组织：国际能源机构（IEA）、联合国环境计划署（UNEP）和世界银行等国际组织提供煤炭市场的数据、分析和政策建议，其促进国际合作和可持续能源发展。

（三）供应链动态

煤炭供应链是一个复杂而动态的体系，受多种因素的影响。以下是一些供应链动态：

供需关系：供需关系是决定煤炭市场价格和供应的核心因素。供大于需可能导致价格下跌，供小于需可能导致价格上涨。

价格波动：煤炭价格波动较大，受到多种因素的影响，包括天气事件、市场需求、政治事件和国际贸易关系。

运输和物流挑战：煤炭的运输和物流虽然是供应链的重要环节，但面临着挑战，如运输成本、物流延误和环境影响。

环保法规：环保法规将对煤炭产业产生影响，尤其是在采煤和电力生产方面。严格的环保法规可能增加生产成本。

投资和创新：一些煤炭公司积极投资研发和创新，以提高效率、减少环境影响和降低生产成本。

碳排放问题：碳排放问题对供应链产生了影响，特别是在供应链的最后环节，如电力生产。国际社会对减排和应对气候变化的关切推动了对清洁能源的需求，这可能会对煤炭的供应和需求产生重要影响。

多元化：一些煤炭公司正在探索多元化业务，以减少其对电力生产的依赖。这包括生产化学品、生物质燃料和可再生能源，以降低市场风险。

国际市场：国际贸易关系和地缘政治事件将对煤炭供应链产生不稳定性。政治和贸易纷争可能导致市场的不确定性。

环保投资：一些煤炭公司在减排和环保方面进行投资，以提高可持续性并使其运营符合环保法规。这种投资有助于煤炭公司提高竞争力和减少环境影响。

（四）可持续性问题

煤炭供应链面临一系列可持续性挑战，包括环保、社会和经济问题。以下是一些主要的可持续性问题：

环保问题：煤炭产业的运营可能会对环境造成严重影响，包括大气污染、水污染和土地破坏。环保法规和碳排放问题对煤炭供应链构成了压力。

社会问题：煤炭采矿和生产可能对当地社区产生社会影响，包括健康问题、就业和社会稳定。煤矿工人的安全和劳工权益也是重要关切。

经济问题：煤炭市场的价格波动和不稳定性对供应链的可持续性构成了威胁。经济问题可能导致煤炭公司面临困难。

可持续性措施：为应对可持续性问题，煤炭公司采取了一系列措施，如改进生产技术、减排技术和采用清洁能源。

社会责任：煤炭公司越来越关注社会责任和可持续性。他们与当地社区合作，提供培训和改善社会条件。

转型和多元化：一些煤炭公司正在寻求多元化业务，以减少其对电力生产的依赖。这有助于煤炭公司提高可持续性和降低市场风险。

总的来说，煤炭产业的供应链是一个复杂而庞大的体系，会受到多种因素的影响。供应链包括采矿、加工、运输、贸易和最终使用等多个环节，每个环节都有其参与者和面临的挑战。供应链动态会受到供需关系、价格波动、环保法规和可持续性问题的影响。煤炭公司和市场参与者需要积极应对这些挑战，以确保供应链的可持续性和环保性，同时提高竞争力和减少环境影响。未来，煤炭供应链虽然面临挑战，但也存在机会，特别是在多元化和可持续性方面。

二、价值链中的重要环节

在煤炭产业的供应链中,有一些重要环节,它们对整个价值链的运转和价值创造至关重要。这些重要环节包括采矿和开采、加工和筛分、运输和物流、市场贸易以及最终使用。本部分将深入分析这些重要环节,探讨它们在煤炭价值链中的作用。

(一)采矿和开采

采矿和开采是煤炭供应链的起点,也是整个价值链的基础。在这个环节中,煤炭从地下或露天矿山中开采出来,其主要方面包括:

矿山选择:选择适当的煤矿对煤炭的质量和产量至关重要。不同的矿山可能产出不同类型和质量的煤炭。

采矿技术:采矿技术涉及采矿设备和方法的选择。这包括爆破、采煤机械操作、矿井管理等。

安全和健康:采煤过程中,矿工的安全和健康是主要关切。采矿公司需要采取措施确保工人的安全。

环境影响:采煤对环境可能造成一定的影响,包括土地破坏、水污染和生态系统破坏。同时环保措施也是重要考虑因素。

资源储量:矿山的资源储量对供应链的可持续性至关重要。如果矿山资源耗竭,供应链就可能受到威胁。

(二)加工和筛分

煤炭采矿后,通常需要进行加工和筛分,以去除杂质并生产符合市场需求的煤炭产品。这个环节包括以下几个主要方面:

煤炭洗选:煤炭洗选是一种常见的加工方法,用于去除杂质和分级煤炭。这有助于提高煤炭的质量和可用性。

破碎和筛分:原煤通常需要被破碎和筛分,以获得符合质量和规格要求的产品。这可以确保了煤炭的一致性。

质量控制:质量控制是确保生产的煤炭产品符合市场需求的关键。这包括质量测试和检验。

环保措施:加工和筛分可能会产生废水与废渣,需要采取环保措施以减少对环境的不良影响。

（三）运输和物流

运输和物流是煤炭供应链的关键环节，它涉及将煤炭从矿山或生产地运送到各种终端用户，包括电厂、工业企业和家庭。以下是运输和物流的主要方面：

运输方式：煤炭可以通过多种方式运输，包括铁路、公路、船运和输送带。选择合适的运输方式对降低成本和提高效率至关重要。

运输成本：运输成本是供应链的重要因素，它受到距离、运输方式和煤炭质量的影响。

物流管理：物流管理包括运输调度、仓储、装卸和库存管理等。有效的物流管理可以提高供应链的效率和可持续性。

环境影响：煤炭运输可能对环境产生不利影响，包括空气污染、噪声污染和交通拥堵。环保措施和减排技术对减少这些不利影响非常重要。

跨国运输：对国际煤炭贸易，跨国运输涉及海运和跨国物流。国际贸易的复杂性需要更多的物流规划和管理。

（四）市场贸易

市场贸易是煤炭供应链的核心环节，它包括国内市场和国际市场。市场贸易涉及以下主要方面：

价格和供需：市场贸易由价格和供需关系驱动。供大于需可能导致价格下跌，供小于需可能导致价格上涨。

贸易商和经纪人：贸易商和经纪人在市场中发挥重要作用，他们购买煤炭并将其销售给最终用户，同时提供物流和交易服务。

质量和规格：煤炭贸易需要满足市场对质量和规格的要求。贸易商需要确保产品符合市场标准。

市场信息：市场贸易需要及时的市场信息和分析，以支持决策和交易。国际组织和市场分析机构提供市场数据。

环境和法规：市场贸易受到环保法规和碳排放问题的影响。环保法规可能会增加生产成本，进而影响市场价格。

（五）最终使用

最终使用是煤炭价值链的最后一个环节，它包括煤炭的实际使用，如电力生产、工业制造、供暖和家庭用途。以下是最终使用的主要方面：

电力生产：电力公司是煤炭的主要最终用户，他们将煤炭用于发电。这包括火力发电厂和燃煤电站。

工业制造：工业企业使用煤炭作为原材料，生产钢铁、水泥和其他工业产品。

供暖：一些地区使用煤炭作为供暖燃料，尤其是在寒冷的冬季。

家庭用途：一些家庭使用煤炭作为取暖和烹饪的燃料。

清洁技术：一些最终用户采用清洁技术，如通过碳捕获与储存来降低煤炭使用对环境的不良影响。

主要环节之间的协调和合作对整个价值链的成功至关重要。采煤公司需要确保采煤和加工的煤炭能够满足市场需求的质量和规格。运输和物流公司需要确保煤炭能够准时交付给最终用户。市场贸易需要确保煤炭的价格和供应能够满足市场需求。

价值链的各个环节都面临着各种挑战，包括环保、安全、质量控制和法规遵守。同时，市场需求和价格波动也会对价值链产生影响。最终用户的需求越来越受到环保和可持续性的考虑，这对供应链管理提出了新的要求。

综上所述，煤炭供应链的主要环节是一个复杂的体系，受多种因素的影响。这些环节共同构成了整个价值链，从采煤到最终使用，每个环节都存在其独特的挑战和机会。供应链的可持续性、效率和适应能力将成为未来的重要课题，以应对不断变化的市场和环境条件。

三、产业链上下游关系

产业链上下游关系，也称价值链，是一个描述不同环节在一个产业中如何相互依赖和合作的概念。这个概念有助于理解一个产业中各个环节之间的相互关系，以及它们如何共同创造价值。本部分将深入探讨产业链上下游关系的重要性、具体案例以及如何优化这些关系。

（一）产业链上下游关系的重要性

价值创造：产业链上下游关系决定了产品或服务的价值是如何创造的。不同环节之间的协作和合作可以提高整体效率，降低成本，同时提供更高质量的产品。

供应链协调：生产过程通常涉及多个环节，从原材料采购到最终产品交付。产业链上下游关系有助于确保这些环节协调一致，以满足市场需求。

市场竞争力：产业链上下游关系可以帮助企业提高市场竞争力。通过合作和协调，企业可以更好地满足客户需求，同时降低生产成本。

创新和发展：不同环节之间的合作可以促进创新和发展。例如，研究和开发环节可以与生产和市场环节合作，以推动新产品的开发和推广。

可持续性：产业链上下游关系涉及可持续性考虑。从原材料采购到产品销售，环节之间的可持续性实践可以降低对资源的依赖，减少环境影响。

风险管理：了解产业链上下游关系有助于企业更好地管理风险。它可以帮助企业识别潜在的问题或瓶颈，并制定相应的风险管理策略。

（二）产业链上下游关系的案例

以下是一些产业链上下游关系的案例，涵盖不同产业领域：

汽车制造业：汽车制造业涵盖了从汽车零部件制造到汽车组装的多个环节。汽车制造商需要与零部件供应商建立稳定的合作关系，以确保生产线的顺畅运作。同时，汽车销售商需要与制造商合作，以满足市场需求。

农业和食品产业：在农业和食品产业中，农民、食品加工商、分销商和零售商之间的合作至关重要。农民需要与食品加工商合作，将农产品交付到市场。零售商则需要与分销商和制造商合作，以确保产品可供应。

电子产业：电子产业包括从电子元件制造到电子设备组装的多个环节。电子制造商通常需要与供应商建立长期关系，以确保零部件供应的可靠性。同时，电子产品的销售和维修需要与零售商和售后服务提供商合作。

航空航天产业：航空航天产业涉及航空器制造、发动机制造、零部件供应等多个环节。制造商需要与供应商合作，确保飞机的零部件和发动机可供应。同时，航空公司需要与制造商合作，购买飞机并获得售后支持。

医疗保健产业：医疗保健产业包括医药制造、医疗设备制造、医疗保险等多个环节。制药公司需要与原材料供应商合作，确保药物制造的可持续性。同时，医疗设备制造商需要与医院和医生合作，以提供医疗设备和服务。

（三）优化产业链上下游关系的方法

优化产业链上下游关系对于企业和产业的成功至关重要。以下是一些方法，可以帮助企业改进这些关系：

合作和合同：建立合作关系和签订明确的合同是优化上下游关系的关键。合同应包括双方的责任、权利和期望，以确保合作的透明性和公平性。

数据共享：共享数据和信息有助于不同环节之间更好地协调和合作。企业可以利用信息技术和数据分析来提高对供应链的可见性。

培训和技能发展：提供培训和技能发展机会，可以帮助供应链中的各个环节提高效率和质量。培训可以提高员工的能力，以更好地满足市场需求。

环保和可持续性：考虑环保和可持续性问题，可以帮助企业满足监管要求，同时降低环境影响。这可以为企业带来可持续的竞争优势。

创新和技术投资：创新和技术投资可以帮助产业链中的各个环节提高效率和质量。企业可以投资研发和新技术，以提高生产流程和产品性能。

风险管理：了解供应链中的潜在风险，并制定相应的风险管理策略是非常重要的。

这可以包括多样化供应商、建立备用供应链和危机响应计划。

持续改进：产业链上下游关系需要不断改进。企业应该进行绩效评估和反馈循环，以识别问题并采取措施改进。

合规和法规遵守：了解并遵守相关法规和政策是关键。这包括环保法规、劳工法规、质量标准和贸易法规等。

社会责任：企业应该关注社会责任问题，包括劳工权益、社区参与和可持续性实践。社会责任可以提高企业的声誉和可持续性。

总之，产业链上下游关系是一个复杂而重要的概念，它涉及不同环节之间的合作和依赖。优化这些关系可以提高产业链的效率、可持续性和竞争力。企业应该注重合作、数据共享、培训和创新，以改进这些关系并更好地满足市场需求。同时，持续改进和风险管理也是非常关键的因素，以确保供应链的顺畅运作。最终，遵守法规和维护社会责任，关注环保和可持续性问题，可以帮助企业建立积极的声誉和可持续性竞争优势。

第二章 煤炭市场分析与定位

第一节 煤炭市场细分与特征

一、煤炭市场的不同细分市场

煤炭市场是一个庞大而多样化的市场，由各种不同的细分市场组成。这些不同的细分市场在全球范围内都发挥着重要作用，满足了不同需求和用途。在本部分中，我们将探讨煤炭市场的各个细分市场，了解它们的特点、需求和挑战。

1. 热电煤市场

热电煤市场是煤炭市场的最大细分市场之一。热电煤主要用于发电，通常在火力发电厂中燃烧。这一市场对工业化国家的电力需求至关重要。热电煤的特点包括高能量密度和相对较低的成本，但也伴随着环境问题和碳排放的压力。

2. 冶金煤市场

冶金煤主要用于金属冶炼过程，如钢铁生产。它需要高品质的煤，以确保冶金过程的稳定性和高质量的金属产出。这一市场的需求通常会受金属价格波动的影响。

3. 炼焦煤市场

炼焦煤是用于焦化工业，生产焦炭，进而用于铁矿石还原制铁。这一市场的特点包括对高品质、低灰分和低硫分煤的需求。炼焦煤市场通常会受全球钢铁产量的波动影响。

4. 燃料煤市场

燃料煤主要用于供暖、工业和商业用途，以及某些电力发电厂。这一市场对一些地区的季节性需求非常重要。燃料煤的质量要求因用途而异，从高质量的锅炉煤到较低质量的散装煤都有。

5. 液化天然气（LNG）取代市场

随着气候变化和环保意识的增强，一些地区正在逐渐从将煤炭用作燃料的做法转向液化天然气。这一市场涉及液化天然气的生产、运输和销售，以替代传统的煤炭供应。

6. 可再生能源市场

可再生能源市场，如风能和太阳能，正日益取代煤炭作为电力生产的源头。这一市场涉及可再生能源技术的发展、投资和能源政策的制定。

7. 煤炭出口市场

一些国家拥有丰富的煤炭资源，它们依赖将煤炭出口作为国内经济的重要来源。这一市场包括煤炭出口国和煤炭进口国之间的贸易，涉及国际运输和贸易政策。

8. 煤化学品市场

煤炭可以用于生产各种化学品，如煤焦沥青、甲醇和氨。这一市场在化工和石化行业中发挥着重要作用，为各种化学产品的制造提供了原材料。

9. 煤炭科研和开发市场

煤炭领域的科研和开发市场涉及技术创新、环保技术与碳捕获技术的研究。这一市场对减少煤炭的环境影响和提高效能非常重要。

10. 碳市场

随着全球对碳排放的关注增加，碳市场涉及碳排放配额的买卖，以鼓励减少排放量。煤炭生产和使用在碳市场中扮演重要角色，因为它们通常是碳排放的主要来源之一。

每个细分市场都有其独特的需求和挑战。随着全球对可持续性和环保的关注不断增加，煤炭市场正面临着许多挑战，包括环境法规的加强、碳排放管理、可再生能源的竞争以及市场波动。然而，煤炭仍然在一些国家和地区中扮演着重要角色，尤其是在电力生产和工业领域。

最终，煤炭市场的未来将受到能源政策、技术创新和市场需求的共同影响。无论如何，了解不同细分市场的特点和趋势对煤炭产业的参与者和政策制定者都至关重要，从而确保满足不同需求并应对市场变化。

二、每个细分市场的特点

煤炭市场的不同细分市场具有各自独特的特点，这些特点受到供需、用途、地理位置和政策等多种因素的影响。在本部分中，我们将深入探讨每个细分市场的特点。

1. 热电煤市场

需求：热电煤市场主要供应电力行业，是燃煤发电厂的主要原料。这个市场需求通常与电力需求和工业生产相关。

特点：热电煤通常具有较高的能量密度，燃烧效率高。市场上存在不同等级的热电煤，质量要求因地区而异。

挑战：热电煤市场受环保法规、碳排放标准和可再生能源竞争的影响。碳排放问题是一个主要挑战，推动了对清洁能源的需求。

2. 冶金煤市场

需求：冶金煤主要用于金属冶炼，如钢铁制造。这个市场需求通常受全球金属价格波动的影响。

特点：冶金煤需要高质量的煤，以确保冶炼过程的稳定性和高品质的金属产出。质量要求高，通常具有低灰分和低硫分。

挑战：冶金煤市场容易受到金属价格波动、全球供应链问题和贸易政策的影响。

3. 炼焦煤市场

需求：炼焦煤用于焦炭生产，供应冶金工业，特别是铁矿石还原制铁。

特点：市场对高质量、低灰分和低硫分的炼焦煤有需求。质量要求非常严格，以确保冶炼过程的成功。

挑战：炼焦煤市场受全球钢铁产量波动和贸易政策的影响，同时会受到环境问题的压力。

燃料煤市场：

需求：燃料煤用于供暖、工业和商业用途，以及一些电力发电厂。这个市场需求通常受季节性和气候条件的影响。

特点：燃料煤的质量要求因用途而异，从高质量的锅炉煤到较低质量的散装煤都有。灵活性是这一市场的特点之一。

挑战：燃料煤市场受气候条件、天然气价格和能源政策的影响。环保法规也可能对其产生重大影响。

4. 液化天然气（LNG）取代市场

需求：随着环保压力增加，一些地区正将煤炭用作燃料的做法转向液化天然气。这个市场需求取决于液化天然气的价格、供应和政策支持。

特点：LNG市场具有清洁能源形式的特点，具有较低的碳排放。然而，LNG的生产、运输和储存要求大量的投资。

挑战：LNG市场受到天然气价格波动、投资需求和能源政策的影响。市场的发展需要解决液化和运输技术方面的挑战。

5. 可再生能源市场

需求：可再生能源市场包括太阳能、风能等清洁能源形式。这个市场需求受环保法规、气候政策和可再生能源技术的发展推动。

特点：可再生能源具有低碳排放、可再生性和环保性的特点。市场增长迅速，技术不断进步。

挑战：可再生能源市场受天候影响、能源存储技术的不足和能源政策制定的挑战。碳价格和政策支持是市场发展的重要因素。

6. 煤炭出口市场

需求：煤炭出口市场包括出口国和进口国之间的煤炭贸易。这个市场需求受全球能源市场和供应链的影响。

特点：煤炭出口国通常依赖出口煤炭作为国内经济的重要来源。市场受国际贸易政策和价格波动的影响。

挑战：煤炭出口市场容易受全球煤炭价格波动、贸易政策和地缘政治风险的影响。

7. 煤化学品市场

需求：煤炭可用于生产各种化学品，如煤焦沥青、甲醇和氨。

特点：煤炭化学品市场是多样化的，涵盖了从化学品原料到燃料和润滑剂的广泛产品范围。它通常与煤炭燃烧不同，它是通过化学加工将煤转化为各种化学产品。

挑战：煤炭化学品市场的挑战之一是煤炭资源的可持续性，以及化学工艺技术的发展。此外，市场的竞争激烈，需要不断创新以满足不同市场需求。

8. 煤炭科研和开发市场

需求：煤炭科研和开发市场涉及煤炭相关技术的研究和开发，包括环保技术、碳捕获和利用技术。

特点：这一市场具有高度创新性，涉及各种研究领域，如碳排放减少、燃烧效率提高和新型能源技术。

挑战：煤炭科研和开发市场受到政府资助、产业合作和技术复杂性的影响。它需要应对环保法规和可持续发展目标的挑战。

9. 碳市场

需求：碳市场涉及碳排放权的买卖，旨在鼓励减少碳排放。这个市场需求受政府政策、碳定价和公司的环保承诺影响。

特点：碳市场的特点包括碳交易、碳排放配额、碳抵消和碳信用等。它是为了应对气候变化和减少温室气体排放而发展的。

挑战：碳市场受政策制定、碳价格波动和市场透明度的影响。碳市场需要建立强有力的监管机制，以确保环保目标的达成。

每个煤炭市场细分领域都有其独特的需求、特点和挑战。这些细分市场受全球和地区性因素的共同影响，包括政策、经济、技术和环境因素。随着全球对环保和可持续性的重视不断增加，煤炭市场的各个细分市场都在面临着来自可再生能源、碳市场和环保法规等方面的竞争和挑战。

因此，了解每个细分市场的特点对决策者、投资者和产业参与者非常重要，以制定适应性政策、投资战略和制订业务计划，以应对不断变化的煤炭市场环境。同时，这些市场也提供了机会，如在煤炭科研和开发领域，以应对环保挑战和推动创新。综上所述，煤炭市场的不同细分市场具有多样性和复杂性，需要综合考虑各种因素来理解其特点和发展趋势。

三、细分市场对策略的影响

在竞争激烈的商业环境中，企业需要制定有效的市场策略来获得竞争优势和增加市场份额。然而，市场往往可以被细分成各种不同的子市场，每个子市场都具有独特的特点和需求。因此，企业必须根据不同的细分市场来制定不同的策略，以满足特定市场的需求和利益。本部分将探讨细分市场对策略的影响，包括细分市场的概念、细分市场策略的制定和执行，以及细分市场对企业绩效和竞争优势的影响。

（一）细分市场的概念

细分市场是指将整个市场分解成小的、具有相似特征的子市场的过程。这些子市场通常具有独特的需求、特点和消费者群体。细分市场的目的是帮助企业更好地理解市场，更精确地定位目标客户，并制定相应的市场策略。以下是细分市场的一些重要概念和重要因素：

市场细分：市场细分是将市场划分成具有相似需求和特点的小群体。这可以基于消费者的地理位置、年龄、性别、兴趣、购买行为等因素进行划分。市场细分有助于企业更精确地了解其潜在客户，以便更好地满足其需求。

目标市场：一旦市场细分完成，企业就需要选择一个或多个目标市场，这些市场最符合其产品或服务的特点。目标市场通常是细分市场中最有潜力的市场，企业将重点放在关注这些市场上。

客户画像：为了更好地理解目标市场，企业通常会创建客户画像，描述了他们的潜在客户的特点和需求。这有助于企业制定与目标市场相匹配的市场策略。

市场定位：市场定位是企业如何在目标市场中定位自己的产品或服务，以在竞争中获得优势。这通常涉及确定独特的卖点和品牌形象。

差异化策略：差异化策略是指企业如何使其产品或服务在目标市场中与竞争对手不同。这可以通过创新、品质、价格、营销等方面来实现。

市场占有率：市场占有率是企业在其目标市场中的销售额占整个市场销售额的比例。它是一个重要的绩效指标，反映了企业在市场上的竞争地位。

（二）细分市场策略的制定和执行

一旦企业完成了细分市场的识别和选择，就需要制定和执行相应的市场策略。以下是细分市场策略的关键步骤：

理解目标市场：企业首先需要深入了解其目标市场，包括其需求、偏好、竞争对手和市场趋势。这通常涉及市场研究和客户调研。

制定差异化策略：企业应该确定如何使其产品或服务在目标市场中与竞争对手不同。这可以涉及产品创新、品质提升、价格战略等。

定价策略：企业需要制定合适的定价策略，以满足目标市场的需求和竞争对手的定价。定价策略可以包括高价定位、低价定位、差异化定价等。

营销策略：营销策略包括产品推广、广告、促销和销售渠道的选择。企业需要选择适当的渠道和方式来吸引目标市场的客户。

渠道管理：有效的渠道管理是确保产品或服务能够迅速到达目标市场的关键。这可能涉及与经销商、零售商和在线销售渠道的合作。

实施与监控：一旦策略制定完成，企业就需要付诸行动并持续监控市场反应。这包括销售绩效、市场份额、客户反馈等方面的监控。

调整和改进：市场环境可能会发生变化，因此企业需要灵活地调整和改进其策略。这可以根据市场反馈和绩效数据来实现。

细分市场策略的制定和执行需要有针对性与灵活性。企业必须持续评估其策略的有效性，并根据市场情况作出适当调整。此外，企业还需要确保各部门之间的协调和合作，以确保策略的有效执行。

（三）细分市场对企业绩效的影响

细分市场对企业绩效的影响是显著的。以下是细分市场对企业绩效的几个重要影响因素：

更精确的目标市场定位：通过细分市场，企业能够更准确地定位其目标市场。这意味着企业能够更好地满足客户的需求，提供更符合他们期望的产品或服务。这通常导致更高的客户满意度和忠诚度，从而增加了销售和市场份额。

提高市场份额：通过在特定细分市场中建立竞争优势，企业有机会增加其市场份额。因为企业更专注于满足特定市场的需求，因此他们更有可能在该市场中获得领先地位，从而实现市场份额的增加。

改善定价策略：细分市场允许企业更好地了解客户的价格敏感性和购买力。这使得企业能够制定更具竞争力的定价策略，以吸引目标市场的客户。通过差异化定价，企业可以在不同细分市场中实现更好的利润率。

更有效的市场营销：细分市场策略有助于企业更精确地制订市场营销计划。企业可以根据每个细分市场的特点，开展针对性的广告和促销活动，从而提高市场反馈率和销售额。这减少了不必要的市场营销开支，并提高了投资回报率。

产品创新：通过更深入地了解特定细分市场的需求，企业可以更好地定制产品或服务。这有助于刺激产品创新，提供满足客户需求的新产品。在细分市场中，产品的个性化定制将会容易实现。

管理成本降低：尽管需要为多个细分市场制定策略，但通过更精确地满足客户需求，企业可以降低库存成本、减少营销浪费和改善供应链管理。这可以导致运营效率的提高和管理成本的降低。

竞争优势的建立：细分市场策略有助于企业建立竞争优势，因为他们能够更好地满足特定市场的需求，与竞争对手有明显的区别。这种竞争优势可以帮助企业在市场中长期保持领先地位。

综上所述，细分市场对企业绩效有积极的影响。它可以帮助企业更好地理解客户需求，提供更满足他们期望的产品或服务，提高市场份额，改善定价策略，提高市场营销效果，刺激产品创新，并降低管理成本。通过有效的细分市场策略，企业可以建立竞争优势，取得成功。

（四）细分市场对策略的挑战

尽管细分市场策略带来了许多好处，但也存在一些挑战和困难，企业需要解决这些问题以实现成功的细分市场策略：

市场动态性：市场条件可能会发生变化，细分市场的需求和特点可能会随时间而变化。企业需要灵活地调整策略，以适应不断变化的市场环境。

多样化的资源需求：为了成功执行细分市场策略，企业可能需要投入更多的资源，包括人力、资金和时间。这对小型企业来说可能是一个挑战，因为它们可能没有足够的资源来应对多个细分市场。

管理复杂性：管理多个细分市场的策略可能会增加管理的复杂性。企业需要确保各部门之间的协调和合作，以确保策略的有效执行。

竞争激烈：在每个细分市场中，企业都面临激烈的竞争。因此，它们需要不断创新和提高，以保持竞争优势。

风险分散：分散到多个细分市场虽然可能会降低风险，但可能会使企业管理者分散精力，无法在任何一个市场中取得重大成功。

数据收集和分析：为了成功制定细分市场策略，企业需要可靠的市场数据和分析。数据的获取和分析可能需要额外的投资。

综合考虑这些挑战，企业需要仔细权衡细分市场策略的利弊，并确保有足够的准备和资源来应对挑战。

细分市场对策略的影响是显著的。通过深入了解不同细分市场的需求和特点，企业可以更好地制定市场策略，满足客户需求，提高绩效，建立竞争优势。在细分市场策略的制定和执行中，企业需要注重市场定位、差异化策略、定价策略、营销策略、渠道管理等关键要素，以确保成功。

尽管细分市场策略带来了许多好处，企业还需要面对一系列挑战，包括市场动态性、资源需求、管理复杂性、竞争激烈、风险分散和数据收集分析等。企业需要灵活、适应变化，同时保持专注和创新，以克服这些困难。

总之，细分市场是制定有效市场策略的关键元素，将对企业绩效和竞争优势产生深远影响。通过深入了解不同细分市场，企业可以更好地满足客户需求，提高市场份额，并在竞争激烈的市场中脱颖而出。细分市场策略的成功执行虽然需要细心计划、资源投入和不断地调整，但可以为企业带来长期的商业成功。

第二节 煤炭竞争格局与竞争对手分析

一、煤炭市场的主要竞争对手

煤炭是全球能源行业的一个重要组成部分，被广泛用于发电、工业生产、供暖和一系列其他用途。然而，煤炭市场一直面临激烈的竞争，这不仅是因为其有限的资源，还因为环境和能源政策的变化以及替代能源的兴起。本部分将深入探讨煤炭市场的主要竞争对手，以及其对该市场的影响。

（一）煤炭市场的背景

在了解煤炭市场的主要竞争对手之前，让我们先了解一下煤炭市场的一般背景。

煤炭用途：煤炭是一种化石燃料，用途广泛，包括发电、工业加工、钢铁制造、供暖、水泥生产等。尤其在发展中国家，煤炭仍然是主要的能源来源。

煤炭资源分布：煤炭资源分布广泛，全球各地都有煤矿。主要的煤炭生产国包括中国、印度、美国、澳大利亚、印度尼西亚和俄罗斯等。

环境和政策压力：煤炭燃烧排放二氧化碳和其他温室气体，将对全球气候变化产生负面影响。因此，各国政府和国际组织已采取措施鼓励减少对煤炭的依赖，推动清洁能源的使用和减排措施的实施。

替代能源：随着太阳能、风能和天然气等可再生能源的发展，煤炭面临来自替代能源的竞争，这些能源既环保，也更受政策支持。

（二）煤炭市场的主要竞争对手

煤炭市场的竞争对手来自多个领域，包括其他煤炭生产企业、可再生能源供应商、天然气行业和政府政策。以下是煤炭市场的主要竞争对手：

1. 其他煤炭生产企业

中国：中国是世界上最大的煤炭生产国，也是全球最大的煤炭消费国之一。中国的国有企业和私营企业在煤炭开采与销售领域竞争激烈。中国煤炭行业因其规模庞大而具有强大的竞争力。

印度：印度是世界上第二大煤炭生产国，其煤炭行业在全球市场上发挥着重要作用。

美国：美国是全球最大的煤炭出口国之一，其煤炭行业在美国国内外市场上具有重要地位。

澳大利亚：澳大利亚是全球最大的煤炭出口国之一，其煤炭行业也在国际市场上具有重要地位。澳大利亚煤炭公司向全球各地提供煤炭，竞争对手包括其他煤炭出口国。

2. 可再生能源供应商

太阳能和风能：可再生能源，尤其是太阳能和风能，正以惊人的速度增长，成为清洁能源的主要代表。这些能源不会排放温室气体，受到政府和投资者的支持，对煤炭市场构成了竞争。

水力能源：水力能源是一种传统的可再生能源，仍然在一些国家中占有重要地位。水电发电厂供应电力，从而降低其对煤炭的需求。

生物能源：生物质能源和生物燃料被广泛认为是一种可再生能源，用于替代传统的煤炭和石油产品。

3. 天然气行业

天然气是一种相对较清洁的化石燃料，与煤炭相比，其燃烧产生的二氧化碳较少。因此，天然气在电力生产、供暖和工业用途中越来越受欢迎。天然气供应商之间的竞争非常激烈，其价格波动也会影响煤炭市场。

4. 政府政策

政府政策在煤炭市场中发挥着重要作用。各国政府通过完善环保法规、碳排放限额、补贴政策、可再生能源目标和税收政策等手段来调整能源产业格局。政府的政策举措可以直接影响煤炭市场的竞争态势。例如，政府可能提供补贴以鼓励可再生能源的发展，或者实施碳定价以增加煤炭燃烧的成本。这些政策可以对煤炭产业产生积极或消极的影响。

5.国际市场需求

全球煤炭市场受到国际市场需求的影响。因此，全球能源需求趋势和国际价格波动都可以影响煤炭市场的竞争。煤炭市场竞争对手不仅会受到国内市场因素的制约，还会受到国际市场因素的制约。

6.环境组织和社会运动

环境组织和社会运动将会对煤炭市场竞争产生影响，其通过舆论和法律手段推动减少对煤炭的使用，提高煤炭企业的环境和社会责任。这些组织可以对煤炭生产商和用户的声誉产生影响，影响其在市场上的地位。

（三）竞争对手的策略

不同的竞争对手采取不同的策略在煤炭市场中参与竞争。以下是一些常见的竞争对手策略：

降低生产成本：在全球煤炭市场上参与竞争，降低生产成本是一种重要策略。企业可以通过提高生产效率、降低劳动成本、改进采矿技术等方式来降低生产成本，以在竞争中占据优势。

多元化能源组合：一些能源公司采取多元化能源组合的策略，以降低其对煤炭的依赖。这可能包括投资和发展可再生能源项目，以平衡煤炭使用带来的风险。

清洁技术和研发：一些煤炭生产商和能源公司正在投资研究和开发清洁煤技术，以减少排放和改善煤炭使用对环境的不利影响。这有助于遵守环保法规，维护企业形象，并在市场上占据有利地位。

国际市场拓展：一些企业寻求在国际市场上扩大业务范围，以分散风险和寻找新的销售机会。这包括出口煤炭、投资海外煤矿或参与国际合作项目。

关注政府政策：企业需要密切关注政府政策的变化，以便调整战略以适应新的政策环境。这可能涉及减少排放、改善环保措施或多元化能源供应。

社会责任和可持续发展：一些煤炭生产商试图提高社会责任意识，采取可持续发展策略，以满足社会和投资者的期望。这包括采用更环保的采矿方法、改善工人条件和支持当地社区。

竞争对手的策略取决于其市场地位、资源、市场需求和政策环境等因素。在竞争激烈的煤炭市场中，灵活性和创新能力对企业保持竞争优势至关重要。

煤炭市场的竞争对手涵盖了多个领域，包括其他煤炭生产企业、可再生能源供应商、天然气行业、政府政策等。这些竞争对手将在不同方面对煤炭市场产生影响，包括价格竞争、资源分配、环境因素和市场需求。

随着可再生能源的兴起和环境污染问题的凸显，煤炭市场正在面临着越来越大的挑战。煤炭产业必须采取创新策略，降低生产成本，改善环保措施，多元化能源供应，并满足政府政策的要求。竞争激烈的市场环境要求煤炭企业管理者具备灵活性和战略洞察力，以保持企业竞争优势和可持续发展。煤炭市场的未来将受到全球能源需求、环保政策和新能源技术的影响，因此企业必须不断调整战略，以适应不断变化的市场。

二、竞争对手的市场份额与策略

在任何市场中，竞争对手的市场份额和采取的策略都是影响市场竞争格局与企业绩效的重要因素。市场份额反映了企业在市场中的相对地位，而策略则决定了企业如何争夺市场份额、保持竞争优势以及实现业绩目标。本部分将深入探讨竞争对手的市场份额与策略之间的关系，以及它们如何共同塑造市场竞争格局。

（一）竞争对手的市场份额的重要性

竞争对手的市场份额是指企业在特定市场或行业中所占的销售额、份额或规模。市场份额是企业成功与否的重要指标之一，它直接反映了企业在市场中的竞争地位。以下是竞争对手的市场份额的重要性：

竞争地位：市场份额可以衡量企业在市场中的相对地位。具有较大市场份额的企业通常拥有更多的资源和话语权，能够影响市场的规则和动态。

经济规模：市场份额与企业的经济规模相关。市场份额较大的企业通常能够更有效地利用规模优势，实现成本节约、提高生产效率和做到市场渗透。

利润潜力：市场份额直接影响企业的利润潜力。通常情况下，市场份额较大的企业能够获得更多的销售和盈利机会。

投资吸引力：市场份额较大的企业通常更具吸引力，能够更容易吸引投资、融资和合作伙伴。这有助于支持企业的成长和发展。

品牌认知度：市场份额较大的企业通常拥有更高的品牌认知度，这有助于吸引消费者和建立忠实客户群。

影响力：市场份额较大的企业通常在产业政策、标准制定和市场趋势方面拥有更大的影响力，其更容易推动行业发展。

因此，竞争对手的市场份额在市场竞争中具有重要作用，企业通常会采取策略来增加其市场份额，从而获得更多的利益和影响力。

（二）竞争对手的市场份额与策略之间的关系

竞争对手的市场份额和策略之间存在密切的关系。企业的策略直接影响其市场份额的变化，而市场份额的变化反过来也会促使企业重新调整其策略。以下是竞争对手的市场份额与策略之间的关系：

市场渗透策略：企业可以通过市场渗透策略来增加其市场份额。这包括增加销售量、扩大客户范围、进入新市场或增加产品线。例如，通过开展定期促销活动或推出新产品，企业可以吸引更多的客户，增加市场份额。

定价策略：定价策略可以直接影响市场份额。降低价格通常会吸引更多的客户，从而增加市场份额。然而，这可能会对企业的利润率产生负面影响。因此，企业需要在定价策略中平衡市场份额和利润。

品牌和营销策略：有效的品牌建设和营销策略可以帮助企业提高品牌认知度及吸引力，从而增加市场份额。同时品牌忠实度和消费者的情感连接对市场份额的提高有帮助。

合作与收购策略：企业可以通过合并、收购或战略合作来扩大其市场份额。这可以通过获得竞争对手的业务或进入新市场来实现。通过整合资源和知识，企业可以更容易地增加其市场份额。

创新和产品发展策略：通过创新和不断改进产品和服务，企业可以吸引更多的客户，提高其市场份额。创新可以包括新技术、新功能或更环保的产品。

国际拓展策略：在国际市场上扩大业务是一种增加市场份额的策略。这可以通过出口、合资企业、建厂或收购国外企业来实现。

反应市场变化的策略：市场变化可能影响企业的市场份额。竞争对手需要灵活地调整策略，以应对新的市场条件和竞争对手的举措。

竞争对手的市场份额与策略之间的关系是相互作用的，它们共同塑造了市场竞争格局。企业必须根据市场环境和自身情况来选择合适的策略，以实现其市场份额的增加和竞争优势的保持。

（三）不同行业和市场中的竞争对手市场份额与策略

不同的行业和市场中，竞争对手的市场份额与策略具有不同的特点和变化。以下是几个不同行业和市场中的示例：

零售业：在零售业，市场份额通常受到地理位置、销售渠道、品牌声誉和价格竞争的影响。竞争对手通常会采取定价策略、促销活动和产品创新来争夺市场份额。

技术行业：在技术行业，市场份额通常受到产品质量、技术创新、研发投资和市场渗透的影响。竞争对手通常会采取创新策略、专利保护和市场推广来增加其市场份额。

银行业：在银行业，市场份额通常受到金融产品和服务的种类、客户关系、信誉与金融稳健性的影响。竞争对手通常会采取利率调整、营销活动、客户服务改进和风险管理策略来争夺市场份额。

制药行业：在制药行业，市场份额通常受到研发管道、药品质量、监管批准和医疗专业人士的信任的影响。竞争对手通常会采取研发投资、合规政策、市场推广和创新药物开发策略来争夺市场份额。

汽车业：在汽车业，市场份额通常受到产品质量、品牌声誉、价格、燃油效率和可持续性的影响。竞争对手通常会采取新车型的发布、燃油效率改进、品牌推广和全球市场扩展策略来争夺市场份额。

每个行业和市场都有其独特的市场份额和竞争策略的动态。竞争对手必须了解市场的特点，识别关键的竞争因素，并制定适当的策略来实现市场份额的增长和竞争优势的维护。

竞争对手的市场份额与策略之间存在密切的关系，它们相互影响和塑造了市场竞争格局。市场份额是企业在市场中的相对地位，直接影响企业的经济规模、利润潜力、品牌认知度和影响力。企业通过制定不同的策略，如市场渗透、定价、品牌、合作、创新和国际拓展策略，来争夺市场份额和实现其业绩目标。

不同行业和市场中，竞争对手的市场份额与策略的特点和变化各不相同。了解市场特点、竞争因素和趋势对制定有效的策略至关重要。在竞争激烈的市场中，企业必须灵活、创新，不断适应变化的市场环境，以保持竞争优势和实现可持续发展。竞争对手的市场份额与策略之间的关系将继续在不同行业和市场中发挥重要作用，影响市场格局和企业绩效。

三、竞争对手的核心竞争力

竞争对手的核心竞争力是每个企业都需要深入了解和分析的重要因素。了解竞争对手的核心竞争力有助于企业更好地制定战略、提高自身竞争力，以及把握市场机会。在本部分中，我们将探讨竞争对手的核心竞争力，以及如何通过分析竞争对手来获取有关他们的重要信息。

（一）竞争对手的核心竞争力是什么？

竞争对手的核心竞争力是指他们在市场上取得成功的关键因素和能力。这些因素和能力可以使竞争对手在竞争激烈的市场中脱颖而出，吸引客户，实现盈利并保持领先地位。核心竞争力通常包括以下几个方面：

产品和服务质量：竞争对手可能通过提供高质量的产品和服务来吸引客户。这可能涉及技术创新、工艺流程的卓越性或独特的功能和性能。

成本领先：一些竞争对手可能以更低的成本生产产品或提供服务，从而能够以更具竞争力的价格销售产品。这通常需要高效率和精益生产。

品牌声誉：一家公司的品牌声誉对其吸引力和市场地位至关重要。竞争对手可能通过建立强大的品牌声誉来吸引忠实客户和合作伙伴。

市场份额和分销渠道：在一些行业，市场份额和分销渠道可以成为竞争对手的核心竞争力。拥有广泛的市场份额和高效的分销渠道可以使一家公司在市场上保持领先地位。

创新能力：竞争对手可能通过不断的创新来保持其竞争力。这可以包括新产品的开发、研究和开发投资以及与行业趋势和技术的保持同步。

客户关系和服务：建立强大的客户关系和提供卓越的客户服务可以帮助竞争对手保持客户忠诚度并吸引新客户。

人才和团队：拥有高素质的员工和管理团队可以成为一家公司的核心竞争力。他们的知识、经验和创造力对企业的成功至关重要。

（二）如何分析竞争对手的核心竞争力？

为了了解竞争对手的核心竞争力，企业可以采取一系列分析方法。以下是一些常用的方法：

竞争情报收集：通过收集竞争对手的信息和数据，企业可以了解他们的产品、市场份额、销售策略、定价策略以及运营方式。这可以通过市场研究、竞争情报机构、社交媒体监控等手段来实现。

SWOT分析：SWOT分析是一种系统性的方法，用于评估企业的自身优势（Strengths）、劣势（Weaknesses）、机会（Opportunities）和威胁（Threats）。通过比较竞争对手的SWOT分析和自身的分析，企业可以发现竞争对手的核心竞争力和自身的差距。

竞争对手的战略分析：了解竞争对手的战略选择，如市场定位、产品组合、价格策略、市场扩张计划等，有助于企业洞察竞争对手的核心竞争力。这可以通过竞争对手的公开文件、财务报表、公司新闻和行业分析来获取信息。

市场份额和市场地图：分析市场份额和市场地图可以帮助企业确定竞争对手在市场上的地位。通过了解谁是市场领导者、挑战者和新进者可以揭示竞争对手的核心竞争力。

顾客反馈和评价：收集顾客的反馈和评价，了解他们对竞争对手的看法，以及竞争对手的产品和服务在市场上的表现如何。这可以通过客户调查、社交媒体分析和在线评论来实现。

技术和研发分析：了解竞争对手的技术能力和研发投资可以揭示他们的创新能力。这包括专利数据、研究和开发计划、技术合作伙伴等方面的信息。

（三）如何应对竞争对手的核心竞争力？

一旦企业了解了竞争对手的核心竞争力，就可以采取一系列策略来应对竞争。以下是一些应对策略：

自身核心竞争力的提升：首先，企业应该努力提升自身的核心竞争力。这可能涉及产品和服务的改进、成本管理的优化、品牌建设以及创新投资。

市场定位和差异化：企业可以通过选择不同的市场定位和差异化策略来避免与竞争对手直接竞争。这可以包括选择不同的目标客户群体、提供独特性能的产品、定价策略的调整等。

合作和联盟：与竞争对手建立合作关系或联盟可以带来互相的利益。这可以包括供应链合作、市场合作、共同研发项目等。

技术创新和研发投资：企业可以加大对技术创新和研发的投资力度，以确保与竞争对手保持同步甚至超越他们。这可以帮助企业不断提高核心竞争力。

价格竞争策略：企业可以通过价格策略来应对竞争对手。这可以包括降低价格以增加市场份额，或者提高价格以强化品牌形象。

市场扩张和多元化：寻找新的市场机会和多元化业务可以帮助企业减少对某一竞争对手的依赖。这可以通过市场研究和战略规划来实现。

竞争对手的核心竞争力对企业的成功至关重要。通过深入分析竞争对手的核心竞争力，企业可以更好地了解市场动态、发现机会和威胁，并制定有效的战略来提高自身竞争力。企业应该采取多种方法来收集信息和分析竞争对手，包括竞争情报、SWOT分析、市场地图、顾客反馈等。最终，通过采取适当的应对策略，企业可以在竞争激烈的市场中取得成功并保持领先地位。

第三节　煤炭客户需求与趋势预测

一、不同客户群体的需求特点

随着社会的发展和经济的变迁，不同客户群体的需求特点日益多样化和复杂化。了解和满足不同客户群体的需求是企业成功的关键之一。本部分将分析不同客户群体的需求特点，包括年龄、性别、文化背景、地理位置等因素，以帮助企业更好地了解他们的客户，从而提供更好的产品和服务。

（一）年龄群体的需求特点

1. 儿童和青少年

儿童和青少年是一个重要的消费群体，他们的需求特点包括对玩具、游戏、教育资源和娱乐产品的需求。此外，他们也受家长的影响，所以安全性、教育性和娱乐性都是企业要考虑的重要因素。

2. 青年人

青年人通常更加注重个性和时尚，他们对科技产品、社交媒体和娱乐活动有较高的需求。他们虽然可能有更多的购买力和消费能力，但更加注重性价比。

3. 中年人

中年人通常有家庭和职业，因此他们的需求更侧重于家庭用品、保险、健康和职业发展。同时他们可能更加注重产品的质量和品牌声誉。

4. 老年人

老年人的需求主要包括医疗保健、养老服务和休闲活动。他们既可能更加注重产品的易用性和安全性，也可能更加侧重社会互动和社交活动。

（二）性别差异的需求特点

1. 男性

男性通常对科技产品、汽车、体育和户外活动有较高的兴趣。他们可能更加注重功能和性能，对产品的外观不那么敏感。

2. 女性

女性通常更加注重家庭、健康、美容和时尚。她们可能更加注重产品的外观、包装和品牌形象。此外，女性在购物中通常更注重情感体验。

（三）文化背景的需求特点

1. 不同文化背景的群体

不同文化背景的人可能有不同的价值观和习惯，这会影响他们的需求。例如，东方文化可能更注重家庭、尊重他人和传统价值观，而西方文化可能更注重个人主义和创新。因此，企业需要根据不同文化背景的客户需求进行定制化的产品和服务。

2. 宗教和信仰

宗教和信仰会影响人们的需求。不同宗教的信徒可能有特定的饮食要求、服饰要求和节日需求。企业需要尊重不同宗教和信仰，提供合适的产品和服务。

（四）地理位置的需求特点

1. 城市和农村

城市和农村地区的人们可能有不同的需求。城市居民通常更注重快捷和便利，他们可能更倾向在线购物和外卖服务。农村居民可能更注重产品的实用性和耐用性，他们可能更多依赖传统的购物方式。

2. 不同国家和地区

不同国家和地区的人们可能有不同的口味和文化需求。举例来说，中国人对红色有特殊的情感，印度人通常更注重辛辣食品，北欧国家的人可能更注重可持续性和环保。

（五）经济状况的需求特点

1. 高收入人群

高收入人群通常有更多的购买力，他们可能更注重高端产品、奢侈品和高品质服务。同时他们可能更愿意投资于高品质的资产和金融产品。

2. 中等收入人群

中等收入人群通常更加注重性价比，他们可能会比较产品的价格和质量，寻求物有所值的购物体验。同时他们可能更注重教育、健康和家庭需求。

3. 低收入人群

低收入人群通常更注重基本生活需求，如食品、住房和医疗。他们可能更加注重价格和可承受性，寻求经济实惠的产品和服务。

（六）消费行为的需求特点

1. 忠诚度

一些客户可能更容易建立忠诚度，他们可能更愿意购买同一品牌的产品和服务。因此，企业需要建立和维护客户关系，提供忠诚度奖励和个性化的服务。

2. 购买决策过程

不同客户可能在购买决策过程中有不同的需求。有些人可能更注重产品的信息和比较，而另一些人可能更注重购物的体验和情感满足。

3. 社交影响

社交影响会影响客户的需求特点。有些人可能更容易受到家人、朋友或社交媒体的影响，而偏好购买与他们的社交圈相符的产品和服务。因此，企业需要考虑社交因素，如口碑和社交媒体营销，以满足这些客户的需求。

4. 消费心理和情感

客户的消费心理和情感会影响他们的需求。一些人可能更注重购物的情感满足，如购物愉悦感和品牌认同感。其他人可能更注重产品的功能和性能，关注实际的使用价值。因此，企业需要了解客户的消费心理和情感需求，以满足他们的期望。

（七）技术发展的需求特点

1. 科技普及

随着科技的普及，许多客户对科技产品和数字化服务的需求不断增加。他们可能更注重便捷性、连接性和创新性。企业需要不断跟进科技发展，提供符合客户期望的产品和服务。

2. 数据隐私和安全

随着数字化时代的到来，客户对数据隐私和安全的关注不断增加。他们希望自己的个人信息得到妥善保护，不被滥用。因此，企业需要注重数据安全和隐私保护，以满足客户的需求。

（八）环保和可持续性的需求特点

1. 环保意识

越来越多的客户对环保意识增强，他们希望购买符合环保标准的产品和使用可持续性的服务。企业需要考虑环保因素，如减少塑料包装、节能产品和碳中和服务，以满足这些客户的需求。

2. 社会责任

客户越来越关注企业的社会责任，他们希望支持那些积极参与社会问题解决的企业。企业需要积极履行社会责任，与客户分享他们的社会贡献，以赢得客户的支持和忠诚度。

（九）客户服务的需求特点

1. 客户体验

客户体验是一个重要的需求特点，客户希望获得愉快的购物体验，包括方便的购物渠道、友好的客户服务和个性化的建议。企业需要不断提升客户体验，以吸引和留住客户。

2. 售后服务

售后服务是客户需求的一部分，客户希望在购买后能够获得及时的支持和解决问题。企业需要提供高质量的售后服务，以建立客户的信任和满意度。

不同客户群体的需求特点是多样化的，受到年龄、性别、文化背景、地理位置、经济状况、消费行为、技术发展、环保和可持续性等多种因素的影响。企业需要深入了解不同客户群体的需求，以定制化的产品和服务来满足他们的期望。另外，企业还需要密切关注市场趋势和社会变化，不断调整和改进自己的产品和服务，以适应客户需求的变化。只有如此，企业才能在竞争激烈的市场中取得成功，并建立持久的客户关系。

二、未来煤炭需求的趋势与预测

煤炭一直以来是全球能源体系中的重要组成部分，用于发电、工业生产、供热和化工等领域。然而，随着对气候变化和环境问题的关注不断增加，以及可再生能源和清洁技术的发展，煤炭的未来需求面临着巨大的不确定性。本部分将探讨未来煤炭需求的趋势与预测，以便更好地了解这一重要资源的前景。

（一）全球煤炭需求的现状

在探讨未来的趋势和预测之前，我们首先来了解一下全球煤炭需求的现状。煤炭一直是全球主要的能源资源之一，用于发电、制造钢铁、水泥生产和供暖。然而，近年来一些趋势已经开始影响煤炭需求：

清洁能源的崛起：可再生能源如太阳能和风能在全球范围内快速增长，逐渐替代了煤炭发电。政府政策和环保压力促使电力行业减少企业对煤炭的依赖。

气候变化和环境问题：全球范围内对气候变化和大气污染问题的关注不断上升，这促使各国采取措施减少煤炭的使用，以减少温室气体排放和改善空气质量。

国际煤价波动：国际市场上的煤炭价格波动较大，这使一些国家更加依赖进口煤炭，从而对全球市场产生了影响。

煤炭行业的结构性问题：一些煤炭生产商面临盈利能力下降和劳动力问题，这使得煤炭生产变得不那么具有吸引力。

综上所述，全球煤炭需求正在受到多方面的挑战，这些挑战将在未来对煤炭需求产生重要影响。

（二）未来煤炭需求的趋势

在未来，煤炭需求的趋势将受到以下因素的影响：

1. 可再生能源和清洁技术发展

可再生能源如太阳能和风能在全球范围内的快速增长将继续替代传统的煤炭发电。此外，清洁技术的不断发展也将改善煤炭电厂的效率和减少排放，从而减少对煤炭的需求。

2. 气候政策和法规

全球范围内的气候政策和法规的完善将对煤炭需求产生重要影响。各国都在采取措施限制煤炭的使用，推动清洁能源和减少温室气体排放。这些政策将促使电力行业减少对煤炭的依赖，从而降低煤炭需求。

3. 经济增长和人口增加

尽管可再生能源的发展，但一些新兴市场和发展中国家的经济增长与人口增加仍然会驱动其对能源的需求，包括煤炭。这可能导致一些国家继续将煤炭作为主要能源来源，尤其是在电力生产领域。

4. 煤炭生产国政策

煤炭生产国的政策和措施将会对煤炭需求产生影响。一些国家可能会采取措施支持本国煤炭产业，而另一些国家可能会逐渐淘汰煤炭。这将导致全球煤炭市场分布的不均衡。

5. 国际能源价格

国际煤炭价格的波动将继续对全球煤炭需求产生影响。价格上涨可能刺激煤炭生产和需求，而价格下跌可能减少煤炭生产商的盈利。

6. 煤炭替代品

随着技术的进步，一些新兴能源和替代品可能会逐渐替代煤炭，这包括氢能源、核能和其他清洁能源技术。如果这些替代品变得成本更低、效益更好，它们将减少对煤炭的需求。

（三）未来煤炭需求的预测

尽管未来煤炭需求的趋势充满不确定性，但一些机构和研究机构还是提出了有关未来煤炭需求的预测。以下是一些预测的摘要：

1. 国际能源署（IEA）的预测

国际能源署（IEA）在其《世界能源展望2021》中提出对未来煤炭需求的预测。根据该报告，全球煤炭需求预计将在未来几十年内逐渐下降，尤其是在工业化国家。然而，一些新兴市场国家仍可能增加煤炭的使用，以满足其能源需求。IEA强调了清洁技术和政策的重要性，以减少对煤炭的依赖。

2. 国际煤炭协会（World Coal Association）的观点

国际煤炭协会表示，虽然全球煤炭需求可能在未来几十年内下降，但煤炭仍将继续在全球能源体系中发挥重要作用。尤其是在一些地区，煤炭将继续是主要的能源来源，以支持这些地区的经济增长和能源安全。

3. 国内煤炭需求的预测

每个国家的煤炭需求情况会有所不同。例如，中国作为全球最大的煤炭生产和消费国，正在采取措施减少其对煤炭的依赖，推动可再生能源和清洁技术的发展。然而，印度等新兴市场国家仍可能增加煤炭的使用，以满足其快速增长的能源需求。

总的来说，未来煤炭需求的预测具有相当的不确定性，因为它会受到多种因素的影响。全球煤炭需求虽然可能在未来几十年内下降，但一些国家和地区仍将依赖煤炭。清洁技术的发展和政策措施的完善将起到至关重要的作用，以影响未来煤炭需求的走向。

（四）未来煤炭需求的影响

未来煤炭需求的趋势和预测将对多个领域产生重要影响：

1. 环境和气候

减少对煤炭的依赖将有助于减少温室气体排放，有助于应对气候变化。此举还有助于改善大气质量和减少空气污染，从而提高人们的健康水平。

2. 能源行业

煤炭生产和煤炭相关行业将受到直接影响，特别是在那些依赖煤炭的地区。这可能导致就业机会减少和产业结构的调整。

3. 资源国家

依赖煤炭出口的国家将受到经济影响，特别是在国际煤价波动的情况下。这些国家需要考虑多元化经济，以减少其对煤炭的依赖。

4. 能源安全

减少对煤炭的依赖可以提高能源安全性，降低对进口煤炭的依赖，减少能源供应的不稳定性。

5. 可再生能源和清洁技术

清洁技术和可再生能源将在未来取代煤炭，这将促进这些领域的发展，创造更多的就业机会，促使技术创新。

6. 社会和政策

未来煤炭需求的变化将对政府政策和社会产生深远的影响。政府需要采取措施来逐渐减少煤炭的使用，同时保障受到影响的社区和工人的权益。

综合考虑，未来煤炭需求的趋势和预测将产生广泛的经济、环境与社会影响。因此，各利益相关方，包括政府、行业和社会组织，都需要共同努力，以实现可持续的能源转型，减少对煤炭的依赖，并促进清洁和可持续能源的发展。

未来煤炭需求的趋势和预测充满不确定性，但可以肯定的是，煤炭将继续在全球能源体系中发挥重要作用。然而，随着可再生能源和清洁技术的快速发展，以及气候变化和环境问题的不断加剧，煤炭需求可能会逐渐下降。

为了实现可持续的能源未来，政府、行业和社会组织需要采取措施，减少对煤炭的依赖，推动清洁能源的发展，促进技术创新，改善能源效率，并确保受到影响的社区和工人的权益。这将有助于减少温室气体排放，改善空气质量，提高能源安全性，以及为下一代提供可持续的能源。未来煤炭需求的变化将是一个复杂的过程，需要在各方面进行权衡和谨慎考虑。

未来，煤炭产业虽然不可避免地面临挑战，但也将出现机会。煤炭产业需要适应新的现实，采取措施减少环境影响，提高能源效率，推动清洁技术的发展，并探索新的市场。同时，政府和国际社会也需要提供支持和引导，以确保转型是有序和公平的，不会给受到影响的社区和工人带来重大负面影响。

最终，未来煤炭需求的走势将取决于多个因素的综合影响，包括技术进步、政策变化、经济发展、环境意识和社会需求。全球社会必须共同应对气候变化和环境挑战，通过转型能源体系，减少煤炭的使用，实现更可持续、清洁和绿色的能源未来。

因此，未来煤炭需求的趋势与预测虽然具有极大的不确定性，但我们可以肯定的是，全球对清洁能源和可持续发展的需求将不断上升。随着科技的进步和政策的推动，煤炭将逐渐减少其在全球能源供应中的地位，而清洁能源将逐渐崭露头角。重要的是，各利益相关方需要共同协作，以确保这个过程的过渡是平稳和公平的，以便实现可持续的能源未来，减少温室气体排放，改善环境质量，提高能源安全性，并推动经济发展。未来的挑战是众多的，但也充满机会，为我们追求更加可持续的世界提供了新的方向和动力。

三、如何满足不断变化的客户需求

在今天的商业环境中，客户需求不断变化，驱动着企业不断调整和创新其产品及服务。满足这些变化的需求是企业成功的关键之一。本部分将探讨如何满足不断变化的客户需求，包括了解客户、创新产品和服务、提供卓越的客户体验以及适应技术变革等方面。

（一）了解客户

了解客户是满足不断变化的需求的第一步。客户需求的变化可以受到多种因素的影响，包括社会趋势、技术进步、竞争环境和经济变化。为了更好地了解客户需求的变化，以下是一些重要策略：

（1）市场研究：进行市场研究是了解客户需求变化的关键。通过调查和分析市场数据，企业可以识别趋势、竞争情况和客户行为。这有助于企业预测未来的需求，并调整其战略和产品结构。

（2）客户反馈：积极收集和分析客户反馈是了解客户需求的重要途径。企业可以通过客户调查、反馈表、在线评论和社交媒体互动来获取宝贵的信息。这有助于了解客户的期望和不满，以及需要改进的领域。

（3）数据分析：利用大数据分析和数据挖掘技术，企业可以深入了解客户的行为和偏好。通过分析客户的购买历史、浏览行为和社交媒体活动，企业可以发现隐藏的趋势和机会。

（4）客户洞察：与客户建立密切的关系，并深入了解他们的需求。这可以通过与客户交流、参加行业会议和活动以及与客户建立合作关系来实现。客户洞察有助于企业更好地了解客户的痛点。

（二）创新产品和服务

满足不断变化的客户需求需要企业不断创新其产品和服务。客户需要在市场上找到满足其需求的产品和解决方案。以下是一些创新的方法：

（1）新产品开发：通过不断研发新产品，企业可以满足客户对创新和新鲜感的需求。这可以包括改进现有产品的功能，开发新的产品线，或者推出全新的产品。

（2）定制化：提供定制化的产品和服务，以满足不同客户的个性化需求。这可以通过与客户合作，根据他们的特定要求定制产品和解决方案来实现。

（3）技术创新：利用新技术和数字化解决方案，创新产品和服务。例如，物联网、人工智能和大数据分析可以帮助企业开发更智能和高效的产品。

（4）敏捷开发：采用敏捷开发方法，能够更快地推出新产品和服务。这种方法强调与客户的紧密合作，快速反馈和迭代，以满足客户不断变化的需求。

（三）提供卓越的客户体验

提供卓越的客户体验是满足客户需求的关键。客户体验是客户与企业互动的全过程，包括购物、客户支持、售后服务等。以下是提供卓越客户体验的重要因素：

（1）便捷性：确保客户可以方便地与企业互动，购买产品和解决问题。这包括简化购物过程、提供快速的客户支持和提供多渠道的服务。

（2）个性化：根据客户的偏好和需求提供个性化的体验。这可以通过推荐产品、定制化服务和个性化营销来实现。

（3）质量和可靠性：提供高质量的产品和可靠的服务，以建立客户信任。质量问题和客户的不满意度可能导致客户流失。

（4）沟通和反馈：与客户建立积极的沟通和反馈渠道，以了解他们的需求和反馈。这有助于改进产品和服务，以满足客户要求。

（5）售后服务：提供优质的售后服务，包括解决问题、维修和保修。满足客户在购买后的需求是保持客户忠诚度的关键。

（四）适应技术变革

技术的快速发展对客户需求产生了深远影响。企业需要不断适应技术变革，以满足客户需求。以下是一些关于适应技术变革的重要策略：

（1）数字化转型：将企业的业务过程数字化，以提高效率和提供更好的客户体验。数字化转型可以包括在线销售、电子支付、云计算、大数据分析等。

（2）创新技术应用：利用新技术创新产品和服务。企业可以考虑采用人工智能、物联网、虚拟现实、区块链等技术，以改进产品功能和客户体验。

（3）安全和隐私保护：随着技术的发展，数据安全和隐私保护变得更加重要。企业需要采取措施确保客户的个人信息得到妥善保护，以赢得客户的信任。

（4）教育和培训：培训员工，使其掌握新技术和数字化工具，以更好地满足客户需求。员工的技能和知识水平对提供卓越的客户体验至关重要。

(五)持续改进和创新文化

满足不断变化的客户需求需要建立一种持续改进和创新的文化。这需要全员参与和积极的领导支持。以下是一些重要元素：

（1）持续学习和适应：鼓励员工不断学习和适应新的技术和趋势。提供培训和发展机会，以提高员工的技能和知识。

（2）创新激励：设立创新激励措施，鼓励员工提出新的想法和解决方案。建立创新文化，使员工有信心分享他们的创意。

（3）数据驱动：利用数据来指导决策和改进。数据分析可以揭示客户需求的变化和机会，以支持决策制定。

（4）客户导向：将客户需求放在企业战略的中心。确保所有部门都明白客户是最终的决策者，他们的需求和意见至关重要。

（5）风险管理：了解市场风险和机会，以更好地应对不断变化的客户需求。建立风险管理策略，以减少潜在的负面影响。

(六)适应市场变化

市场环境不断变化，客户需求就会受到影响。为了满足不断变化的客户需求，企业需要灵活适应市场变化。以下是一些建议：

（1）竞争分析：定期分析市场竞争环境，了解竞争对手的策略和客户需求。这有助于企业制定相应的策略，以保持竞争优势。

（2）新市场机会：寻找新的市场机会，不断扩大产品和服务的范围。新市场既可能是地理上的扩展，也可能是在不同行业或细分市场中提供新的解决方案。

（3）预测和计划：制订预测和计划，以更好地应对市场变化。这可以帮助企业更好地准备和调整其资源，以满足客户需求。

（4）合作伙伴关系：建立合作伙伴关系，以扩大市场渗透和提供更多的价值。合作伙伴可以提供新的渠道、市场洞察和资源。

（5）敏捷运营：采用敏捷运营方法，以更快地调整产品和服务，以适应市场需求的变化。敏捷方法强调快速反馈和迭代，以满足客户需求。

满足不断变化的客户需求是企业成功的关键之一。客户需求的变化可以受到多种因素的影响，包括社会趋势、技术进步、竞争环境和经济变化。为了满足客户需求，企业需要了解客户、创新产品和服务、提供卓越的客户体验以及适应技术变革等方面。

建立一个持续改进和创新的文化对满足不断变化的客户需求至关重要。这需要全员参与和积极的领导支持。通过不断学习、创新和适应，企业可以更好地满足客户需求，并保持竞争优势。

最终，企业需要紧密关注市场变化，寻找新的市场机会，建立合作伙伴关系，以应对不断变化的客户需求。通过灵活适应市场变化，企业可以保持竞争力，实现利润持续增长。满足客户需求是企业成功的基础，是为客户创造价值的关键。

第四节　煤炭SWOT分析与机会威胁评估

一、煤炭行业的优势与劣势

煤炭作为一种传统能源资源，在全球能源体系中一直扮演着重要的角色。然而，随着社会对环境问题的关注度不断上升以及可再生能源和清洁技术的快速发展，煤炭行业面临着一系列的挑战。本部分将分析煤炭行业的优势和劣势，以帮助更好地理解这一关键行业的现状和前景。

（一）煤炭行业的优势

（1）能源供应稳定性：煤炭是一种广泛分布且相对丰富的能源资源，因此在全球范围内具有较高的供应稳定性。这使得煤炭成为一种可靠的能源来源，尤其是在一些能源供应不稳定的地区。

（2）低成本：相对一些其他能源资源，煤炭具有较低的生产成本。这使得煤炭在电力生产、工业生产和供暖领域具有竞争力，因为它可以提供相对廉价的能源。

（3）基础设施成熟：煤炭基础设施在全球范围内已经相当成熟，包括采矿、加工、运输和发电设施。这使得煤炭供应链的建立和维护相对容易，而不需要大规模的投资。

（4）多种用途：煤炭不仅用于发电，还在工业生产、钢铁制造、水泥生产和供热等领域有广泛用途。它的多功能性使得煤炭在不同行业中具有广泛的应用。

（5）可用性广泛：煤炭在全球范围内广泛可用，不仅供应充足，而且分布广泛。这使得煤炭在许多国家和地区都可以作为主要能源来源。

（6）就业机会：煤炭行业在一些地区提供了大量就业机会，包括采矿、运输、发电和相关领域。这有助于支持当地经济和社会发展。

（二）煤炭行业的劣势

（1）温室气体排放：煤炭燃烧释放大量二氧化碳和其他温室气体，是主要的温室气体排放源之一。这加剧了气候变化问题，引发了全球对环境和气候的担忧。

（2）空气污染：煤炭燃烧会产生空气污染物，包括二氧化硫、氮氧化物和颗粒物。这些污染物将对人类健康造成危害，导致呼吸道疾病和其他健康问题。

（3）矿产资源开采的环境影响：采矿煤炭对土地、水资源和生态系统产生不可逆的影响。这包括矿山废弃物和污染，对生态系统的破坏，以及对当地社区的负面影响。

（4）能源效率低：煤炭在燃烧过程中的能源效率相对较低，大部分能量以废热的形式散失。这意味着需要更多的煤炭来产生相同数量的能量，从而加剧了资源消耗。

（5）市场波动：国际煤炭市场价格波动较大，这使得煤炭生产商和使用者面临不确定性。价格波动可能导致生产商的利润率下降，同时也增加了供应国的经济风险。

（6）社会反对和政策压力：由于环境和健康问题，煤炭行业受到了广泛的社会反对，政府和国际社会也采取了一系列政策措施，以减少煤炭的使用和促进清洁能源的使用。

（7）投资风险：随着全球对可再生能源和清洁技术的投资不断增加，煤炭行业将面临投资风险。投资者可能不愿意支持高碳能源项目，这可能会增加融资难度。

（8）技术竞争：清洁能源技术和可再生能源技术不断发展，已经具备替代煤炭的能力。这使得煤炭行业面临来自其他能源形式的竞争，如天然气、太阳能、风能等。这些技术的不断成熟和成本降低可能减少对煤炭的需求。

（9）法律法规限制：许多国家采取了法律法规来限制煤炭的开采和使用，以减少其对环境的负面影响。这些法规包括温室气体排放限制、空气质量标准和矿山环境保护法规。

（10）社会责任压力：越来越多的企业和投资者关注社会责任与可持续发展问题。煤炭行业的环境和社会问题可能会导致企业的声誉受损和社会排斥。

（三）煤炭行业的转型和应对策略

煤炭行业面临的劣势和挑战虽不可忽视，但也存在应对的策略和机会。以下是一些可能的转型和应对策略：

（1）清洁技术和碳捕获：煤炭行业可以投资和采用清洁煤技术，以减少排放和提高能源效率。此外，碳捕获和封存技术（CCS）可以用于捕获和储存煤炭燃烧过程中产生的二氧化碳，从而减少温室气体排放。

（2）多元化能源来源：多元化能源来源可以帮助降低对煤炭的依赖。煤炭企业可以考虑投资和参与其他能源项目，如天然气、可再生能源和核能。

（3）增加能源效率：提高煤炭燃烧过程的能源效率可以减少资源浪费，同时降低环境和健康影响。这可以通过改进电厂技术、提高燃烧效率和减少废热损失来实现。

（4）探索新市场：寻找新的市场机会，如高值化利用煤炭产品，可以帮助煤炭企业开展多元化业务，减少市场波动的风险。

（5）绿色转型：推动煤炭企业进行绿色转型，包括投资和发展可再生能源项目，改善环境性能，同时关注社会责任和可持续发展。

（6）参与政策和监管：积极参与政府和国际组织的政策和监管制定，以塑造有利于煤炭行业的环境和法规环境。

（7）人力资源培训：提升员工的技能和知识水平，以适应新技术和清洁技术的发展，为煤炭行业的未来做好准备。

（8）接受社会责任：积极履行社会责任，与社区合作，改善环境和社会问题，以提高企业的声誉和可持续性。

煤炭行业具有一系列的优势，如稳定的能源供应、低成本、多种用途和就业机会。然而，它也面临一系列的劣势，如温室气体排放、空气污染、资源开采的环境影响和市场压力。随着全球对环境和气候问题的关注不断上升，煤炭行业需要转型和采取应对策略，以适应不断变化的能源格局。

煤炭行业的未来将取决于其是否能够采纳清洁技术、提高能源效率、多元化能源来源、积极履行社会责任以及参与政策和监管标准的制定。这将有助于减少煤炭行业对环境的负面影响，同时保持其在能源体系中的一定地位。最终，煤炭行业需要找到平衡，以在可持续和清洁能源未来发展中发挥作用。

二、市场机会与潜在威胁

在现代商业世界中，市场机会和潜在威胁是企业成功与否的重要因素。了解和适应市场机会可以帮助企业实现增长和成功，而忽视潜在威胁可能导致竞争力下降和业务风险增加。本部分将探讨市场机会和潜在威胁的概念，以及如何分析和应对它们。

（一）市场机会的定义

市场机会是指那些有望实现商业增长和利润的情况和情境。市场机会可以涵盖各种各样的领域，包括新产品和服务、新市场、新技术、新客户群体、新趋势等。市场机会通常表现为一种有助于企业提供更多价值和满足客户需求的可能性。

市场机会的特点包括：

（1）潜在性：市场机会虽尚未被完全利用，但存在潜力实现商业增长。

（2）有助于创新：市场机会鼓励企业创新新产品、服务或业务模式，以满足新需求。

（3）可持续性：市场机会可能为企业提供长期可持续的增长，而不仅仅是短期收益。

（4）增值：市场机会通常与提供更多价值和满足客户需求相关联。

（5）竞争优势：成功利用市场机会可以帮助企业建立竞争优势，巩固市场地位。

（二）市场机会的类型

市场机会可以分为多种类型，具体取决于不同的情境和行业。以下是一些常见的市场机会类型：

（1）新市场机会：这些机会涉及进入新的地理区域或市场领域。例如，跨境电商企业可能会发现新的国际市场机会。

（2）新产品和服务机会：这些机会涉及开发和推出新产品或服务，以满足客户新的需求。例如，智能手机的崭新功能和特性创造了新的市场机会。

（3）新技术机会：新技术的发展可能带来新的商业机会。例如，人工智能和区块链技术正在为各种行业提供新的创新机会。

（4）新客户群体机会：企业可能发现自己能够满足以前未曾考虑的客户需求。例如，一家健康食品公司可能会发现一群新的健康意识强的消费者。

（5）新趋势机会：社会、经济、技术和文化趋势可能带来新的市场机会。例如，可持续发展和环保趋势为绿色产品和服务提供了市场机会。

（三）分析市场机会的方法

要充分把握市场机会，企业需要进行系统性的市场分析。以下是分析市场机会的一些方法：

（1）市场调查：通过市场调查来了解目标市场的需求、偏好和趋势。这可以包括定量调查、定性调查和市场研究。

（2）SWOT分析：进行SWOT分析，评估市场机会的优势、劣势、机会和威胁。这有助于企业了解自身的竞争优势和潜在的挑战。

（3）竞争分析：分析竞争对手的市场定位、策略和绩效，以确定竞争环境中的机会和威胁。

（4）趋势分析：监测并预测市场趋势，以了解未来可能出现的机会和威胁。这可以包括技术趋势、社会趋势、经济趋势等。

（5）客户反馈：积极收集客户反馈和建议，以了解客户需求和期望，从而发现市场机会。

（6）合作伙伴关系：建立合作伙伴关系，与其他企业或组织共同探索市场机会。合作可以带来互补的资源和专业知识。

（四）市场机会的应对策略

一旦确定了市场机会，企业就需要制定相应的应对策略，以充分利用这些机会。以下是一些常见的市场机会应对策略：

（1）创新：开发新产品、服务或技术，以满足市场机会。这可能需要研发投资和创新文化的培养。

（2）市场扩张：扩大企业的市场份额和覆盖范围，以抢占市场机会。这可能包括拓展新的地理区域或客户群体。

（3）合作伙伴关系：与其他企业或组织建立合作伙伴关系，共同开发市场机会。这有助于分享风险和资源，加速市场进入。

（4）多元化：多元化业务，以降低依赖某一市场机会的风险。多元化可以包括开发多个产品线、服务多个市场领域或涉足不同的地理区域。

（5）营销和品牌建设：通过有效的营销和品牌建设活动来推广和推动市场机会。建立强大的品牌和市场形象可以增加客户信任及吸引力。

（6）投资和资源分配：分配足够的资源和资金来支持市场机会的开发和实施。这可能包括资本投资、研发投入和市场营销支出。

（7）监测和评估：建立监测和评估机制，以追踪市场机会的表现和反馈。及时调整策略，以确保最大程度地利用机会。

（五）潜在威胁的定义

潜在威胁是那些可能对企业造成负面影响或威胁其可持续发展的因素、情况或情景。潜在威胁通常包括来自竞争对手、市场变化、政策法规、技术发展和其他外部因素的风险。了解和预测这些潜在威胁对企业制定风险管理策略至关重要。

潜在威胁的特点包括：

（1）不确定性：潜在威胁通常不可预测，因此企业需要对多种不同的可能性进行预测和规划。

（2）影响范围：潜在威胁可能对企业的不同方面产生影响，包括财务状况、市场份额、声誉和客户关系。

（3）应对复杂性：企业需要制定复杂的应对策略，以降低或管理潜在威胁的风险。

（4）长期影响：一些潜在威胁可能对企业的长期可持续性产生持续影响，而不仅仅是短期问题。

（六）潜在威胁的类型

潜在威胁可以分为多种类型，具体取决于不同的情境和行业。以下是一些常见的潜在威胁类型：

（1）竞争威胁：来自竞争对手的威胁，包括价格竞争、市场份额争夺和产品或服务的替代品。

（2）技术威胁：新技术的发展可能会使现有产品或服务过时，从而威胁企业的市场地位。

（3）市场风险：市场变化、需求下降、市场饱和和供应过剩可能会对企业的业务产生负面影响。

（4）法规和政策威胁：政府法规和政策的变化可能会对企业的运营和成本产生不

利影响，或者限制其业务活动。

（5）环境和社会威胁：社会责任、环境问题和声誉风险可能对企业产生负面影响，尤其是在社交媒体时代。

（6）经济威胁：宏观经济因素，如通货膨胀、汇率波动、利率变化和经济衰退，可能会对企业的财务状况产生负面影响。

（7）地缘政治威胁：国际地缘政治紧张局势、国际贸易争端和政治不稳定可能会对企业的国际业务造成影响。

（七）分析潜在威胁的方法

企业需要对潜在威胁进行系统性的分析，以制定风险管理策略。以下是分析潜在威胁的一些方法：

（1）PESTEL 分析：进行 PESTEL 分析，评估政治、经济、社会、技术、环境和法律因素对企业的潜在威胁。这有助于全面了解外部环境。

（2）SWOT 分析：将潜在威胁纳入 SWOT 分析中，以评估其影响和应对策略。这有助于了解威胁对企业的优势和劣势产生的影响。

（3）竞争对手分析：分析竞争对手的策略和行动，以确定潜在威胁和竞争环境中的机会。

（4）风险评估：进行风险评估，识别和量化可能对企业造成的风险。这有助于优先考虑和管理最重要的威胁。

（5）情景规划：制订不同情景下的规划，以应对不同的潜在威胁。这有助于应对不确定性和未来可能出现的情况。

（八）应对潜在威胁的策略

一旦确定了潜在威胁，企业就需要制定相应的应对策略，以降低风险和保护现有业务。以下是一些常见的应对潜在威胁的策略：

（1）多元化：通过多元化产品、服务、市场和地理区域，降低对单一威胁的依赖。多元化可以提高企业的抗风险能力。

（2）创新和适应：不断创新产品、服务和业务模式，以适应不断变化的市场环境。创新可以帮助企业快速应对威胁并保持竞争力。

（3）风险管理：建立有效的风险管理体系，以识别、评估和应对潜在威胁。这包括保险、应急计划和业务连续性计划。

（4）合作伙伴关系：建立合作伙伴关系，与其他企业或组织共同面对威胁。合作可以共享资源和专业知识，增加抗风险能力。

（5）政治和法律合规：积极遵守政府法规和政策，以降低政治和法律威胁。这包括合规团队的设立和法律顾问的咨询。

(6)社会责任和声誉管理：积极履行社会责任，处理环境和社会问题，以保护企业声誉和社会支持。

(7)应对危机：建立应对危机的机制，以应对突发事件和不可预测的威胁。这包括危机沟通、公共关系和危机管理团队的培训。

(8)战略规划：制订长期战略规划，以在未来应对潜在威胁。这有助于企业建立长期可持续性和适应性。

市场机会和潜在威胁是企业成功的重要因素，需要定期分析和评估。了解市场机会可以帮助企业实现增长和创新，而应对潜在威胁可以降低风险和维护可持续性。企业需要采取系统性的方法，包括市场分析、风险评估和策略规划，以在竞争激烈的商业环境中脱颖而出并取得成功。最终，对市场机会和潜在威胁的敏锐洞察与适时应对将有助于企业实现可持续的增长和成功。

三、制定策略以应对 SWOT 因素

SWOT 分析是一种经典的战略管理工具，用于评估企业内部的优势（Strengths）和劣势（Weaknesses），以及外部环境中的机会（Opportunities）和威胁（Threats）。通过 SWOT 分析，企业可以更好地了解自身状况，制定战略以应对内外部因素的影响。本部分将探讨如何制定策略以应对 SWOT 因素，以帮助企业提高竞争力和实现成功。

（一）SWOT 分析的概念

在深入讨论如何应对 SWOT 因素之前，让我们先了解 SWOT 分析的基本概念：

内部优势（Strengths）：这些是企业内部的优势和资产，使其在市场上具备竞争力。内部优势可以包括卓越的技术、高效的生产流程、强大的品牌和专业的员工团队。

内部劣势（Weaknesses）：这些是企业内部的弱点和不足，可能限制其在市场上的表现。内部劣势可以包括低效的流程、过时的技术、财务问题和管理问题。

外部机会（Opportunities）：这些是外部环境中的有利因素，企业可以利用来实现增长和成功。外部机会可以包括市场需求的增长、新技术的出现、市场扩张和竞争对手的失败。

外部威胁（Threats）：这些是外部环境中的潜在威胁，可能对企业的业务产生负面影响。外部威胁可以包括市场竞争的加剧、政策法规的变化、经济不稳定和自然灾害。

SWOT 分析通过对这四个因素的评估，帮助企业了解自身的优势和劣势，以及外部环境中的机会和威胁。这为企业制定战略提供了基础，以最大限度地利用优势、弥补劣势、抓住机会和应对威胁。

（二）应对 SWOT 因素的策略制定过程

制定策略以应对 SWOT 因素是一项复杂的任务，涉及多个步骤和考虑因素。以下是一种一般的策略制定过程，以应对 SWOT 因素：

（1）确定关键 SWOT 因素：首先，企业需要明确定义其内部优势、劣势、外部机会和威胁。这通常需要广泛的数据收集、分析和讨论。

（2）制定愿景和目标：企业需要明确其长期目标和愿景。这将成为策略制定的指导原则，以确保所有决策都与实现这些目标一致。

（3）制定战略方向：基于 SWOT 分析的结果，企业需要确定战略方向，即应对 SWOT 因素的总体方法。这包括确定哪些优势要进一步发展，哪些劣势要改进，如何利用机会，以及如何应对威胁。

（4）制定具体策略：在确定战略方向的基础上，企业需要制订具体的策略和计划，以实现这些战略目标。这可以包括市场推广、产品开发、成本削减、并购等策略。

（5）预算和资源分配：企业需要为实施策略分配足够的预算和资源。这可能包括资金、人力资源、技术和设备。

（6）实施和监测：一旦策略制定完毕，企业就需要开始实施并不断监测其进展。这有助于确保策略按计划执行，并在必要时进行调整。

（7）评估和反馈：定期评估战略的效果，并收集反馈，以了解策略是否取得了成功。这有助于做出必要的改进和修正。

（8）持续改进：战略制定是一个持续的过程，企业需要不断改进和调整策略，以应对不断变化的市场和竞争环境。

（三）应对 SWOT 因素的具体策略

具体的策略将取决于 SWOT 分析的结果和企业的目标。以下是一些常见的应对 SWOT 因素的具体策略示例：

（1）优势（Strengths）的应对策略

利用优势进一步巩固市场地位：如果企业具有强大的品牌声誉、专业的员工团队或高效的生产流程，就可以通过更多的市场推广、质量控制和客户服务来进一步巩固市场地位。

创新和不断提升：继续投资研发和创新，以确保优势始终保持竞争力。这可能包括开发新产品或服务、提高生产效率和继续培训员工。

（2）劣势（Weaknesses）的应对策略

弥补劣势：确定主要劣势并采取措施来改善。如果企业有过时的技术或低效的流程，就可以考虑进行技术升级或流程重组。

合作伙伴关系：与其他企业建立合作伙伴关系，以弥补劣势。这可以包括外包、合资企业或供应链合作。

（3）机会（Opportunities）的应对策略

战略扩张：利用外部机会，扩大业务范围。如果市场需求增长，就可以考虑进入新市场或开发新产品线。

投资新技术：如果新技术的出现为企业带来机会，就可以考虑投资研发或采购这些技术，以提高竞争力。

（4）威胁（Threats）的应对策略

风险管理：建立有效的风险管理体系，以应对外部威胁。这可以包括购买商业保险、建立应急计划和多元化供应链。

政治和法律合规：积极遵守政府法规和政策，以应对政治和法律威胁。这可能需要建立法律顾问团队，以确保合规性。

灵活性和适应性：发展企业的灵活性和适应性，以应对市场和竞争环境的变化。这包括灵活的战略规划和组织结构。

SWOT 分析是战略管理中的重要工具，帮助企业了解自身的优势和劣势，以及外部环境中的机会和威胁。应对 SWOT 因素的策略制定过程需要经过谨慎的分析和计划，以确保战略与企业的长期目标一致。制定策略需要灵活性和适应性，以应对不断变化的市场和竞争环境。最终，成功的策略制定将有助于企业提高竞争力和实现目标。

第五节　煤炭产品定位与差异化策略

一、煤炭产品的市场定位

煤炭是一种重要的能源资源，广泛用于发电、加工工业原料、加热和冶炼等多个领域。在现代社会，煤炭产品的市场定位至关重要，因为它会影响煤炭企业的竞争力、市场份额和长期可持续性。本部分将探讨煤炭产品的市场定位的概念、重要性以及如何进行市场定位。

（一）市场定位的概念

市场定位是指企业在市场中明确定位自己的产品或服务，以满足特定客户群体的需求，并与竞争对手形成差异化。市场定位是战略规划的一部分，旨在确保企业能够有效地吸引目标客户、提供有价值的产品或服务，并保持竞争优势。

市场定位通常包括以下关键元素：

目标客户群体：确定希望吸引的客户类型，包括特定的市场细分和客户需求。

差异化：识别产品或服务的独特卖点，以区别于竞争对手。

价值主张：明确产品或服务的核心价值，以满足客户需求。

定位语句：开发简明扼要的定位语句，以传达产品或服务的定位和价值。

市场定位有助于企业更好地理解市场需求，制定精准的市场营销策略，提高客户满意度，并实现业务增长和盈利。

（二）煤炭产品的市场定位的重要性

对煤炭企业，市场定位尤为重要，因为煤炭产品的特性和用途在不同市场和客户群体之间有很大差异。以下是市场定位对煤炭企业的重要性：

（1）满足不同需求：不同市场和客户群体对煤炭产品的需求各不相同。一些市场可能更关注热值，而另一些市场可能更关注低硫含量。市场定位可以帮助企业提供满足其特定需求的煤炭产品。

（2）竞争优势：市场定位有助于企业识别自身的竞争优势。通过确定独特的产品特性，企业可以在竞争激烈的市场中脱颖而出，并吸引更多客户。

（3）客户忠诚度：精确的市场定位可以增强客户忠诚度。当客户发现企业的产品与其需求高度匹配时，他们更有可能成为忠实的重复购买者。

（4）成本效益：市场定位有助于企业将资源集中在满足特定市场需求的产品上。这可以降低生产成本，提高效率，并增加盈利能力。

（5）持续增长：通过精确的市场定位，企业可以追踪市场趋势和客户需求的变化，以及适时调整战略，实现持续增长。

（三）煤炭产品的市场定位策略

在制定煤炭产品的市场定位策略时，企业需要考虑多个因素，包括市场需求、产品特性、竞争环境和企业资源。以下是一些常见的煤炭产品的市场定位策略：

（1）目标市场细分：确定不同市场细分和客户群体，以满足各自的需求。例如，有些市场可能需要高热值的煤炭，而另一些市场可能需要低硫含量的煤炭。

（2）产品差异化：识别产品的独特卖点，以使其在市场中突出。产品差异化可以涵盖热值、硫含量、粒度、稳定性等方面。

（3）价格策略：确定定价策略，以与竞争对手相竞争。价格可以根据市场需求、产品质量和成本来调整。

（4）营销和宣传：制定有效的市场营销和宣传策略，以吸引目标客户。这可以包括广告、宣传活动、参与行业展会和建立强大的品牌形象。

（5）品质保证和质量控制：确保产品的质量和稳定性，以满足客户的期望。建立质量控制体系，以确保产品符合标准和规定。

（6）可持续性和环保：随着可持续发展趋势的增强，煤炭企业可以采取环保措施，以满足环保法规和客户的环保需求。这可以包括采用清洁采矿技术、减少排放和实施再生能源项目。

（7）客户支持和服务：提供优质的客户支持和售后服务，以建立客户关系并满足客户需求。这包括及时解决问题、提供培训和提供定制服务。

（8）持续改进：定期评估市场定位策略的效果，并根据市场和客户反馈进行调整。不断改进策略，以适应变化的市场环境。

（四）案例分析：美国煤炭公司

为了更好地理解煤炭产品的市场定位策略，让我们以美国煤炭公司为例进行案例分析：

美国煤炭公司是美国最大的煤炭生产企业之一，经营着多个煤矿，生产各种类型的煤炭产品。公司的市场定位策略包括：

（1）目标市场细分：美国煤炭公司识别了不同市场细分，包括电力生产、工业加工和出口市场。针对不同市场，他们提供不同类型的煤炭产品。

（2）产品差异化：公司的煤炭产品包括高热值煤、低硫煤、中硫煤等。这些公司通过增加独特的产品特性，如高热值和低硫含量，来吸引不同类型的客户。

（3）价格策略：美国煤炭公司根据市场需求和竞争情况，调整产品价格。这些公司采用差异化定价策略，以满足不同市场的价格敏感度。

（4）营销和宣传：公司积极参与行业展会、发布市场报告，并通过网络和社交媒体进行广告宣传。这些公司建立了强大的品牌形象，以吸引国内外客户。

（5）可持续性和环保：鉴于环保意识的增强，美国煤炭公司积极推动环保措施，如减少排放、采用清洁采矿技术和投资可再生能源项目。

（6）客户支持和服务：公司提供全面的客户支持和售后服务，包括技术支持、培训和定制解决方案。这些公司积极与客户建立长期关系。

（7）持续改进：美国煤炭公司定期评估市场定位策略的效果，并根据市场动态和客户反馈进行调整。这些公司不断寻求提高产品质量和客户满意度。

煤炭产品的市场定位对煤炭企业的成功至关重要。通过明确定位目标市场细分、差异化产品、制定合理的价格策略、积极营销和宣传、关注可持续性和环保、提供卓越的客户支持和持续改进，煤炭企业可以提高竞争力、吸引客户并实现长期可持续性。市场定位需要不断适应市场环境的变化和客户需求的演变，因此是一个持续的战略过程。最终，成功的市场定位策略将有助于企业在竞争激烈的煤炭行业中取得成功。

二、提高煤炭产品附加值的方法

煤炭作为一种传统的能源资源，在现代社会仍然具有重要的地位，然而，煤炭市场一直受到能源转型、环保要求和气候变化的挑战。为了在这个竞争激烈的市场中保持竞争力，煤炭企业需要采取措施来提高煤炭产品的附加值。本部分将探讨提高煤炭产品附加值的方法，包括技术创新、市场多元化、可持续性举措和增值服务等。

（一）技术创新

（1）清洁煤技术：一种提高煤炭产品附加值的方法是采用清洁煤技术。这些技术可以减少煤炭的排放，包括二氧化硫、氮氧化物和颗粒物，从而提高煤炭产品的环保性。清洁煤技术包括低氮煤、低硫煤、超临界燃烧和气化等。

（2）高效燃烧技术：采用高效燃烧技术可以提高煤炭的能源转化效率，减少能源浪费。例如，超临界和超超临界燃烧技术可以提高燃烧效率，减少二氧化碳排放。

（3）燃料综合利用：将煤炭与其他能源资源结合使用，如生物质、废弃物和太阳能，以提高能源综合利用效率。这有助于减少对煤炭的依赖，提高能源供应的多样性。

（4）煤炭化学加工：将煤炭用于化学加工，生产高附加值的化工产品，如合成天然气、液化石油气、石化产品和高级材料。这有助于将煤炭转化为更有价值的产品。

（5）数字化技术：采用数字化技术，如大数据分析、物联网和人工智能，可以提高煤炭生产和运营的效率，减少生产成本，增加附加值。

（二）市场多元化

（1）出口市场：开拓国际市场是提高煤炭产品附加值的一种方法。通过出口到不同国家和地区，企业可以获得更广泛的客户基础，分散风险，同时也可以获得更高的价格。

（2）多元化产品线：除了传统的燃料煤，煤炭企业还可以考虑生产其他类型的煤炭产品，如焦炭、冶金煤、气化煤和特殊用途煤。多元化产品线可以满足不同行业的需求，增加市场机会。

（3）增值服务：提供增值服务，如煤炭物流、储存、检测和质量控制，可以增加煤炭产品的附加值。这些服务可以提供额外的收入来源，同时也增加客户满意度。

（4）创新市场开发：积极开发新的市场机会，如碳捕获和利用、地下储气库和煤炭衍生产品。这些新市场可以为企业提供了增长潜力。

（三）可持续性举措

（1）清洁能源项目：投资可再生能源项目，如太阳能和风能，以减少煤炭的环境影响，并提高企业的可持续性。这可以包括建设光伏和风电项目，以降低碳排放。

（2）煤炭气化：将煤炭气化为合成天然气或氢气，以减少二氧化碳排放，同时生产清洁能源。这有助于提高煤炭产品的环保性和附加值。

（3）碳捕获和储存：采用碳捕获和储存技术，将二氧化碳排放物分离和储存，以减少温室气体排放。这可以增加煤炭产品的可持续性，并满足环保要求。

（4）社会责任项目：积极履行社会责任，处理社会和环境问题，以增强企业的声誉和可持续性。这包括社区支持、环境保护和员工福祉。

（四）增值服务

（1）煤炭物流和仓储：提供高效的煤炭物流和仓储服务，以确保煤炭产品按时交付客户。这有助于提高客户满意度和附加值。

（2）质量控制和检测：建立质量控制体系，确保煤炭产品符合标准和规定。提供检测服务，以确保产品的质量和稳定性。

（3）技术支持和培训：提供客户技术支持和培训，以帮助他们更好地使用煤炭产品。这可以包括操作指南、维护建议和培训课程，提高客户的操作效率。

（4）定制解决方案：根据客户的特定需求，提供定制解决方案。这可以包括为客户开发特定规格的煤炭产品，满足其生产过程的要求。

（5）资源优化建议：为客户提供资源优化建议，帮助他们更有效地使用煤炭产品，减少浪费和成本。这可以包括能源效率改进建议和过程优化建议。

（五）案例分析：阿彻·丹尼尔斯公司

为了更好地理解如何提高煤炭产品的附加值，让我们以阿彻·丹尼尔斯公司为例进行案例分析：

阿彻·丹尼尔斯公司是一家全球性的煤炭企业，致力于提供高质量的煤炭产品和增值服务。该公司采取了多种方法来提高煤炭产品的附加值：

（1）清洁煤技术：阿彻·丹尼尔斯公司采用清洁煤技术，以减少煤炭的硫含量和颗粒物排放，提高产品的环保性。这有助于满足环保法规和客户需求。

（2）多元化产品线：公司提供多种类型的煤炭产品，包括高热值煤、低硫煤和气化煤。这样，公司可以满足不同客户的需求，增加市场机会。

（3）可持续性举措：阿彻·丹尼尔斯公司投资可再生能源项目，如太阳能和风能，以减少碳排放，提高可持续性。公司还积极推动碳捕获和储存技术。

（4）增值服务：公司提供煤炭物流和仓储服务，以确保产品及时交付客户。公司还提供质量控制和检测服务，以确保产品的质量和稳定性。此外，阿彻·丹尼尔斯公司还提供技术支持和培训，帮助客户更好地使用其产品。这些方法帮助阿彻·丹尼尔斯公司提高煤炭产品的附加值，增加市场份额，同时满足环保要求和客户需求。

提高煤炭产品的附加值是煤炭企业在竞争激烈的市场中保持竞争力的关键。通过技术创新、市场多元化、可持续性举措和增值服务，煤炭企业可以提高产品的质量、环保性和客户满意度。这有助于应对能源转型、环保要求和气候变化等挑战，实现可持续增长和长期可持续性。最终，成功的提高煤炭产品附加值的方法将有助于确保煤炭在未来仍然发挥重要的作用，并为社会提供清洁和可持续的能源。

第三章 煤炭生产与市场供应链管理

第一节 煤炭采矿与生产流程

一、传统与现代煤炭采矿方法

煤炭一直以来是重要的能源资源,为发电、工业生产和供暖等多个领域提供能源。为了满足不断增长的能源需求,人们发展了各种煤炭采矿方法。本部分将探讨传统和现代煤炭采矿方法,包括地下采矿和露天采矿,以及它们的工作原理、优点和缺点等。

(一)地下采矿

地下采矿是一种传统的煤炭采矿方法,通常用于开采深埋地下的煤炭储量。这种方法包括多种采矿技术,如煤矿井巷采矿、室柱式采矿和长壁采矿。以下是地下采矿的工作原理、优点和缺点:

1.工作原理

煤矿井巷采矿:在地下煤矿中挖掘水平或倾斜的巷道,然后沿着巷道从巷壁上采矿。这种方法适用于煤炭储量较薄和不适合大规模开采的情况。

室柱式采矿:将煤矿划分为宽敞的室和支柱。矿工在室内开采煤炭,同时支柱用于支撑顶板。这种方法适用于大型煤矿和较深的煤矿。

长壁采矿:在煤矿底板上挖掘一条长壁,并在壁前方布置支柱。然后,矿工从壁上将煤炭切割下来,使长壁向前推进。这种方法适用于较深的煤矿和高产量需求。

2.优点

较少的环境影响:相对露天采矿,地下采矿通常对周围环境的影响较小,因为大部分矿区位于地下。

较少的资源浪费:地下采矿可以更有效地回收煤炭,减少资源浪费。

更安全:地下采矿通常更安全,因为矿工工作在地下,这样就可以避免出现露天采矿中可能出现的崩塌和坍塌等危险。

3. 缺点

较高的成本：地下采矿通常需要更多的人力、设备和能源，因此成本较高。

较低的生产率：相对露天采矿，地下采矿的生产率较低，因为煤炭开采速度较慢。

较高的安全风险：尽管地下采矿相对较安全，但仍存在地质灾害、瓦斯爆炸和火灾等风险。

（二）露天采矿

露天采矿是一种广泛应用的煤炭采矿方法，通常用于开采浅埋的煤炭储量。这种方法包括露天矿和山地采矿。以下是露天采矿的工作原理、优点和缺点：

1. 工作原理

露天矿：在地表开挖大型煤矿，然后用卡车、装载机和输送带将煤炭运输到处理设施。这种方法适用于浅埋的煤炭储量，通常用于大规模开采。

山地采矿：在山地或山脚下挖掘煤炭。这种方法通常适用于地形复杂或有环保限制的地区。

2. 优点

高生产率：露天采矿通常具有较高的生产率，因为可以大规模开采煤炭。

低成本：相对地下采矿，露天采矿通常成本更低，因为减少了地下开采的复杂性和人力需求。

适用于大规模生产：露天采矿适用于大规模生产和满足高能源需求。

3. 缺点

环境影响：露天采矿通常对周围环境的影响较大，包括地表被破坏、水资源被污染和生态系统被破坏。

资源浪费：露天采矿中，大量煤炭周围的废矿石和废土需要处理和处置，这可能导致资源浪费。

安全风险：露天采矿中往往存在安全风险，尤其是在矿坑坍塌、设备故障和交通事故等方面。

（三）现代煤炭采矿技术

随着技术的不断进步，现代煤炭采矿技术已经采用了许多新方法，旨在提高效率、降低成本、减少环境影响和提高安全性。以下是一些现代煤炭采矿技术的示例：

高效设备：现代煤炭采矿中使用高效的设备，如大型卡车、装载机和挖掘机，以加速煤炭的开采和运输过程。

自动化和远程操作：自动化技术和远程操作系统可以减少矿工面临的风险，同时提高生产效率。这些系统可以用于设备控制、勘探和地质分析。

数据分析和大数据：采用数据分析和大数据技术，以实时监测采矿过程、优化生产计划和提高安全性。

精确爆破技术：精确爆破技术可以降低矿石废渣的产生，减少资源浪费和环境影响。

沉降柱技术：在长壁采矿中，沉降柱技术可以减少支柱的使用，提高煤炭回收率和生产效率。

传统和现代煤炭采矿方法各有其优点与缺点，选择合适的方法取决于煤炭储量的深度、地理位置、环境要求和成本考虑。地下采矿通常适用于深埋的煤炭储量，而露天采矿则适用于浅埋煤炭储量和大规模生产。

现代煤炭采矿技术的不断发展为提高煤炭采矿效率、降低成本、减少环境影响和提高安全性提供了新的机会。自动化、数据分析、精确爆破和高效设备等技术的应用有助于煤炭企业提高其竞争力。

最终，煤炭采矿行业需要在满足不断增长的能源需求的同时，积极采用新技术和方法，以提高生产效率、保护环境和确保矿工的安全。这将有助于实现可持续的煤炭生产，同时应对环境和社会挑战。

二、煤炭生产流程的重要步骤

煤炭是一种重要的能源资源，广泛用于发电、工业生产、供暖和其他领域。煤炭的生产过程涉及多个重要步骤，从采矿和加工到物流和市场销售。本部分将深入探讨煤炭生产流程的重要步骤，包括采矿、准备、处理、物流和销售等。

（一）煤炭采矿

煤炭采矿是煤炭生产的首要步骤，涉及从地下或露天矿床中提取煤炭储量。采矿方法可以根据煤炭储量的深度和地质条件而有所不同，主要分为地下采矿和露天采矿两大类。

1. 地下采矿

地下采矿包括多种采矿技术，如煤矿井巷采矿、室柱式采矿和长壁采矿。以下是地下采矿的主要步骤：

煤矿井巷采矿：在地下挖掘水平或倾斜的巷道，然后沿着巷道从巷壁上采矿。

室柱式采矿：将煤炭矿区划分为室和支柱。矿工在室内开采煤炭，同时支柱用于支撑顶板。

长壁采矿：在煤炭底板上挖掘一条长壁，并在壁前方布置支柱。然后，矿工从壁上将煤炭切割下来，使长壁向前推进。

2. 露天采矿

露天采矿包括露天矿和山地采矿，通常适用于开采浅埋的煤炭储量。以下是露天采矿的主要步骤：

露天矿：在地表开挖大型煤矿，然后用卡车、装载机和输送带将煤炭运输到处理设施。

山地采矿：在山地或山脚下挖掘煤炭。这种方法通常适用于地形复杂或有环保限制的地区。

采矿的主要目标是从地下或地表提取煤炭，然后将其运送到处理设施，进行后续的准备和加工。

（二）煤炭准备

煤炭准备是煤炭生产的下一个重要步骤，其主要目的是对采矿获得的原始煤炭进行初步的物理和化学处理，以去除杂质、调整煤质和适应不同用途。煤炭准备的主要步骤包括：

煤炭筛分：将原始煤炭通过筛网，去除较大的杂质和岩石，以得到更大的煤块。

预洗和浮选：使用水或其他化学药品对煤炭进行预洗和浮选，以去除硫、灰分和其他不纯物。

磁选和重介质分离：通过磁选或重介质分离，去除一些硫和矿物杂质。

煤炭干燥：将湿煤炭通过煤炭干燥设备，减少水分含量，提高热值。

破碎和磨碎：将煤炭破碎成适合不同用途的颗粒大小，通常采用破碎机和磨粉机。

煤炭准备有助于提高煤炭质量、热值和燃烧效率，使其可以适用于不同的应用领域。

（三）煤炭处理

煤炭处理是对煤炭进行进一步加工和改性的过程，以满足特定需求。处理可以包括以下重要步骤：

煤炭洗选：煤炭洗选是对煤炭进行更深层次的物理和化学处理，以去除更多的杂质和改善煤质。这包括重介质分离、磁选、气浮和浮选等方法。

煤炭干燥：煤炭干燥是将湿煤炭去除水分，以提高热值和燃烧效率的过程。

煤炭炭化：煤炭炭化是将煤炭加热到高温，以生产焦炭、煤气和液体烃等高附加值产品。

煤炭气化：煤炭气化是将煤炭转化为合成天然气、氢气和其他清洁能源的过程。这种方法减少了煤炭的二氧化碳排放，同时可以生产清洁能源。

煤炭焦化：煤炭焦化是将煤炭加热到高温，以生产焦炭，用于冶金和其他工业用途。

煤炭熔炼：煤炭熔炼是将煤炭加热并与氧化铁结合，以生产铁和钢。这是冶金工业的重要过程。

煤炭处理有助于生产更多种类的煤炭产品，以满足不同的工业和能源需求。

（四）煤炭物流

煤炭物流是将处理后的煤炭从生产地点运送到最终用户或市场的过程。这包括运输、储存、装卸和分销。煤炭物流的主要步骤包括：

运输：将煤炭从矿区运送到加工设施或终端用户。运输方式可以包括铁路、公路、船运和输气管道。

储存：将煤炭储存在仓库、煤堆或煤仓中，以满足不同时间和地点的需求。

装卸：将煤炭从运输工具卸下并装上，通常使用装载机、输送带和装卸设备。

分销：将煤炭分销给最终用户，如电力厂、钢铁厂、工业企业和家庭。

煤炭物流的有效管理和优化对降低成本、提高供应链效率和满足客户需求至关重要。

（五）煤炭销售

煤炭销售是将煤炭产品交付给客户并实现销售的过程。这包括销售合同、定价、市场推广和客户服务。煤炭销售的主要步骤包括：

销售合同：与客户签订销售合同，明确煤炭规格、价格、交货条件和付款方式。

定价：确定煤炭的定价方式，可以根据煤质、热值、交货地点和市场需求等因素来制定价格。

市场推广：市场推广包括促销和广告，以吸引新客户和维护现有客户。

客户服务：提供客户支持、技术咨询和售后服务，以满足客户需求。

煤炭销售是实现煤炭产品的最终交付和市场推广的主要环节，确保产品的销售和客户满意度。

（六）环境保护和可持续性

随着对环境保护和可持续性的日益关注，煤炭生产流程中的环保和可持续性成为重要的关注点。煤炭生产中的环保和可持续性措施包括：

环保技术：采用清洁煤技术，如低氮煤、低硫煤和高效燃烧技术，以减少排放物的产生。

碳捕获和储存：采用碳捕获和储存技术，将二氧化碳排放物分离和储存，以减少温室气体排放。

水资源管理：有效管理用于采矿和处理的水资源，以减少水污染和水资源浪费。

废弃物处理：合理处理煤炭生产中产生的废弃物，以减少环境影响。

社会责任：履行社会责任，支持社区和环境保护项目，以改善企业声誉和可持续性。

这些措施有助于降低煤炭生产的环境影响，遵守环保法规和达到社会责任要求。

煤炭生产是一个多阶段的过程，包括采矿、准备、处理、物流和销售等重要步骤。每个步骤都有其特定的目标和方法，以确保生产高质量的煤炭产品，并将其交付给客户。同时，环境保护和可持续性措施已经成为煤炭生产过程中不可忽视的方面，以满足不断完善的环保法规和更多的社会责任要求。

在煤炭生产流程的重要步骤中，采矿是煤炭的起点，决定了原始煤炭的质量和类型。采矿方法可以根据煤炭储量的深度和地质条件而有所不同，包括地下采矿和露天采矿。地下采矿通常用于深埋煤炭储量，而露天采矿适用于浅埋煤炭储量和大规模生产。

煤炭的准备和处理是为了去除杂质、调整煤质和提高燃烧效率。这包括筛分、预洗、浮选、磁选、煤炭干燥、破碎和磨碎等步骤。通过这些处理方法，可以生产出不同类型和规格的煤炭产品，以满足不同应用领域的需求。

煤炭的物流是将处理后的煤炭产品运送到最终用户或市场的过程。这包括运输、储存、装卸和分销。有效的煤炭物流有助于降低成本、提高供应链效率和确保产品按时交付。

最后，煤炭销售是将煤炭产品销售给客户的过程，包括销售合同、定价、市场推广和客户服务。通过签订合同和销售渠道，煤炭产品最终到达客户手中，满足其能源需求。

随着环保和可持续性的重要性不断增加，煤炭生产过程中的环保和可持续性措施成为企业的焦点。采用清洁煤技术、碳捕获和储存技术、水资源管理、废弃物处理和社会责任项目等措施，有助于减少环境影响，促进企业的可持续发展。

总之，煤炭生产流程包括多个关键步骤，从采矿到销售，每个步骤都将对最终产品的质量和可持续性产生重要影响。有效的管理和创新将有助于确保煤炭生产满足不断增长的能源需求，同时减少环境影响，实现可持续性目标。

三、安全与效率在煤炭生产中的重要性

煤炭一直以来是全球主要的能源资源之一，为发电、工业生产和供暖等多个领域提供了不可或缺的能源。然而，煤炭生产涉及复杂的工作环境和工艺流程，同时伴随着潜在的安全风险。因此，在煤炭生产中，安全和效率是至关重要的因素。本部分将深入探讨在煤炭生产中安全和效率的重要性，并讨论如何平衡这两个重要因素。

（一）安全在煤炭生产中的重要性

1. 保护员工健康和生命

首要的安全考虑是确保矿工和其他工作人员的安全。煤炭生产通常在地下或露天环境中进行，这些环境都伴随着潜在的危险，如崩塌、火灾、瓦斯爆炸、坍塌和设备事故等。因此，采取有效的安全措施对于减少工作场所事故、保护员工健康和生命至关重要。

2. 遵守法规和法律责任

煤炭生产企业需要遵守各种国际、国家和地方法规，以确保安全和环境保护。企业不遵守这些法规可能会导致承担严重的法律责任。因此，合规经营是确保企业可持续性的一部分。

3. 提高企业声誉

在煤炭行业，企业声誉至关重要。安全管理不仅有助于降低事故风险，还有助于树立企业的良好声誉。安全记录良好的企业更有可能获得投资、合同和客户的信任。相反，事故频发的企业可能会失去客户。

4. 增加员工满意度

提供安全的工作环境对员工满意度至关重要。员工更愿意在一个能够保护他们健康和生命的工作场所工作，这有助于降低员工流失率，减少企业招聘和培训成本。

5. 减少停工时间和生产损失

工作场所事故和职业伤害可能导致生产停工，这会导致生产损失和成本上升。安全管理的有效实施可以减少这些风险，确保生产持续进行。

6. 减少人身伤害和损失

除了员工受伤或死亡，工作场所事故还可能导致员工长期患有身体或精神健康方面的疾病，如职业病、永久性伤残和心理创伤。这些问题将对个人和家庭产生深远的影响，因此安全管理是为了减少这些悲剧性后果的发生。

（二）效率在煤炭生产中的重要性

1. 提高生产率

在煤炭生产中，提高生产率是关键目标之一。高效的生产意味着拥有更多的煤炭产量，从而满足经济社会不断增长的能源需求。通过采用新技术、自动化和数据分析等方法，可以提高生产效率，减少浪费并提高能源利用率。

2. 降低成本

煤炭生产是一个高成本的过程，包括采矿、处理、物流和销售等多个环节。通过提高效率，可以降低生产成本，提高企业盈利能力。这包括节省能源、减少材料浪费和提高设备利用率等方面。

3. 环境友好

高效的煤炭生产不仅可以降低成本，还可以减少环境影响。减少能源和水资源的浪费、降低碳排放及废弃物管理等方法有助于提高环保性，减轻煤炭使用对环境的压力。

4. 提高竞争力

在竞争激烈的煤炭市场中，高效的生产可以使企业更具竞争力。价格竞争和供应链优化是市场竞争的关键，而高效率的生产是实现这些目标的途径。

5. 创新和可持续性

高效的煤炭生产需要不断创新和技术进步。通过采用新技术和方法，企业可以提高效率，同时确保可持续性。这包括清洁煤技术、碳捕获和储存技术、可再生能源整合和社会责任项目等。

（三）平衡安全和效率

尽管安全和效率在煤炭生产中都至关重要，但有时可能存在两者之间的冲突。例如，为了提高生产效率，可能会增加工作负荷，可能会导致发生更多的工作场所事故。为了解决这一问题，需要采取综合的管理方法来平衡安全和效率，以确保煤炭生产既安全又高效。

领导力和文化：企业领导层应培养以安全为优先的文化。这意味着领导者要示范出关心员工安全的行为，并鼓励员工提出安全问题和建议。通过设定明确的安全目标，推动整个组织朝着安全方向前进。

培训和教育：为员工提供必要的培训和教育，以提高他们的安全意识和技能。这包括培训员工如何正确使用设备、如何应对紧急情况以及如何遵守安全程序。

系统和流程：建立有效的安全管理系统和流程，确保安全标准得到执行。这包括定期的安全审查和监测，以发现潜在的问题并采取纠正措施。

自动化和新技术：采用自动化和新技术可以提高效率，同时减少人工干预和安全风险。例如，自动化设备可以执行危险任务，而人员可以在安全的位置进行监控。

风险评估和预防：进行全面的风险评估，以识别潜在的危险和安全隐患。根据评估结果，采取措施来预防事故的发生。

持续改进：采用持续改进的方法，以不断改进安全措施和提高效率。通过收集和分析数据，发现并采取措施来解决问题。

员工参与：鼓励员工参与安全管理，提出他们的意见和建议。员工通常是最了解工作场所安全问题的人，因此他们的参与非常重要。

合规和监管：遵守相关法规和监管要求，以确保企业运营的合法性和合规性。这包括获得必要的许可证和证书，以遵守环保、安全和劳工法规。

奖励和认可：奖励员工和团队的安全表现，以激励他们继续关注安全。同时，为员工出色的安全表现进行公开嘉奖，鼓励其他员工效仿。

在平衡安全和效率时，企业需要认识到安全是一个投资，而不是成本。虽然一些安全措施可能会增加初期成本，但这些可以降低长期成本，减少生产停工、法律诉讼和员工伤害所带来的损失。同时，高效的煤炭生产可以提高企业的竞争力和可持续性，减少资源浪费，降低环境影响，实现长期利润。因此，安全和效率是互相支持的，企业需要找到平衡点，以确保生产既安全又高效。

第二节 煤炭质量控制与产品标准

一、煤炭质量的评估与控制方法

煤炭是一种重要的能源资源，广泛用于电力生产、工业制造、供暖和其他领域。然而，煤炭的质量会对其适用性和效能产生重大影响。因此，煤炭的质量评估和控制是煤炭生产与利用中至关重要的环节。本部分将深入探讨煤炭质量的评估与控制方法，以确保煤炭产品的高质量和可持续性。

（一）煤炭质量的重要性

煤炭质量是指煤炭中的各种物理、化学和热值特性，包括灰分、硫分、水分、挥发分、灰熔点、发热值等。这些特性将对煤炭的适用性和性能产生重大影响。以下是煤炭质量的重要性：

燃烧效率：煤炭的质量特性如挥发分和发热值将直接影响其燃烧效率。高挥发分和高发热值的煤炭通常具有更高的燃烧效率，能够产生更多的热量，用于电力生产和供暖。

环保性：煤炭中的硫分和灰分含量将对燃烧后的排放物产生重大影响。高硫分和灰分的煤炭可能导致更多的二氧化硫和颗粒物排放，对环境造成不良影响。因此，低硫分和低灰分煤炭通常更环保。

炉膛耐久性：高灰分煤炭可能导致炉膛的快速磨损和腐蚀，降低设备的使用寿命。因此，煤炭的灰分和灰熔点特性对设备的耐久性将产生重大影响。

经济性：煤炭的质量特性会对生产成本产生影响。高水分和高灰分的煤炭需要更多的燃料处理及额外的设备清洁，这会增加生产成本。

因此，为了确保煤炭在不同应用中的性能和可持续性，必须对其质量进行评估和控制。

（二）煤炭质量的评估方法

煤炭质量的评估涉及多种物理、化学和热值测试，以确定其重要特性。以下是一些用于评估煤炭质量的常见方法：

1. 临界质量检测

临界质量检测是通过一系列标准测试来确定煤炭的关键特性。这些测试通常包括测定挥发分、灰分、硫分、水分、灰熔点和发热值等参数。这些参数的测定通常遵循国际标准，如 ASTM（美国材料和试验协会）和 ISO（国际标准化组织）标准。

2. 顶煤分析

顶煤分析是通过将煤炭在高温下进行加热，以测定其挥发分和灰分含量的方法。这有助于了解煤炭的燃烧性能，特别是在高温条件下的燃烧性能。

3. 硫分析

硫分析是确定煤炭中硫含量的方法。高硫分含量的煤炭可能导致二氧化硫排放，对环境造成不良影响。硫分析通常包括干燥和称量煤样品，然后通过化学方法测定硫含量。

4. 挥发分析

挥发分析是通过加热煤炭样品，测定其在高温下蒸发的物质。这有助于了解煤炭在燃烧时释放的气体和蒸汽，以确定其燃烧性能。

5. 热值测试

热值测试是通过测定煤炭的发热值，确定其在燃烧过程中释放的能量。这通常通过燃烧煤样品，并测定产生的热量来进行。

6. 硫分和灰分含量分析

硫分和灰分含量分析是通过将煤炭样品燃烧，并测定残留物中的硫和灰分含量来进行的。这有助于了解煤炭的灰熔点和炉膛的耐久性。

这些测试方法可以单独或组合使用，以全面评估煤炭的质量特性。这些数据有助于确定煤炭的适用性，选择合适的燃烧技术和符合环保法规的要求。

（三）煤炭质量的控制方法

煤炭质量的控制方法涵盖了从矿井采选到处理和运输等多个环节，以确保煤炭产品的一致性和高质量。以下是一些常见的煤炭质量控制方法：

1. 煤矿采选控制

选矿：在煤矿中，采用物理分选方法，如筛分、浮选和磁选，将煤炭与杂质分离。这有助于降低煤炭中的灰分和硫分含量。

采样：对从矿井中采取的煤炭样品进行全面和代表性的采样，以确保对煤炭质量的准确评估。

2. 煤炭加工控制

预洗：通过使用水和重介质分离，将一部分杂质从煤炭中去除。这有助于减少灰分和硫分含量。

破碎和磨碎：通过破碎和磨碎设备，将煤炭粉碎成所需的颗粒大小。这有助于提高煤炭的燃烧效率。

干燥：将煤炭中的水分去除，以减少运输和储存成本。

3. 运输和存储控制

储存：将煤炭储存在干燥、通风和遮阳的环境中，以防止水分重新吸收，降低煤炭质量。

保持清洁：确保运输和储存设施的清洁，以减少杂质的污染和混合。

4. 燃烧控制

燃烧技术：选择适当的燃烧技术，如燃烧器设计和锅炉操作，以最大程度地利用煤炭的高热值和减少排放。

排放控制：使用烟气净化设备，如脱硫装置、除尘器和氮氧化物控制设备，以减少排放物。

5. 质量监控和改进

持续监测：定期监测煤炭的重要特性，以确保它符合规定的质量标准。

持续改进：通过分析质量数据，发现问题并采取措施来改进生产过程。这包括采用新技术、改进操作流程和提高员工培训。

质量管理系统：建立质量管理系统，确保所有质量控制步骤都可以得到实施和记录。

以上是一些常见的煤炭质量控制方法，以确保煤炭产品的高质量。这些方法通常在煤矿、处理厂和电力厂等环节得到实施。通过综合采用这些方法，可以生产出符合质量标准的煤炭产品，提高其适用性和可持续性。同时，这些方法也有助于减少环境影响，降低燃料成本，提高能源利用率。

二、国际与国内煤炭产品标准

煤炭是世界上最重要的能源资源之一，广泛用于电力生产、工业生产、供暖和其他领域。为了确保煤炭产品的质量、可持续性和互通性，制定的一系列国际和国内煤炭产品标准。这些标准涵盖了煤炭的物理、化学和热值特性，以及采矿、处理、运输和使用等方面。本部分将详细探讨国际与国内煤炭产品标准的重要性和主要内容。

（一）国际煤炭产品标准

国际标准是一种用于统一不同国家和地区产品规范的标准。在煤炭行业，国际标准对确保煤炭质量、可持续性和贸易具有重要意义。以下是一些主要的国际煤炭产品标准：

1.ASTM 国际标准

美国材料和试验协会（ASTM）制定了一系列用于煤炭和煤炭产品的标准。这些标准包括煤炭的物理、化学和热值测试方法，以及煤炭的分类和规范。其中最知名的标准是 ASTM D388，它规定了用于煤炭的全面测试方法，包括挥发分、硫分、水分、灰分、发热值等参数的测定。

2.ISO 国际标准

国际标准化组织（ISO）制定了一系列用于煤炭和煤炭产品的标准。这些标准涵盖了煤炭的采矿、处理、质量控制、质量管理系统和环境管理等方面。例如，ISO 1170 标准规定了煤炭的硫分测定方法，ISO 3516 标准涵盖了煤炭的发热值测试方法。

3. 国际能源署标准

国际能源署（IEA）制定了一些用于能源产品的标准，包括煤炭标准。IEA 标准涵盖了煤炭的采矿、质量控制和煤炭生产的可持续性等方面。这些标准的目的是促进可持续能源的生产和使用。

4. 国际煤炭贸易标准

国际煤炭贸易经常需要遵守特定的标准，以确保贸易的公平和一致性。国际煤炭贸易标准通常涵盖了煤炭的质量、包装、标记和运输等方面。这些标准的目的是减少争议和促进跨国煤炭贸易。

国际煤炭产品标准的重要性在于它们有助于确保煤炭产品的可互通性和可比性。这对国际煤炭贸易和合作尤为重要。同时，国际标准还有助于促进煤炭产业的可持续发展和环保。

（二）国内煤炭产品标准

不同国家和地区通常会制定自己的国内煤炭产品标准，以满足国内需求并确保煤炭的质量和可持续性。以下是一些主要国家的国内煤炭产品标准：

1. 中国国内标准

中国是世界上最大的煤炭生产和消费国之一，因此制定了一系列国内煤炭产品标准。这些标准包括煤炭的分类、质量控制、测试方法和环保要求。例如，中国国家标准 GB/T 5751 规定了煤炭的发热值测定方法，GB/T 212-2008 规定了煤炭的硫分测定方法。

2. 印度国内标准

印度是另一个重要的煤炭生产和消费国，制定了一些国内煤炭产品标准。这些标准涵盖了煤炭的分类、质量控制和测试方法。例如，印度国家标准 IS 436-1 规定了煤炭的硫分测定方法。

3. 澳大利亚国内标准

澳大利亚是世界上最大的煤炭出口国之一，制定了一些国内煤炭产品标准。这些标准涵盖了煤炭的质量、运输和安全要求。澳大利亚标准 AS 1038 规定了煤炭的灰分测定方法。

国内煤炭产品标准通常是根据国家和地区的需求制定的，以满足煤炭产业的特定要求。这些标准有助于确保国内煤炭产品的质量和安全，同时促进国内煤炭市场的发展。

（三）国际与国内标准的比较

国际和国内煤炭产品标准之间存在一些相同点和差异。以下是它们之间的一些比较：

1. 范围和适用性

国际标准通常是通用性的，旨在适用于多个国家和地区的煤炭产品。它们强调互通性和国际贸易的需要。

国内标准通常更专门化，适用于特定国家或地区的需求和法规。它们可能会考虑国内煤炭资源的特殊性。

2. 测试方法

国际标准通常基于已有的国际共识，采用广泛接受的测试方法。这有助于确保不同国家之间的测试结果可比。

国内标准可能采用与国际标准不同的测试方法，以满足国内实际情况和法规的要求。

3. 环境要求

国际标准通常包括一些与环境保护和可持续性相关的要求，以推动清洁能源的生产和使用。

国内标准可能会更加关注国内环境法规和政策的要求。

4. 贸易要求

国际标准通常更多关注国际贸易需求，如包装、标记和运输规定，以促进国际煤炭贸易。

国内标准可能更多关注国内市场的需求，如供暖和工业生产。

国际和国内标准之间的这些差异反映了各自的目标及受众。国际标准旨在促进国际煤炭贸易和合作，确保产品互通性，同时关注环境和可持续性。国内标准更专注于满足国内需求，包括燃料供应、环保法规和国内市场的要求。

总的来说，国际和国内煤炭产品标准都具有其重要性，它们共同推动了全球煤炭产业的发展和可持续性。国际标准促进了国际贸易和能源合作，而国内标准确保了国内市场的质量和安全。这两者共同推动了煤炭行业的不断发展。

三、如何满足客户的质量要求

满足客户的质量要求是企业成功的关键之一。无论是生产制造业、服务行业还是其他领域,客户的期望和需求都是决定企业生存与竞争力的关键因素。本部分将探讨如何满足客户的质量要求,包括建立质量管理体系、持续改进、客户沟通和培训等方面。

(一)建立质量管理体系

1.ISO 9001 质量管理体系

国际标准化组织(ISO)的 ISO 9001 质量管理体系是一个被广泛接受的质量管理标准,可帮助企业确保产品和服务的一致性和高质量。建立和遵守 ISO 9001 质量管理体系有助于确保所有工作流程都经过精心规划与监测,以满足客户的需求和期望。

2. 流程控制和文件化

建立有效的流程控制和文件化程序有助于确保工作过程的一致性与可追溯性。企业可以创建清晰的工作流程图和文件,以规范操作,并确保每个员工都了解和遵守这些程序。

3. 设定质量指标和目标

为了满足客户的质量要求,企业应该设定具体的质量指标和目标。这些指标可以包括产品缺陷率、客户满意度、交付准时率等。通过设定目标,企业可以持续监测和改进其质量性能。

4. 质量审计和内审

定期进行质量审计和内审是确保质量管理体系有效性的重要步骤。这些审计可以帮助企业发现问题、弱点和机会,以及采取措施来改进。

5. 培训和教育

为员工提供培训和教育,以确保他们了解并能够实施质量管理体系中的要求。员工的参与和理解是确保质量管理体系有效性的关键因素。

(二)持续改进

1.PDCA 循环

持续改进是满足客户质量要求的关键。企业可以采用 PDCA(Plan-Do-Check-Act)循环,这是一种系统的方法,用于规划、执行、监测和改进工作流程。通过不断循环这个过程,企业可以持续改进其质量管理体系。

2. 根本原因分析

当出现问题时,重要的是找到出现问题的根本原因,而不仅仅是处理问题。根本原因分析工具如鱼骨图、"5 为"为什么分析等有助于确定问题的真正原因,以采取纠正措施。

3. 持续改进小组

建立持续改进小组,鼓励员工提出改进建议,并参与解决问题。这可以增强员工的参与感,同时推动改进小组工作。

4. 顾客反馈

收集和分析客户反馈是改进的重要来源。客户的意见和建议可以帮助企业识别问题并满足客户的需求。

5. 设立改进目标

制定和跟踪改进目标,以确保改进工作的实施和成果。这些目标可以与质量指标和客户要求相一致。

（三）客户沟通

1. 了解客户需求

了解客户的需求是满足客户质量要求的关键。企业应主动与客户沟通,了解他们的期望、需求和偏好。

2. 定期回馈

建立定期的客户反馈机制,以收集客户的意见和建议。客户反馈可以用于改进产品和服务。

3. 针对客户需求的定制化

一些客户可能有特殊需求,企业应考虑提供定制化的解决方案,以满足这些需求。

4. 客户教育

帮助客户了解产品和服务的正确使用方法,以提高客户满意度和减少误用引起的问题。

（四）培训和教育

为员工提供必要的培训和教育,以确保他们了解和能够达到质量管理体系中的要求。员工的培训和教育是确保质量管理体系有效性的重要因素。

（五）技术和工具

使用先进的技术和工具,如数据分析、质量管理软件和自动化设备,以帮助企业实施监测和改进质量。

总之,满足客户的质量要求是企业成功的关键。企业可以通过建立质量管理体系、持续改进、客户沟通和培训等方式来确保产品和服务的高质量。满足客户的需求不仅有助于维护客户满意度,还可以提高企业的竞争力和促进可持续发展。

第三节　煤炭市场供应链优化与物流管理

一、供应链的优化策略

随着全球化贸易和技术的不断发展，供应链管理已经成为各种企业的核心关注领域。供应链是一个复杂的系统，涉及原材料采购、生产、仓储、运输和最终交付产品或服务给客户。为了在竞争激烈的市场中获得竞争优势，企业需要不断优化其供应链，以降低成本、提高效率、提供更好的客户服务，并减少风险。本部分将探讨供应链的优化策略，以帮助企业更好地管理其供应链。

（一）供应链的优化目标

首先，了解供应链的优化目标是至关重要的。不同企业可能有不同的目标，但通常来说，供应链的优化旨在实现以下几个方面的目标：

降低成本：供应链的成本通常包括采购成本、生产成本、仓储成本、运输成本等。通过降低这些成本，企业可以提高利润率。

提高效率：提高供应链的效率意味着更快地将产品或服务交付给客户，减少库存，提高生产能力等。这可以帮助企业更好地应对市场需求的波动。

提供更好的客户服务：满足客户需求是供应链的重要目标之一。通过提供更好的客户服务，企业可以建立忠诚的客户群体，并增加其市场份额。

降低风险：供应链中存在各种风险，如供应中断、市场波动、自然灾害等。通过采取适当的风险管理策略，企业可以减少这些风险对供应链的影响。

（二）供应链的优化策略

有许多供应链的优化策略可供企业选择，以下是一些常见的策略：

供应链可视化：了解供应链的每个环节是供应链优化的关键。通过使用现代供应链管理软件，企业可以实现对整个供应链的实时可视化，从而更好地监控和管理供应链活动。这有助于减少延迟工作、降低库存水平，提高交付准时率。

供应链网络优化：企业可以通过重新评估其供应链网络来降低成本和提高效率。这包括评估供应商、制造商和分销商的位置，以确保它们在最佳位置，以最大限度地减少运输成本和交付时间。

库存优化：过多的库存会增加仓储成本，而过少的库存则可能导致供应中断。通过实施合理的库存策略，企业可以降低库存水平，同时确保产品的供应量充足。

供应链协同：供应链中的各个环节应该协同工作，以确保高效的运作。协同可以通过信息共享、协同计划和协同决策来实现。这有助于降低信息滞后水平，减少误解，提高效率。

采用技术创新：现代技术，如物联网（IoT）、大数据分析、人工智能（AI）和区块链，可以帮助企业改进供应链管理。这些技术可以提供更多的数据和洞察力，以帮助企业做出更好的决策。

持续改进：供应链优化是一个持续的过程。企业应该不断评估其供应链绩效，寻找改进的机会，并采取措施来不断提高供应链的效率和效果。

风险管理：供应链风险虽然是不可避免的，但企业可以采取措施来减少这些风险的影响。这包括多源供应、备用供应商、保险和应急计划的制订。

绿色供应链：随着环境问题的日益凸显，企业也越来越关注建立可持续的绿色供应链。这包括减少能源消耗、降低碳排放、减少废物和采用环保材料等。

培训和发展：员工是供应链成功的关键因素。培训和发展员工的技能可以帮助他们更好地了解供应链管理，并提高其绩效。

供应链合作伙伴关系：建立强有力的供应链合作伙伴关系是供应链优化的关键。与供应商、分销商和物流合作伙伴建立互信、互利的关系，可以提高供应链的效率和效果。

（三）供应链优化的挑战

尽管供应链优化可以带来许多好处，但也存在一些挑战，需要企业应对。以下是一些常见的供应链优化挑战：

复杂性：现代供应链通常是复杂的，涉及多个环节和参与者。管理这种复杂性可能是一项挑战，特别是在全球范围内运营的企业。

不稳定的市场需求：市场需求可能会不断波动，由此对供应链提出新的挑战。企业需要具备适应性，以满足不断变化的需求。

风险管理：供应链中存在各种风险，如供应中断、天气灾害、政治不稳定等。有效的风险管理策略对供应链的稳定性至关重要。

技术投资：采用现代技术需要资金和资源投入，企业可能需要权衡投资与回报之间的关系。

供应链合作伙伴关系：建立强有力的供应链合作伙伴关系需要时间和努力。企业需要投入精力来建立与合作伙伴之间的信任和互惠关系。

变革管理：供应链优化通常需要组织内部的变革，这可能会引发员工的抵触情绪。企业需要通过有效的变革管理策略来确保员工支持和合作。

数据安全：现代供应链依赖大量的数据交换，数据安全是一个重要关切。企业需要采取措施来保护供应链数据免受恶意攻击。

供应链的优化是现代企业成功的关键之一。通过降低成本、提高效率、提供更好的客户服务和减少风险，企业可以获得竞争优势，满足不断变化的市场需求。然而，供应链优化是一个复杂的过程，需要不断改进和创新。

企业可以采用不同的策略来优化其供应链，包括供应链可视化、供应链网络优化、库存优化、供应链协同、技术创新、风险管理、绿色供应链、培训和发展以及供应链合作伙伴关系。成功的供应链管理需要企业不断追求卓越，适应变化，并与供应链合作伙伴建立强有力的关系。

在不断变化的商业环境中，企业需要保持警觉，以应对新的挑战和机会。为了成功实施供应链优化策略，以下是一些建议：

制定明确的供应链战略：首先，企业应该明确定义其供应链优化目标，并制定明确的战略。这包括识别供应链中的关键问题和瓶颈，然后制订具体的计划来解决这些问题。

投资于技术：现代技术是供应链优化的关键。企业应该积极投资物联网、大数据分析、人工智能和区块链等技术，以提高供应链的可见性和效率。

数据驱动决策：数据是供应链优化的核心。企业应该建立数据分析能力，以便更好地了解供应链绩效，并做出基于数据的决策。

持续改进：供应链优化是一个持续的过程。企业应该建立一个文化，鼓励员工不断寻找改进的机会，并采取措施来提高供应链的效率和效果。

风险管理：有效的风险管理策略是供应链成功的关键。企业应该识别潜在的风险，并通过制订计划来减轻这些风险的影响。

培训和发展：员工是供应链管理的关键因素。企业应该为员工提供培训和发展机会，以提高他们的技能和知识水平。

与供应链合作伙伴建立互信的关系：与供应商、分销商和物流合作伙伴建立互信的关系对供应链管理的成功至关重要。企业应该积极合作，分享信息和资源，以实现共同的目标。

总之，供应链优化虽然是一个复杂的任务，但它可以帮助企业降低成本、提高效率、提供更好的客户服务和降低风险。通过制定明确的战略、投资技术、数据驱动决策、持续改进、风险管理、培训和发展，以及与供应链合作伙伴建立互信的关系，企业可以实现供应链的成功优化，实现业务增长和保持竞争优势。

二、物流管理与运输方式选择

物流管理和运输方式选择是现代企业运营的重要组成部分，其直接影响到产品或服务的供应链效率、成本控制和客户满意度。在全球化、技术进步和市场竞争日益激烈的环境下，企业需要精心规划和管理物流及运输，以确保货物能够及时、高效地从生产地到客户手中。本部分将探讨物流管理的重要性以及如何选择适当的运输方式，以满足企业的需求。

（一）物流管理的重要性

物流管理是整个供应链中的重要组成部分，它包括货物的运输、仓储、库存管理、订单处理、信息流、和相关的供应链活动。物流管理的重要性体现在以下几个方面：

成本控制：有效的物流管理可以降低运营成本。货物的高效运输、库存管理和订单处理可以减少库存成本、运输成本和仓储成本。

交付效率：物流管理可以确保产品或服务能够及时交付给客户。这有助于提高客户满意度，增加市场份额，提高品牌声誉。

库存优化：合理的物流管理可以降低库存水平，减少过度库存和降低资本占用。这有助于企业提高资金流动性。

风险管理：物流管理涉及风险管理，包括供应链中断、天气灾害、政治不稳定等风险的管理。有效的物流管理可以帮助企业应对这些风险。

可持续性：现代企业越来越关注可持续性，物流管理可以帮助企业降低碳排放、减少废物和采用环保材料，以减少对环境的影响。

竞争优势：优化的物流管理可以成为企业的竞争优势。快速、高效的供应链可以帮助企业在市场上脱颖而出。

数据驱动决策：现代物流管理越来越依赖数据分析，通过收集和分析数据，企业可以做出更明智的决策，以优化供应链。

（二）运输方式选择的重要性

选择适当的运输方式对物流管理至关重要。不同的货物和服务可能需要不同的运输方式，根据货物的性质、距离、时间要求和成本因素，企业可以选择以下几种常见的运输方式：

公路运输：公路运输是最常见的运输方式，适用于短途运输，特别是货物的终端配送。货物可以使用卡车、货车和货运列车等交通工具进行运输。这种方式通常比较灵活，可以满足客户对即时交付的需求。

铁路运输：铁路运输适用于大量货物的长途运输。铁路具有较大的装载能力，对跨越大陆或国家的货运是一种经济并且高效的方式。然而，它可能不太适合时间要求紧迫的货物。

水路运输：水路运输通过河流、湖泊和海洋进行货物运输。这适用于大量货物和国际运输。水路运输通常更具成本效益，但交货时间较长。

空运：空运是最快的货物运输方式，适用于时间要求非常紧急的货物。然而，空运成本较高，适用于高价值的货物。

管道运输：管道运输主要用于液体和气体货物，如石油、天然气和水。它通常适用于大规模的长途输送。

多式联运：多式联运结合了多种运输方式，以提高货物的效率和成本控制。例如，货物可以首先通过铁路或水路运输，然后通过公路运输进行最后的交付。

选择适当的运输方式取决于货物的特性、距离、时间要求和成本因素。企业需要权衡这些因素，以确保选择的运输方式能够满足客户需求，同时控制成本。

（三）如何选择适当的运输方式

选择适当的运输方式需要考虑多个因素。以下是一些考虑因素和决策步骤：

货物特性：首先，企业需要了解货物的性质，包括大小、重量、易损性、危险性等。不同的货物可能需要不同的运输方式。

交货时间：客户对货物的交付时间要求是一个重要因素。如果客户需要快速交付，那么空运可能是一个更好的选择，而如果时间不是关键，水路或铁路运输就可能更经济。

距离和目的地：货物的运送距离和目的地是重要考虑因素。短途运输通常适合公路运输，而长途运输则可能需要铁路、水路或空运。如果货物需要国际运输，那么选择合适的海运或航空公司很重要。

成本因素：运输成本是一个重要的考虑因素。企业需要权衡货物的运输成本和客户的预算，以确保盈利。

可持续性和环保：现代企业越来越关注可持续性和环保。选择运输方式时，企业应考虑减少碳排放、废物减少和资源利用的因素。

可靠性和安全性：货物的可靠性和安全性是重要因素。企业需要选择可靠的运输方式，以确保货物在运输过程中不受损失或丢失。

货物价值：货物的价值应该考虑在内。对高价值的货物，企业可能愿意支付更高的运输成本，以确保货物的安全。

季节性因素：季节性因素如天气状况、节假日等可能影响运输方式的选择。企业需要考虑这些因素，以避免交货延误。

法规和许可证：不同的货物和运输方式可能受到不同的法规和许可证的限制要求。企业需要确保其选择的运输方式符合相关法规。

运输合同和供应链合作伙伴：企业通常会与物流服务提供商和承运人签订运输合同。这些合同中的条款和条件会影响运输方式的选择。

根据以上因素，企业可以制定一个综合的运输策略，以选择最适合其需求的运输方式。在某些情况下，多式联运也可能是一个选择，以充分利用不同运输方式的优势。

（四）物流管理的最佳实践

除了选择适当的运输方式，物流管理还涉及一系列最佳实践，以确保货物的高效和安全运输。以下是一些物流管理的最佳实践：

物流计划和调度：物流计划是重要的，它涉及货物的路径规划、运输时间表和资源分配。良好的计划可以提高效率，减少空载和空程。

供应链可视化：使用现代物流管理软件，可以实现对整个供应链的实时可视化。这有助于跟踪货物的位置、监控供应链绩效和做出及时的决策。

库存管理：合理的库存管理可以减少库存成本，降低资本占用。企业应该采用先进的库存管理技术，以确保库存水平在合理范围内。

检查和包装：货物的检查和包装是确保货物在运输过程中不受损失的重要步骤。合适的包装可以提高货物的安全性和可靠性。

跟踪和监控：使用物流追踪和监控技术，可以实时跟踪货物的位置和状态。这有助于企业及时发现问题并采取措施解决。

故障应对：物流管理中可能出现故障和问题，企业应该制订应对计划，以应对突发事件和解决相关问题。

合作伙伴关系管理：与供应链合作伙伴建立互信的关系对物流管理至关重要。企业应该与承运人、供应商和分销商保持密切合作，分享信息和资源。

数据分析：数据分析可以提供对供应链绩效的洞察，帮助企业做出更明智的决策。企业应该积极采用数据分析工具。

综上所述，物流管理和运输方式选择是现代企业成功地重要组成部分。通过综合考虑货物特性、交货时间、距离、成本因素、可持续性、安全性和其他因素，企业可以选择适当的运输方式，并采用最佳的物流管理实践，以确保货物的高效和安全运输，满足客户需求，降低成本并获得竞争优势。

三、供应链优化的成本与效益

供应链优化是现代企业成功运营的关键要素之一。通过有效的供应链管理，企业可以降低成本、提高效率、提供更好的客户服务，并降低风险。然而，供应链优化本身也需要投入资源和时间，因此企业需要仔细权衡成本与效益，以确保取得最佳的结果。本部分将探讨供应链优化的成本和效益，并提出一些关于如何最大化供应链优化的建议。

（一）供应链优化的成本

供应链优化虽然可能涉及多个方面的成本，包括但不限于以下几点：

技术投资：现代供应链优化通常依赖于信息技术和软件。企业需要投资采购、定制或开发供应链管理系统和工具，以便监控、协调和优化供应链活动。这包括采用物联网（IoT）、大数据分析、人工智能（AI）等技术，以提高供应链的可见性和效率。

培训和发展：供应链管理需要具备专业知识和技能的员工。企业需要投入资金来培训和发展员工，以提高他们的能力，使他们能够更好地理解和管理供应链活动。

数据分析和监控：数据分析工具和监控系统的建立和维护需要成本。这些工具用于实时监测供应链绩效，提供洞察力，帮助企业做出更好的决策。

供应链网络优化：重新设计供应链网络可能需要大量投资。这可能涉及改变供应商、生产工厂、分销中心和运输模式的位置，以实现更高效的供应链管理。

库存优化：优化库存管理可能需要采用先进的库存管理技术和系统，这需要成本。企业需要权衡库存水平、生产批次和交货时间，以最大限度地降低库存成本。

供应链协同：建立和维护供应链协同关系需要时间和资源。这包括与供应商、分销商和合作伙伴共享信息和资源，以实现供应链的协同优化。

风险管理：供应链风险管理可能需要投资多源供应、备用供应商、保险和应急计划的制订。这有助于减少供应链中断和其他风险的影响。

绿色供应链：建立可持续的绿色供应链可能需要采用环保技术、改进工艺和采用环保材料。这虽然可以帮助企业减少环境影响，但也可能涉及支出额外的成本。

（二）供应链优化的效益

尽管供应链优化需要投入成本，但它还可以带来多方面的效益，对企业的成功运营和竞争优势产生积极影响。以下是供应链优化可能带来的效益：

降低成本：供应链优化可以帮助企业降低采购、生产、仓储和运输成本。这有助于提高利润率和降低产品价格，使企业更有竞争力。

提高效率：通过优化供应链流程，减少延迟、降低库存水平和提高生产能力，企业可以提高效率，更快地将产品或服务交付给客户。

提供更好的客户服务：满足客户需求是供应链优化的关键目标之一。通过提供及时、可靠的交付和更好的客户支持，企业可以建立忠诚的客户群体，增加其市场份额。

降低风险：供应链风险管理是供应链优化的一部分。通过采取适当的风险管理策略，企业可以减少供应链中断、市场波动、自然灾害等风险的影响。

可持续性和环保：建立可持续的绿色供应链可以提高企业的可持续性，降低环境影响，并满足消费者对可持续产品的需求。

数据驱动决策：现代供应链管理依赖数据分析。通过收集和分析数据，企业可以更好地了解供应链绩效，做出更明智的决策。

竞争优势：优化的供应链可以成为企业的竞争优势。通过提供快速、高效的供应链服务，企业可以在市场上脱颖而出，吸引更多客户。

提高资金流动性：通过降低库存水平和减少资本占用，企业可以提高资金流动性，使更多资金可用于投资和扩张。

（三）如何权衡供应链优化的成本与效益

权衡供应链优化的成本与效益是关键，以确保企业获得最佳的回报。以下是一些关于如何进行成本与效益的权衡的建议：

制定清晰的目标：在着手供应链优化项目之前，企业应该制定清晰的和预期的效益目标。这些目标应该与成本节省、效率提高、客户满意度等方面相关。明确的目标可以帮助企业更好地评估成本与效益。

进行成本—效益分析：企业可以进行成本—效益分析，以确定供应链优化项目的潜在回报。这包括评估项目的预计成本、预计效益和回报周期。企业可以通过使用财务指标如投资回报率（ROI）、净现值（NPV）和内部收益率（IRR）来评估项目的经济可行性。

优先项目：如果企业有多个供应链优化项目，可以根据它们的潜在回报来优先考虑项目。优先项目应该是那些具有较短的回报周期、较高的ROI和较大的效益的项目。

风险管理：考虑风险因素，包括项目实施中可能出现的问题和不确定性。企业应该制订应对计划，以降低项目风险，并确保计划的顺利执行。

长期视角：供应链优化可能需要较长的时间才能实现潜在效益。企业应该采用长期视角，考虑项目的长期价值，而不仅仅关注短期成本。

持续改进：供应链优化是一个持续的过程，需要不断迭代和改进。企业应该建立一种文化，鼓励员工不断寻找改进的机会，并采取措施来提高供应链的效率和效果。

客户导向：供应链优化应该以客户为中心。企业应该考虑客户的需求和期望，以确保供应链的改进能够提高客户满意度。

数据驱动决策：数据分析是供应链优化的关键。企业应该积极采用数据分析工具，以便更好地了解供应链绩效，发现问题并做出明智的决策。

监测和评估：一旦供应链优化项目实施，企业就应该定期监测和评估项目的绩效。这有助于企业确保项目按计划实施，并实现预期的效益。

与供应链合作伙伴合作：与供应链合作伙伴建立互信的关系是供应链优化成功的关键。企业应该积极合作，分享信息和资源，以实现共同的目标。

综上所述，供应链优化虽然是现代企业取得成功的关键因素，但它需要权衡成本与效益。企业可以通过制定明确的目标、进行成本—效益分析、优先项目、风险管理、长期视角、持续改进、客户导向、数据驱动决策、监测和评估以及与供应链合作伙伴合作来最大化供应链优化的效益，并确保在成本方面获得合理的投资回报。

第四节 煤炭仓储与库存管理

一、煤炭仓储设施选择与管理

煤炭作为一种重要的能源资源，在能源产业中发挥着重要作用。煤炭的仓储设施对煤炭的保管、管理和分发至关重要。本部分将探讨煤炭仓储设施的选择与管理，包括仓储设施的类型、选址、设计和管理，以确保煤炭的安全、高效储存和分配。

（一）煤炭仓储设施的类型

煤炭仓储设施的选择应基于煤炭的类型、用途、产量和运输方式。以下是一些常见的煤炭仓储设施类型：

堆场：堆场是最常见的煤炭仓储设施之一。它们通常用于存储大规模的煤炭，如散装煤。堆场通常位于开阔地区，可以容纳大量的煤炭。堆场可以采用不同的堆放方式，如圆锥堆、长堆和草堆，以适应不同类型的煤炭。

煤仓：煤仓通常用于存储散煤或煤炭块状物料。它们通常具有覆盖结构，以保护煤炭免受天气的影响。煤仓可以设计成多层或多室结构，以满足不同的存储需求。

煤仓库：煤仓库是专门用于存储煤炭的建筑，通常包括多个仓室和设备，用于处理、卸载和装载煤炭。煤仓库通常用于工业和能源生产设施，以确保供应的可靠性。

煤炭码头：煤炭码头通常位于海港或内陆水道附近，用于煤炭的装卸和分发。它们可以配备各种设备，如装卸机、传送带和仓库，以处理大规模的煤炭运输。

煤炭仓储罐：煤炭仓储罐通常用于液化煤、煤制气或其他特殊煤炭产品的储存。这些储罐可以具备保温和密封功能，以确保储存的煤炭质量。

覆盖式存储：覆盖式存储是一种用于散装煤的创新储存方法。它通常包括巨大的可伸缩罩，覆盖在储煤堆上，以减少空气和水对煤炭的影响。

选择合适的煤炭仓储设施类型取决于煤炭的性质、规模、用途和运输方式。企业需要仔细评估其需求，以确保选择的设施能够满足其存储和分发的需求。

（二）煤炭仓储设施的选址

煤炭仓储设施的选址是一个重要决策，它直接影响到供应链的效率和成本。选址应考虑以下因素：

靠近生产地点：选择仓储设施的位置应尽可能靠近煤炭的生产地点。这可以减少运输成本和能源损失。

靠近消费地点：如果仓储设施的主要目的是分销给消费者，那么选择仓储设施的位置就应靠近消费地点，以降低配送成本和提供快速供应。

运输方式：考虑不同运输方式的可用性，如公路、铁路、水路和海港。选择位置时，要确保容易接入这些运输方式，以确保顺畅的运输。

市场需求：了解市场需求和趋势，以确保选择的位置能够满足未来的需求。

环境因素：考虑环境因素，如地质条件、降水量和风向。这有助于确定合适的设施设计，以减少对煤炭使用带来的环境影响。

安全和法规：遵守当地安全法规，包括火灾安全和环境规定，以确保仓储设施的合法运营。

土地成本：考虑土地成本和租金，以确保选址成本是可接受的。

选址决策需要仔细的市场研究和可行性分析，以确定最佳的选址。另外，企业还应与当地政府、环保机构和土地所有者进行协商，以确保选址合法合规。

（三）煤炭仓储设施的设计与建设

煤炭仓储设施的设计与建设是一个复杂的过程，需要考虑多个因素，以确保设施的安全、高效和环保。以下是一些关于煤炭仓储设施设计与建设的考虑因素：

结构设计：仓储设施的结构设计应考虑存储的煤炭类型和数量。结构应具备足够的承载能力，以支持堆放的煤炭重量，并确保安全。另外，合适的通风系统也是必不可少的，以降低粉尘爆炸和空气质量问题的风险。

防火措施：煤炭是易燃物质，因此仓储设施应采取适当的防火措施。这包括防火墙、自动灭火系统、安全出口和防火设备。员工应接受火灾应急培训，以确保他们知道如何应对火灾事件。

装卸设备：仓储设施应配备适当的装卸设备，以便高效地卸载和装载煤炭。这可以包括传送带、卸料机、装卸机械等。设备的选择应根据煤炭的特性和需求进行。

环保设施：为了降低环境影响，仓储设施应考虑环保设施，如粉尘收集系统、废水处理设备和废弃物处理设施。这有助于减少污染和遵守环保法规。

安全设备：仓储设施应具备安全设备，如监控摄像头、安全栏杆、安全标志和紧急停电按钮，以确保员工和访客的安全。

材料选择：在仓储设施的建设中，应选择耐用、防腐和防火的材料，以延长设施的使用寿命并减少维护成本。

储存方法：仓储设施的煤炭堆放方法应根据煤炭类型和使用需求来确定。堆放可以采用不同的方式，如圆锥堆、长堆、坡堆等，以最大限度地减少煤炭损耗。

安全规程：建立并实施安全规程和操作程序，以确保员工和访客遵守安全规定，降低事故风险。

环境影响评估：在建设仓储设施之前，应进行环境影响评估，以了解设施对周围环境的潜在影响，并采取措施来减少这些影响。

许可和法规：遵守当地政府、环保机构和建设法规，以确保仓储设施的合法性和合规性。

（四）煤炭仓储设施的管理

一旦建设完成，煤炭仓储设施就需要有效的管理，以确保设施的高效运行和煤炭的安全存储。以下是一些建议，关于如何管理煤炭仓储设施：

定期检查：进行定期的设施检查，以确保结构的安全性和设备的正常运行。检查应包括火灾安全、设备维护和环保设施的有效性。

库存管理：实施有效的库存管理，以确保煤炭的质量和数量。使用先进的库存管理系统和技术，以追踪库存水平、供应和需求。

安全培训：提供员工和承包商的安全培训，以确保他们了解安全规程和如何应对紧急情况。

环境监测：定期监测和评估仓储设施的环境影响，包括空气质量、水质和噪声水平。根据监测结果采取必要的措施。

灭火设备：确保灭火设备和系统的有效性，如火灾报警系统、灭火器和自动灭火系统。这有助于减少火灾风险和提高紧急响应的能力。

粉尘控制：采取措施来控制和减少粉尘的产生和扩散。这可以包括粉尘收集系统、湿法处理和定期清洁。

员工培训：确保员工了解设施操作程序和安全规定，以减少事故风险。提供定期的培训和安全意识培训。

应急计划：制订应急计划，以应对突发事件和灾害，如火灾、泄漏和天气极端情况。员工应该知道如何执行这些计划。

环保合规：遵守环保法规和要求，以减少环境影响，包括废水排放、废物处理和空气质量控制。

质量控制：采取措施来确保储存的煤炭质量，包括防止掺杂和混合，以维护煤炭的燃烧性能。

安全文化：建立安全文化，鼓励员工报告安全问题和提出改进建议。奖励和认可员工对安全的贡献。

定期维护：定期维护设施和设备，以确保它们的正常运行。这包括清洁、润滑、维修和设备更换。

安全监控：使用监控系统和技术，追踪设施的安全性和绩效。这有助于及时发现问题并采取措施解决。

综上所述，选择和管理煤炭仓储设施需要仔细考虑多个因素，包括选址、设计、建设和运营。有效的仓储设施管理可以确保煤炭的安全、高效储存和分配，减少环境影响，并提高供应链的可靠性。通过遵守安全规程、环保法规和最佳实践，企业可以确保煤炭仓储设施的可持续和成功运营。

二、煤炭库存管理的最佳实践

煤炭作为一种重要的能源资源，在能源行业中扮演着重要的角色。有效的煤炭库存管理对确保能源供应链的稳定性和效率至关重要。不仅如此，煤炭库存管理也直接关系到企业的成本控制和环境责任。本部分将探讨煤炭库存管理的最佳实践，包括库存优化、安全管理、环保措施以及库存信息技术的应用。

（一）库存优化

需求规划：库存管理的首要任务是基于需求规划库存水平。企业需要了解其煤炭的日常需求、季节性需求和未来需求趋势。这有助于避免过多或不足的库存，降低存储成本。

安全库存：维护适当的安全库存水平是库存管理的关键，以应对突发情况、供应中断和需求波动。安全库存的水平应基于供应链的可靠性和需求的不确定性来确定。

JIT 库存：采用"精益生产"（Just-in-Time，JIT）的原则，尽可能减少库存，以降低库存成本和提高资金流动性。JIT 库存策略通过优化生产和供应链流程，可以减少库存持有时间，降低资本占用。

ABC 分类：将库存分为不同的 ABC 分类，以便更精细地管理。A 类库存通常是高价值但低数量的物料，B 类库存是中等价值和数量的物料，C 类库存是低价值但高数量的物料。不同类别的库存可以采取不同的管理策略。

周转率：关注库存周转率，即库存的使用频率和速度。高周转率表示库存得到有效利用，而低周转率则可能意味着库存积压或过期。

去库存活动：定期进行去库存活动，以清理陈旧或不再需要的库存。这有助于减少库存成本和释放资金。

建立供应链协同：与供应链伙伴建立合作伙伴关系，以共享信息和资源，以便更好地协调库存管理和供应计划。共同的可见性和沟通有助于降低供应链的不确定性。

（二）安全管理

安全培训：对库存管理人员进行安全培训，以确保他们了解如何正确操作和处理煤炭安全工作，以降低火灾和安全事故的风险。

防火措施：实施防火措施，包括防火墙、火警报警系统、灭火器和安全出口。煤炭库存容易引发火灾，因此预防和早期干预至关重要。

安全设备：库存区域应配备安全设备，如安全标志、紧急停电按钮、安全栏杆和警示灯。这有助于提高工作场所的安全性。

紧急应对计划：制订紧急应对计划，以应对火灾、泄漏和其他紧急情况。员工应接受培训，知道如何应对紧急情况。

安全文化：建立安全文化，鼓励员工主动报告安全问题，提出改进建议，并参与安全培训。员工应知道他们在维护安全方面扮演的角色。

粉尘控制：采取措施来控制煤炭粉尘的产生和扩散，以减少粉尘爆炸带来的风险。这可以包括粉尘收集系统、湿法处理和定期清洁。

（三）环保措施

环保合规：遵守所有相关的环境法规和要求，包括废水排放、废物处理和空气质量控制。确保库存管理过程不会对环境造成不利影响。

废物处理：管理废弃物的产生和处理，以最大限度地减少废物对环境的影响。可回收物质应进行回收，有害废物应得到妥善处理。

节能措施：采取节能措施，如使用能效更高的设备、改进照明系统和减少能源浪费，以减少环境影响。

环境监测：建立环境监测系统，以追踪和评估库存管理对周围环境的影响。这有助于识别问题并采取适当的措施

可持续性：考虑库存管理的可持续性，包括资源利用效率、废物减量和环保技术的采用。煤炭库存管理应符合可持续发展原则。

（四）库存信息技术的应用

库存管理系统：采用现代库存管理系统，以实现精细化的库存管理。库存管理系统可以帮助企业跟踪库存水平、供应和需求，自动化订单处理，减少人为错误，提高效率。

数据分析和预测：利用数据分析和预测技术，来了解库存需求的变化趋势和季节性。这有助于提前采取行动，以满足不断变化的需求。

自动化仓储设备：投资自动化仓储设备，如自动堆垛机、输送带系统和无人机，以

提高库存的管理和处理效率。

供应链可见性：建立供应链可见性系统，以监控库存流动和供应链中的问题。可见性有助于企业快速识别问题并采取纠正措施。

RFID 技术：使用射频识别（RFID）技术来跟踪库存数量，提高准确性和速度。RFID 标签可以附在煤炭包装上，以便实时跟踪库存位置和状态。

ERP 系统：整合企业资源规划（ERP）系统，以确保库存管理与其他业务流程无缝衔接。ERP 系统可以提供库存、采购、销售和财务信息的集成视图。

云计算：利用云计算来存储和访问库存数据，以实现更灵活的库存管理和实时信息共享。

移动应用程序：为库存管理人员提供移动应用程序，以便他们可以随时随地访问库存信息、下达订单和监控库存状况。

库存性能评估：定期进行库存性能评估，以了解库存管理的效率和效益。根据评估结果，采取改进措施，以提高库存管理的质量和效率。

综上所述，煤炭库存管理的最佳实践涉及库存优化、安全管理、环保措施以及库存信息技术的应用。通过精心规划和维护库存，企业可以降低库存成本、提高库存安全性、降低环境影响，并提高供应链的效率。采用现代技术和数据分析工具，可以实现更精细和高效的库存管理，以满足不断变化的需求。同时，遵守相关法规和环保标准，确保库存管理符合可持续性和社会责任的原则。

三、煤炭库存与交货时间的平衡

煤炭作为一种重要的能源资源，在能源行业中发挥着显著作用。有效管理煤炭库存与交货时间的平衡对确保供应链的可靠性和成本效益至关重要。本部分将探讨如何在煤炭供应链中实现库存与交货时间的平衡，包括库存优化、需求管理、供应链可见性、物流优化以及应对突发事件的策略。

（一）库存优化

库存优化是维持库存与交货时间平衡的关键因素之一。合理的库存水平可以确保供应链的弹性，应对不同的需求和交货时间要求。以下是一些库存优化的最佳实践：

安全库存：维护适当的安全库存水平以应对突发情况和不确定性。安全库存应基于供应链的可靠性和需求的变化情况来确定。不同类型的煤炭库存可以设置不同的安全库存水平。

JIT 库存：采用"精益生产"（Just-in-Time，JIT）的原则，以降低库存水平，提高资本效益。通过 JIT 策略，煤炭库存可以在需求到来之前最小化，减少库存成本和风险。

需求规划：基于需求规划库存水平，以确保库存与预期需求相匹配。需求规划应考虑季节性需求、市场趋势和客户订单等因素。

ABC 分类：对库存进行 ABC 分类，根据价值和需求频率来管理不同类别的库存。高价值和高需求的库存可能需要更高的安全库存，而低价值和低需求的库存则可以维持较低的库存水平。

周转率：关注库存周转率，以确保库存的快速转化和高效利用。高周转率可以减少库存占用资金，提高库存管理的效率。

去库存活动：定期进行去库存活动，以清理陈旧或不再需要的库存。这有助于降低库存成本和释放资金，确保库存与交货时间的平衡。

（二）需求管理

需求管理是库存与交货时间平衡的另一个重要方面。了解和管理需求可以确保及时满足客户的要求，减少库存过剩或不足的问题。以下是一些建议，关于需求管理的最佳实践：

市场研究：定期进行市场研究，以了解煤炭需求的变化趋势和市场需求。了解市场动态有助于适应需求变化，确保库存与交货时间的平衡。

订购管理：建立有效的订购管理系统，以根据需求及时生成和处理订单。自动订购系统可以帮助减少订购错误，提高准确性。

预测需求：使用需求预测技术，以更好地预测未来需求。基于历史数据、市场趋势和客户订购信息，进行需求预测，以便提前做好库存和供应链的准备。

客户关系管理：建立强有力的客户关系管理系统，以了解客户的需求和期望。与客户的密切合作有助于满足他们的要求，确保库存与交货时间的平衡。

品种管理：管理不同种类的煤炭需求，以确保库存与不同煤种的需求相匹配。不同种类的煤炭可能具有不同的市场需求和供应链要求。

定价策略：制定合理的定价策略，以根据市场需求和库存水平来管理需求。根据需求的变化，调整价格以激发或抑制需求。

（三）供应链可见性

供应链可见性是库存与交货时间平衡的重要因素之一。有了解供应链中各个环节的可见性可以帮助企业更好地协调库存管理和交货时间。以下是供应链可见性的最佳实践：

数据集成：整合供应链的各个环节，包括供应商、制造商、分销商和物流服务提供商的数据。使用供应链管理系统，确保信息流畅，以实现实时监控和决策。

实时追踪：采用物联网（IoT）和传感技术，以实时追踪煤炭的位置和状态。这有助于监控库存的移动、到达时间和安全性，以确保库存与交货时间的平衡。

预警系统：建立供应链预警系统，以在发生问题时提供即时警报。这有助于采取紧急措施，以应对交货时间的延误或库存不足的情况。

供应链分析：利用供应链分析工具，以了解供应链中的瓶颈和问题。分析供应链数据有助于识别潜在的风险和瓶颈，以采取措施改进库存与交货时间的平衡。

协作平台：使用供应链协作平台，以促进各个供应链伙伴之间的信息共享和协作。协作平台有助于提高供应链的协调性和可见性。

（四）物流优化

物流是影响库存与交货时间平衡的重要因素之一。优化物流流程可以提高煤炭的交货效率，减少库存持有时间。以下是一些物流优化的最佳实践：

运输计划：制订有效的运输计划，以减少交货时间和成本。选择合适的运输方式和路线，优化运输计划，以确保煤炭能够按时到达。

多模式运输：考虑使用多种运输方式，如铁路、公路和水路，以根据不同的距离和运输需求来选择最合适的方式。多模式运输可以提供更大的灵活性和效率。

仓储设施：选择合适的仓储设施，以确保库存的安全和高效储存。合理的仓储设施位置和容量可以帮助减少交货时间。

装卸设备：使用高效的装卸设备，以减少煤炭的装卸时间。自动装卸机、传送带和装卸机械等设备可以提高装卸效率。

跟踪和追踪：采用物流管理系统，以提供实时的跟踪和追踪功能。这有助于监控货物的位置和状态，及时发现问题并采取措施。

预约交货：建立预约交货系统，以协调交货时间并减少客户不必要的等待时间。预约交货可以提高交货效率，确保库存与交货时间的平衡。

（五）应对突发事件的策略

突发事件，如天气极端情况、供应中断和交通问题，可能会影响库存与交货时间的平衡。因此，需要制定应对突发事件的策略，以减少风险和损失。以下是一些建议，关于应对突发事件的策略：

紧急响应计划：制订紧急响应计划，以在发生突发事件时采取迅速的行动。计划应包括联系供应商和客户、调整库存策略、寻找备用供应来源等。

预备库存：维护一定数量的预备库存，以应对突发事件导致的供应中断。这些库存可以充当应急备用，确保库存与交货时间的平衡。

风险评估：定期进行供应链风险评估，以识别潜在的风险和薄弱环节。风险评估有助于采取预防措施，减少突发事件的影响。

供应链多样性：考虑建立多样性的供应链，以减少企业对单一供应来源的依赖。多样性的供应链可以提高供应链的韧性，确保库存与交货时间的平衡。

通信和协调：建立有效的通信和协调机制，以在突发事件发生时与供应链伙伴进行沟通。快速、准确的信息共享对企业采取应急措施至关重要。

综上所述，库存与交货时间的平衡在煤炭供应链管理中至关重要。通过库存优化、需求管理、供应链可见性、物流优化和应对突发事件的策略，企业可以更好地实现库存与交货时间的平衡，以提高供应链的可靠性、效率和竞争力。在不断变化的市场和环境条件下，灵活性和适应性是维持平衡的关键。通过采取上述最佳实践，企业可以更好地应对挑战，确保库存与交货时间的平衡。

在实际操作中，库存与交货时间的平衡需要根据具体情况进行调整和优化。以下是一些额外的建议，以帮助企业更好地管理库存与交货时间的平衡：

持续优化：库存管理和供应链管理是持续的过程。定期审查和调整库存策略，以适应市场和需求的变化。

数据分析：利用数据分析工具来监测库存和交货时间的表现。分析库存周转率、库存成本和交货准时率等关键指标，以识别潜在的改进机会。

供应链可持续性：考虑供应链的可持续性因素，如环境和社会责任。采取可持续性措施可以降低风险，提高供应链的可靠性。

技术投资：不断升级和投资库存管理和供应链技术，以跟上行业的最新趋势。新技术，如人工智能和区块链，可以提供更高的可见性和效率。

客户满意度：将客户满意度置于库存与交货时间平衡的核心。理解客户的需求和期望，并确保交货时间满足其要求，以建立忠实的客户关系。

教育与培训：为库存管理和供应链团队提供持续的培训与教育，以提高他们的专业知识和技能水平。员工的培训可以提高库存管理的质量和效率。

最终，煤炭库存与交货时间的平衡是一个复杂的问题，需要综合考虑需求、供应、物流和风险因素。通过采用上述最佳实践，企业可以更好地管理这一问题，以确保供应链的可靠性和效益。随着市场和技术的不断演变，库存与交货时间的平衡将继续是供应链管理的重要议题，企业需要不断地适应新的情境和面对新的挑战。

第五节 煤炭供应商关系与合作策略

一、煤炭供应商选择与评估标准

煤炭作为一种重要的能源资源，在许多工业和能源行业中都扮演着重要的角色。对企业和组织来说，选择合适的煤炭供应商至关重要，因为这直接影响到企业运营中能源供应的可靠性、成本和环境责任。本部分将探讨如何选择和评估煤炭供应商，包括供应商选择的关键标准和评估流程。

（一）供应商选择的重要标准

煤炭质量：煤炭的质量是选择供应商的首要标准。煤炭的热值、含硫量、灰分、挥发分和水分等物理和化学性质对其在工业过程中的使用至关重要。供应商应提供高质量的煤炭，以满足客户的需求。

可靠性和供应能力：供应商的可靠性和供应能力是选择供应商的重要因素。供应商应该具有稳定的供应历史，能够按时交付客户所需数量的煤炭。供应商的生产能力、储备能力和供货链韧性都需要考虑。

价格竞争力：煤炭价格是成本控制的一个重要因素。选择具有竞争力价格的供应商可以帮助企业降低生产成本。然而，价格不应是唯一的选择标准，质量和可靠性同样重要。

环境和社会责任：现代企业越来越关注环境和社会责任。供应商应遵守相关法规和标准，以确保煤炭的采矿、运输和使用不会对环境和社会造成不利影响。供应商的可持续性和社会责任表现需要评估。

供应链可见性：供应商应具有供应链可见性，能够提供有关煤炭产地、采矿和运输的信息。这有助于确保煤炭的可追溯性和合规性，同时减少风险。

技术支持和服务：供应商提供的技术支持和服务对客户来说非常重要。供应商应该能够提供有关燃烧特性、煤种选择和储存建议等方面的专业支持。

财务稳定性：供应商的财务稳定性同样需要考虑。财务稳定的供应商更有可能长期合作，而不会因财务问题而中断供应。

地理位置：供应商的地理位置对企业物流和运输成本有重要影响。选择距离生产基地或工厂较近的供应商可以降低运输成本和减少碳足迹。

合同和条款：合同和条款是供应关系的重要组成部分。供应商的合同条款、交付条件、质量保证和支付条件等都需要明确与公平。

市场声誉和参考：了解供应商的市场声誉和客户参考对企业做出决策至关重要。供应商的客户满意度和声誉可以提供有关其可信度与服务质量的信息。

（二）供应商评估流程

选择和评估煤炭供应商是一个复杂的过程，需要综合考虑上述重要标准。以下是供应商评估的一般流程：

确定需求：首先，明确煤炭的需求，包括煤炭的类型、数量、质量要求和交付时间。这将有助于明确选择供应商的条件。

制定评估标准：制定供应商评估的具体标准和权重，以确保评估过程公平和一致。

市场研究：进行市场研究，识别潜在的供应商。了解市场上的不同供应商和其产品、服务和条件。

筛选供应商：根据市场研究的结果，筛选出一组潜在的供应商，符合需求和可以遵守标准。

供应商调查：与潜在供应商进行深入的沟通和调查，以了解其能力、质量、环境和社会责任表现等。这可以包括供应商问卷、访谈和参观。

报价和谈判：与潜在供应商协商价格、合同条款和条件。选择合同和条件符合可以遵守标准的供应商。

综合评估：对潜在供应商进行综合评估，包括质量、可靠性、可持续性、价格竞争力和技术支持等方面。

参考检查：联系供应商的客户和合作伙伴，获取关于供应商的参考信息。了解供应商的过去业绩和声誉。

最终选择：根据评估结果和市场研究，最终选择合适的供应商。选择的供应商应与企业的需求和战略目标相匹配。

合同签署：签署正式合同，明确双方的权利和义务。合同应包括价格、质量标准、交付条件、付款条件和其他相关条款。

追踪和评估：与供应商建立定期的绩效评估机制，以监测其履约情况和质量表现。及时发现问题并采取解决措施。

持续改进：持续改进供应商选择和评估流程。不断优化选择标准和流程，以适应市场变化和企业需求的变化。

需要强调的是，供应商选择和评估是一个动态的过程，应根据市场和业务需求进行调整。不同行业和组织可能有不同的重点和标准，因此评估流程应根据具体情况进行定制。

（三）风险管理和应对策略

在选择和评估煤炭供应商时，风险管理是至关重要的一环。以下是一些与风险管理和应对策略相关的考虑因素：

供应风险：供应商可能面临不同的风险，如供应中断、质量问题或价格波动。制定应对策略，如制订备用供应商和紧急响应计划，以降低供应风险。

质量风险：煤炭质量问题可能导致生产问题或环境违规。确保供应商具有质量管理体系和质量保证措施，以降低质量风险。

可持续性风险：不符合环境和社会责任标准可能对企业声誉与可持续性产生负面影响。监测供应商的可持续性绩效，确保其符合相关法规和标准。

价格风险：煤炭价格波动可能会影响企业的成本和盈利能力。企业应采用价格合同或期货合同，以锁定价格或降低价格波动的影响。

地缘政治风险：供应商所在地的地缘政治稳定性需要考虑。政治的不稳定可能对供应链造成干扰，应对政治风险是一个重要的策略。

物流风险：物流问题可能导致交货延误或产生额外成本。选择合适的物流合作伙伴，确保货物按时送达。

综上所述，选择和评估煤炭供应商是一个复杂的过程，需要综合考虑质量、可靠性、价格、可持续性、技术支持等多个因素。制定有效的供应商评估流程和风险管理策略可以帮助企业确保能源供应的可靠性和质量，降低风险，同时维护环境和社会责任。选择合适的供应商是企业成功的重要因素之一，因此应该给予足够的重视和专业的管理。

二、煤炭供应商合作与合同管理

煤炭作为一种重要的能源资源，对许多工业和能源行业来说至关重要。与煤炭供应商建立稳健的合作关系并进行有效的合同管理，对确保煤炭供应的可靠性、质量和可持续性至关重要。本部分将探讨煤炭供应商合作的关键因素以及合同管理的最佳实践。

（一）煤炭供应商合作的关键因素

透明沟通：建立透明的沟通渠道是供应商合作的关键因素之一。供应商和采购方之间应该能够进行开放、诚实的沟通，分享信息和解决问题。透明沟通有助于建立互信和合作关系。

长期合作：长期合作有助于建立稳定的供应链关系。与供应商建立长期伙伴关系，可以共同应对挑战、提高效率，减少不确定性。

目标一致性：供应商和采购方的目标应该一致。共享目标和价值观有助于建立合作伙伴关系，使双方更有动力共同努力。

供应商评估：定期评估供应商的绩效，包括交货准时率、质量标准、可持续性绩效和客户服务。评估可以帮助双方识别问题并改进绩效。

风险管理：合作伙伴应共同管理风险。这包括对供应链中的风险进行风险评估，制定应对策略，以减少供应中断、质量问题和价格波动的影响。

创新合作：鼓励创新合作，以寻找改进和增值机会。合作伙伴可以一起探讨新技术、新产品和新市场的机会。

可持续性：可持续性是现代企业越来越关注的问题。供应商和采购方应共同致力于减少环境和社会影响，遵守相关法规和标准。

紧急响应：制订应对紧急情况的计划，如供应中断或自然灾害。应急计划有助于双方迅速应对问题，减少损失。

法律合规：合作伙伴应确保合同和交易合法合规。遵守相关法规和合同条款是维护合作关系的基础。

（二）合同管理的最佳实践

合同管理是确保供应商合作顺利进行的关键环节。以下是一些建议，关于合同管理的最佳实践：

明确的合同条款：合同应具有明确的条款，包括价格、质量标准、交货条件、付款条件、供货量和交货时间。合同条款应尽可能详细，以避免争议。

合同审查：在签署合同之前，进行仔细的合同审查。确保合同条款满足需求和标准，且明白双方的责任和权利。

合同管理团队：建立专门的合同管理团队，负责合同执行和监督。这个团队可以确保合同按照计划执行，并处理合同约定中的问题。

变更管理：如果需要对合同进行修改，就要确保变更管理过程是明确的。变更管理应包括协商、批准和记录变更的步骤。

绩效监测：建立绩效监测机制，监测供应商的绩效，包括质量、交货准时率和可持续性绩效。绩效监测可以帮助双方识别问题并采取纠正措施。

问题解决：建立问题解决机制，用于处理合同中出现的问题。这可以包括纠纷解决程序和争端解决方案，以确保问题能够迅速得到解决。

风险管理：合同管理应与风险管理紧密结合。定期评估供应链中的风险，采取适当的风险管理措施，以减少潜在的风险和损失。

文件管理：建立有效的文件管理系统，以存档合同、通信和相关文件。这有助于追踪合同执行和解决潜在争议问题。

培训和教育：为合同管理团队提供培训和教育，以提高其合同管理技能。了解合同法律和最佳实践对成功的合同管理至关重要。

持续改进：持续改进合同管理流程。根据经验教训和绩效数据，不断优化合同管理的方法和流程。

合同终止：制订合同终止计划，以应对合同结束或不再需要供应商的情况。终止合同时应确保遵守合同条款和法律规定。

合同复审：定期进行合同复审，以确保合同仍然符合企业的需求和目标。必要时对合同进行更新和修改。

最终，煤炭供应商合作与合同管理是确保煤炭供应的可靠性和质量的关键环节。建立稳健的合作关系，透明的沟通和有效的合同管理可以降低风险，提高效率，确保长期供应链的可持续性。企业应重视供应商合作和合同管理，并不断改进其方法和流程，以适应不断变化的市场和业务需求。

三、建立稳固的煤炭供应商关系

煤炭作为一种重要的能源资源，对工业和能源行业来说至关重要。为了确保能源供应的可靠性和质量，企业需要建立稳固的煤炭供应商关系。这不仅可以降低风险，还可以提高效率，增强合作伙伴之间的互信和合作。本部分将探讨建立稳固的煤炭供应商关系的重要因素和最佳实践。

（一）建立供应商关系的关键因素

透明沟通：透明的沟通是建立供应商关系的基础。供应商和采购方之间应该建立开放、诚实的沟通渠道，分享信息和问题。透明沟通有助于建立互信和合作关系。

目标一致性：供应商和采购方的目标应该一致。共享目标和愿景有助于建立合作伙伴关系，使双方更有动力共同努力。

长期合作：建立长期合作有助于建立稳定的供应链关系。长期合作伙伴通常更愿意投入时间和资源来共同解决问题和改进流程。

相互依赖：双方应意识到彼此的相互依赖性。供应商的成功意味着采购方的成功，反之亦然。这种相互依赖有助于建立共同的利益和目标。

供应商评估：定期评估供应商的绩效，包括质量、交货准时率、可持续性绩效和客户服务。评估可以帮助双方识别问题并改进绩效。

风险管理：合作伙伴应共同管理风险。这包括对供应链中的风险进行风险评估，制定应对策略，以减少供应中断、质量问题和价格波动的影响。

可持续性：可持续性是现代企业越来越关注的问题。供应商和采购方应共同致力于减少环境和社会影响，遵守相关法规和标准。

合同和法律合规：合同和法律合规是建立供应商关系的重要因素。合同应明确双方的权利和义务，合同和交易应遵守相关法规和合同条款。

创新合作：鼓励创新合作，以寻找改进和增值机会。合作伙伴可以一起探讨新技术、新产品和新市场的机会。

参考检查：与供应商的现有客户和合作伙伴联系，获取关于供应商的声誉和绩效的信息。了解供应商的客户满意度可以提供有关其可信度和服务质量的信息。

（二）建立供应商关系的最佳实践

建立稳固的煤炭供应商关系需要遵循一系列最佳实践，以确保关系的稳定和持久。以下是一些建议：

深入了解供应商：了解供应商的业务模式、文化和价值观。这有助于建立更深入的合作关系，更好地理解供应商的需求和优势。

供应商筛选和评估：进行定期的供应商筛选和评估，以确保供应商继续满足需求和标准。评估供应商的质量、可靠性和可持续性绩效。

合同管理：建立明确的合同，包括价格、质量标准、交货条件、付款条件和供货量。合同内容应尽可能详细，以避免争议。

绩效监测：建立绩效监测机制，监测供应商的绩效，包括质量、交货准时率和可持续性绩效。绩效监测可以帮助双方识别问题并采取解决措施。

问题解决：建立问题解决机制，用于处理供应链中的问题。这可以包括纠纷解决程序和争端解决方案，以确保问题能够迅速得到解决。

风险管理：合作伙伴应共同管理风险。这包括对供应链中的风险进行风险评估，制定应对策略，以减少供应中断、质量问题和价格波动的影响。风险管理是建立供应商关系的重要组成部分。

变更管理：如果需要对合同进行修改，确保变更管理过程就应该是明确的。变更管理应包括协商、批准和记录变更的步骤。

文件管理：建立有效的文件管理系统，以存档合同、通信和相关文件。这有助于追踪合同执行和解决潜在争议问题。

培训和教育：为合同管理团队提供培训和教育，以提高其管理合同技能。了解合同法律和最佳实践对企业成功的合同管理至关重要。

持续改进：持续改进合同管理流程。根据经验教训和绩效数据，不断优化合同管理的方法和流程。

合同终止：制订合同终止计划，以应对合同结束或不再需要供应商的情况。终止合同时应确保遵守合同条款和法律规定。

参与供应商发展：与供应商一起合作，帮助他们提高绩效和可持续性。这包括提供培训、技术支持和资源，以帮助供应商不断提高绩效和可持续性。

（三）风险管理和应对策略

在建立稳固的煤炭供应商关系时，风险管理是至关重要的一环。以下是一些与风险管理和应对策略相关的考虑因素：

供应风险：供应商可能面临不同的风险，如供应中断、质量问题或价格波动。制定应对策略，如制订备用供应商和紧急响应计划，以降低供应风险。

质量风险：煤炭质量问题可能导致生产问题或环境违规。确保供应商具有质量管理体系和质量保证措施，以降低质量风险。

可持续性风险：不符合环境和社会责任标准可能对企业声誉与可持续性产生负面影响。监测供应商的可持续性绩效，确保其符合相关法规和标准。

价格风险：煤炭价格波动可能会影响成本和盈利能力。采用价格合同或期货合同，以锁定价格或降低价格波动的影响。

地缘政治风险：供应商所在地的地缘政治稳定性应需要考虑。政治不稳定可能对供应链造成干扰，应对政治风险是一个重要的策略。

物流风险：物流问题可能导致交货延误或产生额外成本。选择合适的物流合作伙伴，确保货物按时送达。

综上所述，建立稳固的煤炭供应商关系需要综合考虑透明沟通、目标一致性、长期合作、风险管理、可持续性和其他关键因素。遵循最佳实践和合同管理原则，建立稳固的关系可以降低风险，提高效率，确保长期供应链的可持续性。企业应将供应商关系视为战略性的合作伙伴，不断改进合作关系以适应不断变化的市场和业务需求。

第六节 煤炭库存风险管理

一、不同煤炭类型的库存风险

煤炭是一种重要的能源资源，被广泛用于发电、钢铁生产、化工工业等领域。煤炭库存管理对确保供应链的可靠性和生产的连续性至关重要。然而，不同类型的煤炭在库存管理方面存在各种风险和挑战。本部分将探讨不同煤炭类型的库存风险，并提出有效的风险管理策略。

(一)不同煤炭类型的概述

煤炭可以根据其质量特征和用途分为多种不同的类型,包括:

烟煤:烟煤是一种高热值、高碳含量的煤种,广泛用于发电和工业加工。它通常含有较低的挥发分和灰分,以及较高的热值。烟煤通常分为低挥发分和高挥发分两种。

亚烟煤:亚烟煤是一种介于烟煤和褐煤之间的煤种,含有较高的挥发分和较低的灰分。它主要用于发电,具有相对较低的热值。

褐煤:褐煤是一种质地较软、挥发分较高、灰分较高的煤种。它通常用于低温燃烧过程,如发电和供热。褐煤的热值较低,但资源丰富。

焦煤:焦煤是一种特殊类型的煤,用于钢铁冶炼的焦化过程。它具有较高的固定碳含量和耐高温特性。

高炉煤:高炉煤是一种高碳、高热值的煤种,适用于高炉内的铁矿石还原。它通常在钢铁制造中使用。

不同类型的煤炭具有不同的物理和化学特性,因此在库存管理方面存在各种不同的挑战和风险。

(二)不同煤炭类型的库存风险

1. 烟煤库存风险

① 质量一致性:烟煤的质量要求相对高,因此库存的质量一致性是一个挑战。不同来源的烟煤可能具有不同的物理和化学性质,这可能会影响其生产过程。

② 价格波动:烟煤的价格波动较大,这可能会导致库存价值的波动。价格上涨可能会导致库存成本的增加,而价格下跌则可能会导致库存价值的下降。

③ 储存安全性:由于烟煤易燃,储存安全性是一个重要考虑因素。必须采取措施确保煤炭库存的安全,以防止火灾和爆炸。

2. 亚烟煤库存风险

① 燃烧特性:亚烟煤的挥发分较高,燃烧特性不稳定。在库存管理时,需注意避免挥发和过快蒸发,以避免煤炭质量的降低。

② 适用范围:亚烟煤通常适用于低温燃烧过程,如发电。在库存管理时,需要确保亚烟煤的质量和性质符合使用要求。

③ 价格波动:亚烟煤的价格可能会波动,因此对库存成本和价值的管理是一个挑战。

3. 褐煤库存风险

① 湿度问题:褐煤通常具有较高的湿度,需要在库存中采取措施来防止过多的水分蒸发,以避免质量降低。

②储存安全性：褐煤易燃，储存安全性需要特别注意，以避免火灾和爆炸。

③供应可靠性：褐煤资源可能相对丰富，但供应不稳定性是一个风险因素。在库存管理时，需要考虑供应的可靠性。

4.焦煤库存风险

①高价值：焦煤通常具有较高的市场价值，因此风险管理和安全性更为重要。确保焦煤的安全存储，以防止盗窃和损失。

②物流要求：焦煤通常需要特殊的物流和储存条件，以保持其质量和性能。库存管理需要确保这些要求得到满足。

③钢铁生产依赖：焦煤用于钢铁冶炼的焦化过程，因此库存问题可能会直接影响钢铁生产，而供应不足或质量则问题可能导致生产中断。

5.高炉煤库存风险

①高价值和有限资源：高炉煤不仅是一种高价值的煤种，而且资源相对有限。因此，库存管理需要确保高炉煤的安全和可靠存储，以最大限度地减少损失。

②高热值：高炉煤通常虽具有较高的热值，但也容易自燃。库存管理需要特别注意煤炭的自燃风险，并采取预防措施。

③钢铁生产依赖：高炉煤是钢铁生产的重要原料，供应问题可能会直接影响钢铁产量。库存管理需要确保供应的可靠性和质量。

（三）库存风险管理策略

为降低不同类型煤炭的库存风险，可以采取以下风险管理策略：

质量控制：确保库存的煤炭质量符合要求，定期进行质量检查和检测。避免混合不同来源和质量的煤炭。

物流和储存条件：确保煤炭的物流和储存条件符合要求，以维持其质量和性能。避免暴露于不适当的湿度和温度条件下。

安全措施：采取适当的安全措施，以防止火灾、自燃和盗窃。使用防火设备和监控系统来提高库存安全性。

储存时间管理：减少煤炭的储存时间，以降低质量损失的风险。采用先进的库存管理系统，确保先进的煤炭先出。

多样化供应源：建立多个供应商和供应渠道，以降低供应中断的风险。多样化供应源可以增加供应的稳定性。

风险评估：定期进行风险评估，以识别库存风险。根据评估结果制定相应的应对策略。

合同管理：确保与供应商之间的合同明确规定了煤炭的质量标准、供货量和交货时间。建立绩效监测机制，定期评估供应商的绩效。

库存管理技术：使用先进的库存管理技术，如库存优化软件和自动化系统，以提高库存的效率和可视性。

不同类型的煤炭具有不同的特性和用途，因此在库存管理方面存在各种不同的问题。有效的风险管理策略可以帮助企业降低库存风险，确保供应链的可靠性和质量。同时，库存管理也需要与供应商合作，共同努力降低风险并提高库存效率。

二、煤炭库存风险管理策略

煤炭是一种重要的能源资源，被广泛用于发电、工业生产和供热等领域。有效的煤炭库存管理对企业确保供应链的可靠性、生产的连续性和成本控制至关重要。然而，煤炭库存管理面临各种风险，包括质量波动、价格波动、储存安全性等问题。本部分将探讨煤炭库存风险的各种方面以及相应的风险管理策略。

（一）煤炭库存风险的类型

质量波动风险：不同来源和类型的煤炭具有不同的物理和化学特性。因此，煤炭库存的质量一致性是一个重要挑战。煤炭质量的波动可能会影响生产过程的稳定性和燃烧效率。

价格波动风险：煤炭价格受多种因素影响，包括市场需求、供应量、能源政策等。价格波动可能会导致库存成本的不稳定性，影响企业的盈利能力。

储存安全性风险：煤炭是易燃物质，可能存在火灾和爆炸的风险。此外，盗窃和损失也是储存安全性的风险因素。

供应中断风险：供应链中的各种问题，如运输故障、供应商问题或天然灾害，都可能导致供应中断。供应中断可能会对生产造成重大影响。

储存时间风险：煤炭的质量和性能可能随时间发生变化。过长的储存时间可能导致煤炭的质量下降，从而影响燃烧效率和生产。

（二）煤炭库存风险管理策略

为了降低煤炭库存风险，企业可以采取一系列风险管理策略：

1. 质量控制

质量检测：建立质量检测程序，确保煤炭的质量符合要求。定期进行质量检测和化验，以监测质量波动。

供应商合作：与供应商合作，确保他们提供符合质量标准的煤炭。建立透明的质量标准，与供应商一起监测和改进质量。

质量分类：将不同质量和类型的煤炭分类，以确保库存的质量一致性。标记和储存不同质量的煤炭以防止混合。

2. 价格管理

长期合同：与供应商签订长期合同，以减少价格和降低价格波动的影响。

价格指数：跟踪煤炭价格指数，以了解市场趋势。这有助于企业及时做出采购决策。

多样化供应源：建立多个供应商和供应渠道，以降低价格波动的影响。多样化供应源可以提供价格竞争力。

3. 安全措施

防火设备：建立防火设备和措施，确保煤炭储存的安全性。这包括灭火器、火警报警系统和火警应急计划。

安全培训：对员工进行安全培训，教育他们如何处理煤炭储存的安全问题。员工应了解火灾和爆炸的风险，以及如何应对。

监控系统：使用监控系统来监测煤炭储存区域，及时发现潜在问题。另外，监控系统还可以帮助防止盗窃。

4. 供应链管理

多样化供应链：建立多个供应链渠道，以减少供应中断的风险。多样化供应链可以提高供应的可靠性。

风险评估：定期进行风险评估，以识别供应链中的风险因素。根据评估结果制定应对策略。

备用供应商：建立备用供应商，以应对供应中断的情况。备用供应商可以在紧急情况下提供煤炭供应。

5. 储存时间管理

先进的库存管理系统：使用先进的库存管理软件和系统，以确保库存的轮换和储存时间得到控制。

先进的储存设施：建立适当的储存设施，以防止煤炭的质量下降。控制储存条件，如湿度和温度。

定期检查：定期检查库存，监测煤炭的质量和性能。根据检查结果采取相应的措施，确保库存的质量。

6. 合同管理

合同明确性：与供应商签订明确的合同，包括煤炭质量标准、供货量和交货时间。确保合同中的所有条款和条件都清晰明了。

绩效监测：建立绩效监测机制，定期评估供应商的绩效。这包括质量、交货准时率和服务质量等方面。

变更管理：确保变更管理过程是明确的。如果需要对合同进行修改，确保变更应是经过协商、批准和记录的。

7.库存管理技术

库存优化软件：使用库存优化软件，以帮助管理库存水平和提高库存效率。这些软件可以帮助进行库存规划和预测需求。

自动化系统：采用自动化系统来监控库存和执行库存操作。自动化系统可以提高库存的可视性和准确性。

数据分析：使用数据分析工具来监测库存绩效和趋势。数据分析可以帮助及时识别问题并采取解决措施。

总结来说，煤炭库存风险管理是确保供应链可靠性和生产连续性的重要环节。通过综合采取质量控制、价格管理、安全措施、供应链管理、储存时间管理、合同管理和库存管理技术等多种策略，企业可以降低煤炭库存风险，并确保库存的质量和安全。有效的风险管理不仅可以提高效率，还可以降低成本，增强企业竞争力。在不断变化的市场和供应链环境中，风险管理是持续优化库存管理的关键因素。

三、应对突发情况的煤炭库存应急计划

煤炭是重要的能源资源，对供电、工业制造和供热等领域至关重要。煤炭库存的稳定和可靠性对企业维护生产连续性与供应链的正常运行至关重要。然而，突发情况如火灾、爆炸、自然灾害、供应中断或其他意外事件可能会威胁煤炭库存的安全性和可用性。为了有效处理这些突发情况，企业需要制订全面的煤炭库存应急计划。本部分将讨论煤炭库存应急计划的重要性、重要组成部分以及实施策略。

（一）煤炭库存应急计划的重要性

煤炭库存应急计划是确保煤炭供应链安全、生产连续性和员工安全的关键工具。以下是应急计划的重要性：

保障供应链连续性：突发情况可能导致煤炭供应中断，影响生产和供电。应急计划可以帮助企业在紧急情况下快速采取行动，以减轻供应中断的影响。

降低损失：在火灾、爆炸或自然灾害等紧急情况下，煤炭库存可能会受损，导致财务损失。应急计划可以帮助企业降低损失，采取措施来减少煤炭浪费和物资损失。

保障员工安全：突发情况可能会威胁员工的安全。应急计划包括保障员工的安全和提供应对紧急情况的培训，确保员工知道如何应对危险。

符合法规要求：许多国家和地区要求企业制订应急计划，以确保煤炭库存的安全性和可用性。遵守法规要求是企业的法律责任。

保护声誉：紧急情况可能对企业声誉造成负面影响。积极应对并妥善处理紧急情况可以有助于保护企业的声誉。

（二）煤炭库存应急计划的重要组成部分

一个有效的煤炭库存应急计划应包括以下重要组成部分：

1. 预警和通信计划

确定应急情况的不同级别和类型，以便进行适当的应对。

确定负责应急情况响应的团队成员，分工和职责。

建立有效的通信渠道，包括内部和外部通信。确保员工、供应商和政府机构能够及时了解情况。

2. 危险识别和风险评估

识别潜在的危险和风险，包括火灾、爆炸、自然灾害、供应中断等。

进行风险评估，确定不同风险的可能性和影响。制定相应的风险管理策略。

3. 库存管理和监测

建立库存管理系统，以确保库存的适量和轮换。

实施库存监测系统，及时发现异常情况和问题。

4. 安全措施和培训

确保库存区域配备必要的安全设备和设施，包括防火设备、灭火器、报警系统等。

为员工提供安全培训，教育他们如何应对紧急情况和使用安全设备。

5. 紧急响应计划

制订详细的紧急响应计划，包括紧急情况的处理流程、联系人信息和行动计划。

进行模拟演练，确保员工了解如何在紧急情况下应对，并测试应急响应计划的有效性。

6. 供应链管理

与供应商建立联系，了解他们的应急计划和能力。

确保备用供应链和备用供应商的可用性，以应对供应中断。

7. 数据备份和文件管理

建立数据备份系统，确保重要数据和文件的安全性。

建立文件管理系统，存档应急计划、合同和其他重要文件。

8. 定期审查和改进

定期审查应急计划，确保它可以适应不断变化的环境和风险。

根据经验教训和演练结果，不断改进应急计划和流程。

(三)煤炭库存应急计划的实施策略

实施一个有效的煤炭库存应急计划需要一系列策略和步骤。以下是实施煤炭库存应急计划的重要策略：

意识培训：培训员工，使他们了解煤炭库存应急计划的重要性和各自的角色。员工应该明白如何应对紧急情况，包括如何使用安全设备和通信系统。

协同合作：确保不同部门和团队之间的紧密协作。建立明确的通信渠道，使信息能够迅速传递给需要的人。

紧急响应培训：进行定期的紧急响应演练，以确保员工知道如何在紧急情况下行动。这些演练可以涵盖应对火灾、爆炸、自然灾害等各种情况。

风险管理：持续进行风险评估，以识别新的潜在风险和威胁。根据评估结果更新应急计划，确保其与实际情况保持一致。

库存监测：使用先进的库存监测技术，包括传感器、监控摄像头和库存管理软件。这些技术可以实时监测库存状况，提前发现问题。

应急设备和资源：确保库存区域配备必要的应急设备，如灭火器、火警报警系统、紧急通信设备等。同时，准备备用资源，如备用发电机、照明设备和救援工具。

供应商合作：与供应商建立合作关系，了解他们的应急计划和备用供应能力。确保供应商能够在紧急情况下提供支持。

持续改进：定期审查和更新应急计划，根据经验教训和新的风险因素进行改进。应急计划应与变化的环境和需求相适应。

法规遵守：确保应急计划应遵守相关法规和法律要求。遵守法规要求是企业的法律责任，反之，可能会导致法律责任和处罚。

外部资源：建立联系并合作伙伴关系，与消防部门、应急救援组织和政府机构合作。这些外部资源可以在紧急情况下提供支持和协助。

文件管理：建立良好的文件管理系统，包括存档应急计划、培训记录、风险评估和其他重要文件。这些文件可以帮助审查和监测应急计划的执行情况。

持续教育：对员工进行定期的应急计划培训，以确保他们保持知识和技能的更新。

最后，应急计划应视为一个不断演化的工具，需要随着时间和经验的积累进行修订及改进。在应对突发情况方面，及时的应急响应和有效的应急计划可以减少潜在风险，降低损失，确保供应链和生产的持续性。

第四章　煤炭营销策略与渠道管理

第一节　煤炭品牌建设与推广

一、煤炭品牌建设的重要性

品牌建设是企业在市场竞争中不可或缺的一环，而对煤炭行业来说，煤炭品牌的建设同样至关重要。煤炭作为一种重要的能源资源，在供电、工业制造和供热等领域具有广泛应用。然而，煤炭市场竞争激烈，品牌建设可以帮助企业在市场中脱颖而出，树立良好的声誉，建立信任，实现可持续发展。本部分将探讨煤炭品牌建设的重要性，以及品牌建设的重要因素和策略。

（一）煤炭品牌建设的重要性

提高市场竞争力：在竞争激烈的煤炭市场中，拥有强大的品牌可以帮助企业脱颖而出。一个良好的品牌可以吸引更多的客户，提高市场份额，实现竞争优势。

增强市场信任：建立强大的煤炭品牌可以提高客户和合作伙伴之间的信任度。信任是建立长期合作关系的基础，有助于稳定市场地位。

塑造企业形象：煤炭品牌可以塑造企业形象，传达企业的核心价值观和使命。一个良好的品牌可以帮助企业在公众和利益相关者中建立积极的形象。

提高产品或服务认可度：一个良好的品牌可以提高产品或服务的认可度。消费者更容易信任和购买具有知名品牌的产品或服务。

建立品牌忠诚度：强大的煤炭品牌可以建立客户的忠诚度。忠诚度客户通常更愿意继续购买企业的产品或服务，从而增加企业的收入和利润。

提高定价能力：良好的品牌通常可以支持更高的定价能力。客户更愿意为知名品牌的产品或服务付出更高的价格。

吸引投资和合作机会：一个强大的品牌可以吸引投资者和合作伙伴的兴趣。投资者更愿意投资和支持具有潜力的品牌。

建立可持续发展：品牌建设可以有助于企业实现可持续发展。具有良好声誉的企业更容易吸引人才、客户和合作伙伴，从而支持其长期发展。

（二）煤炭品牌建设的重要因素

要建立一个良好的煤炭品牌，需要考虑以下重要因素：

质量和可持续性：煤炭的质量和可持续性是建立品牌的基础。确保提供高质量、可持续的煤炭是品牌建设的首要任务。

安全和环保：关注煤炭生产和使用的安全性和环保性。采取措施减少环境影响，确保员工的安全。

市场定位和目标受众：明确定位自己的品牌，了解目标受众的需求和偏好。根据市场定位来塑造品牌形象和传达信息。

品牌识别和标志：设计具有识别度的品牌标志和标识。这些标志应该简单、独特且易于记忆。

品牌价值观和文化：明确企业的品牌价值观和文化。这些价值观应与品牌形象一致，并得到员工的支持。

故事和传播：通过品牌故事来传达企业的使命和愿景。利用多种传播渠道来推广品牌，包括社交媒体、广告、公关和活动营销。

客户体验：提供出色的客户体验，建立客户满意度。客户体验是品牌建设的重要组成部分。

品牌监测和反馈：监测品牌声誉和客户反馈。根据反馈来改进品牌形象和产品或服务。

社会责任和可持续发展：积极履行社会责任，参与可持续发展倡议。社会责任和可持续发展是现代品牌建设的重要元素。

品牌一致性：确保品牌形象和信息在不同渠道和平台上保持一致。一致性有助于建立品牌的识别度。

（三）煤炭品牌建设的策略

要建立强大的煤炭品牌，可以采取以下策略：

品牌定位：明确定位品牌，根据市场需求和竞争环境来制定品牌策略。明确煤炭品牌在市场中的独特价值主张，以便吸引目标受众。

品牌故事：编写有吸引力的品牌故事，讲述企业的历史、价值观、愿景和使命。一个深刻的品牌故事可以与客户建立情感联系。

品牌标志和标识：设计独特而易识别的品牌标志和标识。这些标志应简单、清晰，从而传达企业的核心信息。

市场营销和广告：制定全面的市场营销和广告策略，包括数字营销、社交媒体、电视广告、宣传册和展会参与。广告活动应强调品牌的核心信息和价值。

社交媒体和在线存在：积极参与社交媒体平台，与客户互动并传达品牌信息。维护一个强大的在线存在，以便客户能够轻松找到品牌信息。

客户体验：关注客户体验，确保客户在购买和使用煤炭产品或服务时获得出色的体验。提供优质的客户服务，建立客户满意度。

社会责任和可持续发展：积极参与社会责任项目和响应可持续发展倡议。这有助于树立品牌的社会声誉，吸引社会和环保意识强的客户。

品牌监测和改进：监测品牌声誉、市场反馈和竞争动态。根据反馈信息进行改进，不断提高品牌形象。

品牌一致性：确保品牌信息在不同渠道和平台上保持一致。一致性有助于建立品牌的识别度，确保客户对品牌有一致的认知。

品牌文化：在企业内部树立品牌文化，使员工能够理解和传达品牌价值观。员工的支持是建立强大品牌的关键。

创新和不断发展：积极推动创新，寻求改进和不断发展。一个持续进化的品牌更能适应不断变化的市场。

合作伙伴关系：建立战略性合作伙伴关系，以扩大品牌的影响力和市场份额。与其他企业、组织和政府合作，共同推广可持续发展和环保方案。

总之，煤炭品牌建设对煤炭行业的企业来说具有极大的重要性。一个强大的品牌可以提高市场竞争力，增强市场信任，吸引客户和投资者，实现可持续发展。通过明确定位、建立品牌故事、品牌标志设计、市场营销、客户体验、社会责任和持续创新等策略，企业可以建立一个具有影响力的煤炭品牌，为其未来的成功奠定坚实基础。

二、煤炭品牌推广策略与方法

煤炭作为一种重要的能源资源，在供电、工业制造和供热等领域具有广泛应用。然而，煤炭市场竞争激烈，品牌推广是实现市场份额增长和维护市场地位的重要因素之一。本部分将探讨煤炭品牌推广的重要性，以及品牌推广的重要策略和方法。

（一）煤炭品牌推广的重要性

品牌推广对煤炭行业的企业具有重要意义，因为它有助于企业实现以下目标：

提高知名度：品牌推广可以增加煤炭品牌的知名度，让更多的潜在客户了解品牌的存在。

建立信任：通过积极的品牌推广，企业可以建立起客户和合作伙伴之间的信任，从而更容易吸引他们与品牌建立合作关系。

扩大市场份额：一个良好的品牌可以帮助企业在市场中扩大份额，吸引更多的客户和合作伙伴。

提高产品或服务认可度：通过品牌推广，企业可以提高其产品或服务的认可度。消费者更容易选择并信任知名品牌的产品或服务。

塑造企业形象：品牌推广可以塑造企业的形象，传达企业的核心价值观和使命。一个强大的品牌形象可以有助于企业在公众和利益相关者中建立积极的形象。

提高市场定价能力：具有知名品牌的产品或服务通常可以支持更高的定价能力。客户更愿意为信任的品牌支付更高的价格。

建立品牌忠诚度：品牌推广有助于建立客户的忠诚度。忠诚的客户更有可能继续购买企业的产品或服务，从而增加销售和收入。

吸引投资和合作机会：一个强大的品牌可以吸引投资者和合作伙伴的兴趣，支持企业的扩张和增长。

增加社会责任和可持续发展影响力：通过品牌推广，企业可以提高其社会责任和可持续发展举措的知名度，吸引社会和环保意识强的客户。

（二）煤炭品牌推广的重要策略

为了成功推广煤炭品牌，企业需要制定明智的策略。以下是重要策略：

品牌定位：明确品牌的定位，了解市场需求和竞争环境。确定品牌的独特卖点和价值主张，以便吸引目标受众。

目标受众：了解目标受众的需求、偏好和行为。根据这些信息来定制品牌推广策略，以确保信息针对性强。

多渠道宣传：利用多种渠道来进行品牌推广，包括数字营销、社交媒体、电视广告、宣传册、展会参与等。这需要选择适合目标受众的渠道。

品牌一致性：确保品牌信息在不同渠道和平台上保持一致。一致性有助于建立品牌的识别度。

品牌故事：编写有吸引力的品牌故事，讲述企业的历史、价值观、愿景和使命。一个深刻的品牌故事可以与客户建立情感联系。

品牌识别和标志：设计具有识别度的品牌标志和标识。这些标志应该简单、清晰，传达企业的核心信息。

社交媒体和在线存在：积极参与社交媒体平台，与客户互动并传达品牌信息。维护一个强大的在线存在，以便客户能够轻松找到品牌信息。

客户体验：提供出色的客户体验，建立客户满意度。客户体验是品牌建设的重要组成部分。

社会责任和可持续发展：积极履行社会责任，参与可持续发展倡议。这有助于树立品牌的社会声誉，吸引社会和环保意识强的客户。

品牌监测和反馈：监测品牌声誉、市场反馈和竞争动态。根据反馈信息进行改进，不断提高品牌形象。

创新和不断发展：积极推动创新，寻求改进和不断发展。一个持续进化的品牌更能适应不断变化的市场。

合作伙伴关系：建立战略性合作伙伴关系，以扩大品牌的影响力和市场份额。与其他企业、组织和政府合作，共同推广可持续发展和环保方案，从而提高品牌的社会责任和可持续发展影响力。

（三）煤炭品牌推广的具体方法

在执行煤炭品牌推广策略时，以下是一些具体方法和技巧：

数字营销：利用互联网和社交媒体平台进行数字营销。创建专业的网站，使用搜索引擎优化（SEO）来提高在线可见性。在社交媒体上积极发布有关品牌、产品和行业的内容，与受众互动。

内容营销：创造有吸引力的内容，如博客文章、白皮书、视频和照片集，以传达品牌信息和行业见解。内容营销有助于吸引目标受众，并树立专业形象。

社交媒体：利用社交媒体平台，如Facebook、Twitter、LinkedIn等，建立品牌社交媒体账户。与关注者互动，分享有关煤炭行业的新闻、趋势和企业动态。

电视和广播广告：考虑在电视和广播上发布品牌广告。这可以帮助覆盖更广泛的受众，特别是那些不常使用互联网的人群。

展会和会议：参加相关行业展会和会议，展示企业产品和服务，建立面对面的联系和合作伙伴关系。

客户案例分析：利用客户成功案例来展示品牌的价值。客户案例分析可以帮助潜在客户了解如何使用煤炭产品或服务，以解决问题和取得成功。

公关：寻求媒体报道和新闻稿发布，以提高品牌的可见度。积极参与行业新闻和热点话题，成为行业内的专家声音。

搜索引擎广告：使用搜索引擎广告（如Google AdWords）来在搜索引擎结果中推广品牌。这有助于提高品牌在相关关键词搜索中的排名。

品牌大使和明星代言人：考虑邀请品牌大使或明星代言人来代表品牌。这可以帮助提高品牌的声誉和吸引更多的目标受众。

客户反馈和口碑：利用客户反馈和口碑来加强品牌推广。积极收集客户评论和建议，并回应客户的需求和问题。

品牌活动和活动营销：组织品牌活动和推广活动，以吸引受众并提高品牌知名度。这些活动可以包括发布会、庆典、竞赛等。

品牌指南和培训：为员工和合作伙伴提供品牌指南与培训，以确保他们能够正确传达品牌信息和价值观。

最后，品牌推广是一个持续的过程，需要不断调整和改进。企业应定期评估品牌推广策略的效果，根据市场变化和反馈信息进行调整，以确保品牌保持竞争力和吸引力。通过综合利用多种策略和方法，煤炭品牌可以在竞争激烈的市场中取得成功，以帮助企业利润实现可持续增长。

三、煤炭品牌形象的维护与发展

煤炭作为一种重要的能源资源，在供电、工业制造和供热等领域具有广泛应用。煤炭企业不仅需要在市场中建立强大的品牌形象，还需要不断维护和发展这一形象，以适应不断变化的市场和社会环境。本部分将讨论煤炭品牌形象的维护与发展的重要性，以及实现这一目标的关键策略和方法。

（一）煤炭品牌形象的重要性

煤炭品牌形象是企业在市场竞争中的重要资产，具有以下重要性：

信任建立：一个强大的品牌形象有助于建立客户和合作伙伴的信任。在一个充满竞争和信息过载的市场中，客户更愿意选择自己信任的品牌。

市场竞争力：良好的品牌形象可以帮助企业在竞争激烈的市场中脱颖而出。它可以吸引更多的客户和支持者，从而提高市场份额。

产品认可度：通过品牌形象的推动，企业可以提高其产品或服务的认可度。客户更容易选择并信任知名品牌的产品或服务。

品牌忠诚度：建立强大的品牌形象有助于建立客户的忠诚度。忠诚的客户更有可能继续购买企业的产品或服务，从而增加其销售和收入。

社会影响力：一个具有积极品牌形象的企业更容易吸引投资者、合作伙伴和员工。它还能够更好地推动企业承担社会责任和参与可持续发展倡议。

企业形象：品牌形象塑造了企业的形象和声誉。一个良好的品牌形象可以帮助企业在公众和利益相关者中建立积极的形象。

产品定价：具有知名品牌的产品或服务通常可以支持更高的定价。客户更愿意为信任的品牌支付更高的价格。

市场稳定性：良好的品牌形象有助于企业在市场波动时维持稳定性。它可以提供一定的市场抵御力，减轻市场波动的冲击。

（二）煤炭品牌形象的维护

要维护煤炭品牌形象，企业就需要采取一系列策略和方法：

品质和可持续性：优质的产品和可持续的生产实践是维护品牌形象的关键。确保提供高质量、可持续的煤炭产品，以满足客户的需求。

社会责任：履行社会责任，积极参与社会和环保倡议。透明地传达企业的社会责任举措，以建立积极的社会形象。

安全和环保：关注煤炭生产和使用的安全性与环保性。采取措施减少环境影响，确保员工的安全。

客户体验：提供出色的客户体验，建立客户满意度。满足客户需求，提供及时的支持和服务。

品牌一致性：确保品牌信息在不同渠道和平台上保持一致。一致性有助于建立品牌的识别度。

品牌监测：定期监测品牌声誉和客户反馈。了解客户满意度和市场反应，及时调整策略。

品牌培训：为员工提供品牌培训，确保他们了解品牌价值观和使命。员工的支持是维护品牌形象的关键。

危机管理：制订应对突发事件和危机的计划。在危机发生时，及时、透明地应对，并采取行动减少损失。

客户反馈和改进：倾听客户的反馈，了解他们的需求。根据反馈来改进产品、服务和品牌形象。

社交媒体管理：积极管理社交媒体平台，处理客户的问题和投诉。及时回应客户的需求和关切。

法规遵守：遵守适用的法规和法律要求。合规是企业维护品牌声誉和可持续经营的基础。确保企业的操作不仅合法合规，还应当高于法律要求，以满足更多社会期望。

定期品牌审查：进行定期的品牌审查，评估品牌形象的有效性和一致性。根据审查结果进行调整和改进。

品牌创新：不断推动品牌创新，以适应不断变化的市场。寻求新的方式来满足客户需求，创新产品和服务。

企业文化：在企业内部培养积极的品牌文化，使员工能够理解和传达品牌价值观。员工的参与和支持对企业维护品牌形象至关重要。

合作伙伴关系：建立战略性合作伙伴关系，以共同推广品牌和实现可持续发展。与其他企业、组织和政府合作，共同推动社会和环保倡议。

（三）煤炭品牌形象的发展

除了维护，品牌形象的发展也是至关重要的。以下是一些策略和方法，帮助企业不断发展其煤炭品牌形象：

创新和不断改进：推动创新，不断改进产品、服务和生产过程。寻求新的技术和方法，以提高煤炭产业的可持续性和效率。

可持续发展：强调企业的可持续发展承诺。积极参与可持续发展项目，减少环境影响，推广绿色能源。

社会责任和慈善：积极履行社会责任，支持社区和环境保护项目。通过慈善捐赠和社会项目来改善企业的社会影响力。

新兴市场拓展：考虑拓展到新兴市场，以寻求增长机会。了解新市场的需求和机会，根据市场特点来调整品牌形象和市场策略。

数字化转型：利用数字技术来改善生产、销售和客户服务过程。数字化转型可以提高效率、增强客户体验和加强市场竞争力。

品牌故事和文化：不断完善品牌故事，使其与时俱进。培养积极的品牌文化，以吸引员工和客户。

市场营销和广告：持续进行市场营销和广告活动，以确保品牌信息与市场趋势保持一致。利用数字和传统媒体，将品牌故事传达给目标受众。

创新合作伙伴关系：寻求创新的合作伙伴关系，以共同推动品牌发展。与科技公司、能源合作伙伴和研发机构合作，寻求新的解决方案。

市场定位：定期评估市场定位，了解市场需求和竞争动态。根据市场反馈来调整品牌策略和产品定位。

全球视野：考虑在国际市场扩展品牌。了解全球市场的机会和面临的挑战，寻求国际合作伙伴。

品牌大使和代言人：考虑邀请品牌大使或明星代言人来代表品牌。他们可以帮助提高品牌的知名度和吸引力。

数据分析：利用数据分析工具来了解客户行为和市场趋势。数据分析可以提供有关客户需求和市场机会的重要见解。

最终，品牌形象的发展需要不断的努力和投入。企业必须积极适应市场的变化，满足客户需求，履行社会责任和促进可持续发展，同时不断创新和改进。通过综合利用维护和发展策略，煤炭品牌可以帮助企业利润实现可持续的增长，并取得市场竞争优势。

第二节 煤炭销售渠道选择与拓展

一、不同煤炭销售渠道的优缺点

煤炭一直以来是世界上最重要的能源资源之一，它在多个行业中被广泛使用，包括电力、钢铁、化工等。煤炭销售渠道的选择对煤炭产业的发展和经济效益至关重要。在本部分中，我们将探讨不同的煤炭销售渠道，包括直销、批发、零售、出口以及在线销售，分析它们各自的优点和缺点。

（一）直销

直销是指煤炭生产企业直接向终端客户销售煤炭，绕过中间商和经销商。直销的优点包括：

利润最大化：通过绕过中间商，煤炭生产企业可以获得更高的销售利润，因为这些企业可以自行制定价格和销售政策。

更好的客户关系：直销可以建立更紧密的客户关系，企业可以更好地了解客户需求，提供更好的售后服务，从而提高客户满意度。

灵活性：直销可以根据市场需求和季节性变化进行调整，企业可以更灵活地管理库存和供应链。

然而，直销也存在一些缺点：

成本较高：直销需要企业自行负责销售和分发，这可能需要更多的人力和物力资源，增加了成本。

市场覆盖面有限：直销通常只能满足本地或区域市场的需求，难以覆盖全国或国际市场。

需要专业销售团队：直销需要拥有专业的销售团队，这对一些小型煤炭生产企业来说可能是一个挑战。

（二）批发

批发是指煤炭生产企业将产品批量销售给中间商或分销商，由他们进一步分销给终端客户。批发的优点包括：

扩大市场覆盖面：批发可以帮助企业扩大市场覆盖面，将产品销售到更广泛的地区和客户群体。

减少销售风险：中间商通常承担一部分库存和销售风险，减少了煤炭生产企业的经济压力。

提高销售效率：中间商拥有更强大的销售和分销网络，可以更有效地推广产品。

尽管批发具有上述优点，但也存在一些缺点：

利润较低：由于中间商需要赚取差价，煤炭生产企业的利润通常较低。

丧失了一定的控制权：中间商可能会影响产品的价格和分销策略，企业可能会失去一定的控制权。

与中间商的合作可能会引发争议：合作关系可能会出现纠纷和争议，进而影响双方的利益。

（三）零售

零售是指将煤炭销售给最终用户，通常是个人或小型企业。零售的优点包括：

更高的利润：与批发相比，零售通常具有更高的利润率，因为产品直接销售给最终用户。

直接接触客户：零售允许企业直接与客户互动，了解他们的需求，并提供个性化的服务。

品牌推广：零售可以帮助企业建立品牌知名度，提高产品在市场上的认可度。

然而，零售也存在一些缺点：

高风险：零售需要企业承担库存和销售风险，如果市场需求不稳定，可能就会导致库存积压或亏损。

需要零售网络：建立零售网络需要时间和资源，包括物流和分销渠道。

适用性有限：零售虽然适用于特定市场，如个人用户或小型企业，但不适用于大型工业客户。

（四）出口

出口是指将煤炭销售到国际市场，通常涉及跨国贸易。出口的优点包括：

扩大市场：出口可以帮助企业扩大市场，进入国际市场，增加销售机会。

多样化风险：通过拓展国际市场，企业可以减少对单一市场的依赖，降低市场风险。

更高的销售价格：某些国际市场可能支付更高的价格，从而会增加企业销售利润。

然而，出口也存在一些缺点：

贸易风险：国际贸易涉及货币风险、政治风险和运输风险，这可能会为企业带来损失。

法规和标准：不同国家对煤炭贸易的法规和标准各不相同，企业需要花费额外的精力和资源来满足各种要求。

需要适应不同文化和市场：不同国家和地区有不同的文化和市场特点，企业需要适应这些差异，以确保成功进入国际市场。

需要更强大的物流和分销网络：出口需要更复杂的物流和分销网络，包括海运、陆运、关务手续等，这可能增加企业的运营成本。

（五）在线销售

在线销售是指通过互联网平台销售煤炭产品，这种销售方式在近年来越来越流行。在线销售的优点包括：

全天候销售：在线销售可以实现全天候销售，客户可以随时下单，提高了便利性。

降低销售成本：在线销售通常可以降低销售和分销成本，因为不需要实体店铺和中间商。

全球覆盖：互联网的全球性质使得在线销售可以覆盖全球市场，为企业提供更多的销售机会。

数据分析：在线销售平台提供了丰富的数据和分析工具，帮助企业更好地了解客户需求和市场趋势。

尽管在线销售具有上述优点，但也存在一些缺点：

网络竞争激烈：由于互联网上存在大量的竞争对手，企业需要付出更多的努力来吸引客户并保持竞争力。

安全和隐私问题：在线销售涉及客户的个人和支付信息，需要更强的安全措施来保护客户隐私。

物流挑战：在线销售需要有效的物流和配送系统，以确保产品能够及时送达客户手中。

技术投资：建立和维护在线销售平台需要一定的技术投资，包括网站开发和维护。

不同的煤炭销售渠道各有其优点和缺点，选择最合适的销售渠道取决于企业的具体情况和战略目标。直销可以实现更高的利润和拥有更好的客户关系，但需要更多的资源和专业销售团队。批发可以帮助扩大市场覆盖面，减少销售风险，但可能会降低利润率。零售可以提高利润，直接接触客户，但需要承担库存和销售风险。出口可以扩大市场，多样化风险，但涉及贸易风险和法规标准问题。在线销售可以实现全天候销售，降低销售成本，但需要面对激烈的竞争和技术投资。

因此，企业在选择煤炭销售渠道时，需要综合考虑自身实力、市场需求和战略目标，并可能采用多种销售渠道的组合，以最大程度地满足不同客户群体的需求。同时，企业还需要密切关注市场变化和行业趋势，不断调整销售策略，以确保其保持竞争力和可持续发展。

二、如何选择适合的煤炭销售渠道

选择适合的煤炭销售渠道是煤炭企业成功经营的关键因素之一。不同的销售渠道适用于不同的市场和客户群体,因此企业需要仔细考虑各种因素来确定最佳的销售策略。在本部分中,我们将探讨如何选择适合的煤炭销售渠道,并分析其中涉及的重要考虑因素。

(一)了解市场需求

了解市场需求是选择销售渠道的第一步。企业需要了解煤炭市场的特点,包括市场规模、增长趋势、竞争对手和客户需求。这可以通过市场研究、行业分析和竞争情报来实现。有关市场需求的重要问题包括:

市场规模:煤炭市场的规模有多大?有哪些潜在的客户和市场细分?

市场增长趋势:市场是扩张还是收缩?有哪些因素影响市场的增长趋势?

竞争情况:谁是主要竞争对手?它们采用了哪些销售渠道?

客户需求:客户对煤炭的需求是什么?他们更关心价格、质量还是可靠性?

地理分布:客户在哪里?他们分布在国内还是国际市场?

了解市场需求有助于企业明确自己的目标市场和客户群体,从而确定合适的销售渠道。

(二)评估产品特点

产品特点对销售渠道的选择至关重要。不同类型的煤炭产品可能适合不同的销售渠道。一些产品特点需要考虑的因素包括:

煤种和质量:不同的煤种具有不同的特点,如热值、灰分、硫分等。某些销售渠道可能更适合特定煤种。

包装和规格:产品的包装和规格是否符合客户需求?一些销售渠道可能对特定规格有要求。

质量控制:产品质量控制是销售成功的关键。企业需要确保产品分别符合国内和国际标准。

供货稳定性:产品的供货稳定性是一个重要考虑因素,特别是对长期合同和大型客户。

不同的产品特点可能要求企业选择不同的销售渠道,以满足客户需求和要求。

(三)考虑客户类型

客户类型对销售渠道的选择有很大影响。不同类型的客户可能更倾向特定的销售渠

道。一些客户类型包括:

大型工业客户:大型钢铁、电力和化工企业通常需要大量的煤炭,可能更愿意与供应商建立长期合同。这些客户可能通过批发或直销渠道购买。

小型企业:小型企业通常需要小批量的煤炭,他们可能更愿意通过零售或在线销售渠道购买。

国际客户:国际客户需要考虑货物的出口和国际贸易事宜,因此出口渠道可能更合适。

零售客户:最终用户通常通过零售或在线销售渠道购买,因此这些渠道可能适合销售给个人用户或小型企业。

了解客户类型有助于企业确定目标市场,并选择适合的销售渠道来满足客户需求。

(四)考虑地理因素

地理因素是选择销售渠道的重要因素之一。企业需要考虑客户的地理分布以及产品的运输和分发问题。一些地理因素包括:

地理位置:客户的地理位置对确定销售渠道非常重要。如果客户分布在全国各地,可能需要建立更广泛的分销网络。

运输和物流:产品的运输成本和可行性是选择销售渠道时的重要考虑因素。如果产品需要远距离运输,就可能需要考虑出口渠道。

地方法规:不同地区和国家可能有不同的法规和标准,企业需要确保产品符合当地法规。

地理因素对确定销售渠道的类型和范围至关重要,其可以影响产品的定价和可达性。

(五)考虑竞争情况

竞争情况是选择销售渠道时需要考虑的重要因素之一。企业需要了解竞争对手选择的销售渠道,以确定如何在竞争激烈的市场中脱颖而出。一些竞争情况方面的问题包括:

竞争对手的销售渠道:竞争对手是否采用了特定的销售渠道?他们的销售策略是否成功?

差异化:企业需要考虑如何通过销售渠道差异化自己,提供独特的价值主张,以吸引客户。

客户忠诚度:了解竞争对手的客户忠诚度有助于企业确定如何争夺市场份额。一些销售渠道可能更容易建立和维护客户忠诚度。

价格竞争:企业需要考虑市场中的价格竞争情况,以确定如何定价产品以在市场中保持竞争力。

竞争情况的了解有助于企业制定适当的销售战略，包括价格策略、市场定位和广告宣传，以在市场中脱颖而出。

（六）考虑成本和利润

成本和利润是企业选择销售渠道时需要综合考虑的因素。不同的销售渠道可能涉及不同的成本，从而影响企业的盈利。一些成本和利润相关的问题包括：

供应链成本：不同的销售渠道可能需要不同的供应链和物流成本。企业需要评估这些成本，以确定销售渠道的可行性。

利润率：不同的销售渠道可能具有不同的利润率。企业需要考虑利润率以确定销售渠道是否可行。

定价策略：企业需要制定适当的定价策略，以确保产品在不同销售渠道中具有竞争力。

营销和促销成本：企业需要考虑在不同销售渠道中开展营销和促销活动的成本。

成本和利润的分析有助于企业确定最佳的销售渠道，以实现可持续的盈利。

（七）考虑市场趋势和未来发展

企业需要考虑市场趋势和未来发展，以选择长期可持续的销售渠道。一些因素包括：

技术趋势：互联网和数字技术的发展是否会影响销售渠道的选择？在线销售和电子商务是否具有增长潜力？

可持续性和环保趋势：可持续性和环保对市场需求的影响是什么？是否有新的销售渠道与这些趋势相关？

政策和法规：政府政策和法规是否会影响销售渠道的选择？出口渠道是否受到国际贸易政策的影响？

消费者趋势：消费者对产品的需求和购买习惯是否会发生变化？销售渠道是否需要根据这些趋势进行调整？

考虑市场趋势和未来发展有助于企业选择具有长期增长潜力的销售渠道，以确保业务的可持续性。

选择适合的煤炭销售渠道是一个复杂的过程，需要综合考虑市场需求、产品特点、客户类型、地理因素、竞争情况、成本和利润以及未来发展趋势。企业需要认真研究这些因素，制定明智的销售战略，以满足客户需求、提高竞争力，并实现可持续的盈利。随着市场的变化和发展，企业需要不断调整其销售策略，以适应新的情况和抓住机会。

三、煤炭销售渠道拓展与市场覆盖

煤炭作为一种重要的能源资源，其销售渠道的拓展和市场覆盖对煤炭企业的成功至关重要。随着市场竞争的加剧和国内外政策环境的变化，煤炭企业需要不断寻求新的销售渠道，扩大市场覆盖范围，以确保业务额的可持续增长。本部分将探讨如何进行煤炭销售渠道的拓展，以及如何实现更广泛的市场覆盖。

（一）销售渠道的拓展

销售渠道的拓展是指通过增加或改变销售渠道来扩大产品的销售范围。煤炭企业可以采取多种方式来拓展销售渠道，包括以下几种主要方法：

新渠道开发：寻找新的销售渠道，如建立直销团队、开设零售店铺、参与电子商务等。这可以帮助企业接触到以前未触及的客户群体。

合作伙伴关系：建立合作伙伴关系，与其他企业合作，共同销售煤炭产品。这包括与物流公司、贸易商、能源公司等的合作。

出口市场：寻求国际市场的机会，通过出口将产品销售到国外。这需要了解国际贸易法规和国外市场需求。

制定新的销售策略：改进现有销售策略，包括价格政策、促销策略、营销活动等，以更好地满足客户需求。

线上销售：开设在线销售平台，利用互联网销售产品，吸引更广泛的客户。这需要建立电子商务网站和在线支付系统。

销售渠道的拓展虽可以帮助企业实现更大的销售量和更广泛的市场覆盖，但需要谨慎规划和有效执行。以下是一些重要步骤：

市场研究和分析：在拓展销售渠道之前，需要了解新市场和客户的需求。市场研究和分析可以帮助企业确定最有前景的销售渠道。

合作伙伴选择：选择合适的合作伙伴是关键。合作伙伴应具有相互补充的优势，以确保合作的成功。

投资和资源分配：拓展销售渠道可能需要额外的投资和资源，包括人力资源、资金、技术和物流等。企业需要合理分配资源，以支持新销售渠道的发展。

营销和推广：新销售渠道的成功依赖有效的营销和推广。企业需要制定适当的营销策略，以吸引客户并建立品牌知名度。

（二）市场覆盖的重要性

市场覆盖是指企业能够在特定地理区域或客户群体中出售产品的程度。扩大市场覆盖可以增加销售量和收入，降低市场风险，并提高企业的竞争力。以下是市场覆盖的一些重要性：

增加销售量：扩大市场覆盖范围可以吸引更多的客户，增加销售量。这对提高企业的盈利能力非常重要。

分散市场风险：依赖一个有限的市场可能会增加市场风险，因为市场变化可能会对业务造成重大影响。通过扩大市场覆盖，可以分散市场风险，降低业务的脆弱性。

提高竞争力：覆盖更广泛的市场可以帮助企业在竞争激烈的市场中脱颖而出。企业可以通过提供更多的选择和更好的服务来吸引客户。

实现更大规模经济：通过扩大市场覆盖范围，企业可以实现更大规模经济，从而降低生产成本，提高效益。

实现长期可持续发展：市场覆盖范围的扩大可以为企业利润提供更多的增长机会，有助于实现长期可持续发展。

（三）市场覆盖策略

实现更广泛的市场覆盖需要制定有效的市场覆盖策略。以下是一些市场覆盖策略的重要考虑因素：

目标市场：首先，企业需要明确定义目标市场，包括地理位置、客户类型、行业等。这有助于确定市场覆盖的范围。

销售渠道：选择适合目标市场的销售渠道非常重要。不同的市场可能需要不同的销售渠道。

品牌定位：建立强大的品牌定位可以帮助企业在目标市场中获得竞争优势。品牌知名度和声誉对市场覆盖至关重要。

定价策略：定价策略应考虑目标市场的价格敏感性。在不同市场中可能需要采取不同的定价策略。

营销和促销：市场覆盖需要有效的营销和促销策略。企业需要制订针对目标市场的广告宣传和市场推广计划。

物流和分销：确保产品能够及时到达目标市场非常关键。物流和分销网络需要与市场覆盖策略相匹配。

监测和调整：市场覆盖策略需要不断监测和调整。企业需要根据市场反馈和变化来调整策略，以确保持续成功。

（四）案例分析：中国煤炭行业的市场覆盖策略

中国是世界上最大的煤炭生产和消费国，煤炭行业一直都面临着市场多样性和政策变化的挑战。中国煤炭企业采取了多种市场覆盖策略，以适应不同市场需求。

内部市场覆盖：中国的大型煤炭企业在国内市场上实现了强大的市场覆盖。这些企业通过直销、批发和零售渠道满足了国内工业和民用客户的需求。

出口市场拓展：中国的煤炭企业寻求国际市场的机会，通过出口将产品销售到国外。这包括与亚洲、欧洲和非洲等国家和地区的合作，以满足国际市场的需求。

多元化产品线：一些中国煤炭企业采取了多元化的产品线策略，不仅销售煤炭，还销售与煤炭相关的产品，如化学品和煤制品。

绿色能源转型：随着中国政府推动清洁能源和可持续发展，一些煤炭企业转向生产和销售可再生能源，如风电和太阳能。

中国煤炭企业的市场覆盖策略涵盖了多个领域，包括国内市场、国际市场、多元化产品线和绿色能源领域。这些策略帮助这些企业应对市场挑战，实现长期可持续发展。

煤炭销售渠道的拓展和市场覆盖对煤炭企业的成功至关重要。通过选择适当的销售渠道，建立合作伙伴关系，制定有效的市场覆盖策略，煤炭企业可以实现更大的销售量、分散市场风险、提高竞争力，并实现可持续发展。在市场竞争激烈和政策环境不断变化的情况下，煤炭企业需要不断调整其市场覆盖策略，以适应新的机会和挑战，确保业务的成功。最终，市场覆盖的成功取决于企业的市场洞察、策略规划和执行能力。

第三节　煤炭营销传媒与广告策略

一、煤炭传媒选择与广告预算分配

在当今竞争激烈的市场环境中，各行各业都必须精心制定广告策略和预算分配，以确保能够吸引目标受众的注意并取得市场份额。本部分将探讨煤炭行业中的广告策略选择和预算分配问题，这一行业具有特殊性，因其在可持续性和环保方面的挑战而备受关注。我们将考察煤炭公司应如何选择合适的媒体渠道以及如何分配广告预算，以达到最佳效果。

（一）煤炭行业的挑战

煤炭行业作为传统能源领域的一部分，面临着许多挑战，包括环保问题、可持续性压力以及能源行业的变革。这些挑战不仅影响到煤炭生产和销售，还会对广告策略和预算分配产生影响。

1.环保问题

煤炭产业与环保问题紧密相连，因其排放高碳和污染物而备受争议。因此，煤炭公司需要采取积极措施，以减少其对环境的不良影响。广告策略应考虑如何传达公司为环保做出的努力，以改善其品牌形象。

2. 可持续性压力

可持续性在当今社会变得愈发重要，煤炭行业需要应对不断增加的可持续性压力。广告活动可以用来传达公司对可持续发展的承诺和行动，同时吸引那些支持可持续性的受众。

3. 能源行业的变革

能源行业正在发生变革，清洁能源和可再生能源逐渐取代传统的化石燃料。这对煤炭行业构成了市场份额和竞争方面的威胁。广告策略需要反映这一变化，并促使公司适应新的市场现实。

（二）广告策略选择

在面对上述挑战时，煤炭公司需要精心选择适合的广告策略。以下是一些广告策略的选择和考虑因素：

1. 传统媒体 VS 数字媒体

煤炭公司应该权衡传统媒体和数字媒体的优缺点。传统媒体如电视、广播和印刷媒体虽然能够触及广泛的受众，但其成本较高。数字媒体如社交媒体和在线广告虽具有更精确的定位和更低的成本，但可能无法接触到所有目标受众。公司应根据其受众特征和预算来做出选择。

2. 品牌建设 VS 销售推动

广告既可以用来进行品牌建设，提高公司的知名度和形象，也可以用来直接推动销售。公司需要决定广告的主要目标是什么，以确定广告内容和渠道。

3. 社会责任宣传

煤炭公司可以通过广告宣传其社会责任举措，如环保项目、社区支持和员工福利。这可以有助于改善品牌形象，减轻环保和可持续性方面的压力。

4. 创新广告形式

公司可以尝试创新的广告形式，如虚拟现实、增强现实或互动广告，以吸引更多受众的注意。这些形式通常更昂贵，但可以产生更大的影响。

（三）广告预算分配

广告预算的分配是一个复杂的决策过程，需要考虑多个因素，包括公司的目标、市场条件和资源限制。以下是广告预算分配的一些建议：

1. 目标和策略

首先，公司需要明确广告活动的目标和策略。如果主要目标是品牌建设，那么广告预算可能需要更大的比重用于长期传播。如果主要目标是销售推动，那么广告预算可能需要更多用于促销和销售渠道。

2. 市场条件

广告预算的分配应考虑市场条件。如果市场竞争激烈，公司可能需要增加广告投入以与竞争对手保持竞争力。另外，市场的成熟度和增长潜力也会影响广告预算的分配。

3. 受众特征

不同受众群体的广告需求和习惯不同，因此广告预算分配需要根据受众特征来制定。公司可以进行市场研究以更好地了解其目标受众，然后将广告资源投放到最有潜力的渠道和媒体上。

4. 广告效果监测

广告效果监测是广告预算分配的重要组成部分。公司应该使用各种工具和指标来监测广告活动的效果，以确保预算得到充分利用。如果某个广告渠道或媒体的效果较好，就可以考虑增加相应的预算分配。相反，如果某个渠道的效果不佳，就可以减少预算分配或调整策略。

5. 长期和短期投入

广告预算的分配需要考虑长期和短期投入的平衡。虽然短期广告可以迅速推动销售，但长期品牌建设同样重要，因为它可以为公司创造持久的价值。公司应该将一部分预算用于长期品牌建设，同时保持足够的短期投入以维持现金流。

6. 实验和调整

广告预算分配应该是一个灵活的过程，公司需要不断进行实验和调整。在实际执行广告活动后，公司可以根据实际情况调整预算分配，以确保最佳效果。这需要对市场反馈和数据分析进行持续监测与评估。

在面对煤炭行业的挑战时，广告策略选择和预算分配变得至关重要。公司需要权衡不同的媒体渠道、广告目标和受众特征，以制定最佳的广告策略。广告预算的分配应该基于公司的目标、市场条件、受众特征和广告效果来制定，并需要保持灵活性以适应变化的市场环境。最终，成功的广告策略和预算分配将有助于煤炭公司克服行业困难，提升品牌形象，吸引受众，并实现其商业目标。

二、制定煤炭传媒策略与广告内容

煤炭行业作为传统能源领域的一部分，正面临着越来越多的挑战和机遇。在这个背景下，煤炭公司需要制定明智的传媒策略和广告内容，以在竞争激烈的市场中脱颖而出。本部分将探讨制定煤炭传媒策略的重要因素以及如何创建吸引人的广告内容，以实现品牌目标和满足市场需求。

(一)制定煤炭传媒策略

1. 目标受众分析

制定传媒策略的第一步是深入了解目标受众。煤炭公司的受众可能包括政府、能源行业决策者、环保组织、能源消费者等多个群体。了解这些受众的需求、价值观和关注点对确定传媒策略至关重要。公司应进行市场研究和受众分析,以建立清晰的受众画像。

2. 定义传媒目标

在了解目标受众后,公司需要明确定义传媒目标。这些目标可以包括提高品牌知名度、改善公司形象、推动销售、遵守可持续性承诺等。每个目标需要具体的指标来度量成功,如市场份额、客户满意度、销售额等。

3. 选择传媒渠道

煤炭公司可以选择多种传媒渠道,包括传统媒体和数字媒体。传统媒体如电视、广播和印刷媒体虽然能够触及广泛的受众,但成本较高。数字媒体如社交媒体、在线广告和内容营销则具有更精准的定位和较低的成本。公司应根据目标受众的特征和传媒目标选择合适的渠道。

4. 制定传媒策略

传媒策略应考虑传媒渠道的组合、广告内容和时机。公司可以采用多渠道营销方式,以确保信息可以传达到不同的受众。广告内容和时机应与目标受众的行为及偏好相匹配。例如,如果公司的目标是政府决策者,就可以选择在政策会议和行业活动上进行广告宣传。

5. 预算分配

传媒策略的制定需要考虑预算分配。公司应根据传媒目标和渠道的选择来制定广告预算。重要的是确保预算合理,从而确保广告活动能够有效实施。

(二)创建吸引人的广告内容

1. 传递价值观和承诺

在煤炭行业,传递公司的价值观和可持续性承诺是至关重要的。广告内容应强调公司对环保和社会责任的承诺。这可以包括介绍环保项目、减少排放、支持社区等方面的举措。通过传递这些信息,公司可以改善品牌形象,赢得受众的信任。

2. 创造故事性

人们更容易记住故事而不是干巴巴的数据和事实。因此,广告内容应该包含引人入胜的叙事元素。公司可以讲述自身的故事,如其创立背景、发展历程、员工故事等。这些故事可以帮助受众更好地了解公司,并建立双方的情感联系。

3. 使用多媒体元素

广告内容可以包括图像、视频、音频和互动元素，以增加吸引力。视频广告可以传达更多信息，同时吸引观众的视听感官。互动元素如在线游戏或问卷调查可以增加受众参与度。

4. 强调可持续性和创新

在广告内容中，公司应强调其可持续性努力和创新。煤炭行业正在不断寻求新技术和方法来减少环境影响，这些方面的努力应该在广告中突出展示。公司可以介绍清洁煤技术、碳捕获项目和其他可持续性举措。

5. 提供实用信息

广告内容可以包括实用信息，如能源效率建议、能源消费减少的方法等。这可以使广告更有价值，吸引受众的兴趣。通过分享实用信息，公司可以树立行业领导者的形象。

制定煤炭传媒策略和创建吸引人的广告内容是煤炭公司成功的重要因素。在面对行业挑战和不断变化的市场环境时，公司需要深入了解目标受众、明确定义传媒目标、选择合适的传媒渠道、制定有效的传媒策略，并创建有吸引力的广告内容。以下是一些总结性建议：

持续市场研究和受众分析：定期进行市场研究，以了解行业趋势、竞争对手的动向以及目标受众的需求和期望。受众分析是关键，因为不同群体可能对广告内容有不同的反应。

多渠道传媒策略：不要仅仅依赖一种传媒渠道。采用多渠道传媒策略，确保信息能够触及不同的受众。例如，可以结合传统媒体、社交媒体、内容营销和活动营销等。

建立长期品牌故事：创建一个长期的品牌故事，让受众能够与公司建立情感联系。这可以是公司的可持续性承诺、环保项目的成果，或者员工的故事。

创新和创造性：在广告内容中，鼓励创新和创造性。利用多媒体元素、故事性叙述和引人入胜的视觉效果，以吸引受众的眼球。

强调可持续性和创新：煤炭公司应强调其在可持续性和创新方面的努力。这包括减少排放、采用清洁能源技术、支持可再生能源项目等。这些努力应该在广告内容中明确突出。

实用信息分享：提供受众实用的信息和建议，以增加广告内容的价值。这可以包括能源效率改善方法、环保生活方式建议等。

监测和调整：一旦广告活动开始，公司就要密切监测广告效果。利用分析工具和关键绩效指标来评估广告活动的成功，并根据实际数据进行调整和优化。

在煤炭行业的不断发展和变革中，传媒策略和广告内容的制定至关重要。通过深入了解受众、制定明智的策略、创建有吸引力的内容,煤炭公司可以更好地应对挑战,实现品牌目标,并为其可持续的未来做出贡献。

三、煤炭广告效果的评估与改进

在竞争激烈的市场环境中,广告对煤炭行业至关重要。然而,广告的投入需要经过仔细评估和不断改进,以确保最大限度地提高投资回报率。本部分将探讨煤炭广告效果的评估方法,以及如何通过改进广告策略来提高效果。

(一)煤炭广告效果的评估

1. 广告效果指标

广告效果评估的第一步是明确定义关键指标,用于度量广告活动的成功。以下是一些常见的广告效果指标:

点击率(CTR):CTR 表示广告被点击的次数与广告被展示的次数之比。较高的 CTR 通常表示广告吸引了较多受众的兴趣。

转化率:转化率表示广告触发了期望行动的次数与广告被展示的次数之比。这可以包括注册、购买、询价等行为。

品牌知名度:通过调查或市场研究来测量广告后品牌知名度的提高程度。

品牌忠诚度:通过追踪顾客回购率、再次购买、忠诚度计划参与等方式来衡量品牌忠诚度的提高。

广告投资回报率(ROI):ROI 表示广告带来的利润与广告成本之比。较高的 ROI 表明广告是有效的。

2. 数据收集和分析

为了评估广告效果,煤炭公司需要收集足够的数据,并进行深入的分析。这包括使用网络分析工具、广告平台数据、调查和市场研究来跟踪广告活动的各个方面。数据分析将有助于确定广告活动的强项和弱项,并提出改进的线索。

3. A/B 测试

A/B 测试是一种比较两个或多个不同广告版本的方法,以确定哪个版本效果更好。公司可以测试不同的广告文案、图像、呈现方式和受众定位等因素。通过分析 A/B 测试的结果,公司可以确定哪些元素在吸引受众方面更有效。

4. 受众反馈

受众反馈是广告效果评估的重要组成部分。公司可以通过调查、焦点小组讨论、社交媒体互动和在线评论来获取受众的反馈。这些反馈可以提出关于广告内容和策略的宝贵见解。

（二）改进煤炭广告效果的方法

1. 优化广告内容

根据评估结果，公司可以优化广告内容。这可能包括改进广告文案、选择更吸引人的图像、改变呈现方式，或者创造更引人注目的广告故事。优化广告内容可以帮助提高 CTR 和转化率。

2. 定期更新广告策略

市场和受众需求不断变化，因此煤炭公司需要定期更新广告策略。这可以包括调整目标受众、改变广告渠道、引入新的广告形式等。通过跟踪市场趋势，公司可以保持竞争力。

3. 增加广告投资效率

煤炭公司可以通过精简广告预算分配，将更多资金投入效果更好的广告渠道和受众定位上。这可以提高广告投资的效率，并增加 ROI。

4. 创新广告形式

不断尝试新的广告形式和技术可以提高广告效果。虚拟现实、增强现实、互动广告和视频广告都是具有潜力的新兴形式，可以吸引更多的受众。

5. 持续监测和优化

广告效果评估和改进是一个持续的过程。公司应该建立监测系统，定期分析数据，识别问题并采取纠正措施。通过持续的监测和优化，公司可以不断提高广告效果。

6. 透明度和诚信

建立广告活动的透明度和诚信是增加广告效果的关键。确保广告内容准确反映公司的产品和服务，避免误导性信息。诚信和透明性可以建立受众的信任，增加广告效果。

评估和改进煤炭广告效果是确保广告投资有效的重要步骤。通过明确定义广告效果指标、数据分析、A/B 测试、受众反馈以及不断的优化，煤炭公司可以增加广告活动的效果。在不断变化的市场环境中，持续的监测和改进是取得广告成功的关键。通过提高广告效果，煤炭公司可以更好地与受众互动，实现品牌目标，并在市场中保持竞争力。

第四节　煤炭市场推广与宣传活动

一、煤炭推广活动的策划与执行

煤炭是全球主要的能源资源之一，然而，由于其燃烧会产生大量的二氧化碳等温室气体，对气候变化造成了不可忽视的影响，因此，煤炭的可持续利用和清洁能源替代已成为当今世界的热门话题。煤炭产业需要积极参与推广可持续的煤炭利用方式以及清洁能源技术。本部分将讨论煤炭推广活动的策划与执行，以确保煤炭行业的可持续发展和环境保护。

（一）策划阶段

1. 目标设定

首先，我们需要明确煤炭推广活动的目标。这些目标可以包括：

提高公众对煤炭可持续利用的认知度。

促进清洁煤炭技术的研发和应用。

鼓励政府采取支持煤炭可持续发展的政策措施。

减少温室气体排放，提高环保水平。

2. 受众分析

在明确了目标之后，我们需要进行受众分析，了解推广活动的受众是谁，他们的需求和关切是什么。受众可以包括政府机构、煤炭企业、能源研究机构、环保组织、媒体和普通市民等。根据不同受众的特点，我们可以制定不同的推广策略。

3. 竞争分析

了解竞争对手的活动和策略是策划阶段的重要一步。我们需要了解其他能源资源的推广活动，以及其他国家或地区在煤炭可持续利用方面的举措。这有助于我们了解差距和机会，以制定更有竞争力的策略。

4. 策略制定

在目标、受众和竞争分析的基础上，制定推广策略。策略可以包括但不限于：

通过教育和宣传活动提高公众对煤炭可持续利用的认知度。

支持清洁煤炭技术的研发和应用，鼓励创新。

与政府合作，争取政策支持。

建立合作伙伴关系，包括与环保组织、能源公司和研究机构等的合作。

5. 预算和资源分配

制定完策略后，需要确定预算和资源的分配。这包括确定活动的经费、人力资源和时间表。确保有足够的资源来执行策略，同时要合理分配资源以确保活动的高效执行。

（二）执行阶段

1. 制订详细计划

在策略制定的基础上，制订详细的推广计划。计划应包括具体的活动、时间表、责任人和预算。确保每个活动都有清晰的目标和指标，以便后续评估成果。

2. 教育和宣传活动

教育和宣传是推广活动的重要组成部分。可以通过各种媒体渠道，如电视、广播、互联网和社交媒体，传播有关煤炭可持续利用和清洁技术的信息。此外，还可以举办煤炭主题的研讨会、论坛和展览，吸引更多人关注煤炭问题。

3. 支持研发和创新

支持清洁煤炭技术的研发和应用是推广活动的关键。可以通过资助研究项目、提供奖金和奖励，鼓励科学家和工程师提出新的解决方案。此外，与煤炭企业合作，推动技术创新和提高生产效率。

4. 争取政策支持

与政府合作，争取政策支持是非常重要的。可以通过与政府官员、议员和政策制定者的沟通，提出支持煤炭可持续发展的建议和政策建议。同时，积极参与公共政策辩论，争取煤炭产业的利益。

5. 建立合作伙伴关系

建立合作伙伴关系可以加强推广活动的效果。可以与环保组织合作，共同推动煤炭行业的可持续发展。与能源公司合作，共同研发和推广清洁煤炭技术。与研究机构合作，促进科研成果的应用和转化。

6. 监测和评估

推广活动的执行阶段需要进行持续的监测和评估。通过制定明确的指标和评估方法，可以追踪活动的进展，并及时调整策略。监测和评估的内容可以包括：

受众参与度：跟踪教育和宣传活动的受众参与度，包括参与活动的人数、在线互动和社交媒体关注度等。

技术研发进展：监测清洁煤炭技术的研发进展，包括新技术的推出和应用情况。

政策影响：评估政府政策对煤炭产业的影响，包括政策的实施和效果。

合作伙伴关系：跟踪合作伙伴关系的发展和成果，包括与环保组织、能源公司和研究机构的合作情况。

7. 调整策略

根据监测和评估的结果，及时调整策略。如果发现某些活动效果不佳，就可以考虑修改或取消这些活动。如果某些活动取得了良好的效果，就可以考虑加大投入和扩大范围。策略的调整应该是灵活的，以适应不断变化的情况。

8. 沟通与协调

推广活动的成功需要良好的沟通与协调。确保团队成员之间的有效沟通，以及与合作伙伴和政府的协调。及时共享信息和经验，以便更好地执行活动。

煤炭推广活动的策划与执行是一项复杂的任务，需要充分考虑目标、受众、竞争和资源等因素。通过有效的策划和执行，可以提高煤炭可持续利用的认知度，促进清洁煤炭技术的研发和应用，争取政府政策支持，减少温室气体排放，实现可持续发展和环保目标。

二、煤炭宣传活动的目标与受众

煤炭作为一种重要的能源资源，对世界各国的能源供应和经济发展都起着至关重要的作用。然而，煤炭的采矿和燃烧也伴随着环境污染和温室气体排放等问题，对环境和人类健康构成威胁。因此，煤炭宣传活动的策划和执行至关重要，旨在平衡煤炭的能源供应和环境保护的需求。本部分将探讨煤炭宣传活动的目标与受众，以便更好地理解如何有效传达有关煤炭的信息。

（一）宣传活动的目标

1. 提高公众对煤炭的认知度

煤炭作为一种主要能源资源，许多人对其采矿、生产和使用的过程并不了解。因此，一个重要的宣传目标是提高公众对煤炭的认知度。这包括了解煤炭的产地、采矿方式、运输、燃烧和相关环境问题。通过提供准确和全面的信息，可以帮助公众更好地理解煤炭的复杂性及其使用带来的影响。

2. 促进煤炭的可持续利用

煤炭宣传活动的另一个关键目标是促进煤炭的可持续利用。这意味着采取措施来减少煤炭采矿和燃烧所产生的环境与社会影响，同时推动清洁技术的研发和应用。可持续利用的目标包括提高矿区的生态恢复、减少温室气体排放、提高能源效率和推动碳捕获和储存（CCS）技术等。

3. 增加政策制定者和决策者之间的了解

政府政策和决策对煤炭行业的发展与环境保护至关重要。因此，宣传活动的一个目标是增加政策制定者和决策者对煤炭相关问题的了解。这包括政府官员、立法者、环保机构和能源部门等。通过教育和信息传递，可以更好地引导政策制定和决策，以支持可持续的煤炭利用方式。

4. 促进煤炭行业的自我改进

煤炭宣传活动可以促使煤炭企业自我改进，采取更环保和社会负责任的做法。这包括提高煤炭生产和燃烧的效率，减少废弃物和排放物，改善劳工条件，以及更好地参与当地社区。通过宣传活动，可以推动行业内的最佳实践，促使企业采取更可持续的方法。

5. 减少煤炭使用带来相关的环境和健康风险

煤炭采矿和燃烧会产生大量的废水、废渣和有害气体，对周围环境和人类健康造成威胁。因此，宣传活动的目标之一是减少煤炭使用带来相关的环境和健康风险。这可以通过宣传清洁技术的应用、监测和合规性管理等方式来实现。

（二）受众分析

1. 公众

公众是煤炭宣传活动的主要受众之一。这包括一般市民、社区居民、学生、家庭和消费者。公众需要了解煤炭的影响，以便更好地参与能源选择和环境保护方面的决策。通过教育和信息传递，可以提高公众的意识，鼓励他们采取环保行动。

2. 政府官员和政策制定者

政府官员和政策制定者是煤炭宣传活动的重要受众。他们对煤炭相关政策和法规的制定与执行负有责任。因此，宣传活动需要向政府官员和政策制定者提供准确的信息，以帮助他们做出明智的决策。

3. 煤炭企业

煤炭企业是重要的受众。宣传活动可以鼓励企业采取更环保和社会负责任的做法，同时鼓励其研发和应用清洁技术。通过教育和信息传递，可以帮助企业了解可持续利用的优势和商业机会。

4. 环保组织和NGO

环保组织和非政府组织（NGO）通常是煤炭宣传活动的合作伙伴，其在环保和可持续发展方面具有专业知识和经验，因此是非常重要的受众。这些组织可以通过协助宣传活动的策划和执行，提供专业意见和支持，推动环境保护议程。

5. 学术界和研究机构

学术界和研究机构在煤炭领域的研究与创新方面发挥着重要作用。这些单位可以为宣传活动提供最新的煤炭研究成果，推动清洁技术的发展，为政策制定者提供有力的依据。因此，宣传活动需要与学术界和研究机构合作，共同推动煤炭领域的进步。

6. 媒体

媒体是信息传递的重要渠道，可以帮助将煤炭相关信息传达给广大受众。因此，媒体也是宣传活动的重要受众。宣传活动需要与媒体建立合作关系，包括新闻机构、电视台、广播电台、在线新闻网站和社交媒体平台等。与媒体的合作可以帮助宣传活动获得更广泛的曝光和影响力。

7. 社区和当地居民

许多煤炭采矿和发电项目会直接影响周围社区及当地居民。因此，社区和当地居民也是宣传活动的重要受众。宣传活动需要与社区建立联系，了解他们的关切和需求，同时向他们提供有关项目的信息，包括环境和社会影响的评估以及应对措施。

8. 学校和教育机构

学校和教育机构可以在教育和培训方面发挥重要作用。宣传活动可以与学校合作，开展教育计划，向学生传达煤炭相关知识，鼓励他们参加环保活动。通过教育，可以培养下一代对煤炭和环境问题的关注与责任感。

（三）宣传策略

基于不同受众的特点和需求，宣传活动可以采用多种策略和手段，包括但不限于：

1. 教育和信息传递

向公众、政府官员和决策者、煤炭企业、环保组织等各类受众提供准确的煤炭信息，包括采矿过程、燃烧后果、清洁技术的发展等。这可以通过举办研讨会、展览、座谈会、发布宣传材料、制作信息视频等方式来实现。

2. 制定政策建议

与政府官员和政策制定者合作，制定有关煤炭政策和法规的建议。这可以通过政策研究、政策分析、提供政策建议书和参与政策制定过程来实现。

3. 推广清洁技术

宣传清洁煤炭技术的发展和应用，包括碳捕获和储存（CCS）、低排放燃烧技术、矿区生态恢复等。这可以通过技术展示、技术研讨会、合作研发项目等方式来实现。

4. 社区参与和合作

与社区和当地居民建立积极的合作关系，了解他们的关切和需求，同时提供有关项目的信息和参与机会。这可以通过社区会议、座谈会、社区项目支持等方式来实现。

5. 创造争议和关注点

在某些情况下，通过提出争议性议题和引起关注，可以吸引更多的媒体关注和公众参与。这可以通过组织公众辩论、举行媒体发布会、提出关注性报告等方式来实现。

煤炭宣传活动的目标与受众的明确定义是确保活动成功的重要步骤。通过制定明确的宣传目标和了解受众的需求，可以更有针对性地开展宣传活动，提高其效果和影响力。宣传煤炭相关信息，平衡能源需求和环保要求，对实现可持续发展和环境保护至关重要。

三、煤炭宣传活动效果的评估与反馈

煤炭宣传活动的目标是提高公众的意识、推动清洁技术的应用、促进政策制定和改善煤炭产业的环保与社会责任。然而，要实现这些目标，需要对宣传活动的效果进行定期评估和反馈。本部分将探讨煤炭宣传活动效果评估的方法和步骤，以确保活动的成功和可持续性。

（一）评估的重要性

1. 目标达成与效果验证

评估宣传活动的效果是验证是否达到了既定的目标和效果的重要手段。只有通过评估，才能确定宣传活动是否取得了预期的成果，是否有助于提高公众的意识，促进清洁技术的应用，以及改善煤炭产业的环保和社会责任。

2. 持续改进

通过评估宣传活动，可以了解哪些方面取得了成功，哪些方面需要改进。这为持续改进宣传活动提供了有力的依据。不断改进宣传策略和方法，可以增加活动的效果和提高效率。

3. 适应变化

环境和社会状况不断变化，因此宣传活动需要随之调整。通过评估，可以及时发现变化和趋势，以便适应新的情况。这有助于宣传活动保持灵活性和适应性。

4. 透明度和问责制

宣传活动的评估可以提高透明度和问责制。公众、政府和合作伙伴希望知道宣传活动的效果和成本。通过公开的评估结果，可以增加透明度，并使相关方更有信心地支持宣传活动。

（二）评估的方法与步骤

1. 制订评估计划

评估宣传活动应该在活动策划的早期阶段就开始考虑。制订一个明确的评估计划，包括评估的目标、方法、指标、时间表和责任人。计划应明确说明要评估的内容和评估的时间点，以便监测和度量效果。

2. 选择评估方法

评估方法可以多种多样，取决于宣传活动的性质和目标。常用的评估方法包括：

调查：通过问卷调查、面对面采访等方式，了解受众对宣传活动的反馈和态度。

数据分析：分析活动期间收集的数据，如网站访问量、社交媒体互动、媒体报道等，以了解活动的曝光度和影响。

口碑监测：监测媒体和社交媒体上关于宣传活动的讨论和反馈。

重要利益相关方访谈：与关键利益相关方，如政府官员、环保组织、煤炭企业等，进行深入访谈，了解他们对宣传活动的看法和影响。

3. 设定评估指标

为了定量评估宣传活动的效果，需要设定明确的评估指标。这些指标应与宣传活动的目标相一致，并可量化。例如，可以设定以下指标：

知晓度提高：了解宣传活动后，受众中知晓煤炭环保问题的比例。

改变态度：宣传活动后，受众对煤炭环保问题的态度是否发生积极变化。

行动意愿：受众是否表现出支持清洁技术的意愿，或采取环保行动。

4. 数据收集和分析

根据评估计划和方法，收集必要的数据。这可能涉及调查、数据收集工具的设计和实施、访谈、分析媒体报道等。数据分析是评估的关键步骤，它可以揭示活动的影响和成果。

5. 反馈和修正

基于评估的结果，提供反馈和建议，以帮助改进宣传活动。这可能包括制订改进计划、调整策略、修正宣传信息和方法，以提高活动的效果。

6. 监测和跟踪

评估宣传活动不仅是一次性的工作，还应该进行定期的监测和跟踪。这有助于了解效果的持续性和可持续性，以及宣传活动是否需要进一步改进和调整。

7. 共享结果

评估的结果应该及时共享给宣传活动的所有相关利益相关者，包括公众、政府、合作伙伴、煤炭企业等。透明的共享结果有助于建立信任和提高宣传活动的透明度。

8. 持续改进

基于评估的结果，宣传活动应不断改进和调整。这可以包括调整宣传信息、改进目标设定、采用更有效的策略和方法，以确保宣传活动的持续改进和适应新情况。

（三）关键评估领域

1. 知晓度和认知度

评估宣传活动的第一个关键领域是知晓度和认知度。这包括了解受众中有多少人知道宣传活动和相关信息。通过调查、数据分析和监测社交媒体互动等方法，可以评估知晓度的提高。

2. 改变态度

受众的态度对宣传活动的效果至关重要。评估应该关注受众对煤炭环保问题的态度是否发生积极变化。这可以通过调查、访谈和数据分析来测量。

3. 行动意愿

宣传活动的最终目标是激发受众采取积极的行动，如支持清洁技术、参与环保活动等。评估应该关注受众是否表现出行动意愿，并实际采取行动的比例。这可以通过调查、追踪行动、数据分析和反馈机制来测量。

4. 曝光度和覆盖面

评估宣传活动的曝光度和覆盖面，即活动达到了多少受众和各种媒体渠道。这可以通过媒体报道、网站访问量、社交媒体互动、广告曝光等方式来测量。

5. 合作伙伴关系和政策影响

宣传活动可能会引起合作伙伴关系的发展和政策影响。评估应该关注宣传活动是否促成了新的合作伙伴关系，是否对政策制定和法规产生了影响。这可以通过合作伙伴的反馈、政府政策变化和政策制定者的看法来测量。

6. 环境和社会效益

最终，评估宣传活动的效果应包括环境和社会效益。这包括煤炭产业的环保措施是否得到改善，环境影响是否减少，社会责任是否得到提升。这可以通过监测环保数据、社会责任报告和相关研究来测量。

评估和反馈是煤炭宣传活动成功和可持续性的关键要素。通过明确的评估计划、适当的方法和持续的监测，可以了解宣传活动的效果和成果，进一步改进活动，适应新情况，提高公众意识、推动清洁技术应用，以及促进煤炭产业承担更多的环保和社会责任。

第五章 煤炭国内市场开拓

第一节 煤炭区域市场分析与机会评估

一、不同地区煤炭市场的特点

中国是全球最大的煤炭生产和消费国,其煤炭市场因地理、经济和政治因素的不同而呈现出多样性。不同地区的煤炭市场存在着显著差异,这些差异反映了中国多元化的能源需求、地质储量、政策导向和环境挑战。本部分将探讨中国不同地区煤炭市场的特点,以期更好地理解中国煤炭行业的复杂性。

（一）华北地区

需求旺盛：华北地区是中国的经济发达地区之一,具有庞大的工业基础和人口。因此,煤炭需求量相对较高,主要用于电力生产、供暖和工业生产。该地区的城市和工业园区需要大量煤炭供应,以满足能源需求。

矿产资源丰富：华北地区拥有丰富的煤炭矿产资源,尤其以山西、陕西和河北等省份为主。这些地区是中国主要的煤炭生产地,煤炭储量丰富。因此,煤炭产业在该地区占有重要地位,对当地经济和就业有着重要影响。

环境压力：华北地区由于煤炭生产和消费量大,长期以来一直面临严重的环境问题,如雾霾和空气污染。政府已经采取了措施来减少污染,如关闭高污染的小煤矿和火力发电厂,并推动清洁能源的发展。

政府政策：中国政府在华北地区实施了严格的环境保护政策,以减少大气污染和碳排放。这些政策对煤炭行业产生了重大影响,促使一些企业改进技术,减少碳排放,或寻求转型发展清洁能源。

（二）华东地区

经济发达：华东地区是中国的经济中心,拥有发达的制造业和服务业。这导致其对大量电力的需求,而煤炭一直是该地区的主要能源。

清洁能源转型：与其他地区不同，华东地区的一些省市，如上海和江苏，正在积极推动清洁能源，减少其对煤炭的依赖。这一举措是为了应对环境问题，如雾霾和水污染，以及减少碳排放。清洁能源包括天然气、风能和太阳能。

高效煤矿：尽管清洁能源的发展，华东地区仍有一些高效煤矿，通过技术创新和改进，减少环境影响。这些矿山虽具有较高的产出和较低的碳排放，但也面临着环境批评和政府监管。

煤炭进口：由于一些地区对煤炭的需求旺盛，华东地区从其他国家进口煤炭。澳大利亚和印度尼西亚等国成为主要的煤炭供应国。这种进口煤炭在一定程度上减轻了国内煤炭生产的压力。

（三）西南地区

能源丰富：西南地区地理位置独特，拥有大量的水电和水能资源。这些资源使得该地区对煤炭的依赖度相对较低，因为水电和水能是主要的电力来源。

能源输出：西南地区通常被认为是中国的能源输出地区，向其他地区提供电力和能源。这种能源输出包括电力和煤炭，因此该地区的煤炭市场较小。

矿山资源：尽管西南地区相对不依赖煤炭，但该地区仍有一些煤炭矿山，主要用于本地供应。这些矿山通常规模较小，生产量相对较低。

清洁能源：由于拥有丰富的水能资源，西南地区积极推动清洁能源的发展，如水电和风能。这些清洁能源有助于减少对煤炭的依赖，同时也有利于环境保护。

（四）东北地区

煤炭产业中心：东北地区一直是中国煤炭产业的重要中心，拥有丰富的煤炭矿产资源。这一地区的煤炭生产量较高，为国内外市场提供了大量煤炭。

依赖进口：尽管东北地区拥有丰富的煤炭资源，但由于一些高污染的煤炭矿山和火力发电厂的关闭，该地区对煤炭的依赖度也在逐渐减小。一些东北地区的省份如辽宁、吉林和黑龙江等开始积极寻求清洁能源的替代及技术升级，以满足环保要求。

基础设施建设：东北地区的一些省区如山西和内蒙古仍然积极推动煤炭基础设施建设。这些地区依靠煤炭产业为经济发展提供支持，并在提高煤炭生产效率和减少环境影响方面进行努力。

重工业和钢铁生产：东北地区是中国重工业和钢铁生产的中心，因此对高质量煤炭的需求相对较高。这对煤炭市场产生了一定的影响，因为钢铁和重工业对煤炭需求较大。

（五）西北地区

能源多元化：西北地区的能源多元化较高，除了煤炭，还拥有丰富的天然气和太阳能资源。这使得该地区相对不依赖煤炭，积极推动清洁能源的发展。

煤炭出口：西北地区有一些煤炭出口港口，可以将煤炭出口到国际市场，尤其是出口到一些亚洲国家。这对中国的煤炭出口市场有一定影响，使西北地区成为煤炭出口的重要地区。

太阳能和风能：西北地区在太阳能和风能的开发方面取得了一些进展。该地区的日照时间较长，适宜太阳能发电，风力资源相对丰富。因此，西北地区应积极推动清洁能源项目，以减少其对煤炭的依赖。

（六）内蒙古自治区

煤炭生产大区：内蒙古自治区是中国煤炭生产量最大的地区之一，拥有丰富的煤炭矿产资源。该地区的煤炭生产量占据了全国很大比重。

清洁能源发展：尽管内蒙古依赖煤炭产业，但该地区也积极推动清洁能源的发展。内蒙古具有出色的风能和太阳能资源，因此风电和太阳能项目在该地区蓬勃发展，以减少其对传统煤炭的依赖。

环保压力：由于环境问题，尤其是沙尘暴和水污染，内蒙古自治区面临来自政府和社会的环保压力。政府正在加强对高污染企业的监管，同时鼓励技术创新，以改善煤炭生产的环境性能。

能源出口：内蒙古自治区是中国能源出口的重要地区，向国内其他地区和国际市场出口煤炭及电力。这使得该地区的煤炭市场不仅受到国内需求的影响，还受到国际市场价格波动的影响。

中国不同地区的煤炭市场呈现出多样性，这是由地理、经济和政治因素的影响造成的。一些地区依然依赖煤炭，而其他地区正在积极推动清洁能源的发展。中国政府的环保政策、能源政策和技术创新将继续影响中国的煤炭市场，并影响全球能源格局。未来，中国将继续努力减少对煤炭的依赖，以满足国内经济社会可持续发展的需求。

二、煤炭市场机会的评估方法

煤炭市场一直以来是全球能源市场的一个重要组成部分，尽管在过去几年中受到了清洁能源和环保政策的挑战。然而，对那些计划进入煤炭市场或者已经在该领域经营的企业来说，评估市场机会仍然是至关重要的。本部分将探讨评估煤炭市场机会的方法，包括市场需求、竞争分析、风险评估以及未来趋势的考量。

（一）市场需求评估

需求趋势分析：了解煤炭市场的需求趋势是评估市场机会的关键步骤。这包括分析煤炭需求的增长或下降情况，以及不同类型煤炭（如热煤和冶金煤）的需求变化。既要考虑到清洁能源和环保政策的推动，也要评估替代能源的竞争情况。

区域市场差异：煤炭市场在不同地区之间存在差异。因此，需要考虑特定地区的市场需求。一些地区可能更依赖煤炭，而其他地区可能已经转向清洁能源。了解这些差异对确定市场机会至关重要。

政府政策和法规：政府的政策和法规将对煤炭市场产生深远影响。要评估政府是否采取了减少煤炭使用的政策，或者是否支持清洁能源发展。这些政策将直接影响市场需求。

新兴市场机会：除了传统的煤炭市场，还要关注新兴市场机会，如高效煤炭利用技术、碳捕获和储存等领域。这些领域可能为创新型企业带来新的商机。

（二）竞争分析

市场份额和竞争对手：了解当前市场上的主要竞争对手以及他们的市场份额是评估市场机会的重要一步。分析竞争对手的煤炭产量、销售渠道、定价策略和市场地位。

供应链和运营效率：煤炭市场的供应链和运营效率对竞争力至关重要。分析竞争对手的供应链结构、煤炭采购和运输成本以及生产效率，以确定自身的竞争优势。

市场入口壁垒：评估市场的入口壁垒是了解市场机会的关键因素。这包括分析市场准入成本、技术要求、环境合规要求以及政府监管。了解这些壁垒将帮助企业确定是否可以进入市场。

创新和技术：了解行业内的技术创新和最佳实践是评估市场机会的一部分。技术的发展可能带来更高效的生产和更低的碳排放，这可能成为竞争优势。

（三）风险评估

环境风险：煤炭市场存在着环境风险，包括与煤炭开采和燃烧相关的污染问题。了解环境风险将有助于制订环境管理计划，并遵守相关法规。

价格风险：煤炭价格的波动对市场机会产生直接影响。价格的不稳定性可能导致盈利的波动，因此需要评估市场价格风险。

政策风险：政府政策和法规的变化可能对煤炭市场产生影响。政府可能会实施新的环保政策、能源政策或达到煤炭开采许可要求，这些都可能影响市场机会。

社会风险：社会风险包括来自社会反对煤炭开采或使用的抗议活动和声音。了解社会风险将有助于开展公共关系工作，减少负面影响。

（五）未来趋势考虑

清洁能源转型：清洁能源转型是全球范围内的趋势，对煤炭市场构成挑战。评估未来清洁能源市场的增长潜力以及清洁技术的创新将有助于抓住市场机会。

新兴技术和研发：了解煤炭领域的新兴技术和研发项目将有助于发现未来的市场机会。这包括碳捕获和储存技术、煤炭气化技术等。

国际市场机会：煤炭市场不仅受国内需求的影响，还受国际市场的影响。了解国际市场机会，包括煤炭出口和国际价格趋势，将帮助评估是否可以扩大业务到国际市场。

煤炭利用技术：煤炭利用技术的发展可能改变煤炭市场的格局。了解新的煤炭利用技术，如超临界燃烧、气化和液化煤技术，将有助于评估市场机会。

气候政策和国际协议：全球气候政策和国际协议对煤炭市场有重要影响。了解这些政策和协议的发展将帮助预测未来市场机会。

评估煤炭市场机会需要综合考虑市场需求、竞争分析、风险评估和未来趋势。这种综合分析将有助于企业确定是否进入或继续经营煤炭市场，以及如何在市场中取得成功。同时，不仅要关注市场机会，还要注重可持续性和环保，以适应全球清洁能源转型的趋势。

三、地区市场煤炭战略的制定

制定地区市场煤炭战略是对特定地区的煤炭市场进行深入分析，以确保企业能够充分利用市场机会并应对挑战。每个地区的煤炭市场都具有独特的特点和需求，因此需要根据当地情况制定相应的战略。本部分将探讨制定地区市场煤炭战略的关键步骤和考虑因素，以帮助企业更好地规划和执行其战略。

（一）市场分析

市场需求分析：深入了解目标地区的煤炭市场需求是制定战略的第一步。这包括分析该地区的煤炭消费趋势、主要用途、用量预测以及能源政策对需求的影响。另外，还要考虑清洁能源和可再生能源在该地区的竞争情况。

市场供给分析：评估目标地区的煤炭供给情况是另一个重要方面。这包括分析当地煤炭产量、储量、生产企业和供应链结构。另外，还需要考虑是否需要进口煤炭以满足市场需求。

竞争分析：了解竞争对手在该地区的市场份额、定价策略、市场地位和供应链效率。分析竞争对手的优势和劣势，以确定自身的竞争优势。

政府政策和法规分析：政府政策和法规将对煤炭市场产生深远影响。了解目标地区的环保政策、能源政策和煤炭采矿许可要求，以确保战略的合规性。

社会和环境因素分析：考虑社会和环境因素对市场的影响，如社会对煤炭采矿和使用的态度，以及环境问题如空气质量和水污染。这些因素可能对企业的社会责任和可持续性战略产生影响。

（二）制定战略

目标市场确定：基于市场分析的结果，确定目标市场。这可以是某个省份、城市或特定地理区域。不同市场可能有不同需求和特点，因此需要为每个市场制定特定的战略。

市场定位：确定企业在目标市场中的定位。这包括确定市场定位策略，如降低成本、差异化或专业化。确定市场定位将有助于明确竞争优势和目标客户群。

市场渗透策略：制定市场渗透策略，包括市场进入方式、市场推广和销售渠道。这可能包括与当地分销商、合作伙伴或供应商的合作。

产品组合：确定提供的产品和服务组合。考虑到市场需求，可能需要调整产品类型、规格和质量标准。另外，还可以考虑产品创新和技术升级。

定价策略：制定定价策略，根据市场需求、成本结构、竞争对手定价和政府政策。考虑到价格弹性和市场定位，确保定价策略合理并能够实现盈利。

销售和分销策略：确定销售和分销策略，包括销售团队建设、分销网络的建设和物流管理。确保产品能够顺利送达客户手中。

环保和社会责任策略：考虑环保和社会责任战略，以应对社会和环境压力。这可能包括采取环保技术、社区参与计划和透明度政策。

（三）实施和监测

实施计划：制订具体的实施计划，明确任务、责任和时间表。确保战略能够得以实施，并分阶段推进。

资源分配：分配必要的资源，包括资金、人力资源和技术支持，以确保战略的执行。确保资源分配与战略目标一致。

绩效监测：建立绩效监测系统，以监测战略的执行和市场表现。定期评估战略的效果，根据需要进行调整和改进。

风险管理：识别和管理潜在的风险，包括市场风险、政策风险和环境风险。建立风险管理计划，以应对突发事件和挑战。

反馈和改进：倾听客户反馈和员工建议，以不断改进战略和服务。灵活调整战略以适应市场变化。

（四）可持续性和社会责任性

可持续性战略：在制定地区市场煤炭战略中，要考虑可持续性因素。这包括减少环境影响、提高能源效率、降低碳排放以及促进社会责任。企业应该制定可持续性战略，以满足当地和国际的可持续发展标准。

社会责任：企业应积极履行社会责任，与当地社区建立互信关系，支持社会发展项目，并确保员工享有公平和安全的工作条件。社会责任不仅有助于维护企业声誉，还有助于与当地政府和社区保持良好关系。

可持续性报告：建立可持续性报告机制，向利益相关者报告企业在环境、社会和经济方面的绩效。可持续性报告可以提高企业的透明度，建立信任，同时也有助于发现改进和创新的机会。

（五）示例战略模型

以下是一个示例战略模型，用于制定地区市场煤炭战略：

目标市场：选择目标市场，如某个省份或城市。

市场需求分析：深入了解目标市场的煤炭需求趋势、主要用途、政府政策和未来趋势。

市场供给分析：评估目标市场的煤炭供给情况，包括生产和供应链结构。

竞争分析：分析竞争对手在目标市场的市场份额、定价策略、市场地位和供应链效率。

政府政策和法规分析：了解目标市场的环保政策、能源政策和煤炭采矿许可要求。

社会和环境因素分析：考虑社会和环境因素对市场的影响，如社会对煤炭采矿和使用的态度，以及环境问题。

市场定位：确定企业在目标市场中的市场定位，如降低成本、差异化或专业化。

市场渗透策略：制定市场渗透策略，包括市场进入方式、市场推广和销售渠道。

产品组合：确定提供的产品和服务组合，可能包括产品规格和质量标准的调整。

定价策略：制定定价策略，根据市场需求、成本结构、竞争对手定价和政府政策。

销售和分销策略：确定销售和分销策略，包括销售团队建设、分销网络的建设和物流管理。

环保和社会责任策略：考虑环保和社会责任策略，以应对社会和环境压力。

实施计划：制订具体的实施计划，明确任务、责任和时间表。

资源分配：分配必要的资源，包括资金、人力资源和技术支持。

绩效监测：建立绩效监测系统，以监测战略的执行和市场表现。

风险管理：识别和管理潜在的风险，包括市场风险、政策风险和环境风险。

反馈和改进：倾听客户反馈和员工建议，以不断改进战略和服务。

可持续性战略：考虑可持续性因素，包括环境保护和社会责任，制定相关战略。

社会责任：积极履行社会责任，支持社区和员工的需求。

可持续性报告：建立可持续性报告机制，向利益相关者报告企业的绩效和成就。

制订地区市场煤炭战略需要深入的市场分析、明确的战略计划、有效的执行和不断的反馈和改进。同时，企业还需要考虑可持续性和社会责任，以确保长期成功和可持续发展。这个过程是动态的，需要不断适应市场变化和应对挑战，以确保战略的有效性。

第二节　煤炭地方政策与市场准入

一、地方政策对煤炭产业的影响

煤炭产业一直以来都是许多国家的重要产业之一，对经济和就业产生重要影响。然而，随着对环境保护和可持续发展的日益关注，地方政府制定的政策和法规将对煤炭产业产生重大影响。本部分将探讨不同地方政策对煤炭产业的影响，以及这些政策如何塑造煤炭产业的现状和未来。

（一）环境保护政策

碳排放和气候政策：随着气候变化问题的日益突出，地方政府普遍采取了碳排放控制政策。这包括实施碳定价机制、碳排放配额交易体系以及对高碳排放行业的排放限制。这将对煤炭产业产生直接影响，迫使企业减少碳排放并寻求清洁能源替代。

空气质量和污染控制：地方政府实施的大气污染控制政策对煤炭产业的排放和运营产生了影响。政府要求采用更高效的污染控制设备，减少颗粒物排放和硫氧化物排放。这导致了更高的环保投资和运营成本。

水资源管理：煤炭开采和加工通常需要大量水资源。地方政府通过水资源管理政策来控制煤炭产业对水资源的使用。政策可能包括限制水资源的使用量、提高水资源的价格以及要求企业采用节水技术。

（二）能源政策

可再生能源发展：一些地方政府积极推动可再生能源的发展，以减少对煤炭等传统能源的依赖，这包括支持太阳能、风能、水电等可再生能源项目。这对煤炭产业构成竞争，并可能导致市场份额下降。

能源效率要求：地方政府可以要求企业提高能源效率，降低能源消耗。这将对煤炭矿山和电厂产生影响，迫使它们采取措施提高燃烧效率和减少能源浪费。

能源供应稳定性：一些地方政府制定政策以确保能源供应的稳定性。这可能包括要求保持一定量的煤炭储备，以应对紧急情况和供应中断。

（三）产业政策

产业升级：一些地方政府鼓励煤炭企业进行产业升级，采取更清洁、高效的技术和方法。这可能涉及技术创新、装备升级和人力资源发展。

就业保障：由于煤炭产业对就业的重要性，一些地方政府会实施政策来保障煤炭从业人员的就业机会。这包括转岗培训、职业再就业和就业保障金。

地方税收和经济发展：煤炭产业对地方税收和经济发展有重要贡献。因此，地方政府可能采取政策来鼓励煤炭产业的发展，以增加地方财政收入和创造就业机会。

（四）矿产资源管理

矿产权政策：地方政府通过矿产权政策来管理煤炭资源的开采。政府可能实施拍卖、租赁或分配矿产权的方式，以确保资源的可持续开发和合规采矿。

煤矿安全和环境保护：政府制定煤矿安全和环境保护政策，以保障矿工的安全和减少环境影响。这可能包括要求煤矿进行安全培训、采取安全措施和进行环保审查。

资源税和费用：地方政府通过资源税和费用的征收来减少对煤炭资源的利用。这些税收和费用可能对煤炭产业的成本和盈利产生重要影响。

（五）示例地方政策的影响

以下是一些示例地方政策对煤炭产业的影响：

中国的煤炭减产政策：中国政府实施了大规模的煤炭减产政策，以减少过剩产能和改善空气质量。这导致了许多小煤矿的关闭，同时减少了产量和就业机会。

美国的清洁电力计划：美国一些州实施了清洁电力计划，要求电力公司减少对煤炭的依赖，增加可再生能源的使用。这促使一些电力公司关闭煤炭发电厂或改造以减少碳排放。

印度的煤炭拍卖政策：印度政府采用了拍卖制度来分配煤炭矿产权，以提高透明度和资源利用效率。这改变了煤炭矿产权的分配方式，鼓励更多的私人企业参与煤炭开采。

澳大利亚的煤矿安全法规：澳大利亚政府实施了严格的煤矿安全法规，以保障矿工的安全。这导致煤矿企业需要投入更多资源来达到安全标准，增加了运营成本。

德国的煤炭退出政策：德国政府实施了逐步退出煤炭产业的政策，以实现碳中和和可再生能源发展目标。这将对煤炭矿山和发电厂产生巨大的影响，可能导致关闭和工作岗位减少。

（六）政策对煤炭产业的挑战和机会

政策对煤炭产业产生的影响既有挑战也有机会：

1.挑战

环境保护政策和能源政策可能增加煤炭产业的成本，降低盈利能力。

煤炭减产政策和清洁能源政策可能导致煤炭产量和需求下降。

煤矿安全和环境保护法规要求企业增加投资，以达到法规标准。

资源税和费用可能增加煤炭资源的开采成本。

2. 机会

可再生能源政策和产业升级政策可以促使煤炭企业探索清洁能源领域，寻找新的盈利机会。

煤炭企业可以采取技术创新和效率提升，以达到更严格的环保标准。

煤炭产业可以积极响应政府的政策，寻找合规和可持续的生产和经营方式。

一些地方政府可能提供财政激励和支持，以帮助煤炭企业适应政策变化。

（七）可持续发展和转型

面对政策的挑战，煤炭产业需要积极应对，寻找可持续发展和产业转型的机会。以下是一些建议：

多元化能源来源：煤炭企业可以探索多元化的能源来源，包括可再生能源、天然气和核能。多元化能源来源可以降低风险，同时满足市场需求。

技术创新：投资研发和技术创新，以提高能源效率、减少碳排放和改进污染控制技术。这将有助于符合更严格的环保法规。

可持续性和社会责任：制定可持续性战略，包括减少环境影响、支持社区和员工的需求。社会责任战略可以增加企业的声誉和可持续性。

监测政策变化：定期跟踪政策变化，了解政府的政策动向，以及政策如何影响煤炭产业。这将帮助企业制定及时的应对策略。

合作与转型：煤炭企业可以寻求与政府、行业协会和研究机构的合作，以推动产业转型和可持续发展。合作伙伴关系可以提供支持和资源。

地方政策对煤炭产业产生了深远的影响，影响着煤炭企业的经营模式和可持续性。然而，政策也为煤炭产业提供了机会，鼓励创新和产业升级。煤炭产业需要积极应对政策变化，寻找新的路径以实现可持续发展，并符合环境和社会的期望。政府和企业之间的合作将是实现这一目标的关键。政府需要制定明智的政策，鼓励可持续发展，而企业需要采取切实行动，适应政策的变化，以确保产业的未来。

二、市场准入与监管要求

市场准入与监管要求是指当企业进入某一市场或行业时，需要遵守的法律法规、政策和标准，以确保市场的秩序和保护消费者权益。不同国家和地区制定了各种各样的准入与监管要求，旨在确保市场公平竞争、促进创新和保障公众利益。本部分将探讨市场准入与监管要求的重要性，不同行业的案例以及企业应对这些要求的策略。

(一)市场准入的重要性

市场准入是企业进入某一市场或行业的第一步,对企业的发展和成功至关重要。以下是市场准入的重要性:

法律合规性:市场准入要求确保企业在进入市场时遵守法律法规。不合规的企业可能会面临罚款、诉讼和市场禁止等风险。

消费者保护:市场准入要求有助于确保产品和服务的质量和安全,保护消费者权益。这有助于建立信任,促进市场的可持续发展。

竞争公平性:准入要求确保市场竞争的公平性,防止不正当竞争和垄断。这有助于鼓励更多企业进入市场,促进创新。

社会责任:市场准入要求可以要求企业履行社会责任,如环保、职业健康和安全。这有助于改善社会和环境状况。

行业规范:市场准入要求通常包括行业标准和最佳实践,帮助企业提高产品质量和工作效率。

(二)不同行业的市场准入与监管要求

不同行业和市场的市场准入与监管要求各不相同,取决于行业的性质和地区的法律法规。以下是一些行业的示例:

金融服务行业:金融服务行业通常受到严格的监管。银行、保险公司和证券公司需要遵守资本要求、反洗钱法规和消费者保护法规。金融监管机构通常会审查企业的财务状况和风险管理体系。

医疗保健行业:医疗保健行业需要满足医疗执业许可、药品审批和医疗设备认证等要求。监管机构确保医疗服务的质量和安全。

食品和饮料行业:食品和饮料行业需要遵守食品安全标准、标签要求和广告法规。监管机构检查产品的成分、质量和包装。

能源和环保行业:能源和环保行业需要遵守环境法规、能源效率要求和排放标准。监管机构确保企业减少对环境的不利影响。

互联网和科技行业:互联网和科技行业需要关注数据隐私、网络安全和知识产权法规。监管机构可以干预合并和垄断行为。

制造业:制造业需要遵守产品质量标准、工厂安全法规和劳工法规。监管机构可以检查产品的质量和工厂的工作条件。

(三)企业应对市场准入与监管要求的策略

企业需要制定策略,以应对市场准入与监管要求,确保合规和可持续发展。以下是一些策略:

法律合规团队：建立法律合规团队，负责监督法规变化、培训员工和确保企业合规。

合规培训：提供合规培训，确保员工了解并遵守相关法规。培训可以包括法律法规、行业标准和最佳实践。

风险管理：开展风险评估，确定可能的合规风险，并制定应对策略。这可能包括政策制定、流程改进和监测机制。

合规审计：定期进行合规审计，以评估企业的合规状况。审计可以帮助发现潜在问题并提出改进建议。

政府关系管理：建立良好的政府关系，与监管机构合作并参与政策制定过程。积极参与可以帮助企业影响政策制定并获得支持。

技术解决方案：采用技术解决方案来满足合规要求，如合规软件和数据分析工具。这些工具可以帮助企业更好地管理合规事务。

社会责任：积极履行社会责任，与社区和利益相关者建立互信关系。社会责任包括环境保护、慈善捐赠和员工权益保护。

风险传导：在供应链中要求供应商和合作伙伴遵守合规要求，确保整个价值链都符合法律法规。

政策监测：定期监测政策和法规的变化，以及其对企业的潜在影响。这可以帮助企业及时做出调整并采取应对措施。

反应和改进：在出现合规等方面的问题时，积极采取措施解决问题，进行调查和改进流程，以防止同类问题再次发生。

（四）示例市场准入与监管要求的影响

以下是一些示例市场准入与监管要求的影响：

GDPR（通用数据保护条例）：欧洲 GDPR 法规要求企业保护个人数据隐私。对于国际企业，需要进行数据保护评估，更新隐私政策，建立数据保护官员岗位，以确保合规。

FDA（美国食品和药物管理局）规定：FDA 要求食品和药物企业进行产品注册、质量控制和安全检查。这可以影响产品的上市时间和成本。

欧洲化学品注册法规（REACH）：REACH 法规要求企业提交化学品安全数据，以确保化学品的安全性。这可能需要大量资源用于数据收集和化学品评估。

车辆排放标准：各国制定了车辆排放标准，要求汽车制造商开发更环保的发动机技术。这对汽车制造商的研发和生产造成了影响。

PSD2（第二支付服务指令）：欧洲 PSD2 法规要求银行开放其支付系统，以促进支付创新。这改变了金融行业的竞争格局。

市场准入与监管要求是企业在进入市场或行业时必须面对的现实。合规对企业来说至关重要，有助于建立信任、确保产品质量和保护消费者权益。企业需要采取积极的策略，以确保合规，并将合规视为机会，促进创新和可持续发展。政府和监管机构的角色是确保市场的公平竞争和维护公共利益。因此，企业与政府的合作和遵守法律法规是实现其成功运营的关键。最终，市场准入与监管要求可以促进经济可持续发展和社会进步。

三、如何遵守地方政策与法规

遵守地方政策与法规是企业运营的基本要求。无论企业规模如何，都必须遵守相关政策和法规，以确保合法合规的经营，并防止出现不必要的法律纠纷。本部分将探讨如何有效地遵守地方政策与法规，包括合规体系建设、员工培训、监测与合规审计、社会责任和政府合作等方面的策略。

（一）建立合规体系

法律合规团队：建立专门的法律合规团队，由专业律师和合规专家组成，负责监督法规变化、解释法规要求以及与监管机构的沟通。

法律合规政策：制定明确的法律合规政策，明确规定了公司的法律合规标准和要求。该政策应该被所有员工理解和遵守。

合规流程和程序：建立合规流程和程序，确保公司的各项业务活动都符合相关法规。这包括合规审批程序、文件保留和报告要求。

法律合规培训：为员工提供定期的法律合规培训，使他们了解公司的合规政策和相关法规。培训可以包括在线课程、研讨会和教育材料。

风险评估：进行定期的风险评估，以识别可能的合规风险和问题领域。风险评估可以帮助公司采取预防措施，减少潜在问题的出现。

（二）员工培训

法律合规教育：员工应该接受有关法律合规的教育，包括了解公司的法律合规政策、相关法规和标准操作程序。培训可以帮助员工明白什么是合法合规的行为。

诚信与道德培训：培训员工如何在工作中保持高度的诚信和道德标准。这包括处理纠纷、举报违规行为和保守商业机密的道德标准。

具体法规培训：对那些需要特定法规知识的员工，如财务、法务、食品安全或医疗法规领域，提供深入的专业培训。

沟通和意识：鼓励员工报告违规行为和合规问题。建立开放的沟通渠道，以确保员工有机会提出疑虑或问题。

（三）监测与合规审计

合规审计：定期进行内部和外部合规审计，以评估公司的合规状况。审计应该包括法律合规、财务合规、数据隐私和信息安全等领域。

监测技术工具：采用监测技术工具，如合规软件和数据分析工具，以追踪潜在的合规问题和风险。这些工具可以帮助公司快速发现问题并及时采取行动。

报告和反馈：建立报告合规问题的机制，鼓励员工和合作伙伴报告违规行为。公司应该及时处理报告，并提供反馈。

改进和纠正：当发现合规问题时，公司应该迅速采取纠正措施，并建立预防措施，以防止此类问题再次发生。

（四）社会责任

环境保护：公司应该履行环境保护责任，采取措施减少其对环境的不利影响。这包括节能、减少废物、使用环保材料和支持可持续发展。

社区参与：积极参与社区活动和项目，以支持社会责任。公司可以捐款、提供志愿者服务、赞助当地活动或支持教育和健康项目。

供应链管理：确保供应链合规，包括关注供应商的法律合规性和社会责任。合规的供应链有助于降低风险，提高声誉。

员工权益：保障员工的权益，包括工资和福利待遇、安全和健康、工时和平等权益。公司应该遵循劳工法规，制定公平的雇佣政策。

（五）政府合作

政府关系管理：建立和维护良好的政府关系，与监管机构和政府部门合作，以了解最新法规和政策变化。

政府报告：按照法规要求向政府提交必要的报告和文件，以证明公司运营的合规性。

政府支持：积极参与政府项目和计划，以获取政府支持和资源。政府合作可以帮助企业更好地满足合规要求。

（六）全球化的挑战

在全球化的背景下，企业可能需要应对多个国家或地区的不同法规和政策。以下是一些应对全球化挑战的策略：

全球法规知识：了解和跟踪各个国家或地区的法规与政策变化。建立跨国法规知识库，确保公司运营在各地合规。

国际合规团队：建立专门的国际合规团队，负责协调全球合规政策、培训和审计。

合规标准化：在全球范围内采用合规标准化，以确保在各个市场中一致遵守法规。

风险分析：对全球合规风险进行分析，以确定哪些地区可能存在更高的风险，然后采取相应的措施来降低风险。

遵守地方政策与法规是企业成功和可持续发展的基础。建立合规体系、员工培训、监测与合规审计、社会责任和政府合作都是确保合规的关键策略。企业应该将合规视为一项战略性任务，与监管机构和政府保持开放和积极的合作，以实现合法合规的经营。最终，遵守地方政策与法规有助于建立公司的声誉、降低风险，同时为促进社会和环境发展做出贡献。

第三节　煤炭地方合作与战略联盟

一、与地方煤炭企业、机构合作的机会

煤炭一直以来是全球能源产业中不可或缺的一部分，尽管在过去几十年里，清洁能源的发展逐渐减少了对煤炭的依赖，但煤炭仍然在全球能源生产中占据重要地位。与此同时，地方煤炭企业和机构在各国经济中发挥着重要作用。与这些企业和机构合作，既能够为当地组织提供稳定的能源供应，也可以带来各种商业机会。本部分将探讨与地方煤炭企业和机构合作的机会，包括合作的好处、合作的方式以及应考虑的因素。

（一）合作的好处

与地方煤炭企业和机构合作可以为各方带来多重好处：

能源稳定性：与地方煤炭企业合作可以确保当地组织获得稳定的能源供应。煤炭作为一种可靠的能源形式，通常不受季节性或气候变化的影响，这使得其成为一种可预测的能源来源。

费用效益：地方煤炭企业通常拥有更低的生产和运输成本，因为煤炭资源位于其附近。这意味着这些煤炭企业可以更经济高效地获得能源，从而降低生产成本，提高竞争力。

就业机会：与地方煤炭企业合作可以为当地社区提供就业机会，促进地方经济的发展。这有助于改善社会关系，增强组织的社会责任感。

多元化能源供应：煤炭可以作为能源供应链的一部分，与其他能源形式如天然气、可再生能源等结合使用，以确保能源的多元化，提高供应的可靠性。

环境管理：通过与地方煤炭企业合作，这些煤炭企业可以共同致力于改善环境保护和可持续发展。合作方可能采取措施来减少碳排放和采煤过程中的环境影响，以满足环境法规的要求。

技术和创新：与地方煤炭企业合作还可以促进技术创新。煤炭行业一直在不断寻求改进生产和环保技术，当地组织可以受益于这些创新。

（二）合作的方式

与地方煤炭企业和机构合作的方式多种多样，具体取决于当地组织需求和目标。以下是一些常见的合作方式：

能源采购合同：签订能源采购合同，确保当地组织获得稳定的煤炭供应。这既可以是长期合同，也可以是短期或中期合同，具体根据当地组织能源需求而定。

投资合作：考虑与地方煤炭企业的投资合作，以帮助其扩大生产能力，从而确保当地组织供应链更加稳定。

技术合作：与煤炭企业合作开展研发项目，共同改进环保技术、提高生产效率，或开发新的能源技术。

社会责任项目：与地方煤炭企业合作开展社会责任项目，帮助改善当地社区的条件，提高当地组织声誉。

知识共享：与地方煤炭企业分享当地组织的专业知识，也从当地组织那里学习新的行业趋势和最佳实践。

环保合作：与合作伙伴共同推动环保目标，减少环境影响，确保采煤及使用过程符合环保法规。

（三）应考虑的因素

在与地方煤炭企业和机构合作之前，需要仔细考虑一些因素：

可持续性：煤炭行业的可持续性问题一直备受关注。在合作中，确保当地组织合作伙伴遵守环保法规，采取措施减少碳排放和环境影响。

法规和政策：了解当地和国家级的法规和政策，以确保合作符合法律要求。

供应链安全：确保当地组织煤炭供应链稳定，不受自然灾害、供应短缺或其他因素的影响。

风险管理：评估与合作相关的风险，制定风险管理策略，以应对潜在的问题。

商业伦理：确保合作符合当地组织的商业伦理和价值观。不用牺牲道德原则来获取短期利益。

创新机会：考虑如何通过合作与地方煤炭企业一起推动创新和技术发展。

合作伙伴选择：仔细选择您的合作伙伴。考虑他们的声誉、经验、财务状况和能源生产能力，以确保合作伙伴能够满足当地组织需求。

供应链多样性：考虑与多个地方煤炭企业合作，以降低风险和提高供应的可靠性。多样性有助于应对潜在的供应中断。

透明度：建立透明的合作关系，确保双方都清楚了解合同条款、交付要求和其他细节。

社会责任：在合作中强调社会责任，共同关心当地社区和环境的福祉。这有助于改善合作伙伴关系和组织形象。

知识共享：促进知识共享，确保双方从合作中受益。分享技术、最佳实践和行业见解，有助于提高生产效率和创新。

持续监测：建立有效的监测机制，以跟踪合作的进展和绩效。定期评估合作是否仍然符合当地组织的战略目标。

与地方煤炭企业和机构合作，可以为各方带来多重好处，包括能源稳定性、费用效益、就业机会、多元化能源供应、环境管理、技术和创新机会等。合作方式可以多样化，根据具体需求和目标进行选择。然而，合作之前应谨慎考虑可持续性、法规、供应链安全、风险管理、社会责任等因素，以确保合作的成功和可持续性。合作应该建立在互信、透明度和共同价值观的基础上，以实现长期的合作关系和共同的目标。通过这些努力，与地方煤炭企业的合作可以为各方带来可持续的利益，同时推动促进当地组织履行环保和社会责任。

二、煤炭战略联盟的建立与维护

煤炭是全球主要的能源资源之一，虽然在清洁能源的崛起背景下，煤炭产业面临挑战，但它仍然在许多国家的能源供应链中扮演着重要角色。在这个竞争激烈的市场中，建立煤炭战略联盟可以为企业和机构带来协同效应，共同应对行业挑战，推动可持续发展。本部分将探讨煤炭战略联盟的建立和维护，包括联盟的好处、建立联盟的步骤、维护联盟的关键因素以及成功案例。

（一）煤炭战略联盟的好处

分担风险：煤炭行业存在诸多风险，包括市场波动、法规变化、环境压力等。建立战略联盟可以帮助成员分担风险，共同应对挑战，减少风险对个体的影响。

提高市场影响力：联盟成员集合资源和实力，提高在市场中的影响力。联盟可以共同制定政策，推动行业变革，更好地满足客户需求。

节省成本：联盟可以共享资源和技术，降低成本，提高效率。这可以包括共同采购、共享设施、研发合作等。

创新和技术共享：通过合作伙伴之间的技术交流，联盟成员可以共同推动创新，改进生产和环保技术，更好地适应市场需求。

环保和社会责任：战略联盟可以共同努力改善环境和承担社会责任，提高整个行业的可持续性。这有助于改善行业声誉，满足监管要求。

（二）建立煤炭战略联盟的步骤

确定联盟目标：首先，明确定义建立联盟的目标和愿景。这可以包括减少碳排放、提高生产效率、扩大市场份额等。

寻找合适的合作伙伴：寻找具有相似目标和愿景的潜在合作伙伴。这可以是其他煤炭生产企业、煤炭消费者、技术供应商、政府机构等。

签订联盟协议：签订联盟需要明确的协议，包括成员的权责、资源共享、风险分担等方面的规定。这些协议应该由法律顾问审查和批准。

建立有效的沟通渠道：建立透明和高效的沟通渠道，确保成员之间的信息共享和合作。这有助于解决潜在的分歧和冲突。

制订战略计划：共同制订详细的战略计划，明确任务和时间表。计划可以包括共同研发项目、市场推广计划、环保措施等。

确保法规合规：确保联盟的活动符合当地和国家级的法规和政策，避免出现潜在的法律问题。

开展宣传和倡导：为联盟的目标和愿景制订宣传计划，向利益相关方和公众传达联盟的使命及成就。

（三）维护煤炭战略联盟的关键因素

持续合作：联盟的成功依赖成员之间的持续合作。成员应保持承诺，并随时准备解决潜在的问题。

透明度和诚信：透明度和诚信是维护联盟的基础。成员应坚守承诺，诚实沟通，避免信息不对称和负面竞争。

领导力和管理：联盟需要有强有力的领导和有效的管理结构，以确保联盟的活动得以协调和执行。

监测和评估：定期监测和评估联盟的绩效，根据需要进行调整和改进。这有助于确保联盟的持续发展和成功。

社会和环境责任：联盟应坚守社会和环境责任，积极采取措施减少碳排放，改善当地社区条件。

煤炭战略联盟的建立与维护是煤炭行业应对挑战、推动可持续发展的重要工具。通过明确联盟目标、寻找合适的合作伙伴、签订有效的协议、实施战略计划、确保合规和维护关键因素，联盟可以实现共赢，提高市场影响力、节省成本、促进创新、承担更多的环保和社会责任。在不断变化的能源市场中，煤炭联盟将继续发挥重要作用，共同应对未来的挑战。

三、如何借助合作扩大煤炭市场份额

煤炭作为传统的能源资源，虽然在全球仍然占有重要地位，但随着清洁能源和环保压力的增加,煤炭市场面临挑战。要维持和扩大煤炭市场份额,企业就需要采取战略性措施,其中合作是一个重要的手段。本部分将探讨如何借助合作来扩大煤炭市场份额,包括合作的好处、合作的方式和重要成功因素。

(一)合作的好处

共享资源和成本分担:通过与其他企业合作来共享资源和分担成本,从而降低生产和采购成本。这可以包括共同采购、共享物流和基础设施,以提高效率。

扩大市场覆盖:与合作伙伴合作可以帮助企业进入新的市场或扩大现有市场份额。合作可以提供更广泛的分销渠道和客户网络,有助于增加销售量。

技术和创新:合作伙伴可能拥有不同的技术和创新资源,通过合作可以共同推动技术进步和产品创新,使企业的产品更具竞争力。

风险分散:合作可以帮助分散风险。在面临市场波动、政策变化或自然灾害等不确定性时,有多个合作伙伴可以减轻单一企业的风险。

共同市场营销:合作伙伴可以共同进行市场营销和宣传,从而提高品牌知名度,吸引更多的客户。这对开拓新市场非常有帮助。

环境和社会责任:通过合作,企业可以共同推动环保和社会责任的履行,以满足监管要求和消费者需求,提高企业声誉。

(二)合作的方式

联合采购和供应链管理:与其他煤炭企业合作进行联合采购,以获得更有竞争力的采购价格。共同管理供应链,以确保稳定的供应。

联合生产和加工:合作伙伴可以共同生产或加工煤炭产品,以提高生产效率和品质。这可以降低生产成本,同时提高产量。

共享物流和运输:合作伙伴可以合并物流和运输操作,共享运输设备和网络,降低运输成本和提高交付效率。

市场推广和销售合作:与其他企业合作进行市场推广和销售活动,共同制定市场策略,扩大市场份额。

技术研发和创新:合作伙伴可以共同进行研发项目,推动煤炭技术的创新,以满足未来的需求和达到环保标准。

社会和环境责任项目:与合作伙伴合作开展社会和环境责任项目,以改善当地社区条件,达到监管要求,提高企业的社会声誉。

(三)关键成功因素

明确的战略目标:在合作之前,确保企业明确了自己的战略目标,知道合作的目的是什么,以便更好地选择合作伙伴和制订合作计划。

合作伙伴选择：选择合适的合作伙伴至关重要。合作伙伴应与企业目标和价值观相符，有共同的愿景和合作意愿。

清晰的合作协议：建立清晰的合作协议，包括责任、资源共享、风险分担等方面的规定。协议应由法律顾问审查和批准。

有效的沟通和决策机制：建立高效的沟通渠道，确保合作伙伴之间的信息共享和决策能力，解决潜在的问题。

监测和评估：定期监测和评估合作的绩效，根据需要进行调整和改进。这有助于确保合作的持续发展和成功。

社会和环境责任：积极履行社会和环境责任，达到监管要求，提高企业声誉，从而吸引更多客户和投资者。

借助合作扩大煤炭市场份额是一个有效的策略，可以帮助企业在竞争激烈的市场中取得竞争优势。通过共享资源、分担成本、扩大市场覆盖、推动创新和社会责任，企业可以更好地满足客户需求，提高生产效率，降低风险，并改善企业声誉。然而，成功的合作需要明确的战略目标、合作伙伴的选择、清晰的合作协议、有效的沟通和决策机制以及监测和评估的实践。另外，社会和环境责任也应成为合作的一部分，达到监管要求，提高企业声誉。

在不断变化的煤炭市场中，合作将继续扮演重要的角色。企业需要积极寻找合作机会，与其他企业和机构建立合作伙伴关系，以共同应对行业挑战和机遇。通过合作，煤炭行业可以更好地适应市场需求，提高竞争力，并在未来取得成功。维持和扩大煤炭市场份额需要创新和灵活的战略，合作是其中的一个重要组成部分。

第四节　煤炭地方市场推广策略

一、在地方市场的煤炭品牌推广方法

煤炭作为一种传统的能源资源，在全球各地仍然具有广泛的应用，尤其是在一些地方市场上。然而，随着能源行业的竞争加剧和环保要求的提高，煤炭企业在地方市场上面临更多挑战。要在这样的市场中取得成功，品牌推广变得尤为重要。本部分将探讨在地方市场的煤炭品牌推广方法，包括品牌建设、市场营销策略、社交媒体和可持续发展等方面。

（一）品牌建设

明确品牌定位：在推广之前，企业需要明确自己的品牌定位。确定煤炭品牌是注重

环保、高效能源，还是注重可靠供应和质量，或者其他特点。品牌定位应与目标市场需求相契合。

品牌命名和标识：为煤炭品牌选择一个容易记忆和识别的名字，并设计一个独特的标识。标志性的名称和标识可以帮助提高品牌知名度。

品牌故事：每个品牌都有一个故事，讲述它的发展历程、核心价值观和使命。通过品牌故事，可以与客户建立情感联系，提高品牌忠诚度。

品牌一致性：确保品牌在各个市场推广渠道中保持一致性，包括广告、包装、标志、网站等。一致的品牌形象有助于形成统一的印象。

客户反馈和改进：定期收集客户反馈，了解他们对品牌的看法。根据反馈信息，不断改进和调整品牌策略。

（二）市场营销策略

目标市场分析：了解目标市场的需求和特点。分析市场细分，确定哪些部分对企业的煤炭产品最有吸引力。

竞争分析：研究竞争对手，了解他们的品牌策略和市场份额。根据竞争对手的优点和劣势，制定自己的策略。

定价策略：制定合理的价格策略，确保价格对目标市场有吸引力，同时能够维持企业的盈利。

市场推广活动：选择适当的市场推广活动，包括广告、促销、展会、赞助活动等。这些活动有助于提高品牌知名度和吸引客户。

数字营销：利用互联网和社交媒体进行数字营销。建立网站、社交媒体账号，发布有关煤炭产品的信息，吸引在线受众。

客户关系管理：建立并维护客户关系，提供卓越的客户服务。满足客户需求，提高品牌忠诚度。

（三）社交媒体

建立社交媒体存在：在各种社交媒体平台上建立企业的存在，包括 Facebook、Twitter、LinkedIn、Instagram 等。选择与目标市场相关的平台。

内容营销：发布有关煤炭产业、环保、能源效率等相关内容。内容应有价值，吸引受众，提高品牌知名度。

互动和回应：与社交媒体受众互动，回应他们的问题和评论。积极参与社交对话，建立互动关系。

广告和促销：利用社交媒体广告和促销工具，以推广特定产品、促销活动或品牌故事。

数据分析：分析社交媒体活动的数据，了解哪些策略有效，哪些需要改进。根据数据调整社交媒体策略。

（四）可持续发展和环保

环保责任：强调煤炭生产的环保责任。采取措施减少碳排放、改善生产过程的环保措施，以满足监管要求。

社会责任项目：与当地社区合作开展社会责任项目，以改善当地社区条件。这包括投资在教育、健康、就业等方面的项目。

可持续发展政策：制定可持续发展政策，明确企业的可持续目标和承诺。这可以包括减少资源浪费、提高能源效率、推动清洁技术应用等。

环保认证：寻求环保认证和标志，以证明企业的环保努力。这些认证可以增加消费者的信任和市场竞争力。

可再生能源投资：探索投资可再生能源项目，以多元化能源供应并减少对传统煤炭的依赖。这有助于满足环保和可持续性需求。

（五）客户培训和教育

培训和教育计划：为客户提供有关煤炭的培训和教育。帮助他们了解不同种类的煤炭、煤炭的用途、燃烧技术以及环保措施。

技术支持：提供技术支持和咨询服务，帮助客户更有效地使用煤炭，提高燃烧效率，减少排放。

信息资源：建立一个在线资源中心，提供有关煤炭市场、环保法规、行业趋势等信息。这可以作为客户的参考和决策支持。

（六）关键合作伙伴

当地政府机构：与当地政府机构合作，了解当地法规和政策，确保企业的活动合规，寻求政府的支持。

行业协会：参加和支持当地或国际煤炭行业协会。协会可以提供行业见解、市场信息和机会。

研究和教育机构：合作研究和教育机构，以共同推动煤炭行业的技术创新和可持续发展。

环保组织：与环保组织合作，积极履行社会和环境责任，改善企业的环保形象。

（七）市场分析和调整

市场数据分析：定期分析市场数据，了解市场趋势、竞争情况和客户需求的变化。根据分析结果调整市场策略。

市场调查：进行市场调查和客户调研，以获取客户反馈，了解他们的需求和期望。

战略调整：根据市场分析和调查结果，调整品牌推广策略，以更好地满足市场需求。

（八）评估和改进

绩效评估：定期评估品牌推广活动的绩效，包括市场份额、销售增长、品牌知名度等方面。

改进策略：根据绩效评估的结果，制定改进策略。调整品牌推广战略以应对市场变化。

在地方市场推广煤炭品牌是一个虽具有挑战性但至关重要的任务。随着能源行业的变化和环保要求的提高，煤炭企业需要采取创新的策略来在市场中保持竞争力。通过品牌建设、市场营销策略、社交媒体、可持续发展和客户培训等方面的综合方法，企业可以提高品牌知名度，满足客户需求，提高市场份额。然而，成功的品牌推广需要不断的市场分析、改进和适应，以适应不断变化的市场环境。借助这些策略，煤炭企业可以在地方市场中实现成功的品牌推广。

二、针对地方客户的煤炭营销策略

煤炭作为一种传统的能源资源，在全球各地仍然广泛应用。在地方市场，煤炭的需求仍然存在，但随着环保和可持续发展压力的增加，煤炭企业需要针对地方客户制定有效的营销策略。本部分将探讨针对地方客户的煤炭营销策略，包括市场分析、客户需求、定价策略、产品定位、销售渠道和客户关系管理等方面。

（一）市场分析

目标市场确定：首要任务是确定要面向的地方市场。这需要对市场进行详细分析，包括地理位置、市场规模、竞争对手、法规要求等。不同地方市场可能存在不同的需求和挑战，因此需要制定有针对性的策略。

市场细分：将市场细分为不同的客户群体。这可以包括大型工业客户、家庭供热市场、发电厂、钢铁工业等。每个细分市场可能有不同的需求和优先事项。

竞争分析：了解竞争对手在地方市场的表现。这包括他们的市场份额、定价策略、产品特点和品牌形象。竞争分析有助于制定更具竞争力的策略。

法规和政策分析：煤炭行业在不同地方市场可能受到不同的法规和政策限制。了解这些限制是至关重要的，以确保企业的活动合规。

市场趋势：分析市场趋势，包括环保要求、可持续发展倡议、清洁能源发展等。这有助于预测市场的发展方向，制定适应性策略。

（二）客户需求

需求分析：了解地方客户的需求，包括煤炭类型、数量、交付时间、质量要求等。不同客户可能有不同的需求，需要提供定制化的解决方案。

环保要求：考虑客户对环保的要求。一些客户可能要求更清洁的煤炭，或者需要符合特定环保标准的燃料。

能源效率：客户可能对能源效率有一定要求，需要提供高效的煤炭产品，以帮助他们降低能源成本。

价格敏感性：了解客户对价格的敏感性。一些客户可能更注重价格，而另一些可能更注重品质和可靠性。

供应连续性：客户需要可靠的供应链。确保及时交付和稳定的供应对维护客户关系至关重要。

（三）定价策略

定价弹性：根据市场需求和客户的价格敏感性，确定定价策略。在价格竞争激烈的市场中，可能需要灵活的定价策略。

差异化定价：考虑差异化定价，根据不同客户群体的需求和价值来制定不同的价格。提供高附加值产品的客户可能愿意支付更高的价格。

定价透明性：确保定价策略透明和公平，以建立客户信任。客户需要明白他们支付的价格是合理的。

竞争定价：了解竞争对手的价格策略，根据市场动态进行定价调整。竞争定价有助于保持竞争力。

（四）产品定位

产品质量：确定产品质量标准，确保产品满足客户需求和法规要求。高质量的煤炭产品有助于建立良好的声誉。

环保特点：如果产品具有环保特点，如低硫煤炭、高效燃烧特性等，就要积极宣传这些特点。人们的环保意识不断提高，客户愿意选择更环保的燃料。

供应灵活性：提供不同尺寸和包装的煤炭，以满足不同客户的需求。提供供应灵活性有助于扩大客户群体范围。

（五）销售渠道

直销渠道：建立自有销售团队，与客户直接接触和交流。这种方式有助于建立密切的客户关系，了解客户需求。

分销渠道：与当地分销商合作，将产品引入地方市场。分销渠道可以帮助扩大销售覆盖范围。

在线销售：建立在线销售渠道，以满足数字化时代客户的需求。提供在线订购和交付选项，简化购买过程。

合作伙伴关系：与相关行业的合作伙伴建立关系，共同推广煤炭产品。例如，与供暖设备制造商、发电厂、工业企业等建立合作伙伴关系。

（六）客户关系管理

客户满意度调查：定期进行客户满意度调查，了解客户的反馈和需求。根据调查结果调整产品和服务。

客户支持：提供客户支持服务，包括技术支持、售后服务、投诉处理等。确保客户的问题得到及时解决。

客户教育：为客户提供关于煤炭的教育和培训，帮助他们更好地了解产品的优点和使用方法。

客户忠诚计划：制订客户忠诚计划，奖励忠实客户。例如，提供优惠价格、积分制度、特殊待遇等。

（七）市场推广

广告和宣传：在地方市场进行广告和宣传活动，包括传统媒体广告、户外广告、广播和互联网广告。确保广告内容与目标市场吻合。

参加地方展会和活动：参加当地行业展会和活动，展示产品，建立业务联系，与潜在客户互动。

社交媒体和在线宣传：利用社交媒体平台，建立在线存在，与客户互动，发布有关煤炭行业和产品的信息。

口碑营销：口碑营销是客户对产品和服务的满意度所带来的积极宣传。鼓励客户分享他们的满意度，通过口碑传播品牌。

监测和评估：定期监测销售和市场绩效，了解市场反应和销售趋势。根据监测结果调整策略。

改进客户关系：不断改进客户关系管理，满足客户需求，提高客户满意度。

创新和可持续性：持续推动创新，包括产品改进和可持续性措施。不断适应市场的变化和环保趋势。

培训和发展：培训销售团队，提高他们的销售和客户服务技能。确保团队能够满足客户需求。

针对地方客户的煤炭营销策略需要综合考虑市场分析、客户需求、定价策略、产品定位、销售渠道、客户关系管理和市场推广等方面的因素。在竞争激烈的市场中，煤炭企业需要不断创新和改进，以满足客户需求、建立品牌忠诚度，并实现利润的持续增长。

通过了解目标市场、与客户建立密切关系、提供高质量的产品和服务以及不断改进策略，煤炭企业可以在地方市场取得成功。

三、地方市场推广煤炭活动的策划与执行

煤炭作为一种传统的能源资源，在地方市场仍然具有广泛的应用。然而，随着环保和可持续发展的要求不断增加，煤炭企业需要制定创新的市场推广活动，以满足客户需求、提高品牌知名度，并在竞争激烈的市场中取得成功。本部分将讨论如何策划和执行地方市场推广煤炭活动，包括活动策划、执行步骤、关键成功因素和评估方法。

（一）活动策划

明确活动目标：首先，确定推广活动的明确目标。这可以包括增加销售量、提高品牌知名度、推动环保责任或其他目标。目标应该是具体、可衡量的，并与企业战略相一致。

目标市场分析：深入分析目标市场，包括客户群体、竞争情况、市场趋势和法规要求。了解目标市场的特点对于制定有效的策略至关重要。

预算和资源分配：确定可用的预算，并分配资源以支持推广活动。这包括资金、人力资源、技术和物质资源等。

活动策略：制定具体的策略，包括定价策略、产品定位、市场营销渠道和宣传方案。确保策略与目标一致，具有可行性。

时间表：制定详细的时间表，包括活动开始和结束日期、策划和执行阶段的时间表，确保活动按计划进行。

团队组建：确定负责策划和执行活动的团队成员。确保团队具备必要的技能和经验。

合作伙伴选择：如果需要，选择合作伙伴参与活动。合作伙伴可以是当地企业、政府机构、环保组织等，以增强活动的影响力。

（二）活动执行步骤

活动内容设计：设计活动的具体内容，包括展示、演示、宣传材料、互动环节等。确保活动内容吸引目标受众，与活动目标一致。

宣传和广告：制订宣传和广告计划，包括广告渠道、媒体合作和社交媒体活动。确保广告材料具有吸引力，传达活动信息。

活动执行：按照时间表执行活动。确保所有细节都得到妥善安排，包括场地布置、设备准备、工作人员培训等。

客户互动：与客户互动，回答他们的问题，提供有关煤炭产品的信息，解释环保和可持续性举措。

数据收集：在活动期间收集数据，包括客户反馈、参与人数、销售数据等。这些数据将在后续评估中发挥重要作用。

社交媒体活动：利用社交媒体平台进行实时更新和互动。与参与者分享活动的照片、视频和见解，吸引更多在线受众。

后续活动：考虑推出后续活动，以继续建立客户关系和品牌知名度。后续活动可以包括客户培训、环保倡议、特别促销等。

（三）关键成功因素

目标导向：确保活动与明确的目标一致。所有活动和策略都应朝着实现这些目标。不要分散精力，而是专注于实现活动的具体目标。

客户互动：积极与客户互动，倾听他们的需求和反馈。建立互动关系有助于建立客户忠诚度，推动销售增长。

品牌一致性：确保活动的宣传、展示和材料与品牌形象一致。一致性有助于建立品牌认知度和信任度。

广告和宣传效果：监测广告和宣传效果，确保活动传递的信息被目标受众接收。调整广告和宣传策略以提高效果。

数据收集和分析：收集活动数据，包括参与人数、销售数据和客户反馈。对数据进行分析，评估活动的绩效，了解活动的影响。

团队协作：确保团队成员之间的协作和沟通顺畅。团队合作有助于活动的顺利执行和成功。

风险管理：识别和管理潜在风险。制订风险应对计划，以确保活动不会受到重大干扰或损害企业声誉。

（四）评估方法

目标达成度：评估活动是否达到设定的目标。比较实际结果与计划目标，以确定是否需要调整策略。

客户反馈：分析客户反馈和意见。了解客户对活动的看法，以改进未来的活动。

销售数据：检查活动后的销售数据。比较活动前后的销售额，确定活动对销售产生的影响。

参与人数和互动：评估活动的参与人数和客户互动。了解活动吸引了多少潜在客户，以及他们是否参与了互动。

广告效果：分析广告和宣传的效果。测量广告点击率、观看次数和社交媒体分享等指标。

品牌知名度：评估活动对品牌知名度的影响。使用品牌调查和市场研究来了解是否提高了品牌认知度。

成本效益：分析活动的成本和效益。确定活动的投资是否获得了合理的回报。

学习和改进：从活动中学到的经验，以便改进未来的活动计划。识别成功的因素和应对挑战，以便更好地开展下一次活动。

策划和执行地方市场推广煤炭活动是煤炭企业在竞争激烈的市场中成功的重要因素。通过明确的活动目标、目标市场分析、预算分配、活动策略和执行步骤，企业可以更好地满足客户需求、提高品牌知名度，并增加销售额。同时，重要成功因素如目标导向、客户互动、品牌一致性和广告效果的监测是确保活动成功的关键。

不仅如此，对活动的定期评估和学习也非常重要。通过对活动绩效的评估，企业可以不断改进策略和执行方式，以适应不断变化的市场环境。地方市场推广煤炭活动的成功需要全面的策划、执行和评估，以确保活动对企业的长期发展产生积极影响。

第六章 煤炭国际市场拓展

第一节 煤炭国际市场机会与挑战

一、全球煤炭市场的机会

煤炭作为一种传统的能源资源，在全球能源供应中扮演着重要的角色。尽管在过去几十年中，清洁能源和可再生能源的崛起给煤炭行业带来了挑战，但煤炭仍然在世界各地的能源供应中发挥着重要作用。本部分将探讨全球煤炭市场的机会，包括新兴市场、清洁技术的应用、可持续发展的倡议以及煤炭的创新用途。

（一）新兴市场需求

亚洲市场增长：亚洲地区，特别是中国和印度，仍然是全球煤炭需求的主要驱动力。随着这些国家工业化进程的加速，煤炭作为主要的能源资源将继续保持较高需求。此外，其他亚洲国家也在增加其煤炭使用，以满足这些国家的能源需求。

非洲市场潜力：非洲地区拥有丰富的煤炭资源，同时也面临着电力供应短缺的问题。因此，非洲市场具有潜力，尤其是在电力发展领域。煤炭在非洲的使用可能会增加，这样才能为这些非洲国家提供更多的电力供应。

新兴国家的工业化：其他新兴国家，如巴西、印度尼西亚和越南，也在经历工业化进程。这些国家可能成为未来煤炭需求的增长点。

（二）清洁技术的应用

超临界和超超临界煤电技术：超临界和超超临界煤电技术可以提高燃烧效率，减少排放。这些技术可以使煤电站更加环保，同时提供可靠的电力供应。

煤炭气化：煤炭气化是一种将煤炭转化为天然气或合成气体的技术，可以减少二氧化碳排放和其他有害物质的排放。另外，它还可以用于制造化肥、石化产品和合成燃料。

气化联合循环发电：气化联合循环发电是一种高效的发电技术，可以将煤炭气化并与汽轮机结合来提供电力。这种技术可以提高电力供应的效率，同时减少排放。

煤炭生物能源：将煤炭与生物质混合使用，可以减少二氧化碳排放，同时降低煤炭的环境影响。这种方法被广泛用于发电和供热领域。

（三）可持续发展倡议

清洁煤技术合作：国际合作和清洁煤技术交流有助于推动煤炭行业的可持续发展。国际组织和政府之间的合作可以促进清洁技术的研发和应用。

碳捕获利用与封存技术（CCUS）：CCUS 技术可以帮助减少煤炭发电站的二氧化碳排放。许多国家和组织正在推动 CCUS 技术的发展和应用。

煤炭矿区复原和再利用：将废弃的煤矿区复原并用于可持续发展项目，如太阳能发电、风能发电、农业和生态旅游。这有助于改善煤矿所在地区的经济状况。

清洁煤能源政策：一些国家实施了鼓励清洁煤技术和可持续发展的政策，包括税收激励、补贴和减排目标。

（四）煤炭的创新用途

高级材料制备：煤炭可以用于生产高级材料，如碳纤维、石墨烯和活性炭。这些材料在航空航天、电子、环保和其他领域具有广泛应用。

电池材料：煤炭可以用于制备电池材料，如锂离子电池的石墨。随着电动汽车市场的扩大，电池需求不断上升，这为煤炭使用提供了新的应用机会。

水污染处理：活性炭制备自煤炭可以用于水污染处理。这种方法可以去除水中的污染物，改善水质。

地下储气库：煤炭可以用于地下储气库，将天然气存储在地下，以平衡能源供应。

（五）绿色金融和投资

可持续投资：越来越多的投资者和金融机构正在关注可持续性与环保，这为煤炭行业发展提供了机会。一些煤炭企业正在积极采取可持续发展措施，以吸引可持续投资。这可能包括减排目标、环保倡议和清洁技术的应用。

绿色债券：发行绿色债券成为融资清洁能源和可持续项目的途径，煤炭企业可以考虑发行绿色债券，用于减少环境影响和改进清洁技术。

ESG 标准：越来越多的投资者使用环境、社会和治理（ESG）标准来评估潜在的投资风险。煤炭企业可以通过达到 ESG 标准来吸引更多投资。

可持续发展目标：联合国可持续发展目标（SDGs）为全球各行业的发展提供了方向。煤炭企业可以寻找与 SDGs 相关的项目和倡议，以获得支持和投资。

（六）技术创新

煤炭气化：煤炭气化技术不仅可以用于电力生产，还可以用于制造化学品、石化产品和燃料。这为煤炭的多元化应用提供了机会。

碳捕获和利用技术：碳捕获和利用技术可以帮助减少煤炭在燃烧过程中的二氧化碳排放。这有助于改善煤炭的环保性能。

高效燃烧技术：新型高效燃烧技术可以提高煤炭的能源利用率，减少废气排放，减少环境影响。

化学品和材料开发：煤炭可以用于生产各种化学品和材料，包括高级材料、石墨烯、活性炭等，这些有着广泛的应用领域。

尽管全球煤炭市场面临挑战，但仍存在许多机会。新兴市场需求、清洁技术的应用、可持续发展倡议、煤炭的创新用途以及绿色金融和投资都为煤炭行业提供了发展机会。煤炭企业需要积极采取措施，以适应市场变化，提高环保性能，并寻找多元化的用途，以实现可持续发展。通过创新和可持续性，煤炭行业可以在未来继续在全球能源供应中发挥重要作用。

二、面对国际煤炭市场的挑战

国际煤炭市场一直是全球能源行业中的重要领域，随着环保和可持续发展的需求不断上升，煤炭行业面临着巨大的挑战。这些挑战包括减少碳排放、转向清洁能源、国际法规的完善以及市场竞争的激烈。本部分将探讨面对国际煤炭市场的挑战，并提出应对这些挑战的策略。

（一）环保压力

碳排放限制：国际社会对碳排放的关注日益增强，各国纷纷制定碳排放限制政策，以减少温室气体排放。这对煤炭行业构成了巨大的压力，因为煤炭燃烧是主要的二氧化碳排放源之一。

1. 应对策略

投资清洁技术：煤炭企业可以投资研发和应用清洁煤技术，如超临界煤电、碳捕获和利用技术等，以减少排放。

多元化能源来源：多元化能源来源，包括可再生能源和天然气，以减少对煤炭的依赖。

遵守法规：积极遵守国际和国内的环保法规，以降低环境风险。

清洁能源竞争：与可再生能源和天然气等清洁能源之间的竞争正在不断加剧。这些能源具有更低的碳排放和更高的环保性能，吸引了更多投资并占据更多的市场份额。

2. 应对策略

多元化业务：探索可再生能源和天然气等清洁能源项目，以拓宽业务范围。

提高煤炭燃烧效率：提高煤炭燃烧效率，减少排放，降低生产成本。

绿色转型：将企业定位为清洁能源领域的领导者，积极推动可再生能源和可持续发展。

（二）国际法规和政策

巴黎协定：巴黎协定旨在限制全球气温上升，要求各国采取措施减少碳排放。这给煤炭行业接受监管和遵守法规带来了不确定性。

1. 应对策略

遵守国际承诺：积极履行巴黎协定中的承诺，制订减排计划和制定战略。

与政府合作：与政府合作，积极参与碳市场和碳交易，以寻求减排激励。

国内法规：各国内部也在加强环保法规，对煤炭行业提出更高的要求，包括排放标准、土地复原和社会责任履行等。

2. 应对策略

合规运营：积极遵守国内法规，确保生产和运营合法合规。

社会责任：加强社会责任项目，与当地社区建立合作关系，改善环境和社会影响。

（三）市场竞争

国际竞争：国际煤炭市场竞争激烈，各国煤炭生产国都在争夺市场份额。价格竞争和供应过剩问题将导致市场不稳定。

1. 应对策略

产品质量和创新：提高产品质量，探索煤炭的新应用途径，以吸引更多客户。

降低生产成本：提高生产效率，降低生产成本，以在价格竞争中保持竞争力。

替代品竞争：清洁能源、天然气和核能等替代能源不断出现，与煤炭进行竞争。这些能源往往具有更低的环境影响和成本。

2. 应对策略

多元化业务：积极探索和投资可再生能源、天然气和其他替代能源项目，以降低业务风险。

提高煤炭效率：改进煤炭燃烧技术，提高能源利用效率，降低成本。

（四）供应链和物流问题

供应链中断：天然灾害、政治动荡和其他因素可能导致煤炭供应链中断，将对煤炭的生产和交付造成影响。

1. 应对策略

多元化供应源：开发多元化供应商和供应地点，以减少供应风险。

库存管理：建立足够的库存以应对供应链中断，确保持续供应。

环保法规对物流的影响：环保法规可能对煤炭物流产生影响，包括运输、装卸和储存等方面。

2. 应对策略

环保物流技术：采用环保物流技术，如电动车辆和低排放装卸设备，以减少环境影响。

遵守法规：确保符合环保法规，减少环境风险和法规合规成本。

（五）人才和技术挑战

技术人才短缺：煤炭行业需要不断的技术创新，而吸引和保留技术人才可能会面临挑战。

1. 应对策略

培训和发展：投资在员工培训和发展上，以提高技术能力和创新能力。

吸引新人才：与高校和研究机构合作，吸引新一代科技人才。

数字化和自动化：数字化和自动化技术正在改变煤炭行业，但引入这些技术可能需要巨大的资金和资源。

2. 应对策略

数字化转型：逐步实施数字化和自动化技术，以提高效率和降低成本。

寻找合作伙伴：与科技公司合作，共同推动数字化创新。

（六）社会压力

社会组织反对煤炭的使用：环保团体和社会组织者将对煤炭产业产生负面影响，包括抗议、舆论攻击和投资撤资。应对策略如下：

沟通和教育：积极与社会各界进行沟通，传达煤炭行业的改进和环保措施，以减少社会压力。

社会责任：积极履行社会责任，改善当地社区和环境。

国际煤炭市场面临着多重挑战，包括环保压力、法规和政策、市场竞争、供应链问题、人才和技术挑战以及社会压力。然而，煤炭行业仍然具有潜力，通过创新、多元化和环保措施，煤炭行业可以在面对这些挑战时找到机会。通过采取策略性的措施，煤炭企业可以实现可持续发展，同时在国际煤炭市场上保持竞争力。关键在于积极适应不断变化的环境，以满足能源需求、减少环境影响和促进可持续发展。

三、如何利用全球机会拓展煤炭业务

煤炭业务作为传统的能源领域，一直以来都面临着市场波动、环保压力和可替代能源出现等挑战。然而，全球煤炭市场依然具有巨大的潜力和机会。本部分将探讨如何利用全球机会拓展煤炭业务，包括新兴市场的发展机会、清洁技术的应用、多元化能源投资、可持续发展倡议、市场竞争战略和社会压力管理。

（一）新兴市场的发展机会

亚洲市场增长：亚洲地区一直是全球煤炭需求的主要驱动力，特别是中国和印度。随着这些国家的工业化进程和城市化加速，煤炭作为主要能源资源的需求仍将保持增长。此外，其他亚洲国家也在增加其煤炭使用，以满足其能源需求。

非洲市场潜力：非洲地区拥有丰富的煤炭资源，但同时也面临电力供应短缺的挑战。因此，非洲市场具有潜力，尤其是在电力发展领域。煤炭在非洲的使用量可能会增加，以提供更多的电力供应。

新兴国家的工业化：其他新兴国家，如巴西、印度尼西亚和越南，也在经历工业化进程。这些国家可能成为未来煤炭需求的增长点。

应对策略：

重点市场分析：认真研究不同新兴市场的需求和发展趋势，以确定最有前景的市场。

合作伙伴关系：建立合作伙伴关系，包括政府和当地企业，以在新兴市场开展业务。

定制解决方案：根据各个市场的需求，提供定制化的煤炭产品和服务，以满足客户的需求。

（二）清洁技术的应用

超临界和超超临界煤电技术：超临界和超超临界煤电技术可以提高燃烧效率，减少排放。这些技术可以使煤电站更加环保，同时提供可靠的电力供应。

煤炭气化：煤炭气化是一种将煤炭转化为天然气或合成气体的技术，可以减少二氧化碳排放和其他有害物质的排放。另外，它还可以用于制造化肥、石化产品和合成燃料。

气化联合循环发电：气化联合循环发电是一种高效的发电技术，可以将煤炭气化并与汽轮机结合，提供电力。这种技术可以提高电力供应的效率，同时减少排放。

煤炭生物能源：将煤炭与生物质混合使用，可以减少二氧化碳排放，同时降低煤炭的环境影响。这种方法被广泛用于发电和供热。

应对策略：

投资研发：积极投资研发和应用清洁技术，以提高环保性能。

持续改进：不断改进燃烧技术和排放控制技术，以遵守更严格的环保法规。

市场推广：积极宣传和推广清洁煤技术，吸引更多客户和投资。

（三）多元化能源投资

多元化能源投资是拓展煤炭业务的重要战略之一。随着清洁能源和可再生能源的出现，煤炭企业可以考虑投资其他能源，以降低风险并适应市场变化。

可再生能源：投资太阳能、风能、水能等可再生能源项目，以满足不断增长的清洁能源需求。这有助于改善企业的可持续性表现，降低碳足迹，并吸引环保投资。

天然气：天然气作为相对清洁的化石燃料，是一个有吸引力的替代能源选择。煤炭企业可以考虑投资天然气产业，包括生产、运输和分销。

核能：核能是一种零排放的能源选择，可以满足基础电力需求。煤炭企业可以考虑投资核电项目，以提供清洁的电力供应。

应对策略：

市场分析：评估不同能源领域的市场潜力和风险，以确定最有前景的领域。

投资多元化：分散投资风险，降低对煤炭的依赖性。

合作伙伴关系：与专业的可再生能源开发商、天然气公司或核能企业建立合作伙伴关系，共同开展多元化能源项目。

研究和创新：积极投资研究和创新，以提高多元化能源项目的效率和可持续性。

（四）可持续发展倡议

全球社会对可持续发展的呼声日益高涨，这也给煤炭企业的发展提供了机会。参与可持续发展倡议可以提高企业的社会声誉，吸引投资，并满足消费者对可持续性的需求。

清洁能源合作：参与国际清洁能源合作项目，推动清洁能源的发展和使用。

碳捕获和利用：积极投资碳捕获和利用技术，以减少排放并促进碳循环经济。

社会责任项目：开展社会责任项目，改善当地社区和环境，树立企业的良好形象。

环保认证：获得环保认证，如 ISO 14001 标准，以证明企业的环保承诺。

应对策略：

策略规划：明确企业的可持续发展目标和战略，制订具体计划并实施可持续发展项目。

报告和透明度：定期报告企业的可持续性成绩，与利益相关者分享信息。

沟通与教育：积极沟通为企业的可持续发展努力，教育员工并与社会各界交流，树立良好的声誉。

（五）市场竞争战略

面对国际市场竞争，煤炭企业需要制定有效的竞争战略，以维护和扩大市场份额。

产品创新：不断改进煤炭产品的质量和性能，开发符合市场需求的新产品。

成本控制：提高生产效率，降低生产成本，以在价格竞争中保持竞争力。

市场分析：深入了解市场趋势和客户需求，以调整销售和营销策略。

品牌建设：建立强大的品牌形象，树立企业的信誉和声誉。

国际扩张：积极寻求国际市场机会，扩大海外业务范围。

应对策略：

竞争分析：了解竞争对手的策略和行动，制定相应的对策。

市场定位：确定目标市场和受众，制定适合的市场定位策略。

客户关系：建立长期的客户关系，了解客户需求，提供个性化的解决方案。

（六）社会压力管理

社会压力对煤炭行业产生了负面影响，包括抗议、舆论攻击和投资撤资。有效的社会压力管理对维护企业形象和可持续发展至关重要。

沟通与教育：积极与社会各界进行沟通，传达企业的改进和环保措施，以减少社会压力。

社会责任项目：开展社会责任项目，改善当地社区和环境，树立企业的良好形象。

合规运营：确保企业在国内外遵守环保法规和社会责任要求，降低环境风险和法规合规成本。

应对策略：

社会媒体管理：积极管理社交媒体和在线声誉，回应负面信息并传播积极信息。

透明度：提高透明度，包括环境数据和社会责任报告，以展示企业所做出的努力和成就。

尽管国际煤炭市场面临着众多挑战，但也存在着众多机会。通过积极把握新兴市场的发展、清洁技术的应用、多元化能源投资、可持续发展倡议、市场竞争战略和社会压力管理，煤炭企业可以实现可持续发展，并拓展业务范围。关键在于灵活适应不断变化的市场环境，积极采取行动，以满足全球能源需求，同时减少环境影响，促进可持续发展。

第二节 煤炭出口政策与国际贸易法规

一、国际煤炭贸易政策与法规概述

国际煤炭贸易政策与法规对全球煤炭市场的发展和运作至关重要。煤炭一直以来是全球主要的能源资源之一，其贸易政策和法规影响着煤炭的生产、出口、进口以及环保标准的制定。本部分将概述国际煤炭贸易政策与法规的主要内容，以帮助了解全球煤炭市场的运作。

（一）国际煤炭贸易概况

国际煤炭贸易是全球能源市场的一个重要组成部分。各国之间出口和进口煤炭，以满足本国不同的能源需求。国际煤炭贸易通常包括煤炭采矿、生产、运输、销售和消费等环节，涉及多个国家和利益相关者。

煤炭贸易的主要特点包括：

出口国和进口国：出口国通常是具有丰富煤炭资源的国家，如澳大利亚、印度尼西亚、中国、美国等。进口国则是对煤炭需求较大但资源相对匮乏的国家，如日本、韩国、印度等。

国际价格波动：煤炭价格在国际市场上波动较大，常常受到供需关系、能源政策、地缘政治因素和气候条件等多种因素的影响。

煤种多样性：国际煤炭市场上存在多种类型的煤炭，包括烟煤、无烟煤、褐煤、液化天然气化煤等，不同煤种具有不同的特性和用途。

运输和物流：国际煤炭贸易涉及煤炭的大规模运输，包括铁路、船运和管道运输，这对运输基础设施和物流系统提出了要求。

环保和碳排放：国际社会对煤炭的环保问题日益关注，煤炭的碳排放、空气污染和水资源消耗等问题引起了社会广泛关切。

可持续发展：可持续性问题在国际煤炭贸易中崭露头角，包括采矿和生产的社会责任、环境影响以及社区参与等方面。

（二）主要国际煤炭贸易政策与法规

国际煤炭贸易政策与法规主要涵盖了煤炭出口和进口、关税和关税配额、环保标准以及国际协议等多个方面。以下是主要国际煤炭贸易政策与法规的概述：

世界贸易组织（WTO）协议：WTO协议是全球贸易的框架，也适用于国际煤炭贸易。它包括了关于非歧视性原则、关税和贸易一般协议（GATT）、贸易便利化等内容，影响着国际煤炭贸易的公平与公正。

关税和关税配额：各国制定不同的关税和关税配额政策，以管理本国煤炭的进口。这些政策可能对国际煤炭贸易带来限制或影响交易价格。

贸易协定：各国之间经常签署双边或多边贸易协定，以促进国际煤炭贸易。这些协定通常包括关税减免、贸易便利化、争端解决机制等内容。

环保和碳排放标准：国际社会对煤炭的环保和碳排放问题越来越关注。各国和地区制定了环保标准，限制了煤炭燃烧和温室气体的排放。此外，碳排放市场和碳交易也会影响着煤炭市场。

出口和进口控制：一些国家对煤炭的出口和进口进行控制，以确保本国国内供应和需求之间的平衡。这些控制通常涉及政府许可和进口配额。

国际协议：一些国际协议和倡议将对国际煤炭贸易产生重要影响。例如，巴黎协定旨在减少温室气体排放，这可能影响煤炭的使用和贸易。

(三)国际煤炭贸易政策与法规的影响

国际煤炭贸易政策与法规的变化和发展将对全球煤炭市场产生以下几个方面的影响：

贸易流动性：关税、关税配额和贸易协定等政策将影响国际煤炭贸易的流动性。较低的关税和贸易壁垒有助于促进煤炭的自由流通，降低市场价格，从而使进口国更容易获得煤炭资源，满足其能源需求。相反，高关税和关税配额可能会限制煤炭的流动性，导致价格上升，增加了进口国的能源成本。

贸易多样性：不同国家的煤炭贸易政策和法规导致了国际贸易的多样性。一些国家可能更愿意与某些国家开展煤炭贸易，而对其他国家采取限制性政策。这导致了全球贸易模式的多样化，各国需要灵活地应对这些政策。

环保标准：环保标准的制定和实施对煤炭贸易的环境影响巨大。各国的环保要求可能导致出口国不得不采取更清洁的采矿和生产技术，以满足进口国的环保标准。此外，国际煤炭市场中的碳排放市场和碳交易也会影响煤炭价格与可持续发展。

出口和进口控制：一些国家的出口和进口控制政策会影响国际煤炭贸易的供应链。出口国对出口的限制可能导致供应不足，从而影响进口国的能源供应。另外，这种控制也可能引发贸易争端，影响国际贸易关系。

可持续发展和社会责任：可持续发展和社会责任问题已经成为国际煤炭贸易政策与法规中的一个重要方面。企业需要遵守环保标准，履行社会责任，参与社区发展，以满足不断增长的社会和环保要求。

全球市场价格：国际煤炭贸易政策与法规会对全球市场价格产生重要影响。政策的调整和变化可以直接影响煤炭价格，因为关税、关税配额和环保要求都会影响供应和需求之间的平衡。

市场竞争：国际煤炭贸易政策与法规会影响市场竞争。较低的关税和贸易壁垒有助于增加市场竞争程度，鼓励供应商提供更多创新和竞争性价格的产品。相反，高关税和贸易限制可能导致市场垄断和价格上涨。

(四)国际煤炭贸易政策与法规的趋势

国际煤炭贸易政策与法规的趋势包括以下几个方面：

环保和可持续发展要求加强：随着环保和可持续发展问题的凸显，越来越多的国家将加强环保标准的执行和社会责任的履行，以确保煤炭产业的可持续性。这可能导致制定更多的环保法规和限制性政策。

碳排放市场的兴起：碳排放市场和碳交易将对煤炭价格产生直接影响。越来越多的国家和地区推出碳市场，以减少温室气体排放。这将使煤炭生产和使用更昂贵，鼓励能源多元化和清洁能源的发展。

贸易争端的增加：由于国际煤炭贸易政策与法规的多样性，贸易争端可能增加。各国可能提起诉讼，进而要求 WTO 或其他国际组织对贸易争端进行仲裁。

清洁煤技术的应用：随着清洁煤技术的不断发展，越来越多的国家将采用超临界和超超临界煤电技术、碳捕获和利用技术等，以降低碳排放和提高环保性能。这将成为国际煤炭贸易的一个趋势。

能源多元化：国际社会对能源多元化的需求不断增加，这将导致煤炭市场的竞争加剧。煤炭企业可能需要积极寻求其他能源领域的投资，以应对市场变化。

国际煤炭贸易政策与法规将对全球煤炭市场产生广泛的影响。它们影响着煤炭的生产、出口、进口、价格和环保标准的制定。随着环保和可持续发展问题的凸显，国际煤炭贸易政策与法规将继续完善，以适应不断变化的市场需求和社会要求。煤炭企业需要密切关注这些政策和法规的变化，灵活调整战略，以适应全球煤炭市场的新趋势。

国际煤炭贸易政策与法规的演进为全球社会提供了平衡供应和需求、促进清洁能源技术创新以及改善环境和社会可持续性的机会。通过合作和共享最佳实践，各国可以更好地应对煤炭贸易的挑战，共同推动可持续的煤炭产业发展。最终，国际煤炭贸易政策与法规将在全球能源转型中发挥重要作用，促进清洁和可持续能源的应用，减少对传统能源的依赖，实现全球环保目标。

在未来，国际煤炭贸易政策与法规的制定和执行将继续引起广泛的讨论及辩论。煤炭产业需要不断适应这些政策的变化，同时积极探索清洁煤技术和其他能源领域的机会，以确保其在全球能源市场中的地位和可持续发展。只有通过全球合作和共同努力，才能实现煤炭产业的可持续性，并在满足能源需求的同时减少对环境和社会的影响。

总之，国际煤炭贸易政策与法规是全球煤炭市场中不可或缺的因素。它们影响着供应和需求、价格、环保标准和可持续发展，对各国和企业产生广泛的影响。通过与政府、国际组织和其他利益相关者的合作，煤炭产业可以更好地应对这些政策和法规的挑战，实现可持续发展，同时满足全球对能源的需求。只有通过适应和创新，煤炭产业才能在不断变化的全球能源格局中保持竞争力和可持续性。

二、煤炭出口手续与合规要求

煤炭是全球能源市场中的主要资源之一，因此其出口至关重要。然而，国际煤炭出口涉及复杂的手续和合规要求，以确保合法、安全和环保的贸易。本部分将深入探讨煤炭出口的手续和合规要求，包括文件、许可证、关税、贸易协定、环境标准等多个方面。

（一）煤炭出口的基本手续

许可证和文件要求：在许多国家，煤炭出口需要获得政府许可证或批准。这些许可证通常由贸易部门或煤炭和矿产资源管理机构颁发。出口商需要提供一系列文件，以证明煤炭产品的合法性和质量，包括采矿许可证、质量检验报告、货物清单、海关文件等。这些文件有助于确保煤炭出口的合规性和安全性。

品质和规格要求：不同国家对其进口的煤炭有不同的品质和规格要求。出口商需要确保其煤炭产品符合目标市场的质量标准。这可能涉及煤炭的热值、灰分、硫分、粒度分布等参数的检测和证明。

关税和税收要求：出口国和进口国都可能征收关税与税收。出口商需要了解目标市场的税收政策，以便制定价格和节约成本。此外，一些国家可能对煤炭出口提供税收减免或优惠，以鼓励出口。

运输和物流：出口煤炭涉及大规模的物流和运输，包括陆地运输、海运和船舶装卸。出口商需要确保货物的运输安全和可追踪性。此外，出口商通常还需要购买货物保险以应对潜在的风险。

（二）国际贸易协定和协议

双边和多边贸易协定：国际煤炭出口往往受到双边或多边贸易协定的影响。这些协定通常包括关税减免、贸易便利化、争端解决机制等内容，有助于促进国际煤炭贸易。出口商需要了解并遵守这些协定，以确保贸易的顺利进行。

自由贸易协定：一些国家之间签署了自由贸易协定，其中包括关于煤炭的规定。这些协定通常涉及关税减免和市场准入，有助于扩大煤炭出口市场。出口商需要了解并遵守这些协定的规定。

（三）环境和可持续性合规要求

环保标准：国际社会对煤炭的环保问题越来越关注。出口商需要确保其煤炭采矿和生产过程遵守当地及国际的环保标准。这可能涉及废水处理、废物管理、空气质量控制等方面的合规性。

碳排放和气候变化：煤炭是主要的温室气体排放源之一，因此碳排放问题对煤炭出口产生重要影响。一些国家可能对碳排放施加税收或限制，出口商需要了解这些政策的影响，可能需要考虑采用碳捕获和利用技术。

可持续发展和社会责任：可持续发展和社会责任问题已经成为国际煤炭出口合规要求的一部分。出口商需要积极参与社区发展、改善与当地社区的关系和环境、确保煤炭企业履行社会责任，以满足其不断增长的社会和环保要求。

（四）煤炭出口面临的挑战和趋势

环保压力增加：随着环保问题日益凸显，出口商需要面对更严格的环保标准和碳排放要求。这可能导致出口商需要采用更清洁的采矿和生产技术，以减少环保风险。

贸易争端增加：国际煤炭贸易中的贸易争端可能增加，由于不同国家的政策和法规的差异，贸易摩擦可能增多。出口商需要谨慎处理潜在的贸易争端。

碳排放市场和碳交易：越来越多的国家实施碳排放和碳交易，这将对煤炭价格和市场准入产生直接影响。出口商需要考虑碳排放成本，并可能需要采取碳捕获和利用技术。

可持续性和社会责任：出口商需要更加注重可持续性和社会责任问题。这包括参与社区发展、改善环境和确保履行采矿过程的社会责任。可持续性和社会责任问题将成为国际煤炭合规出口的趋势。

煤炭出口是全球煤炭产业的重要组成部分，但它涉及复杂的手续和合规要求。出口商需要确保煤炭的合法性、质量和环保性，同时也需要遵守国际贸易协定和环保标准。随着环保和可持续发展问题的凸显，出口商将面临更多的挑战，但也会有更多的机会，特别是在清洁煤技术和碳排放市场方面。

为了顺利出口煤炭，出口商需要密切关注目标市场的政策和法规，建立合规性的流程和采取控制措施，同时也需要不断创新，以适应市场变化。通过遵守合规要求，出口商可以确保其煤炭出口是合法、安全和环保的，同时也有助于推动全球能源市场的可持续发展。

第三节　煤炭跨国市场分析与选择

一、目标国际市场的分析与评估

在全球化的时代，国际市场为企业提供了广阔的机会，以扩展业务、增加销售和提高盈利水平。然而，若想进入新的国际市场并取得成功就需要仔细的分析和评估。本部分将讨论如何进行目标国际市场的分析与评估，包括市场选择、市场潜力、竞争分析、文化和法律因素、市场进入策略和市场评估报告。

（一）市场选择

市场需求分析：首先，企业应该确定目标市场的需求。这包括了解目标市场中的产品或服务的需求程度，市场规模和增长趋势。市场需求分析可以通过市场调研、数据分析来完成。

市场可达性：企业需要评估目标市场的可达性，包括市场的地理位置、物流和运输基础设施，以及市场是否开放或是否受到贸易壁垒的限制。可达性因素可以影响产品的交付和销售。

市场文化和习惯：企业应该了解目标市场的文化、消费习惯和购物习惯。这有助于企业调整产品定位、市场营销和销售策略，以满足当地市场的需求。

（二）市场潜力

市场规模：评估目标市场的规模，包括人口数量、购买力、GDP和市场容量。市场规模决定了企业潜在的销售机会和市场份额。

市场增长趋势：分析目标市场的增长趋势，了解市场是否在扩大，以及预测未来的市场增长率。这有助于企业决定其是否值得进入市场。

市场细分：确定目标市场的细分和定位，以便更好地满足特定消费者群体的需求。市场细分可以帮助企业找到利基市场，减少竞争压力。

（三）竞争分析

竞争格局：分析目标市场的竞争格局，包括主要竞争对手、市场份额和竞争者的优势。了解竞争格局有助于其制定竞争策略。

SWOT分析：对目标市场的优势、劣势、机会和威胁进行SWOT分析。这有助于企业了解自身的竞争地位和制定策略。

市场进入障碍：评估目标市场中的市场进入障碍，包括法规、贸易壁垒、政治稳定性和知识产权问题。这些障碍可能影响企业的市场进入策略。

（四）文化和法律因素

文化差异：了解目标市场的文化差异，包括语言、宗教、价值观和社会习惯。企业需要适应这些差异，以树立良好的品牌形象和培养文化敏感性。

法律和合规要求：研究目标市场的法律和合规要求，包括贸易法规、税收政策、知识产权法律和劳动法规。确保企业的运营是合法的和合规的。

政治稳定性：评估目标市场的政治稳定性和政府政策。政治不稳定性和政策变化可能对企业运营产生不利影响。

（五）市场进入策略

出口：出口是最常见的进入国际市场的策略。企业可以选择直接出口、代理商或分销商出口、合资企业等方式。

合资企业：与当地企业合资建立子公司或合资企业，以分享风险和资源，进入目标市场。

直接投资：直接投资涉及在目标市场建立独资子公司或分支机构，以完全控制业务市场。

特许经营：将品牌和业务模式授权给当地特许经营商，以在目标市场开展业务。

（六）市场评估报告

最后，根据分析和评估的结果，企业可以编制一份详细的市场评估报告，其中包括以下要点：

市场概况：描述目标国际市场的概况，包括市场规模、增长趋势、主要竞争对手和市场细分。

市场需求：介绍市场的需求和需求驱动因素，包括市场需求的类型、需求趋势和关键需求方。

竞争分析：提供对竞争格局的深入分析，包括主要竞争对手、市场份额、SWOT分析和市场进入障碍。

文化和法律因素：总结目标市场的文化和法律因素，包括文化差异、法律和合规要求、政治稳定性和政府政策。

市场进入策略：明确企业选择的市场进入策略，包括出口、合资企业、直接投资或特许经营。

市场风险和机会：分析市场的风险和机会，以帮助企业制定风险管理和机会利用策略。

市场营销策略：提供市场营销策略的概述，包括产品定位、价格策略、促销活动和分销渠道。

时间表和预算：列出进入市场的时间表和预算，以确保策略的执行。

建议和建议：根据分析和评估的结果，为企业提供建议和建议，包括市场进入策略、市场定位和风险管理建议。

参考资料：提供用于市场分析的参考资料和数据源，以增加报告的可信度。

目标国际市场的分析与评估是企业顺利进入新市场的重要步骤。通过仔细研究市场需求、市场潜力、竞争格局、文化和法律因素，以及选择适当的市场进入策略，企业可以最大限度地减少风险，增加成功进入的机会。同时，市场评估报告也是决策制定和战略规划的有力工具，可为企业提供明智的指导和方向。最终，顺利的国际市场进入需要周密的计划、明智的决策和持续的努力，以充分利用全球商机。

二、选择适合的跨国煤炭市场策略

随着全球化的推进，煤炭行业逐渐走向国际市场。国际市场提供了更广泛的机会，同时也伴随着更多的挑战和竞争。选择适合的跨国煤炭市场策略至关重要，因为它决定了企业在国际市场上的定位、发展路径和成功与否。本部分将讨论煤炭行业的跨国市场策略，包括出口、合资企业、直接投资和特许经营，以及如何选择适合的策略。

（一）出口策略

出口是最常见的跨国市场策略之一，对煤炭行业也同样适用。出口策略涉及将煤炭产品出售给国际市场，通常通过中间商或代理商。以下是出口策略的优势和劣势：

1. 优势

低风险：出口策略通常风险较低，因为企业不必在国外建立实体或投资大量资本。

快速进入市场：出口策略可以迅速进入国际市场，因为企业不必建设新的设施或合资合作的谈判。

低成本：相对其他策略，出口策略通常具有较低的启动成本，因为企业可以借助当地代理商或中间商的分销网络。

2. 劣势

有限控制：企业对出口市场的控制有限，因为产品销售和分销受代理商或中间商的管理。

竞争激烈：煤炭市场竞争激烈，出口企业可能需要面对来自其他出口商的竞争，价格压力较大。

质量和品牌控制：企业需要确保出口产品的质量和品牌形象在国际市场上得到维护，这可能需要加强监控和合作伙伴管理。

（二）合资企业策略

合资企业策略涉及与当地合作伙伴建立合资企业或子公司，以共同经营业务。以下是合资企业策略的优势和劣势：

1. 优势

当地知识和资源：通过合资企业，企业可以充分利用当地合作伙伴的知识、资源和网络，更好地适应当地市场。

风险共担：合资企业分担风险，减少了企业的资本投入和经营风险。

政府支持：在一些国家，合资企业可能受到政府的支持和优惠政策，有助于合资企业顺利进入市场。

2. 劣势

合作困难：合资企业可能面临文化差异、管理冲突和决策制定的困难，这可能导致合作关系破裂。

分享利润：合资企业需要分享利润，这可能会减少企业的盈利潜力。

有限控制：企业对业务范围的控制有限，需要与合作伙伴协商共同决策。

（三）直接投资策略

直接投资策略包括在国际市场上建立自有子公司或分支机构，以直接经营业务。以下是直接投资策略的优势和劣势：

1. 优势

完全控制：企业可以完全控制业务运营，包括生产、销售和分销。

品牌形象：企业可以更好地维护自己的品牌形象和产品质量，从而树立更强大的品牌。

长期利益：直接投资可以帮助企业获得更长期的利益，因为它不必与合资伙伴分享利润。

2. 劣势

高成本：直接投资通常需要较高的启动成本，包括建设设施、购买设备和雇佣员工。

风险较高：因为企业必须承担所有经营风险，包括市场风险和政治风险。

市场进入时间较长：建立自有子公司或分支机构可能需要更长的时间，因此市场进入时间较长。

（四）特许经营策略

特许经营策略涉及将企业的品牌和经营模式授权给当地特许经营商，以在目标市场开展业务。以下是特许经营策略的优势和劣势：

1. 优势

低风险：特许经营通常风险较低，因为特许经营商承担了经营风险。

当地知识和资源：特许经营商通常对当地市场有深刻了解，这有助于企业更好地适应当地市场。

扩展速度：特许经营策略可以帮助企业快速扩展国际市场，因为特许经营商通常已经建立了当地的分销网络和享有品牌声誉。

2. 劣势

品牌形象控制：企业需要确保特许经营商维护品牌形象和产品质量，因为品牌的成功与失败直接会影响企业的声誉。

利润分享：特许经营商通常要支付特许经营费用或利润分成，这可能减少企业的利润。

合规要求：特许经营策略需要确保特许经营商遵守合规要求，包括法律、质量标准和经营规定。

在选择适合的跨国煤炭市场策略时，企业需要综合考虑以下因素：

市场特征：目标市场的特征对策略的选择至关重要。如果目标市场较小，出口策略就可能更适合；如果市场规模庞大，直接投资就可能更有吸引力。

风险承担能力：企业的风险承担能力是选择策略的重要因素。出口和特许经营策略通常风险较低，而直接投资风险较高。

资源可用性：企业可用的资本、人力资源和技术资源会影响策略选择。直接投资通常需要更多的资本和资源，而出口和特许经营策略相对较少。

市场知识：了解目标市场的程度是重要的。如果企业缺乏对目标市场的了解，合资企业或特许经营策略就可能更有吸引力，因为它们可以借助当地合作伙伴的知识来达到目的。

品牌形象和质量控制：对煤炭行业，品牌形象和产品质量至关重要。企业需要确保选择的策略有助于维护品牌形象和控制产品质量。

文化和法律因素：目标市场的文化和法律因素将会影响策略选择。特许经营策略通常较容易适应当地文化，而直接投资可能涉及满足更多的法律和合规要求。

市场进入速度：根据企业的市场进入时间表，选择适合的策略。出口和特许经营策略通常能够更快地进入市场，而直接投资可能需要更长的时间。

综合考虑上述因素，企业可以选择适合其需求和目标的跨国煤炭市场策略。有时候，企业可以考虑采用混合策略，结合多种策略来满足其不同市场需求。最重要的是，策略选择应该是经过深思熟虑的，根据企业的长期战略目标和市场情况做出明智的决策。在实施策略时，企业需要密切关注市场反馈，并随时做出调整，以确保策略实施的成功和可持续性。

三、针对不同煤炭市场的定制策略

煤炭市场是全球能源产业中的一个重要组成部分，不同地区和国家的煤炭市场存在着巨大的差异。这些差异涵盖了市场规模、需求趋势、法规和环境政策等多个方面。因此，针对不同煤炭市场的定制策略至关重要。本部分将探讨如何制定适用于不同煤炭市场的策略，以满足各地市场的需求和面临的挑战。

（一）全球煤炭市场概况

在制定定制策略之前，首先需要了解全球煤炭市场的概况。全球煤炭市场可以大致分为以下几个重要方面：

市场规模和需求：煤炭市场的规模和需求在不同国家与地区之间的差异巨大。一些国家依然将高度依赖煤炭作为主要能源来源，而其他国家已经在逐渐减少其对煤炭的依赖。

煤种和质量：不同国家和地区生产的煤种与质量各异。有些市场更偏向高质量的烟煤，而其他市场则更倾向低质量的褐煤。

环境法规和政策：不同国家和地区制定了各种环境法规与政策，对煤炭的开采、使用和排放产生了不同的影响。这些政策可能包括碳排放限制、燃煤电厂关闭计划以及对清洁能源使用的鼓励。

国际贸易：国际煤炭贸易在全球市场中起着重要作用。了解国际煤炭贸易的动态和趋势对企业定制策略至关重要。

（二）不同煤炭市场的定制策略

下面我们将讨论如何为不同类型的煤炭市场制定定制策略，包括发展中国家市场、发达国家市场和国际市场。

1. 发展中国家市场

发展中国家市场通常对煤炭有较高的需求，因为煤炭被用于电力生产、工业和供暖等多个领域。在制定策略时，需要考虑以下因素：

低成本和高效益：发展中国家市场通常对低成本的煤炭供应有需求。因此，煤炭生产商需要优化生产过程以确保成本控制。

环境和可持续性：发展中国家尽管对煤炭的需求高，但环境问题也备受关注。制定策略时，可以考虑推广清洁煤技术，如超临界燃煤电站，以减少排放。

合作与投资：在发展中国家市场，合作和投资合作伙伴是关键。可以考虑与当地政府和企业建立合作关系，以确保稳定的供应和市场份额。

2. 发达国家市场

发达国家市场通常对煤炭的需求较低，因为它们更侧重使用清洁能源和减少碳排放。制定策略时需要考虑以下因素：

多元化和清洁能源：在发达国家市场，生产商可以考虑多元化业务，投资清洁能源项目，以满足政府和市场的需求。

碳排放控制：发达国家通常对碳排放有严格的法规。因此，生产商需要投资碳捕获和储存技术以降低环境影响。

市场适应：在发达国家市场，生产商需要灵活适应市场需求的变化。这可能包括减少煤炭产量，改变产品组合或开展研发以开发更清洁的煤炭技术。

3. 国际市场

国际煤炭市场是全球化的，因此制定国际策略需要考虑全球趋势和市场需求。以下是一些制定国际市场的策略要点：

贸易和物流：国际市场需要强大的贸易和物流网络。生产商可以优化供应链以降低成本并确保及时交付。

市场多元化：国际市场通常多元化，需要满足不同国家和地区的需求。生产商可以提供各种煤种和质量以满足市场多样性。

环境标准遵守：国际市场对环境标准的要求可能不同，生产商需要确保他们的产品符合当地法规。

不同煤炭市场存在着巨大的差异，包括市场规模、需求、环境政策和贸易动态。因此，制定适用于不同市场的定制策略至关重要。在制定策略时，需要考虑市场的需求和面临的挑战，多元化产品供应、环保技术投资及与当地合作伙伴的合作都是制定策略的重要因素。

最终，随着全球能源行业的转型和对环境问题的持续关注，煤炭市场将继续面临挑战和机遇。制定具体的市场定制策略将有助于生产商在不同市场中取得成功，同时也有助于推动更可持续和环保的煤炭产业发展。

第四节　全球能源转型与国际竞争

一、全球能源转型趋势

全球能源领域正经历着深刻的转型，这一变革在多个方面得到推动，包括气候变化、环保意识、技术创新和市场竞争等。本部分将探讨全球能源转型的趋势，重点介绍这一转型的各个方面，包括清洁能源、能源效率、电动汽车和交通领域、气候政策和国际协议及可持续性和社会责任。

（一）清洁能源的崛起

清洁能源是全球能源转型的核心。以下是清洁能源的崛起趋势：

可再生能源：太阳能和风能等可再生能源的使用正迅速增加。太阳能光伏和风力发电技术的成本不断下降，使得这些能源形式更具竞争力。

储能技术：储能技术的进步使得可再生能源更加可靠。电池技术的改进，尤其是锂离子电池，推动了储能能力的提高。

核能：核能被认为是清洁能源，尤其是第四代核反应堆技术的发展，有望提供更安全和高效的能源。

碳捕获和储存（CCS）：CCS技术有望减少化石燃料发电站的碳排放，从而减少对气候变化的影响。

（二）能源效率的提高

能源效率的提高是另一个重要趋势，有助于减少对有限资源的依赖和降低碳排放。以下是与能源效率相关的趋势：

智能建筑：建筑行业正朝着更智能、更高效的方向发展。智能建筑利用物联网技术、自动化和节能设计，以降低能耗。

交通领域：电动汽车的普及和自动化驾驶技术的发展有望降低交通领域的能耗。

工业过程：工业部门正在采用更高效的生产技术，以减少能源消耗和废弃物产生。

智能电网：智能电网技术有助于实现电力分布和使用的更高效率，包括分布式能源和智能电表。

（三）电动汽车和交通领域的变革

电动汽车是交通领域变革的重要部分。以下是电动汽车和交通领域的趋势：

电动汽车市场增长：电动汽车市场正迅速增长。更多的汽车制造商投资电动汽车技术，并提供了更多选择，同时电动汽车的续航里程不断增加。另外，充电基础设施也在扩建。

自动驾驶技术：自动驾驶技术的发展有望提高交通效率，减少交通事故，并减少交通拥堵。

共享出行：共享出行服务，如共享汽车和共享单车，正改变人们的出行方式，通过减少汽车拥有率来降低能源消耗。

（四）气候政策和国际协议

全球气候政策和国际协议是推动能源转型的重要因素。以下是与气候政策相关的趋势：

巴黎协定：巴黎协定是全球气候政策的里程碑。各国已经承诺通过采取措施来减少碳排放，推动可持续能源的发展。

碳定价：越来越多的国家和地区实施碳定价政策，以鼓励减少碳排放和推动清洁能源的使用。

煤炭退出：一些国家正计划逐步淘汰将煤炭作为能源来源，这将加速清洁能源的发展。

绿色金融：金融机构越来越注重可持续投资，这将促进清洁能源项目的融资。

（五）可持续性和社会责任

可持续性和社会责任在能源转型中扮演着重要角色。以下是相关趋势：

可持续投资：越来越多的企业和投资者将可持续性纳入他们的投资决策中，鼓励可持续能源和技术的发展。

企业社会责任：企业越来越关注其社会责任，包括减少碳排放、参与资源管理和获得社区支持。

可持续消费：消费者对可持续产品和服务的需求增加，促使企业提供更环保的选择。

（六）挑战与展望

虽然全球能源转型带来了积极的机遇，但也面临一些挑战。以下是一些可能的挑战和未来展望：

1. 挑战

能源转型成本：投资清洁能源技术和能源效率可能需要大量资金，而一些国家和企业可能不愿意或无法承担这些成本。

能源供应不稳定性：可再生能源的供应受天气和地理条件的影响，这可能导致能源供应的不稳定性，需要更好的储能和分布技术来解决。

社会和经济影响：能源转型可能导致传统煤炭和石油产业的减少，可能会对就业和社会稳定性产生影响。

能源安全：国家对能源供应的安全性担忧仍然存在，可能导致一些国家继续依赖传统的能源来源。

2. 展望

技术创新：技术的不断创新将继续推动清洁能源和能源效率的发展，使其更加可行和可持续。

国际合作：全球气候政策和国际协议将促进国际合作，以加速能源转型的步伐。

市场竞争：市场竞争将推动清洁能源技术的成本下降，使其更具吸引力。

可持续性教育和宣传：教育和宣传将提高公众与企业对可持续能源及能源效率的认识，促使更多人采取行动。

全球能源转型是一项复杂而迫切的任务，同时也是一个充满希望的领域。清洁能源的崛起、能源效率的提高、电动汽车的兴起、气候政策和可持续性意识的增强都表明，全球社会对减少碳排放、减轻气候变化的影响和保护环境的渴望。

虽然还存在挑战，但技术创新、国际合作和市场竞争将继续推动能源转型的进展。最终，这一转型将有助于实现可持续的能源供应，减少对有限资源的依赖，并保护地球的生态平衡。为了实现这一目标，政府、企业和个人都必须积极参与，共同努力推动全球能源转型。

二、煤炭在全球能源市场中的地位

煤炭一直以来是全球能源市场中的重要能源资源之一。它被广泛用于电力生产、工业制造、供暖等领域。然而，随着气候变化问题的凸显和对清洁能源的需求增加，煤炭的地位逐渐受到挑战。本部分将探讨煤炭在全球能源市场中的地位，重点关注其用途、供需趋势、环境和可持续性问题以及未来展望。

（一）煤炭的用途

煤炭作为一种多用途的能源资源，被广泛用于各个领域。以下是煤炭的主要用途：

电力生产：煤炭一直以来都是电力生产的主要来源之一。它被燃烧用于火电厂，产生电力，供应到家庭、工业和商业领域。

工业用途：煤炭在工业制造过程中被用于冶金、水泥生产、化工等。它是一种重要的燃料和原材料。

供暖和制冷：煤炭被用于供暖和制冷领域，特别是在地区和国家的冬季季节。

煤制天然气和石油：煤炭气化技术被用于生产合成天然气和石油产品。

化肥生产：煤炭是化肥生产的关键原料，尤其是氮肥。

（二）供需趋势

煤炭市场的供需趋势在全球范围内有所不同，但总体趋势是逐渐减弱。以下是供需趋势的一些重要方面：

需求下降：在一些发达国家，煤炭需求已经明显下降，这主要受到环保法规和气候政策的影响。这些国家更加侧重清洁能源的使用和能源效率的提升。

需求增长：然而，在一些新兴经济体，尤其是亚洲国家，煤炭需求仍在增加。这主要受到工业化和电力需求的推动。

出口市场：国际煤炭贸易在全球市场中仍然起着重要作用。一些煤炭出口国仍然依赖国际市场，尤其是向亚洲市场出口。

替代能源：清洁能源如太阳能、风能和核能正在逐渐取代将煤炭作为电力生产的首选能源。

（三）环境和可持续性问题

煤炭的使用引发了一系列环境和可持续性问题，这些问题也影响了其在全球能源市场中的地位。以下是一些主要问题：

碳排放：煤炭的燃烧产生大量的二氧化碳，是主要的温室气体排放源之一，加剧了气候变化问题。

大气污染：煤炭燃烧会排放硫氧化物、氮氧化物和颗粒物等大气污染物，将对空气质量和人类健康造成危害。

水资源消耗：煤炭开采和电力生产过程对水资源的需求很大，可能对当地水源造成压力。

生态影响：煤炭开采将对土地、植被和野生动植物产生负面影响，尤其是对矿区生态系统。

可持续性：煤炭是一种有限的自然资源，其采取和消耗并不可持续。此外，对社会可持续性来说，依赖煤炭产业可能会导致地区和社区的经济不稳定。

（四）未来展望

虽然煤炭在全球能源市场中的地位受到挑战，但仍然有一些因素可能影响其未来发展：

清洁技术创新：新的清洁煤技术，如碳捕获和储存（CCS），有望降低煤炭使用的环境影响。

国际市场需求：国际市场，尤其是新兴经济体，可能继续其对煤炭需求的增加。

政策和法规：国际和国内的环保法规与气候政策将继续影响煤炭资源的地位，进而鼓励清洁能源的发展。

市场多元化：煤炭产业可能寻求多元化，投资清洁能源项目，以适应市场需求的变化。

技术进步：在提高煤炭开采和电力生产的效率方面，技术创新有望减少资源浪费和减少环境影响。

社会需求：公众对环保和可持续性问题的日益关注可能会推动能源公司采取更环保的实践方式，包括减少碳排放。

尽管煤炭面临诸多挑战，但在未来的一段时间内，它仍然可能在一些国家和地区保持其重要的能源地位。然而，随着全球社会对气候变化问题的重视程度不断增加，煤炭产业将不得不适应更清洁、更可持续的能源未来。

煤炭在全球能源市场中一直扮演着重要角色，但其地位受到了来自多个方面的挑战，包括环境问题、气候政策、可持续性和市场竞争。虽然煤炭仍然在一些地区保持其市场份额，但其未来前景将受到技术创新、政策法规和社会需求的影响。全球能源市场正在朝着更清洁、更可持续的未来发展，这将继续塑造煤炭资源的地位和角色。为了满足未来的能源需求，减少气候变化的影响，煤炭产业将不得不适应这一新的能源格局，探索更环保和可持续的发展途径。

三、国际市场竞争策略

国际市场竞争是全球化时代的核心挑战之一。企业必须在不同国家和地区之间制定有效的竞争策略，以获得市场份额，保持竞争力，实现长期可持续的成功。本部分将探讨国际市场竞争策略，涵盖市场分析、市场进入策略、市场定制策略、创新和竞争优势、国际合作和联盟及可持续性社会责任等方面，以帮助企业在国际竞争中取得成功。

（一）市场分析

在国际市场竞争中，深入的市场分析是至关重要的第一步。以下是市场分析的关键要点：

目标市场选择：首先，企业需要确定其目标市场。这可能涉及市场规模、增长潜力、竞争情况和政治稳定性等因素。

市场需求：了解目标市场的需求趋势、消费者偏好和购买力，有助于企业定制其产品和营销策略。

竞争分析：深入分析竞争对手，包括其产品、价格、市场份额和市场定位，有助于企业制定差异化战略。

法规和文化：了解目标市场的法规、文化差异和社会习惯，以确保企业的产品和行为不会引发争议或法律纠纷。

SWOT 分析：进行 SWOT 分析，评估企业的优势、劣势、机会和威胁，有助于明确其竞争策略。

（二）市场进入策略

选择合适的市场进入策略是关键的。以下是市场进入策略的几种方式：

出口：出口是一种相对低风险的市场进入方式，可以通过代理商、分销商或在线销售来实现。

合资企业：与当地合作伙伴建立合资企业，可以分享风险和利益，同时获得对当地市场的更深入了解。

独资子公司：建立自己的子公司，虽可以在目标市场拥有更多的控制权和灵活性，但风险更大。

特许经营：通过特许经营模式，将品牌和业务模式授权给当地经营者。

战略合作：与当地或国际企业建立战略合作伙伴关系，共同开发市场。

（三）市场定制策略

市场定制策略是将产品和服务调整以满足特定市场需求的关键。以下是市场定制策略的要点：

产品定制：根据目标市场的需求和偏好，对产品进行修改或创新。这可能包括在尺寸、颜色、功能、包装等方面的调整。

定价策略：制定定价策略，考虑市场的购买力、竞争情况和产品附加值。

市场推广：根据当地文化和习惯，开展市场推广活动，包括广告、促销和市场传播。

渠道管理：选择合适的销售渠道，以确保产品能够顺畅地到达目标市场的消费者手中。

售后服务：提供满足目标市场需求的售后服务，包括维修、保养和客户支持。

（四）创新和竞争优势

创新是在国际市场竞争中保持竞争优势的关键。以下是创新和竞争优势的策略：

研发和技术创新：不断投资研发和技术创新，以开发新产品和服务，提高生产效率。

品牌建设：树立强大的品牌形象，以在国际市场中建立信任和忠诚度。

成本领先：通过精益生产和成本管理，实现成本领先，从而提供竞争性价格。

多元化产品组合：提供多元化的产品和服务，以满足不同市场和客户的需求。

市场敏感度：及时调整产品和策略，以满足不断变化的市场需求和竞争压力。

（五）国际合作和联盟

国际合作和联盟可以为企业提供更多的资源和机会。以下是国际合作和联盟的策略：

战略合作伙伴关系：与其他企业建立战略合作伙伴关系，以共同开发市场、共享资源和降低风险。

贸易协会：加入行业贸易协会，以获取行业见解、增加政府联系和分析市场情报。

研究和发展联盟：与研究机构、大学和其他企业建立研发联盟，以加速创新和技术发展。

全球供应链：构建全球供应链，以降低生产成本、提高供应链效率和满足国际市场需求。

国际市场网络：建立国际市场网络，以拓展销售渠道、推广产品和服务。

（六）可持续性和社会责任

可持续性和社会责任在国际市场竞争中变得越来越重要。以下是可持续性和社会责任的策略：

环保实践：采取环保实践方式，减少环境影响，以满足国际市场对可持续性的需求。

社会投资：投资当地社区，支持开展社会项目和提高员工福祉，以树立良好的声誉。

透明度和报告：提供透明的可持续性报告，向利益相关者展示企业的社会和环境绩效。

符合法规：遵守国际和当地的法规和法律，以确保企业的经济和社会活动合法合规。

可持续供应链：确保供应链的可持续性，包括原材料采购、生产、物流和包装。

（七）风险管理

在国际市场竞争中，风险管理至关重要。以下是风险管理的策略：

政治风险：了解目标市场的政治情况，制定风险缓解策略，以应对政治不稳定性和法规变化。

汇率风险：管理货币汇率波动风险，包括使用金融工具和多元化货币储备。

供应链风险：评估供应链风险，确保供应链的稳定性和弹性。

市场风险：监测市场变化，及时调整策略，以应对市场波动和竞争。

法律风险：遵守当地法律和国际法律，以减少法律风险。

（八）全球市场竞争的未来展望

全球市场竞争将继续随着全球化的发展而演变。以下是未来展望：

数字化和技术创新：数字化技术和人工智能将继续改变市场竞争，企业需要积极采用和适应新技术。

可持续性的重要性：可持续性和社会责任将在国际市场竞争中扮演越来越重要的角色，受到消费者和投资者的关注。

市场多元化：企业将寻求多元化市场和供应链，以分散风险和实现全球增长。

政治和贸易不确定性：政治事件和贸易争端可能会影响市场竞争，企业需要灵活应对。

可定制化产品和服务：市场趋向个性化和可定制化产品和服务，企业需要满足不同市场的特定需求。

综上所述，国际市场竞争既是一项复杂而具有挑战性的任务，也是一个充满机会的领域。有效的市场分析、市场进入策略、市场定制策略、创新、合作、可持续性和风险管理都是取得成功的关键。随着全球市场的不断发展，企业需要灵活、创新和具有社会责任感，以在国际竞争中脱颖而出。

第七章 煤炭创新与可持续发展

第一节 技术创新与智能矿山管理

一、煤炭行业的技术创新趋势

煤炭作为全球主要能源资源之一,一直在供应电力、工业生产和供暖等方面扮演着重要角色。然而,随着气候变化问题的凸显和对清洁能源的需求增加,煤炭行业也面临着不断增加的挑战。为了维护竞争力并降低对环境的不利影响,煤炭行业必须积极采纳创新技术。本部分将探讨煤炭行业的技术创新趋势,以及它们如何影响煤炭生产、清洁化技术、可持续性及未来展望。

(一)煤炭生产技术创新

更高效的采煤技术:为了提高煤炭开采的效率和降低成本,煤炭行业正寻求采用更先进的采煤技术。这包括更高效的采矿设备、自动化系统和数字化技术的应用,以提高采矿操作的效率。

矿区智能化:构建智能化矿区管理系统,以实现矿区内的设备监控、资源管理和人员安全。这些系统使用传感器、大数据分析和人工智能来改善矿区运营。

碳捕获和储存(CCS)技术:CCS技术的发展旨在减少煤炭电厂排放的二氧化碳。这种技术将二氧化碳捕获并储存在地下储库中,以减少对大气中温室气体的排放。

煤炭气化:煤炭气化技术可以将煤炭转化为合成天然气或液化石油产品,这些产品可以更清洁地燃烧或用于化工生产。

超临界和超临界二氧化碳锅炉:超临界和超临界二氧化碳锅炉是一种更高效的锅炉技术,可显著降低煤炭电厂的排放。

(二)清洁化技术创新

燃烧优化:煤炭电厂可以通过改进燃烧过程来提高效率和减少排放。这包括优化燃烧器设计、改善燃烧控制系统和减少燃料浪费。

烟气脱硫和脱硝：烟气脱硫和脱硝技术可以减少燃煤电厂排放的硫氧化物和氮氧化物。这些技术包括湿法和干法脱硫、选择性催化还原等方法。

清洁煤技术：清洁煤技术包括超临界和超临界锅炉、煤气化、流化床燃烧等，可以减少排放和提高能源效率。

碳捕获和利用（CCU）：CCU技术允许捕获二氧化碳并将其用于其他用途，如化工生产或建筑材料。

新型煤炭燃烧技术：一些新型燃烧技术，如化学回收燃烧和气化循环技术，可以降低排放和提高效率。

（三）可持续性和资源利用

废弃物处理：煤矸石、矿渣和灰渣等煤炭生产废弃物的处理和回收是一种重要的可持续性实践。这些废弃物可以用于建筑材料、道路建设等。

矸石堆积管理：改进矸石堆积管理以减少环境影响，包括采用覆盖物、植被恢复和防渗措施。

资源多元化：煤矿地区可以探索资源多元化，发展可再生能源项目、农业或旅游业，以减少对煤炭的依赖。

水资源管理：煤炭采矿和电厂运营对水资源的需求很大，因此水资源管理成为可持续性的重要组成部分。企业应采取措施减少用水量和改进废水处理方式。

（四）未来展望

尽管煤炭行业面临着环境和气候挑战，但技术创新仍然可以帮助该行业保持竞争力，减少环境影响，并实现可持续性。以下是未来展望：

煤炭清洁和碳捕获技术的发展：随着全球对气候变化的关注不断升高，煤炭清洁和碳捕获技术的研发和应用将继续增加。这包括更高效的脱硫、脱硝和碳捕获方法，以减少排放，改善空气质量，减少气候变化影响。

绿色能源整合：一种重要的趋势是将煤炭电力生产与绿色能源整合，以平衡能源供应。这包括与太阳能和风能等可再生能源项目的协同运营，以确保电力供应的可持续性。

煤炭采矿的数字化转型：数字化技术将进一步改进煤炭采矿和矿区管理。物联网、大数据分析和人工智能将帮助提高生产效率，优化资源利用，提高工作安全性。

可再生能源替代：在一些地区，煤炭电力生产将逐渐被可再生能源替代，特别是在政府政策和市场压力的影响下。这可能涉及关闭旧的煤炭电厂并建设新的清洁能源设施。

碳定价和市场机制：碳定价和碳排放市场将继续推动企业采取减排措施。这将鼓励煤炭行业寻求更环保的技术和做法。

国际合作：国际合作将对煤炭行业的技术创新产生影响。跨国合作项目、技术共享和经验交流将有助于在全球范围内推动清洁技术的发展。

政策和法规：政府政策和法规将继续对煤炭行业的技术创新产生重大影响。鼓励清洁技术的投资和应用将成为政府政策鼓励的一部分，以减少排放和提高环境质量。

总之，煤炭行业正面临技术创新的挑战，以应对环境和气候压力。随着清洁技术的不断发展，煤炭行业有望继续发展，并减少对环境的不利影响。然而，这需要政府、企业和研究机构的合作，以共同推动技术创新，实现煤炭行业的可持续性。技术创新将是实现这一目标的重要驱动力。

二、智能矿山管理的应用

矿业一直以来是全球经济的重要组成部分，提供了各种重要的矿产资源，如煤炭、金属矿、石油和天然气。然而，传统的矿业活动通常伴随着高风险、高成本和对环境的不利影响。为了提高矿业的效率、安全性和可持续性，智能矿山管理应用的发展变得愈加重要。本部分将探讨智能矿山管理的应用领域、技术和工具及潜在益处。

（一）智能矿山管理的基本概念

智能矿山管理是指利用现代信息技术和自动化技术来提高矿山运营的效率、安全性和可持续性的方法。这包括对矿山内的设备、工作人员和资源进行实时监测和控制，以便更好地理解和应对挑战。以下是智能矿山管理的基本概念：

传感技术和物联网（IoT）：智能矿山管理使用各种传感器和 IoT 技术，如传感器节点、RFID 标签和实时位置系统，来实时监测矿山内的各种参数，包括设备状态、工作人员位置和矿产资源的质量。

大数据和分析：通过收集大量的数据，智能矿山管理系统可以使用大数据分析和机器学习来识别趋势、模式和问题，从而支持更好的决策制定。

自动化和远程控制：智能矿山管理系统可以使用自动化和远程控制矿山设备，以减少人工干预、提高工作效率和降低风险。

可视化和虚拟现实：通过可视化工具和虚拟现实技术，矿山管理人员可以更好地了解矿山内的情况，并进行模拟和培训。

（二）应用领域

智能矿山管理的应用领域涵盖了矿山生命周期的各个方面，从勘探和开采到处理和后勤。以下是智能矿山管理的主要应用领域：

勘探和资源评估：使用传感技术和地质数据分析，智能矿山管理可以改善资源勘探和评估的准确性，以帮助决策的制定和资源的规划。

开采和生产：在矿山开采和生产过程中，智能矿山管理可以用于设备监测、爆破控制、矿石运输和工作人员安全。

处理和提炼：智能矿山管理可以优化矿石处理和提炼过程，以提高资源回收率和减少能源消耗。

后勤和供应链：在矿山后勤和供应链管理中，智能矿山管理可以帮助提高物流效率、加强库存管理和运输调度。

健康与安全：智能矿山管理系统可以监测工作人员的位置和健康状况，以及检测危险情况，以减少事故和提高工作人员的安全性。

（三）技术和工具

为了实现智能矿山管理，需要使用各种技术和工具。以下是一些主要的技术和工具：

传感技术：各种传感器，如温度传感器、湿度传感器、振动传感器和气体传感器，用于监测矿山内的各种参数。

物联网（IoT）：物联网技术允许不同设备和传感器之间的互联，以实现实时数据传输和监测。

大数据分析：大数据分析工具和技术可以用于处理和分析大量的数据，以提取有用的信息和见解。

机器学习和人工智能：机器学习和人工智能可以用于模式识别、异常检测和决策支持。

自动化设备：自动化设备如自动化采矿设备、自动化运输设备和自动化处理设备可以用于提高生产效率和减少人工干预。

虚拟现实和增强现实：虚拟现实和增强现实技术可以用于可视化和模拟矿山操作，以支持培训和决策。

（四）潜在益处

智能矿山管理的应用可以带来多方面的益处，不仅对矿山经营者有利，也对环境和社会有积极影响。以下是潜在的益处：

提高生产效率：通过实时监测和自动化，智能矿山管理可以提高生产效率，减少停工时间和资源浪费。

提高安全性：实施智能矿山管理可以改善工作人员的安全，通过监测工作环境、设备状态和工作人员位置，降低事故发生的风险。

资源优化：通过大数据分析和优化算法，智能矿山管理可以提高矿产资源的回收率，减少浪费，延长矿山开采时间。

减少环境影响：通过减少矿山活动对环境的不利影响，如土地破坏和水污染，智能矿山管理有助于实现更可持续的矿山运营。

提高员工满意度：通过提供更安全、健康和高效的工作环境，智能矿山管理可以提高员工满意度，降低员工离职率。

成本降低：通过减少能源消耗、降低维护成本和提高生产效率，智能矿山管理有助于降低矿山运营成本。

实时决策制定：智能矿山管理提供实时数据和分析，支持决策的制定，使矿山管理人员能够迅速应对挑战和机会。

可持续性：通过减少能源消耗、降低排放和资源优化，智能矿山管理有助于提高矿山运营的可持续性，符合现代社会的可持续发展要求。

（五）挑战和前景

尽管智能矿山管理带来了许多潜在益处，但也面临着一些挑战和障碍。以下是一些主要挑战：

高成本：引入智能矿山管理系统需要大量资金投入，包括传感器、设备和软件的采购，这可能会增加矿山运营的成本。

技术集成：将不同类型的传感器和设备整合到一个统一的系统可能会面临技术集成挑战，需要克服不同技术和协议的兼容性问题。

数据隐私和安全：大量的实时数据和敏感信息需要得到保护，因此数据隐私和安全是一个重要关注点。

员工培训：智能矿山管理系统的有效使用需要培训员工和提升技能，这可能需要额外的时间和资源。

环境监管：智能矿山管理系统的引入需要遵守当地和国际环境法规，以减少环境影响。

尽管存在挑战，智能矿山管理的前景仍然非常积极。随着技术不断发展，成本逐渐下降，智能矿山管理将成为矿山行业的标配。未来的发展趋势可能包括更先进的传感技术、更强大的大数据分析和更智能的自动化设备。此外，绿色矿山和可持续性实践还将继续推动智能矿山管理的发展，以减少对环境的不利影响。

智能矿山管理的应用正在不断改变煤炭行业的面貌。通过利用现代信息技术、自动化设备和大数据分析，煤矿运营者可以提高效率、降低成本、改善员工安全性，并减少对环境的不利影响。尽管面临一些挑战，但随着技术的不断发展和成本的下降，将继续在全球范围内推动矿山行业的可持续发展。这将有助于更好地满足全球资源需求，同时减少对环境的负面影响，实现更可持续的煤矿运营。

三、提高生产效率与安全性的创新方法

生产效率和安全性一直是各行各业的重要关注点，无论是在制造业、建筑业、采矿业还是其他领域。提高生产效率可以降低成本、提高竞争力，而确保安全性可以保护员工和资产。本部分将讨论一系列创新方法，可以同时提高生产效率和安全性，以满足现代工业的需求。

（一）生产效率的创新方法

自动化和机器人技术：自动化和机器人技术已经在生产领域取得了巨大的成功。自动化生产线和协作机器人可以提高生产速度和一致性，减少错误和生产停工时间。这些技术可以用于各种工业应用，从汽车制造到电子装配。

大数据分析：大数据分析可以用来监测生产过程，识别潜在问题，并预测设备故障。通过实时监控和分析数据，生产厂商可以更好地了解生产环境，优化工作流程，并实施更有效的维护计划。

物联网（IoT）技术：IoT 技术使各种设备和传感器能够互相连接并共享数据。这有助于实现设备之间的协同工作和实时监控。生产设备的联网可以提高生产效率，减少设备停机时间，并支持远程监控和操作。

增强现实（AR）和虚拟现实（VR）技术：AR 和 VR 技术可以用于培训、设计和维护。工人可以通过 AR 头盔获得实时指导，而工程师可以使用 VR 技术进行产品设计和模拟。这有助于提高工作效率和降低错误率。

3D 打印技术：3D 打印技术已经在生产领域产生了革命性的影响。它可以用于原型制作、生产定制零部件和快速生产小批量产品。这有助于提高生产效率和减少废料。

供应链优化：供应链的优化可以帮助确保原材料和零部件的及时供应，以防止生产中断。使用先进的供应链管理工具和技术，企业可以减少库存成本、提高交付可靠性，并降低供应风险。

（二）安全性的创新方法

智能个人防护装备（PPE）：智能 PPE 使用传感器和监控技术，可以监测员工的健康和安全状况。这些设备可以检测危险气体、温度、声音水平和姿势，以及员工的生理健康情况。当发生危险情况时，智能 PPE 可以发出警告或紧急通知，以及时采取行动。

机器视觉和感知系统：机器视觉系统和感知技术可以用于监测和识别危险，如火灾、烟雾、气体泄漏等。这些系统可以自动触发紧急响应，如火警警报或自动关闭设备。

培训和教育创新：培训和教育是确保员工安全的重要因素。创新的培训方法，如虚拟现实培训、模拟训练和电子学习，可以提供更真实的培训体验，使员工能够更好地了

解和应对危险情况。

人工智能和分析：人工智能和分析技术可以用于监测员工行为和动态识别潜在的安全问题。通过分析员工的行为，可以提前预测危险情况，并采取预防措施。

智能安全管理系统：智能安全管理系统可以集成安全摄像头、门禁系统和生物识别技术，以确保只有合格的人员才能够进入危险区域。这可以有效减少未经授权的人员进入危险区域的可能性。

（三）综合方法

虽然生产效率和安全性是两个不同的关注领域，但它们常常是相互关联的。一方面，提高生产效率有助于减少时间压力和生产紧迫性，这有助于减少员工疲劳和提高工作质量；另一方面，提高安全性可以减少意外事故，降低伤害率，从而提高生产效率。以下是综合方法，旨在同时提高生产效率和安全性：

综合数据分析：综合数据分析可以结合生产和安全数据，以识别生产过程中的潜在风险。通过分析数据，可以发现与生产效率和安全性相关的模式及趋势。

员工培训：为员工提供综合的培训，包括安全培训和生产培训，可以帮助他们更好地了解工作要求、危险因素和应对措施。这有助于提高员工的综合技能，既能提高生产效率，又能确保安全性。

实时监控和警报系统：将生产设备和员工与实时监控及警报系统连接起来，以及时检测危险情况并采取紧急措施。这可以帮助减少潜在的事故和生产中断，提高生产效率。

持续改进：采用持续改进方法，如六西格玛、精益生产和敏捷方法，可以帮助企业识别和消除在生产中的浪费。这不仅可以提高生产效率，还有助于减少错误和提高产品质量。

员工参与：鼓励员工积极参与生产过程和安全性改进。员工通常对他们的工作有独特的见解，可以提供有价值的建议，以提高生产效率和安全性。

绩效指标和数据可视化：制定绩效指标并使用数据可视化工具来跟踪生产效率和安全性的指标。这可以帮助管理层更好地了解业务状况，并及时做出决策。

综合提高生产效率和安全性是现代工业的关键目标。通过使用创新的技术和方法，企业可以实现这一目标，提高其竞争力，降低成本，并确保员工的安全和健康。

在实施创新方法时，企业需要考虑其特定需求和行业要求。每个行业都面临其独特的挑战和机会，因此需要定制解决方案。此外，综合方法通常是最有效的，因为它们允许企业同时提高生产效率和安全性，而不是牺牲其中的一个。

继续寻求创新方法，不断改进和学习，对提高企业生产效率和安全性至关重要。通过与员工一起工作，监测关键绩效指标，以及积极寻求改进，企业可以不断提高其综合绩效，实现可持续发展。

第二节 环保与碳排放管理

一、煤炭行业的环保法规与标准

煤炭作为一种主要的能源资源,长期以来一直是世界各国的主要能源之一。然而,煤炭的开采和利用也对环境造成了严重的影响,包括大气污染、水资源污染、土地破坏和温室气体排放。为了减轻煤炭行业对环境的负面影响,各国纷纷制定了一系列的环保法规与标准,以规范煤炭生产和利用的过程,促进清洁生产和可持续发展。本部分将探讨煤炭行业的环保法规与标准,以及它们的重要性和实施情况。

(一)煤炭行业的环保挑战

在了解煤炭行业的环保法规和标准之前,我们有必要了解煤炭行业所面临的环保挑战。煤炭开采和利用涉及多个环境问题,其中包括:

大气污染:燃烧煤炭产生大量的二氧化硫、氮氧化物和颗粒物等大气污染物,这些污染物会导致酸雨、雾霾和健康问题。

水资源污染:煤矿排放物和煤矸石可以污染地下水与地表水,将对水生生态系统和供水质量造成威胁。

土地破坏:煤炭采矿活动会导致土地沉陷、土地退化和生态系统破坏,将对当地社区和生态环境带来负面影响。

温室气体排放:燃烧煤炭是主要的温室气体排放来源之一,加剧了全球气候变化问题。

(二)煤炭行业的环保法规与标准

为了应对煤炭行业的环保挑战,各国制定了一系列的环保法规和标准,以规范煤炭生产和利用的过程。这些法规和标准通常涵盖了以下几个方面:

大气污染控制:大多数国家都制定了大气污染控制法规,要求煤炭电厂和其他燃煤设施采取措施减少二氧化硫、氮氧化物和颗粒物的排放。这包括安装脱硫和脱硝设备、采用高效的燃烧技术,以及大气污染物排放标准。

水资源管理:煤炭矿山和处理设施需要遵守水资源管理法规,以减少水污染的风险。这包括处理矿山排水、采取措施减少水资源消耗,以及监测地下水和地表水的质量。

土地保护:为了减少土地破坏,一些国家规定了煤炭矿山的土地复原和再生要求。这些法规要求煤炭公司在采矿结束后对矿区进行复原,恢复其原始状态或用途。

温室气体排放控制：鉴于煤炭燃烧是温室气体排放的主要来源之一，一些国家实施了碳排放削减政策，包括碳定价和排放交易系统，以鼓励减少温室气体排放。

安全和健康法规：除了环保法规，煤炭行业也受到安全和健康法规的监管，以确保矿工和相关工作人员的安全。

（三）环保法规与标准的重要性

环保法规和标准在煤炭行业中的重要性不言而喻。它们有以下几个方面的重要性：

减少环境影响：这些法规和标准的主要目标是减少煤炭行业对环境的不利影响。通过限制大气污染物排放、监管水资源使用和管理土地复原，它们有助于减少污染、水资源受损和生态系统破坏。

促进可持续发展：环保法规和标准鼓励清洁生产和可持续发展实践。这可以帮助煤炭行业降低资源消耗，减少浪费，改善能源效率，以及减少温室气体排放。

保护公共健康：大气污染和水资源污染将对人类健康构成威胁。这些法规和标准的实施可以降低疾病和健康问题的风险，保护公众的健康。

遵守国际承诺：许多国家都签署了国际环保协定，如《巴黎协定》等，承诺减少温室气体排放和降低对全球气候变化的贡献。煤炭行业的环保法规和标准对实现这些国际承诺至关重要。通过控制温室气体排放和推动清洁能源转型，煤炭行业可以为国际社会的气候目标做出贡献。

提高企业责任感：环保法规和标准强化了煤炭企业的环境责任感。这鼓励企业采取主动措施来降低环境影响，避免法律和经济风险，提高其声誉和可持续性。

创新和技术发展：环保法规和标准鼓励技术创新，推动环保技术的发展。这包括研发更高效的排放控制技术、清洁燃烧技术和碳捕获与储存技术，有助于推动煤炭行业的现代化和可持续性。

（四）环保法规与标准的实施情况

环保法规和标准的实施情况在不同国家与地区之间有所不同。一些国家采取了积极的立法和监管措施，严格执行环保法规，以确保煤炭行业的环保标准得到遵守。其他国家可能在这方面进展较慢，面临着一些挑战和问题。

积极实施的国家：欧洲国家、美国、加拿大、澳大利亚等一些发达国家在煤炭行业的环保方面采取了积极的措施。它们实施了严格的大气污染控制、水资源管理、土地复原和温室气体排放控制法规。这些国家鼓励清洁能源和可再生能源的发展，减少对煤炭的依赖。

挑战和问题：一些发展中国家和新兴市场国家面临环保法规实施的挑战。由于煤炭是廉价的能源资源，一些国家可能不愿意完善环保法规，以避免增加生产成本。此外，监管不力、执法不严和监测不足也是问题。这导致了环境问题，包括大气污染、水资源污染和土地破坏。

国际合作：国际社会也努力促进环保法规和标准的国际合作。通过知识分享、技术转让和经验交流，各国可以相互学习最佳实践，共同应对全球环境挑战。

煤炭行业的环保法规和标准在全球范围内发挥着重要作用，有助于减少煤炭生产和利用对环境的负面影响。这些法规和标准涵盖了大气污染控制、水资源管理、土地复原、温室气体排放控制和安全健康等多个方面。它们不仅有助于减少环境污染和保护公共健康，还推动了煤炭行业的现代化和可持续性发展。

然而，环保法规和标准的实施仍然面临挑战，尤其是在一些发展中国家。国际合作和知识共享是应对这些挑战的一种途径。通过加强合作，各国可以共同努力，促进全球煤炭行业的可持续发展，减少环境影响，并为未来的能源生产和利用提供更清洁与可持续的解决方案。

二、减少碳排放的策略与技术

减少碳排放是全球范围内面临的一项紧迫任务，以应对气候变化和全球变暖的挑战。碳排放主要是由人类活动，特别是化石燃料的燃烧、工业生产和土地利用变化所导致。为了减少碳排放，我们需要采取一系列策略和技术，以降低二氧化碳和其他温室气体的释放，减缓气候变化的影响。本部分将探讨一些减少碳排放的策略和技术，包括可再生能源、能效改进、碳捕获和储存、交通和城市规划、可持续农业以及教育和意识等方面的措施。

（一）可再生能源

可再生能源是减少碳排放的重要途径之一。这包括太阳能、风能、水力能源、地热能源等。这些能源不仅可以减少对化石燃料的依赖，还可以减少温室气体的排放。太阳能和风能是特别有前景的能源来源，它们在全球范围内得到了广泛的利用。太阳能电池板和风力涡轮机的技术不断改进，使可再生能源更具吸引力和可行性。

（二）能效改进

能效改进是减少碳排放的另一个重要策略。通过提高能源利用效率，我们可以在减少能源消耗的同时减少温室气体排放。这包括改进建筑的绝缘和通风系统，使用能效更高的电器和设备，以及采取更加高效的工业生产过程。政府、企业和个人都可以采取措施，以减少能源浪费，从而减少碳排放。

（三）碳捕获和储存

碳捕获和储存技术允许我们从工业生产及能源生产过程中捕获二氧化碳，并将其永久储存在地下或其他地方。这有助于减少温室气体的释放，特别是来自煤炭和天然气等高排放能源的工厂。虽然这项技术仍在不断发展，但已经在一些地方得到了应用。

（四）交通和城市规划

交通和城市规划是减少碳排放的重要领域。私人汽车、卡车和公共交通都是重要的碳排放来源。通过改善公共交通系统，鼓励使用低排放交通工具，如电动汽车和自行车，以及推动城市规划以减少通勤距离，我们可以显著减少交通出行带来的碳排放。

（五）可持续农业

农业是一个重要的碳排放领域。土地利用变化、化肥使用和畜牧业等因素都导致了温室气体的释放。可持续农业实践，如有机农业、精细管理的农业和森林保护，可以减少这些排放。此外，减少食物浪费也是减少碳排放的重要因素，因为浪费食物会导致不必要的生产和运输。

（六）政策和国际合作

政府政策和国际合作是减少碳排放的重要因素。政府可以采取各种措施，如实施碳定价、制定排放标准、提供激励措施以鼓励可再生能源和能效改进，以及制定城市规划政策。另外，国际合作也很重要，因为气候变化是全球性问题，需要各国共同努力，以减少碳排放并应对气候变化的挑战。

（七）教育和意识

教育和意识提高在减少碳排放方面起着重要作用。人们需要了解他们的行为如何影响碳排放，以及如何采取行动来减少排放。教育和宣传活动可以提高公众的意识，鼓励采取可持续的生活方式，如节水、减少垃圾和鼓励可再生能源的使用。

减少碳排放是一项紧迫的任务，需要各种策略和技术的综合应用。可再生能源、能效改进、碳捕获和储存、交通和城市规划、可持续农业、政策和国际合作以及教育和意识的提高都是降低碳排放的重要因素。只有全球各国政府、企业和个人共同合作，才能有效减少碳排放，减少气候变化的影响，保护地球的可持续发展。希望未来我们能够更加积极地采取行动，采用这些策略和技术，共同应对气候变化，创造一个更加可持续的未来。

首先，可再生能源的推广和使用对减少碳排放至关重要。太阳能和风能等可再生能源的开发不仅有助于减少对化石燃料的依赖，还有助于创造就业机会。政府和私营部门可以鼓励可再生能源的投资和研发，以降低能源的碳足迹。此外，能源存储技术的不断改进也可以帮助解决可再生能源波动性的问题，使其更加可靠和持续。

其次，能效改进是另一个重要策略。通过采取更高效的能源使用方式，可以降低碳排放并降低能源成本。这包括改进建筑的隔热、采用LED照明、提高工业过程的效率等。政府政策可以鼓励企业和个人采取节能措施，包括提供财政激励和能源效率标准。

碳捕获和储存技术对降低工业和能源生产过程中的碳排放至关重要。这项技术可以帮助减少温室气体的释放，尤其是来自煤炭和天然气等高排放能源的工厂。碳捕获技术涉及捕获二氧化碳并将其储存在地下储存库中。虽然这项技术仍在不断发展，但已经在一些工厂得到应用，为减少工业领域的碳排放提供了希望。

在交通和城市规划方面，城市的设计可以直接影响碳排放。采用城市规划和交通管理措施，如改善公共交通系统、推广电动交通工具、建设自行车道、减少通勤距离等，都有助于降低交通引起的碳排放。此外，政府还可以实施碳排放标准，并鼓励绿色城市发展，以降低城市的碳足迹。

可持续农业实践对减少碳排放和保护生态系统至关重要。通过采用有机农业、减少农业化肥和农药的使用、改善土壤管理和森林保护，农业部门可以减少其碳排放。此外，减少食物浪费也是减少碳排放的重要方面，因为浪费食物导致不必要的生产和运输，增加碳排放。

政府政策和国际合作是减少碳排放的重要因素。政府可以制定法律法规，鼓励采取环保措施，如碳定价、排放标准和可再生能源政策。另外，国际合作也很重要，因为气候变化是全球性问题，需要各国共同努力，以减少碳排放并应对气候变化的挑战。国际气候协议，如巴黎协定，是各国合作减少碳排放的一个重要里程碑。

最后，教育和意识提高在减少碳排放方面将起着重要作用。公众需要了解气候变化和碳排放的影响，以及他们可以采取什么措施来降低碳排放。教育和宣传活动可以提高公众的意识，鼓励采取可持续的生活方式，如节水、减少垃圾和鼓励可再生能源的使用。这些措施可以在个人和社区层面推动开展减少碳排放的行为。

总之，减少碳排放是一项紧迫的任务，需要综合应用各种策略和技术。可再生能源、能效改进、碳捕获和储存、交通和城市规划、可持续农业、政策和国际合作以及教育和意识提高都是降低碳排放的重要因素。只有全球各国政府、企业和个人共同合作，才能有效减少碳排放，减缓气候变化的影响，创造一个更加可持续的未来。希望未来我们能够更加积极地采取行动，采用这些策略和技术，共同应对气候变化的挑战，保护地球的生态环境和人类的未来。

三、环保管理对企业的影响

环保管理对企业的影响是一个日益受到重视的话题。随着全球环境问题日益严重，政府、社会和消费者对企业的环保责任提出了更高的要求。企业必须认识到环保管理对其经营和发展的影响，不仅在道德和道德层面，还在经济和竞争优势方面。本部分将探讨环保管理对企业的各种影响，包括可持续经营、法律法规遵从、品牌声誉、成本管理、创新和市场竞争力等方面的影响。

（一）可持续经营

环保管理对企业的一个显著影响是推动可持续经营。可持续经营是一种以最大限度减少对环境和社会的负面影响为目标的经营方式。通过减少废物、降低资源消耗、采用环保材料和技术，企业可以实现更加可持续的生产和供应链管理。这不仅有助于保护环境，还可以提高企业的效益，降低长期风险，提升社会形象，吸引更多投资者和消费者。可持续经营不仅是一种道德义务，还是企业未来商业运营成功的基础。

（二）法律法规遵从

环保管理对企业的另一个重要影响是推动法律法规遵从。各国政府颁布了一系列环境法律和法规，旨在控制污染、保护生态系统和减少温室气体排放。企业必须遵守这些法规，否则将面临严重的法律和财务风险。违反环境法规可能导致企业罚款、责任追究，甚至关闭的风险。因此，环保管理对确保企业的法律合规至关重要。通过建立强有力的环保管理体系，企业可以更好地遵守法规，减少潜在的法律风险。

（三）品牌声誉

企业的品牌声誉是其长期成功的重要因素之一。环保管理将对品牌声誉产生重要影响。消费者越来越倾向支持环保和履行社会责任的企业，而不愿意购买那些被认为对环境不负责的企业的产品。因此，积极的环保行为可以提高企业的声誉，增加消费者的忠诚度。此外，企业的环保举措也吸引了媒体和社交媒体的关注，有助于提高品牌曝光度。相反，不负责的环境行为可能会导致负面媒体报道和社会抵制，进而对品牌声誉造成损害。

（四）成本管理

环保管理可以在成本管理方面产生积极影响。虽然一开始可能需要投入一些资金来采取环保措施，但长期来看，这些措施通常会减少成本。例如，提高能源效率和资源利用效率可以减少能源与原材料的消耗，从而降低生产成本。此外，减少废物和污染控制措施也可以减少清洁和维护成本。环保管理有助于提高企业的运营效益，增加盈利能力。

（五）创新

环保管理可以促进创新。为了实施环保措施，企业需要不断寻找新的技术、材料和方法，以减少对环境的负面影响。这种创新不仅可以改善环境性能，还可以提高产品和服务的质量。企业可以通过环保创新开辟新的市场机会，增加竞争力。许多企业的实践经验证明，环保创新是一种可持续的竞争优势，可以帮助其在市场上脱颖而出。

（六）市场竞争力

最后，环保管理可以增强企业的市场竞争力。随着消费者对环保和社会责任的关注度不断增加，企业如果能够展示其环保承诺和行动，就能够吸引更多的消费者。此外，一些市场和行业对环保标准与认证提出了更高的要求，这意味着符合这些标准的企业更有竞争力。同时政府采购也越来越关注环保标准,这将为具有环保认证的企业提供了更多商机。因此,积极的环保管理可以提高企业的市场竞争力,增加市场份额。

环保管理对企业的影响是多方面的。它推动了可持续经营,促使企业遵守法律法规,提高了品牌声誉,降低了成本,促进了创新,增强了市场竞争力。企业不仅需要满足消费者和社会对环保的期待,还需要面对日益严格的环保法规和标准。然而,这些挑战也可以被视为机会,使企业能够不仅可以实现环保目标,还可以在竞争激烈的市场中脱颖而出。

随着环境问题的增加和全球气候变化的加剧,环保管理已经从企业社会责任的一个方面变成企业的核心战略。越来越多的企业意识到,环保管理不仅有助于企业降低环境风险,还可以提高经济效益、创新潜力和市场竞争力。因此,许多企业要积极采取措施,以满足社会和市场对环保的需求。

然而,环保管理也面临一些挑战。首先,实施环保措施通常需要资金投入,这可能会增加企业的初期成本。其次,一些企业可能面临困难,特别是那些依赖高碳排放的企业。这些企业可能需要转型和创新,以适应更环保的经济环境。最后,环保管理需要企业建立有效的内部管理体系,确保环保政策得到执行。这需要培训员工、建立监测和报告机制,以确保环保目标得以实现。

在未来,环保管理将继续对企业产生深远影响。随着全球气候变化问题的加剧,政府、社会和消费者对企业的环保责任将不断升级。因此,企业需要积极应对环保挑战,不仅满足法律法规的要求,还树立可持续经营的目标,提高创新能力,提升品牌声誉,降低成本,增强市场竞争力。

总之,环保管理对企业的影响是多方面的,从可持续经营到法律法规遵从、品牌声誉、成本管理、创新和市场竞争力等各个方面都将有积极影响。企业应该将环保管理视为长期战略的一部分,积极采取环保措施,以满足社会和市场对环保的需求,实现经济效益和可持续发展。只有这样,企业才能在不断变化的商业运营环境中取得成功,为社会和环境创造积极的影响。

第三节 煤炭洗选与清洁能源生产

一、煤炭洗选技术与流程

煤炭洗选技术和流程是一种用于提高煤炭品质的重要工艺。通过去除杂质、降低灰分、提高热值和减少硫分等处理,洗选煤炭可以更好地适应不同的工业和能源需求。本部分将探讨煤炭洗选技术的原理、流程、类型以及在煤炭产业中的应用。

(一)煤炭洗选技术的原理

煤炭洗选技术的基本原理是通过物理和化学方法,将煤炭和杂质分离,以提高煤炭的品质和适用性。这一过程通常包括以下几个主要步骤:

去除杂质:初步的煤炭洗选步骤是去除大块的杂质,如矿石、岩石和其他固体杂质。这通常通过机械筛选和振动屏等方法完成。

密度分离:密度分离是煤炭洗选的重要步骤之一。这一过程涉及将煤炭和杂质分离,利用其不同的密度特性。通常使用浮选槽或沉降槽进行密度分离。浮选槽使用空气或液体,使煤炭浮起,而杂质沉降。沉降槽则允许较重的杂质沉入底部,而轻的煤炭浮在表面。

磁性分离:磁性分离是一种处理含有铁矿石的煤炭的方法。磁性分离利用磁场将铁矿石从煤炭中分离出来。

浮选:浮选是一种将煤炭和其他杂质分离的化学方法。它通常包括将煤炭浸泡在特定的化学药品中,使煤炭颗粒上的杂质粒子与化学药品发生化学反应,然后浮在液体表面上,从而被分离出来。

降低灰分和硫分:一些特定的洗选过程包括降低煤炭中的灰分和硫分。这可以通过化学方法实现,如化学浸渍和高密度浮选。

(二)煤炭洗选流程

煤炭洗选过程通常包括以下一般步骤,具体流程可能因煤炭类型和品质要求而有所不同:

粉碎:初步步骤是将原煤进行粉碎,以减小颗粒大小,使后续洗选步骤更容易进行。

筛分:粉碎后的煤炭经过筛分,将不同粒度的煤炭分离开来,以便更好地进行后续处理。

密度分离:使用浮选槽或沉降槽进行密度分离,将煤炭和杂质分离。煤炭浮在液体表面,而杂质沉降。

浮选:对特定类型的煤炭,可以使用浮选过程,其中化学药品被添加到煤炭和杂质的混合物中,以分离它们。

磁性分离:对含有铁矿石的煤炭,可以通过使用磁性分离来去除铁矿石。

水力分离:进一步处理煤炭,通过使用水力分离来去除更多的杂质。

降低灰分和硫分:如果需要,就可以使用化学浸渍或高密度浮选来降低煤炭中的灰分和硫分。

离心分离:离心分离是将煤炭和杂质在高速旋转的离心机中分离的过程。

最终筛分:最后一步是对洗选后的煤炭进行最终筛分,以确保符合规定的颗粒大小要求。

(三)煤炭洗选技术的类型

煤炭洗选技术有多种类型,根据不同的要求和煤炭类型,可以选择不同的洗选方法。一些常见的煤炭洗选技术包括:

重介质分离(DMS):重介质分离是一种常用于处理高密度矿石的方法。它利用液体悬浮物和密度差异来分离煤炭和杂质。

离心分离:离心分离是通过旋转离心机将煤炭和杂质分离的过程,适用于煤炭的精细分离。

水力分离:水力分离是一种通过水力力量将煤炭和杂质分离的方法。这通常涉及将混合物通过斜坡或水流,使煤炭和杂质分离,因为它们具有不同的密度和重力特性。

浮选:浮选是一种通过向混合物添加化学药品来分离煤炭和杂质的化学方法。这一过程通常用于分离含硫矿石和其他特定类型的煤炭。

磁性分离:磁性分离是一种将含铁矿石的煤炭与铁矿石分离的方法。通过利用磁性力量,铁矿石可以被吸附和分离出来。

(四)煤炭洗选技术在煤炭产业中的应用

煤炭洗选技术在煤炭产业中具有广泛的应用,主要包括以下几个方面:

提高煤质:煤炭洗选技术可以去除大部分杂质,如岩石、土壤、硫和灰分,从而提高煤炭的质量。这对生产高品质的燃料煤、冶金煤和其他特定用途的煤炭至关重要。

降低环境影响:通过去除硫、灰分和其他有害物质,煤炭洗选可以减少燃烧时的污染物排放,减少对环境的不良影响,特别是减少酸雨和大气污染。

增加煤炭价值:洗选后的煤炭通常比生煤更有市场竞争力,因为它更适用于各种工业和能源应用。因此,煤炭洗选有助于提高煤炭的市场价值。

减少运输成本:去除杂质可以减轻煤炭的重量,从而降低运输成本。这对长距离运输和出口煤炭至关重要。

增加资源回收:煤炭洗选过程可以使从煤炭中分离出的矿物资源重新利用,增加资源回收率,降低资源浪费。

煤炭洗选技术和流程是煤炭产业中的重要环节,通过去除杂质、降低灰分和硫分,提高热值,可以提高煤炭的品质和适用性。这不仅有助于提高环境保护,减少污染物排放,还能提高煤炭的市场价值和竞争力。煤炭洗选技术的选择和应用通常取决于煤炭类型、品质要求和市场需求。通过科学合理的煤炭洗选技术,煤炭产业可以实现更高的资源回收率,减少环境影响,提高经济效益,满足各种工业和能源需求。

二、清洁能源生产与煤炭转化

清洁能源生产与煤炭转化是当今能源领域的重要话题，随着全球气候变化问题的增加以及对可持续发展的需求不断增加，清洁能源生产和煤炭转化技术变得尤为关键。本部分将探讨清洁能源的定义，不同种类的清洁能源，以及煤炭转化技术，以及它们如何相互关联和影响。

（一）清洁能源的定义和种类

清洁能源通常指的是那些在生产和使用过程中减少温室气体排放和其他环境污染的能源形式。它们被广泛认为是可持续的，因为它们减少了对有限自然资源的依赖，减少了环境和气候影响。以下是一些常见的清洁能源种类：

太阳能能源：太阳能能源是通过太阳光的转换来产生电力和热能的能源形式。太阳能电池板可以将阳光转化为电能，用于供电和加热水。

风能：风能是通过风力驱动的风力涡轮机或风力发电机来产生电能的一种能源。风能是一种可再生能源，它不会排放温室气体。

水力能源：水力能源是通过水流的力量来产生电力的能源形式。水电站利用水流的动能，将其转化为电能。

核能：核能是通过核裂变或核聚变过程来产生能量的一种能源。尽管核能产生的电力清洁，但存在一定的风险和核废料管理问题。

生物质能源：生物质能源是通过有机物质，如木材、农作物残渣和废弃物，来产生能源的能源形式。生物质能源通常被用于生产生物柴油、生物乙醇和生物气体等燃料。

地热能源：地热能源是通过地下热能来产生电力和供暖的一种能源形式。地热能源通常用于地热电站和供暖系统。

潮汐能源：潮汐能源是通过潮汐运动来产生电力的一种能源形式。它利用潮汐涌浪的动能，将其转化为电能。

氢能源：氢能源是通过氢气的燃烧或氢燃料电池来产生电力的一种能源形式。氢气是一种高效的燃料，不会产生温室气体排放。

（二）清洁能源生产的重要性

清洁能源生产对减缓气候变化、减少环境污染、保护自然资源和可持续发展至关重要。以下是一些清洁能源生产的重要性：

减少温室气体排放：温室气体，如二氧化碳、甲烷和氮氧化物，是主要的气候变化驱动因素。使用清洁能源可以减少企业对化石燃料的依赖，从而降低温室气体排放。

降低环境污染：传统能源生产和使用通常伴随着大气和水体污染，对生态系统造成严重破坏。清洁能源生产减少了这些污染，有助于维护生态平衡。

保护自然资源：传统能源生产需要大量的自然资源，如煤炭、石油和天然气。清洁能源利用自然资源更加高效，减少了资源的消耗。

促进可持续发展：清洁能源生产有助于可持续发展目标的实现，包括经济增长、社会公平和环境保护。它创造了新的就业机会，并有助于提高能源供应的稳定性。

减少能源依赖：清洁能源减少了企业对进口石油和天然气的依赖，提高了能源安全性。

（三）煤炭转化技术的定义和类型

煤炭转化是将煤炭转化为其他能源形式或化学产品的过程。煤炭转化技术通常分为以下几种类型：

煤炭气化：煤炭气化是一种将煤炭转化为合成气（包括氢气和一氧化碳）的过程。合成气可以用作燃料或化学原料。

煤炭液化：煤炭液化是一种将煤炭转化为液体燃料的过程，如合成柴油和合成液化天然气。这种技术通常包括煤炭的气化和后续催化转化步骤，以生成液体燃料。

煤炭焚烧：煤炭焚烧是一种将煤炭燃烧成热能的传统方法。煤炭既可以直接用于发电或供热，也可以通过燃料电池等技术产生电力。

煤炭干馏：煤炭干馏是一种将煤炭分解成焦炭和其他化学产品的过程。焦炭通常用于冶金和钢铁生产。

煤炭气化联合循环发电：这是一种将煤炭气化产生的合成气用于发电的技术。它可以提高能源效率并减少二氧化碳排放。

煤炭转化为化学品：煤炭可以用于生产化学品，如甲醇、氨和其他化学品。这些化学品可以用于工业生产或作为化肥和化工原料。

（四）清洁能源生产与煤炭转化的联系与影响

清洁能源生产和煤炭转化之间存在许多联系和影响。以下是一些主要方面：

温室气体减排：清洁能源的使用有助于减少温室气体排放，减缓气候变化。相反，煤炭燃烧通常伴随着大量的二氧化碳排放，是温室气体的主要来源之一。通过将煤炭转化为清洁能源，如合成气、液体燃料或电力，可以减少温室气体排放。

能源多样化：清洁能源的生产和使用有助于能源多样化，减少对传统化石燃料的依赖。煤炭转化技术可以使煤炭作为能源资源更加多样化，以适应不同的需求。

资源有效性：清洁能源通常更高效，能够提供更多能源输出与相同数量的资源输入。煤炭转化技术可以提高煤炭的资源利用效率，减少资源浪费。

创新与技术发展：清洁能源生产和煤炭转化技术的研究与发展推动了科技创新。这些技术的进步有助于改善能源产业的可持续性，提高能源效率，降低生产成本。

经济影响：清洁能源产业的发展创造了新的就业机会，促进了经济增长。煤炭转化技术的使用可以为煤炭产业提供更多就业机会，减少煤炭产业的衰退压力。

环境保护：清洁能源生产有助于减少大气污染、水污染和生态系统破坏。同时，煤炭转化技术也可以改善煤炭生产过程中的环境影响，减少废弃物的排放。

能源供应的稳定性：清洁能源生产和煤炭转化技术可以提高能源供应的稳定性，减少能源供应中断的风险。

可持续发展：清洁能源生产和煤炭转化有助于实现可持续发展目标，包括经济、社会和环境方面的可持续性。

清洁能源生产和煤炭转化技术是当今能源领域的重要议题。清洁能源的使用有助于减少温室气体排放、改善环境质量、推动可持续发展，并减少对有限自然资源的依赖。同时，煤炭转化技术为煤炭资源的高效利用和多样化提供了可能，有助于减少煤炭产业的环境影响，创造新的就业机会，并推动技术创新。

综合来看，清洁能源生产和煤炭转化技术在能源产业中发挥着重要的作用，它们相互关联，互为补充，为实现可持续发展和减少环境影响提供了有效的途径。未来，这些领域的研究与发展将继续推动能源产业的变革，为我们的社会和环境带来更多的好处。

三、煤炭资源可持续利用的实践

煤炭是全球主要的化石燃料之一，但它的采用和使用会对环境和气候产生负面影响。因此，为了实现可持续发展，煤炭资源的可持续利用至关重要。本部分将探讨煤炭资源可持续利用的实践，包括煤炭清洁技术、煤炭的多样化用途、煤炭资源管理和社会责任与可持续发展。

（一）煤炭清洁技术

煤炭洗选：煤炭洗选是一种通过物理和化学方法去除煤炭中的杂质和硫分的技术。这有助于提高煤炭的热值，减少环境污染，降低温室气体排放。洗选后的煤炭更适用于发电和工业用途。

高效燃烧技术：高效燃烧技术可以降低煤炭的燃烧过程中的污染物排放。这包括燃烧控制、烟气脱硫和脱硝技术，以减少二氧化硫和氮氧化物的排放。

煤炭气化：煤炭气化是一种将煤炭转化为合成气（包括氢气和一氧化碳）的技术。合成气可以用作燃料或化学原料，具有较低的碳排放。

煤炭液化：煤炭液化是将煤炭转化为液体燃料的过程，如合成柴油和合成液化天然气。这有助于减少煤炭的燃烧污染和温室气体排放。

煤炭灰渣管理：煤炭灰渣是燃烧煤炭后产生的固体废物。灰渣的有效管理和处置对于减少环境污染至关重要。一些先进的技术可以将灰渣转化为有用的建筑材料或工业原料。

CO_2捕集和储存：二氧化碳（CO_2）捕集和储存技术旨在将燃烧煤炭产生的CO_2排放捕集并封存在地下储存设施中，以减少温室气体排放。这是一种重要的气候变化应对技术。

（二）煤炭的多样化用途

高效发电：煤炭仍然是全球发电的主要能源之一。使用高效燃烧和发电技术，可以提高煤炭的电力产量，减少每单位能源产生的污染物。

工业用途：煤炭作为工业原料用于生产钢铁、水泥和化学品。通过煤炭气化和煤炭液化技术，可以将煤炭转化为合成气和液体燃料，用于工业过程。

加热和供暖：煤炭仍然用于供暖和加热，特别是在一些偏远地区。使用高效的加热设备可以降低对煤炭的需求，减少环境影响。

化肥生产：煤炭可以用于生产氨和其他化肥，以满足农业需求。通过煤炭气化技术，可以减少对传统化肥原料的依赖。

电力联产：电力联产是一种将电力和热能一起生产的技术。这有助于提高能源效率，减少资源浪费，同时减少环境污染。

（三）煤炭资源管理

高效采矿：高效采矿技术可以提高煤炭采矿的效率，减少资源浪费。这包括现代化设备和采矿方法，以降低劳动力成本和环境破坏。

水资源管理：煤炭采矿和清洗过程通常需要大量水资源。有效管理和再利用水资源对减少水资源浪费和水污染至关重要。

社区参与：煤炭资源开发需要考虑当地社区的需求和利益。社区参与和协商可以减少在资源开发过程中的社会冲突和环境问题。

煤炭矿山复原：煤炭矿山复原是将矿区还原为其原始自然状态的过程。这有助于减少矿山废弃物对环境的影响。

严格的监管：政府和监管机构需要制定及实施严格的煤炭资源管理政策与法规，以确保煤炭资源的可持续开发和利用。监管应包括环境监测、采矿安全、劳工权益和社会责任等方面。

（四）社会责任与可持续发展

社会责任：煤炭产业应积极承担社会责任，包括确保员工的安全和健康，提供合理工资和福利，支持当地社区的发展，以及保护环境。社会责任实践有助于减少煤炭业对社会的负面影响。

可持续发展：煤炭资源的可持续利用应与可持续发展原则相一致。这包括满足当前需求，同时不损害未来世代的需求。另外，可持续发展也涉及经济、社会和环境三个方面的平衡。

社会参与：煤炭产业应积极与当地社区和利益相关方进行合作和对话。社会参与有助于了解社区需求和担忧，提供可行的解决方案，并建立合作关系，以推动可持续发展目标的实现。

煤炭资源的可持续利用是实现可持续发展的关键因素。通过采用煤炭清洁技术、多样化用途、资源管理和社会责任，煤炭产业可以减少对环境的不良影响，提高资源利用效率，支持社区和社会发展。成功实践和案例表明，煤炭资源的可持续利用是可行的，但需要政府、产业和社会各方的合作和努力。在全球能源转型的大背景下，将煤炭产业与可持续发展原则相结合，可以为未来的能源和环境挑战提供解决方案。

第四节　煤炭资源综合利用

一、利用煤炭资源的多种途径

煤炭一直以来是世界上主要的能源资源之一，但随着全球对气候变化和环境问题的关注不断增加，以及对可持续能源的需求不断上升，煤炭的传统用途已经面临挑战。为了更好地利用煤炭资源并减少对环境的不利影响，人们一直在探索多种途径来改变煤炭的用途。本部分将探讨一系列煤炭资源的多种用途，包括传统的能源生产、清洁能源技术、化学品生产、材料科学、社会经济发展和可持续发展挑战等方面。

（一）传统的能源生产

电力生产：传统的用途之一是将煤炭燃烧以发电。燃煤电厂是全球电力生产的主要来源之一，它们以稳定的电力供应和成本效益而闻名。然而，这种方法通常伴随着大量的温室气体排放和空气污染，因此需要采用高效的燃烧技术和排放控制设备来降低环境影响。

供暖和工业过程：煤炭被用于供暖和工业加热。煤炭的高热值和相对便宜的价格使其在一些地区成为主要的供暖燃料。同时，煤炭还用于工业过程，如钢铁生产、水泥制造和化工生产。

（二）清洁能源技术

煤炭气化：煤炭气化是一种将煤炭转化为合成气（包括氢气和一氧化碳）的技术。这种合成气可以用于发电、化学品生产和液体燃料制备。煤炭气化有助于减少燃煤电厂的温室气体排放，同时提高煤炭资源的利用效率。

煤炭液化：煤炭液化是将煤炭转化为液体燃料的过程，如合成柴油和合成液化天然气。这些清洁燃料可以替代传统的石油产品，减少对石油的依赖，并减少碳排放。

煤炭焚烧联产：煤炭焚烧联产是一种将煤炭燃烧产生的热能和电力联合生产的技术。这可以提高能源效率，减少资源浪费，并减少环境排放。

（三）化学品生产

氨制造：煤炭可以用作氨的原料，氨是一种重要的化肥和化学品。通过煤炭气化技术，可以将煤炭转化为氨，满足农业需求。

甲醇生产：甲醇是一种用于化工、能源和燃料生产的化学品。煤炭可以用作甲醇的原料，通过煤炭气化和合成化学方法制备甲醇。

（四）材料科学

高级材料制备：煤炭可以用作高级材料的原料，如活性炭、碳纳米管和石墨烯。这些材料在电子、能源存储、水处理和其他应用领域具有广泛的用途。

煤矿废弃物再利用：煤矿废弃物，如煤矸石和煤矿渣，可以转化为建筑材料、水泥和其他产品。这有助于降低矿山废弃物对环境的影响。

（五）社会经济发展

就业机会：煤炭资源的多种用途创造了许多就业机会，从矿工到工程师、科学家和技工。这有助于促进社会经济发展。

能源供应稳定性：利用煤炭资源的多种途径有助于提高能源供应的稳定性，减少对其他国家和能源资源的依赖。

地方社区发展：煤炭产业在一些地方社区中发挥着作用。煤炭开采和相关产业可以促进地方社区的发展，提供税收和支持社会项目。

（六）可持续发展挑战

尽管煤炭资源的多种用途提供了许多机会，但仍然面临一些挑战，包括以下几个方面：

环境问题：煤煤炭的使用仍然伴随着环境问题，包括温室气体排放、大气污染和水资源消耗。因此，必须采取措施来减少这些负面影响，如采用清洁技术和排放控制设备。

技术挑战：一些煤炭资源的多种用途需要先进的技术和设备，这可能需要大量的投资和研发。此外，这些技术需要不断改进和升级，以提高效率和减少环境影响。

市场竞争：煤炭资源的多种用途面临来自其他能源资源的竞争，如天然气、可再生能源和核能。市场竞争可能会影响煤炭的价格和市场份额。

社会接受度：煤炭产业一直备受争议，因为它与环境污染和气候变化有关。社会对煤炭的接受度可能会影响政府政策和投资。

供需波动：全球煤炭市场的供需波动可能会对煤炭资源的多种用途产生影响。供应过剩或需求下降可能会导致价格波动和产业不稳定性。

政策和监管：政府政策和监管对煤炭资源的多种用途至关重要。政策的不确定性或监管的不足可能会影响煤炭资源的可持续利用。

煤炭资源的多种用途提供了各种途径，以减少对传统煤炭能源的依赖，减少环境影响，促进可持续发展。然而，实现这些潜在优势需要克服许多挑战，包括技术创新、环境保护、市场竞争和政策制定等方面的努力。鉴于能源领域的快速变化和全球气候挑战，煤炭资源的多种用途将继续受到广泛关注，并需要政府、产业和社会各方的协同努力来实现可持续的能源未来。

二、降低资源浪费的方法

资源浪费是一个全球性问题，对环境、经济和社会都带来了负面影响。随着全球人口的增加和消费水平的提高，资源浪费问题日益凸显。因此，降低资源浪费是一项紧迫的任务，需要采取综合性的措施。本部分将探讨降低资源浪费的方法，包括资源管理、循环经济、技术创新、教育和宣传、政策制定、社会参与与合作及挑战和展望等多个方面。

（一）资源管理

资源评估和监测：对资源进行定期评估和监测是降低浪费的第一步。这可以帮助政府、企业和组织了解资源的供应与需求，以便采取适当的措施。

资源规划：制订资源规划是确保资源得到有效利用的关键。资源规划应考虑可持续性、多样性和需求的变化，以确保资源供应的稳定性。

资源节约：采用资源节约措施，如提高资源利用效率、减少资源消耗和减少资源浪费。这包括采用高效的技术和生产方法，减少废弃物和能源浪费。

资源保护：保护自然资源是降低浪费的关键。这包括采取措施保护森林、水资源、土壤和野生动植物等自然资源。

（二）循环经济

废物再利用：通过废物再利用，将废弃物转化为有价值的资源。这可以包括回收、再循环和再制造，以减少废弃物的排放。

产品寿命周期管理：采用产品寿命周期管理方法，包括设计、制造、使用和处置，以最大限度地减少资源浪费。这可以包括延长产品的使用寿命、提高产品的维修和再制造性能。

资源的共享和租赁：共享经济模式，如共享汽车、共享办公空间和租赁设备，有助于减少资源消耗，因为资源得以更有效地使用，而不是每个人都能够拥有自己的资源。

数字化和虚拟化：采用数字化和虚拟化技术，如云计算和虚拟会议，有助于减少实体资源的使用，从而减少资源浪费。

（三）技术创新

清洁技术：清洁技术的发展可以减少资源的消耗和环境污染。这包括可再生能源、能效技术、清洁生产和碳捕捉技术等。

智能制造：智能制造技术可以提高生产效率和资源利用效率，通过自动化和物联网技术来减少资源浪费。

可持续农业：可持续农业技术可以提高农业资源的利用效率，减少土地、水和化肥的浪费。

资源回收：开发新的资源回收技术，如从废水中提取有价值的物质或从废弃电子产品中回收稀有金属，有助于减少资源浪费。

（四）教育和宣传

公众教育：提高公众对资源浪费问题的认识和意识，有助于鼓励人们采取更可持续的生活方式。这可以通过教育、媒体宣传和社会运动来实现。

企业和政府教育：企业和政府可以通过培训与教育员工及公务员，鼓励他们采取资源节约和可持续性的实践方式。

奖励和激励：提供奖励和激励措施，以鼓励个人、企业和组织采取降低资源浪费的举措。这可以包括税收优惠、补贴和认证制度。

（五）政策制定

资源管理政策：制定资源管理政策，包括资源税、排放标准和资源回收目标，以规范资源的使用和管理。

环境法规：强化环境法规，确保企业和组织遵守资源管理和环境保护规定，降低资源浪费。

可持续发展政策：制定可持续发展政策，将资源浪费问题纳入国家和地区的可持续发展计划中，以平衡资源的供应和需求。

（六）社会参与与合作

多方合作：政府、企业、非政府组织和社会团体可以合作，共同解决资源浪费问题。合作可以促进资源共享、技术创新和教育推广。

社区倡导：社区可以发起资源浪费倡导活动，鼓励居民、企业和当地政府采取可持续的实践方式。社区参与有助于推动资源浪费问题在本地范围内的解决。

国际合作：国际合作在减少资源浪费方面至关重要。国际组织、政府和企业可以共同合作，分享最佳实践和技术，共同应对全球性资源挑战。

（七）挑战和展望

尽管有各种降低资源浪费的方法，但仍然面临一些挑战，包括：

文化和消费模式：消费习惯和文化对资源浪费产生影响。人们倾向过度消费和浪费，这需要改变。

技术和资金：一些资源节约和循环经济技术需要资金和投资，这对一些国家和企业来说可能是一项挑战。

政治和法律障碍：政治和法律障碍有时会限制资源管理与回收的进展。政府的政策和法规需要有利于降低资源浪费。

展望未来，减少资源浪费将继续成为一个全球性关注点。随着可持续发展和环保意识的提高，人们将更加注重资源的有效管理和循环利用。同时，政府、企业和社会各界将继续合作，寻找创新性的方法来降低资源浪费，以实现更加可持续的未来。通过采取综合性的措施，降低资源浪费将有助于减少环境压力、提高经济效益，以及改善社会生活质量。

三、循环经济对资源综合利用的影响

循环经济是一种可持续发展模式，旨在最大限度地减少资源浪费、降低对自然资源的依赖，并促进资源的综合利用。它通过将废弃物转化为有价值的资源，将产品和材料的生命周期延长，以及鼓励共享和租赁模式，为可持续发展提供了一种新的方法。本部分将探讨循环经济对资源综合利用的影响，包括减少资源浪费、提高资源利用效率、创造经济机会、保护环境、社会效益、挑战和展望等多个方面。

（一）减少资源浪费

循环经济的核心目标之一是减少资源浪费。传统的线性经济模式通常表现为"采购—生产—消费—废弃"的过程，导致大量的资源和废弃物被浪费。相比之下，循环经济通过各种方式将废弃物和副产品转化为有价值的资源，从而减少资源的浪费。

废弃物再利用：循环经济鼓励废弃物的再利用，通过回收和再循环将废弃物转化为新的产品和材料。这有助于减少废弃物填埋和焚烧，减少了环境污染和土地资源的压力。

产品寿命周期延长：循环经济鼓励产品设计考虑到可维修性和可再制造性，延长产品的使用寿命。这意味着更少的废旧产品被淘汰，减少了资源的浪费。

资源回收：循环经济通过提取有价值的物质和能源，如金属、塑料和生物质，从废弃物中回收资源。这有助于最大限度地减少资源的浪费。

（二）提高资源利用效率

循环经济强调资源的有效管理和综合利用，从而提高资源利用效率。这对确保资源供应的可持续性和满足不断增长的需求至关重要。

资源多样化：循循环经济鼓励多样化资源来源，包括废弃物、副产品、再生能源和可再生原材料。这有助于减少对特定资源的过度依赖，降低了供应风险。

能源效率：循环经济关注能源的综合利用。通过能量回收和废热利用，可以提高生产过程的能源效率，减少能源的浪费。

水资源管理：循环经济强调水资源的循环使用，包括水回收和废水处理。这有助于减少淡水资源的过度消耗，特别是在干旱地区。

（三）创造经济机会

循环经济不仅有助于资源综合利用，也为经济提供了新的机会。它创造了就业机会、推动了创新和促进了可持续发展。

就业机会：循环经济涉及资源回收、废物管理、可再制造和再循环产业等领域，这些领域创造了大量就业机会。工人需要进行废物分类、回收、再制造和资源回收，这有助于提高就业率。

创新：循环经济鼓励创新，包括新的产品设计、废物转化技术和资源管理方法。这有助于促进科技发展和知识经济。

新兴产业：循环经济已经催生了一些新兴产业，如废物转化、再生能源、废弃物管理和资源回收。这些产业具有潜力成为经济增长的驱动力。

（四）保护环境

循环经济有助于保护环境，减少资源开采和废物处理对生态系统的影响。它有以下方面的影响：

减少污染：循环经济减少了废物填埋和焚烧，从而减少了大气、水和土壤污染的风险。通过资源回收和废物再利用，减少了有害物质的排放。

保护生态系统：循环经济有助于保护生态系统，减少了对自然资源的过度开采。这对维护生物多样性和生态平衡至关重要。

气候变化减缓：循环经济有助于减少温室气体排放，通过减少资源生产和废物处理的能源需求。这有助于应对气候变化挑战。

（五）社会效益

循环经济将对社会产生积极影响，包括社会公平性和生活质量的提高。

社会公平性：循环经济可以促进社会公平性。通过废物管理和资源回收等领域的就业机会，它有助于改善社会的经济公平性。这些工作通常可以提供相对稳定的工资和福利，改善劳动力参与度和社会稳定性。

可持续社区发展：循环经济有助于建立可持续社区。资源的循环利用和废物管理可以改善社区的环境质量，提高居民的生活质量，促进社区的发展。

教育和意识：循环经济也有助于提高人们对资源管理和可持续性的意识。这种意识不仅在工作场所有益，也在家庭和社区中有积极影响，推动可持续生活方式的采用。

（六）挑战和展望

尽管循环经济对资源综合利用有许多积极影响，但仍然面临一些挑战：

技术和投资需求：实施循环经济需要技术创新和投资。改进废物转化技术、资源回收设施和可再制造工艺需要资金和研发。

政策和法规：欠缺相关政策和法规可能阻碍循环经济的发展。政府需要鼓励和支持循环经济实践，制定有利于资源综合利用的政策。

消费者习惯：消费者的购物和消费习惯将对循环经济的成功产生影响。教育和宣传需要改变消费者的行为，鼓励他们选择可持续的产品和服务。

展望未来，循环经济将继续发展，并在全球范围内推动资源综合利用。随着社会对可持续发展和环境保护的重视增加，循环经济的原则将在政府、企业和社会各界中得到更广泛的采用。这有望减少环境压力、改善资源管理、创造经济机会、提高生活质量，促进可持续未来的实现。通过不断的创新和合作，循环经济将继续为全球社会做出贡献，减少资源浪费，提高资源综合利用效率。

第五节 社会责任与绿色营销

一、煤炭企业的社会责任倡议

煤炭产业一直是全球能源领域的主要组成部分，然而，与其生产和使用相关的环境和社会问题也备受关注。在过去几十年里，人们对气候变化、空气污染、水资源保护等问题的担忧日益增加，这促使煤炭企业开始关注社会责任和可持续发展。本部分将探讨煤炭企业的社会责任倡议，包括减少环境影响、改善劳工条件、支持当地社区、推动清洁能源创新、教育和宣传、政策合规及挑战与展望等方面。

（一）减少环境影响

减少碳排放：为了减少碳排放，煤炭企业积极寻求清洁能源解决方案，如煤炭气化和碳捕获技术。另外，它们还鼓励能源效率改进，以减少每单位生产的碳排放。

大气污染控制：煤炭企业在降低空气污染方面采取了措施，如安装烟气脱硫和脱硝设备，以减少硫氧化物和氮氧化物的排放。

水资源管理：煤炭生产和加工通常需要大量水资源。为了保护水资源，煤炭企业采取了水循环利用和废水处理措施，以减少水资源的消耗和水污染。

土地复原和野生动植物保护：煤炭企业致力于恢复采矿区域的生态系统，包括土地复原、野生动植物保护和树木种植。

废弃物管理：煤炭企业致力于减少废弃物的产生，通过废弃物分类和资源回收来最大限度地减少废弃物的对环境的不利影响。

（二）改善劳工条件

安全措施：煤炭企业采取严格的安全措施，确保员工在危险环境中的工作时能够安全工作。这包括培训、个人防护设备和定期检查。

劳工权益：煤炭企业关注员工的权益，包括工资、工时、工会权益和福利。他们鼓励公平的薪酬体系和员工参与决策。

职业发展：煤炭企业提供职业发展机会，培训和晋升途径，以帮助员工提高技能和职业前景。

（三）支持当地社区

社区投资：煤炭企业积极投资当地社区项目，包括教育、医疗、基础设施和文化活动。这有助于提高社区的生活质量。

创造就业机会：煤炭企业在当地创造就业机会，为社区居民提供经济支持。

社会参与：煤炭企业与当地社区合作，听取他们的意见和需求，以共同解决社区问题。

（四）推动清洁能源创新

研发和创新：煤炭企业积极投资清洁煤炭技术的研发和创新，以减少环境影响。这包括煤炭气化、碳捕获和储存技术的开发。

可再生能源投资：一些煤炭企业开始投资可再生能源项目，如太阳能和风能。这有助于减少对传统煤炭的依赖。

能源效率改进：煤炭企业采取措施提高能源效率，减少能源浪费，减少对环境的不利影响。

（五）教育和宣传

员工培训：煤炭企业为员工提供培训，教育他们关于环境、安全和社会责任的重要性。这有助于培养员工的责任感。

社会宣传：煤炭企业通过社会宣传和公共关系活动，传达他们的社会责任倡议，提高公众对其可持续发展努力的认识。

（六）政策合规

遵守法规：煤炭企业积极遵守国家和国际环境法规，确保其生产和运营活动的合法性。

自我监管：一些煤炭企业实施自我监管机制，确保其社会责任政策的执行。

（七）挑战和展望

尽管煤炭企业的社会责任倡议取得了一些显著进展，但仍然面临一些挑战：

气候挑战：煤炭产业与碳排放和气候变化问题密切相关。要应对气候挑战，煤炭企业需要更积极地减少碳排放，推动清洁能源技术创新。

资源管理：煤炭产业的资源开采对土地、水资源和生态系统产生广泛影响。资源管理和环境保护仍然是一项挑战。

社会合作：煤炭企业需要与政府、非政府组织和社区合作，以共同解决环境和社会问题。建立合作伙伴关系可能是一项挑战，需要协调各方的利益和期望。

转型风险：随着对清洁能源的需求增加，煤炭产业面临着转型的风险。一些公司正在逐渐减少对煤炭的依赖，转向可再生能源和清洁技术。

展望未来，煤炭企业的社会责任倡议将继续发展，以应对环境和社会挑战。通过采取可持续发展的措施，企业可以减少对环境的负面影响，改善劳工条件，支持当地社区，推动创新，并在全球范围内发挥积极作用。在未来，社会和环境的可持续性将继续是煤炭企业社会责任的核心目标之一。

二、可持续发展与企业声誉

可持续发展既是当今世界的一项重要挑战，也是企业应对的战略机遇之一。企业在经济、社会和环境方面的表现不仅对其长期成功至关重要，还会直接影响其声誉和品牌形象。本部分将探讨可持续发展与企业声誉之间的关系，以及可持续发展对企业声誉的影响。

（一）可持续发展与企业声誉的关系

可持续发展是一种综合性的理念，旨在实现经济增长、社会公平和环境保护的平衡。企业的可持续发展举措涉及经济、社会和环境维度，它们可以在以下方面影响企业声誉：

社会责任：企业通过参与社会项目、支持社区和改善员工福祉来履行社会责任。这些努力有助于维护企业的社会声誉，使其在社会中受到尊重和信任。

环境保护：企业采取环保措施，如减少碳排放、资源回收和减少污染，有助于提高其在环保方面的声誉。公众对环境问题的担忧日益增加，因此积极的环保行动对企业形象至关重要。

道德经营：道德经营和透明度有助于建立企业的道德声誉。消费者越来越关心企业要遵守的道德标准，对不道德行为的曝光可能对企业声誉造成严重损害。

创新和竞争力：通过推动创新和采用可持续技术，企业可以提高其在市场上的竞争力。具备创新力和可持续发展的企业通常更受投资者与消费者的青睐，从而增强声誉。

员工满意度：稳定的员工关系和员工福祉有助于企业塑造积极的声誉。员工满意度和忠诚度将对企业的声誉产生深远影响。

风险管理：可持续发展努力有助于企业降低风险。通过关注社会和环境问题，企业可以避免未来潜在的法律、金融和声誉风险。

（二）可持续发展对企业声誉的影响

可持续发展对企业声誉有多重重要影响：

提高声誉和品牌价值：企业积极参与可持续发展，提高其社会和环境绩效，有助于提高其声誉和品牌价值。消费者更愿意支持那些积极履行社会责任的企业，这有助于企业提高其市场地位。

增加投资者信任：可持续发展实践有助于增加投资者的信任。越来越多的投资者将可持续性因素纳入其投资决策中，认为这是企业的长期价值和风险管理的一部分。

吸引和保留人才：可持续发展努力有助于吸引和保留高素质员工。对社会和环境问题的积极关注吸引了具有社会责任感的员工，从而提高员工忠诚度和工作满意度。

降低风险：通过关注社会和环境问题，企业可以降低未来潜在的法律、金融和声誉风险。遵守法规、减少环境污染和提高员工健康安全水平都有助于降低企业面临的风险。

提高市场竞争力：可持续发展努力有助于提高企业的市场竞争力。越来越多的消费者选择支持那些具有良好声誉的企业，这有助于企业在市场上脱颖而出。

（三）挑战和展望

尽管可持续发展对企业声誉有诸多优势，但企业也面临一些挑战：

可持续发展的复杂性：可持续发展需要综合考虑经济、社会和环境因素，这在执行和报告方面可能变得复杂。企业需要建立系统和流程，以确保他们的可持续发展计划得以执行。

监管和法规：各国的监管和法规将对企业的可持续发展实践产生影响。企业需要密切关注和遵守相关法律法规，以降低法律风险。

公众舆论：公众对企业的可持续发展行为持有高度关注。企业需要积极沟通其可持续发展倡议，以塑造正面的声誉。

创新和技术：可持续发展通常需要创新和新技术的应用。企业需要投资研发和采用新技术，以满足可持续发展的要求。

展望未来，可持续发展将继续在企业战略中扮演重要角色。随着社会对可持续性的需求增加，企业将继续努力提高其社会和环境绩效，以增强声誉和品牌价值。可持续发展将成为企业实现长期成功的不可或缺的组成部分，影响其在市场上的竞争力和影响力。通过积极的可持续发展实践，企业可以树立更加可信赖和有益社会的声誉，同时实现可持续性目标。

三、绿色营销策略与实践

（一）概述

绿色营销是指企业通过强调产品或服务的环保特性来满足消费者需求，并倡导可持续发展。这种市场营销方法旨在促进环保、减少资源浪费、降低碳足迹，同时满足消费者对可持续产品和服务的需求。绿色营销不仅有助于企业塑造环保形象，还可以吸引越来越关心环境问题的消费者。本部分将探讨绿色营销策略与实践，包括其原则、优势、挑战以及一些成功的案例研究。

（二）绿色营销的原则

产品或服务的环保特性：绿色营销的核心是强调产品或服务的环保特性。这可以包括可再生能源使用、低碳排放、资源回收、减少包装浪费等方面。产品的环保特性应当通过清晰明了的标签或宣传材料来传达给消费者。

满足消费者需求：绿色营销的目标是满足消费者对可持续性的需求。市场调研和了解目标受众的需求至关重要。企业需要知道消费者对环保产品和服务的态度，以制定相应的营销策略。

透明度和诚实：绿色营销要求企业诚实和透明。企业应该提供准确的信息，不夸大环保特性，以避免误导消费者。诚实和透明的做法有助于建立信任。

教育和意识提高：绿色营销不仅要推销产品，还要教育消费者。企业可以提供关于环保问题的信息，帮助消费者更好地了解他们的购买决策对环境的影响。

（三）绿色营销的优势

满足不断增长的需求：消费者对环保产品和服务的需求不断增长。绿色营销有助于满足这一需求，扩大市场份额。

提高声誉：绿色营销可以帮助企业塑造积极的环保形象，提高声誉。这有助于建立信任和吸引更多的消费者。

创新和竞争力：推动环保产品和服务的创新将有助于企业提高竞争力。通过不断改进产品和提供新的环保解决方案，企业可以在市场上脱颖而出。

成本节约：绿色营销可以降低企业的运营成本。例如，减少能源和资源的浪费可以节省成本，同时减少碳排放。

（四）绿色营销的挑战

绿色认证的复杂性：获取绿色认证可能是一项复杂的任务。企业需要满足一系列标准和要求，这需要时间和资源。

绿色洗绿：一些企业虽然可能会滥用绿色营销，声称其产品或服务更环保，但实际上没有提供明显的环保益处。这种行为可能引发消费者的不信任。

价格压力：生产环保产品既可能会导致较高的生产成本，也可能会对产品价格产生压力。如果消费者不愿意支付更高的价格，企业可能就会受到竞争压力。

法规和监管：绿色营销涉及法规和监管方面的风险。不准确或误导性的环保宣传可能会导致法律问题，对企业声誉造成损害。

绿色营销是一种强调环保特性、满足消费者需求、提高企业声誉和竞争力的市场营销方法。通过遵循绿色营销的原则，企业可以实现可持续发展、降低成本、提高市场份额，同时有助于环境保护。然而，绿色营销也面临挑战，包括绿色认证的复杂性、价格压力、法规和监管问题。为了成功实施绿色营销，企业需要建立诚实和透明的环保形象，遵守相关法规，以及不断改进其产品和服务。

最重要的是，绿色营销应当是一个真正的承诺，而不仅仅是一种营销手段。企业应当全面考虑其产品和服务对环境的影响，并采取切实的措施来保持可持续性。通过诚实、透明和有实际行动的环保努力，企业可以树立强大的绿色品牌形象，吸引越来越关心环保的消费者，实现可持续的商业成功。

综上所述，绿色营销是一种积极的市场营销方法，可以通过强调环保特性、满足消费者需求、提高声誉和竞争力，实现可持续发展的目标。它不仅有助于企业的长期成功，还有助于环境保护和资源可持续利用。随着消费者对环保的关注度不断增加，绿色营销将继续在商业领域发挥重要作用，推动更多企业采取环保行动，为可持续未来做出贡献。

第八章 煤炭市场风险管理与危机应对

第一节 煤炭市场风险分析

一、煤炭市场趋势分析

煤炭市场是全球能源市场中的一个重要组成部分，对许多国家的经济和能源供应都具有重要影响。本部分将分析煤炭市场的趋势，包括供需情况、价格波动、环境因素和未来发展方向等方面，以帮助读者更好地了解这一重要市场。

（一）供需情况

1. 供应情况

煤炭供应主要来自各个国家的矿产资源。中国、印度、美国、澳大利亚和印度尼西亚是世界上较大的煤炭生产国。然而，近年来一些国家逐渐减少了煤炭产量，以减少温室气体排放和环境影响。这导致了全球煤炭供应在一定程度上的减少。

2. 需求情况

煤炭一直是主要的能源来源之一，被广泛用于电力生产、工业生产和供热等领域。尽管一些国家正在推动可再生能源和清洁能源的发展，但仍然有很多国家依赖煤炭供应以其能源需求。因此，全球煤炭需求仍然相对稳定，尤其是在亚洲地区。

3. 出口和进口

一些国家依赖煤炭的进口，因为这些国家没有足够的国内产能来满足其需求。例如，中国和印度是全球最大的煤炭进口国，而一些出口国，如澳大利亚和印度尼西亚，主要依赖煤炭出口来支撑其经济。因此，国际煤炭贸易在全球煤炭市场中扮演着重要的角色。

（二）价格波动

1. 价格因素

煤炭价格受多种因素影响，包括供需关系、地缘政治因素、货币汇率波动和气候变化等。供需关系是最主要的价格影响因素之一。当供应增加或需求减少时，价格通常就会下降，反之亦然。另外，地缘政治因素也会对价格产生重要影响，如国际紧张局势可能就会导致价格上涨。

2. 价格波动

煤炭价格在过去几十年中经历了多次波动。在 20 世纪 80 年代和 20 世纪 90 年代，煤炭价格曾经下跌，导致一些煤矿关闭。然而，随着中国和印度等国的快速工业化，煤炭需求急剧增加，价格也随之上涨。近年来，随着一些国家采取减少煤炭使用的政策，价格再次面临下跌压力。

（三）环境因素

1. 温室气体排放

煤炭燃烧产生的二氧化碳是主要的温室气体之一，对气候变化有重要影响。因此，各国政府和国际组织都在采取措施来减少煤炭使用，以降低温室气体排放。这些措施包括提高煤炭燃烧效率、推动清洁技术的使用和逐渐淘汰高污染的煤炭发电厂。

2. 环境污染

除了温室气体排放，煤炭开采和燃烧还会导致大气污染和水资源污染。这些污染对人类健康和生态系统产生负面影响。因此，环保问题也推动了一些国家采取减少煤炭使用的决策。

3. 转型与清洁能源

许多国家正在逐渐实施能源转型政策，推动可再生能源和清洁能源的发展，以减少其对煤炭的依赖。这包括太阳能、风能和核能等替代能源。这些政策虽可能为煤炭市场带来挑战，但也为清洁能源产业的发展提供了机会。

（四）未来发展方向

1. 清洁煤技术

一些国家正在研发和推广清洁煤技术，以降低煤炭燃烧的环境影响。这些技术包括超临界燃烧、碳捕获和储存（CCS）以及煤炭液化等。如果这些技术得到广泛采用，煤炭就可能在未来继续发挥重要作用。

2. 可持续采矿

为了减少煤炭开采对环境的破坏，一些矿业公司采取了可持续开采措施，包括采用更环保的采矿方法和进行复矿。这些举措有助于改善矿区周围的生态环境，并减少对当地社区的影响。另外，可持续采矿还包括关注矿工的健康和安全，以减少事故和矿工职业疾病的发生。

3. 多元化能源供应

为了降低对煤炭的依赖，许多国家正在推动能源供应的多元化。这包括发展可再生能源、天然气和核能等替代能源。多元化能源供应可以提高能源安全性，降低对煤炭市场的波动性，同时也有助于减少环境影响。

4. 国际规则和协议

国际社会在努力应对煤炭市场的挑战。例如，巴黎协定旨在限制全球气温上升，促使各国采取行动减少温室气体排放。这将对煤炭市场产生直接影响，因为煤炭是温室气体排放的主要来源之一。

5. 新兴市场机会

尽管一些发达国家减少了煤炭使用，但一些新兴市场国家仍然依赖煤炭来支持其工业和电力需求，这为煤炭出口国提供了市场机会。同时，新兴市场可能在清洁能源技术和解决煤炭污染问题上寻找合作与投资机会。

煤炭市场正面临多方面的挑战和机遇。随着环保意识的提高和能源转型的推动，煤炭市场虽然可能会逐渐减小，但仍然具有重要地位。可持续开采和清洁技术的发展有望改善煤炭产业对环境的影响。同时，多元化能源供应和国际政策的推动将对煤炭市场产生深远的影响。在未来，煤炭市场将继续受到各种因素的影响，煤炭产业需要不断适应和调整以适应不断变化的形势。

二、煤炭竞争对手分析

煤炭市场一直是能源领域的重要组成部分，竞争激烈。煤炭生产和销售企业必须面对各种竞争对手，包括其他煤炭公司、可再生能源供应商以及其他能源类型的生产商。本部分将对这些竞争对手进行详细分析，以帮助读者了解煤炭市场竞争的动态。

（一）传统煤炭公司

1. 国际煤炭公司

国际煤炭公司通常是煤炭市场的主要竞争对手。这些公司在全球范围内开采、生产和销售煤炭，拥有大规模的生产能力。一些著名的国际煤炭公司包括美国的皮博迪、澳大利亚的必和必拓与英国的安格洛美等。这些公司在煤炭市场上具有很强的影响力，通常与其他公司竞争以争夺市场份额。

2. 地方性煤炭公司

除了国际煤炭公司，地方性煤炭公司也是竞争对手。这些公司通常在特定国家或地区内运营，为当地市场提供煤炭供应。地方性公司通常更了解本地市场需求，有时能够提供更灵活的服务，因此其在本地市场上具有竞争力。

3. 国有企业

一些国家拥有国有煤炭企业，这些企业通常在政府支持下运营，有时具有垄断地位。

国有企业在一些国家的煤炭市场中具有很大的竞争力，因为它们可以获得政府支持和资源，这使私人企业很难与其竞争。

（二）可再生能源供应商

1. 风能和太阳能公司

随着可再生能源行业的快速增长，风能和太阳能公司成为煤炭公司的竞争对手。这些公司生产和销售风能与太阳能设备，如风力涡轮机和太阳能电池板。它们提供了清洁能源替代方案，吸引了越来越多的投资和消费者。随着可再生能源技术的不断发展，这些公司将对煤炭市场构成越来越大的竞争威胁。

2. 核能公司

核能是另一种替代能源类型，具有潜在的竞争力。核能公司负责建设和运营核电站，以供应电力。核能具有低碳排放特性，因此在一些国家受到政府和投资者的关注。然而，核能的发展也伴随着一些争议和安全风险，这使其在一些国家的发展受到限制。

（三）其他能源类型的生产商

1. 天然气公司

天然气是煤炭的主要竞争对手之一。它作为清洁能源的选择，在电力生产和工业用途中越来越受欢迎。天然气公司开采、运输和销售天然气，与煤炭公司竞争以满足地方能源需求。

2. 原油和石油制品公司

原油和石油制品是煤炭市场的另一竞争对手。虽然主要用于交通运输和化工等领域，但它们也在一定程度上用于电力生产。原油和石油制品公司竞争可以满足地方各种能源需求，与煤炭公司一同参与能源市场的竞争。

（四）政策和法规

政府可以通过制定环保法规、碳定价政策和补贴计划来影响煤炭市场。例如，一些国家实施碳排放限制，这增加了煤炭发电的成本，从而使清洁能源更具竞争力。另外，政府还可以支持可再生能源行业的发展，提供财政激励措施，以减少企业对煤炭的依赖。

煤炭公司面临来自多个竞争对手的挑战，包括其他煤炭公司、可再生能源供应商和其他能源类型的生产商。竞争激烈，因此煤炭公司必须不断适应市场需求和政策变化，寻找创新和可持续的发展方式。同时，政府政策和法规也对煤炭市场产生直接影响，因此煤炭公司需要密切关注并积极响应相关政策调整。在这个竞争激烈的市场环境中，只有具备灵活性和适应能力的企业才能生存并得以繁荣发展。

三、煤炭需求供应分析

煤炭是世界能源市场的重要组成部分，一直以来在电力生产、工业和冶金等领域发挥着重要作用。了解煤炭需求和供应的动态对煤炭市场的参与者至关重要。本部分将对煤炭需求和供应进行详细分析，包括全球和国际市场的情况。

（一）全球煤炭需求

1. 电力生产

电力生产一直是全球煤炭需求的主要驱动因素。尤其是在一些新兴市场和发展中国家，煤炭仍然是主要的电力来源。煤炭发电具有可靠性和稳定性，使其在满足日常电力需求方面具有竞争力。

2. 工业用途

除了电力生产，煤炭在工业用途中也扮演着重要角色。它被用于钢铁生产、水泥制造和化工生产等领域。这些行业对煤炭的需求在一些国家仍然相当大，尤其是在工业化程度较高的地区。

3. 加热和供暖

在一些寒冷地区，煤炭仍然是供暖和加热的主要能源。尽管在一些国家逐渐减少了煤炭的使用，但在其他地方，特别是农村地区，仍然有大量的煤炭需求。

4. 煤化工

煤炭还被用于煤化工领域，生产化学品、液体燃料和其他石化产品。虽然这个领域对煤炭的需求相对较小，但它仍然对市场供应产生一定影响。

5. 新兴市场需求

一些新兴市场国家，尤其是中国和印度，仍然对煤炭需求保持着强势增加。这些国家的经济增长和工业化进程推动了煤炭需求的增加，使其成为全球煤炭市场的重要驱动因素。

（二）全球煤炭供应

1. 主要供应国

全球煤炭供应的主要国家包括中国、印度、美国、澳大利亚和印度尼西亚。这些国家拥有丰富的煤炭资源，是世界上较大的煤炭生产国。它们在全球煤炭市场上占据着重要地位，对煤炭供应的稳定性和价格起着关键作用。

2. 出口国

一些国家依赖煤炭出口来支撑其经济，如澳大利亚、印度尼西亚和俄罗斯等。这些国家的煤炭出口将对国际市场产生显著影响，特别是在亚洲市场。国际煤炭贸易是全球市场中一个重要的因素，因为它帮助满足不同国家和地区的需求。

3. 供应链和物流

煤炭供应链和物流将对全球供应产生影响。从矿山到终端用户，煤炭必须通过运输和物流网络进行分发。这包括铁路、港口、船运和管道等。供应链的高效运作对确保煤炭供应的稳定性至关重要。

4. 矿产资源和采矿技术

煤炭的质量和产量取决于矿产资源的丰富度与采矿技术的先进性。一些地区拥有高质量的煤炭矿产资源，而其他地区则有低品位煤炭。采矿技术的发展可以提高煤炭的采矿效率，降低生产成本，对煤炭供应产生积极影响。

5. 环境和法规

环保法规和碳排放限制将对煤炭供应产生影响。一些国家制定了严格的环保法规，要求煤炭生产和燃烧达到更高的环保标准，这可能增加生产成本。另外，碳排放限制也可能导致高碳排放的煤炭资源被逐渐淘汰，推动清洁能源的替代。

（三）国际煤炭市场

国际煤炭市场是全球煤炭需求和供应的交汇点，受到多种因素的影响。

1. 国际价格

国际煤炭价格通常受到全球煤炭供应和需求的影响。当全球需求增加或供应减少时，价格可能上升，反之亦然。国际价格波动将对国际煤炭贸易和进口国的能源成本产生直接影响。

2. 贸易关系

国际煤炭市场的贸易关系将对全球供应产生影响。一些国家依赖进口煤炭以满足其需求，而其他国家则依赖煤炭出口来支撑其经济。国际煤炭贸易关系需要考虑国际政治、经济和贸易因素，这可能对煤炭供应和价格产生影响。

3. 环保和可持续性要求

国际煤炭市场将受到环保和可持续性要求的影响。一些国际买家要求其煤炭供应符合一定的环保标准，或者来自可持续采矿。这意味着供应商需要达到国际市场的环保要求，否则可能面临市场排斥。

4. 国际政策和协定

国际政策和协定将对国际煤炭市场产生影响。例如，巴黎协定旨在限制全球气温上升，鼓励各国减少温室气体排放。这可能导致一些国家采取减少煤炭使用的政策，从而影响全球煤炭需求。

5. 国际竞争

国际煤炭市场竞争激烈，来自各个国家的煤炭公司都要竞争抢夺市场份额。竞争对手的价格、质量和可靠性都会影响国际市场的供应情况。供应商必须提供有竞争力的产品，以保持其国际市场份额。

（四）未来发展趋势

1. 清洁能源替代

随着环保和可持续发展的日益重要，清洁能源替代煤炭成为未来发展的趋势。可再生能源、核能和天然气等替代能源逐渐将取代煤炭，以减少碳排放和环境影响。煤炭供应商需要考虑适应这些新能源形式的竞争。

2. 煤炭行业升级

为了适应环保要求，煤炭行业正在升级和改进其生产和清洁技术。超临界燃烧、碳捕获和储存（CCS）以及煤炭液化等技术正在不断发展，以降低煤炭生产和燃烧的环境影响。这些技术有望提高煤炭产业的可持续性。

3. 国际政策和法规

国际政策和法规将继续对煤炭需求及供应产生影响。碳定价、碳排放限制和环保法规可能导致一些国家减少煤炭使用，从而影响国际市场的供应和价格。

4. 新兴市场需求

尽管一些发达国家减少了煤炭使用，但一些新兴市场国家仍然依赖煤炭来支持其工业和电力需求。这为煤炭供应商提供了市场机会，尤其是在亚洲地区。

煤炭需求和供应是一个复杂的全球市场，受到多种因素的影响。电力生产、工业用途、加热和供暖等领域仍然是全球煤炭需求的主要驱动因素。然而，清洁能源替代、环保法规和国际规则等因素正在改变煤炭市场的格局。煤炭供应商需要适应这些变化，寻找创新和可持续的发展方式，以在竞争激烈的市场中取得成功。

第二节 供应链风险与灾害应对

一、煤炭供应链可视化与跟踪

煤炭供应链的可视化与跟踪是非常重要的，因为它有助于提高煤炭生产、运输和分销的效率，减少浪费，降低成本，确保产品的质量和可持续性，以及满足市场需求。本部分将详细讨论如何进行煤炭供应链的可视化与跟踪，并探讨其在煤炭行业中的重要性。

（一）煤炭供应链的各个环节

煤炭供应链包括多个重要环节，从煤矿到最终用户。这些环节包括：

煤矿开采：从地下或露天煤矿开采原煤。

煤矿处理：对原煤进行破碎、筛分和洗选等处理，以提高煤质和质量。

运输：将处理后的煤炭运输至煤矿口、火车站或港口。

煤炭装运：将煤炭装载至火车、船舶或卡车，进行长途运输。

存储：在煤炭中转站或仓库中暂时存储煤炭。

分销：将煤炭分发至最终用户，包括电厂、工业和个人用户。

使用和燃烧：最终用户使用煤炭作为能源或原材料。

环境管理：处理煤炭产生的废弃物和排放物，以降低环境影响。

这些环节构成了一个复杂的供应链，需要协调、管理和监控以确保高效的运作。

（二）煤炭供应链可视化的重要性

1. 实时监控和响应

通过可视化供应链，煤炭企业可以实时监控供应链中的各个环节。这使煤炭企业能够及时发现潜在问题，采取措施来应对突发事件，如运输延误、质量问题或交通问题。另外，实时监控还有助于企业更好地计划和优化运营结构。

2. 降低运营成本

可视化供应链可以帮助企业识别和减少不必要的浪费，降低运营成本。通过追踪每个环节的效率，企业可以优化资源分配，减少库存持有成本，并降低运输成本。

3. 质量控制

煤炭的质量对最终用户非常重要，因此煤炭企业需要确保在供应链中的每个环节都能够达到质量标准。可视化供应链可以帮助企业追踪和记录煤炭的质量，以确保产品的一致性和可追溯性。

4. 客户满意度

通过了解供应链中的每个环节，企业可以更好地满足客户需求。可视化供应链使企业能够更好地预测交货时间、处理客户订单，并提供更好的客户服务，从而提高客户满意度。

5. 可持续性管理

可视化供应链有助于企业管理可持续性问题。它可以追踪环保指标，监测废弃物处理和减排措施的效果，以确保企业符合环保法规和可持续发展目标。

（三）实现煤炭供应链可视化的重要步骤

1. 数据收集

要实现煤炭供应链可视化，首先需要收集与供应链相关的数据。这包括煤矿产量、处理效率、运输数据、库存水平、分销数据和环保数据等。这些数据可以来自各种信息系统、传感器、监测设备和日常记录。

2. 数据整合

收集的数据通常来自不同的来源和系统，因此需要将其整合成一个综合的供应链数据集。数据整合可以通过使用数据仓库、集成工具和数据分析软件来实现。这将帮助企业更好地了解供应链中的关联关系和影响因素。

3. 数据分析

一旦数据整合完成，企业就可以开始进行数据分析。这包括使用数据分析工具和算法来识别潜在问题、趋势和机会。数据分析可以帮助企业发现供应链中的瓶颈、效率问题和成本节约的机会。

4. 可视化工具

数据分析结果可以通过可视化工具呈现出来，以便管理层和员工更好地了解与利用数据。可视化工具可以包括仪表板、报表、图表和地图，用于显示供应链中的关键性能指标和数据。

5. 连接和沟通

供应链可视化不仅需要在企业内部使用，还需要与供应链伙伴和客户共享。这可以通过在线平台、云端应用程序和数据共享协议来实现，以确保所有相关方都能获得及时的信息。

6. 持续改进

供应链可视化是一个持续改进的过程。企业应该定期审查和分析供应链数据，以识别问题和获得改进机会。这包括监测性能指标、跟踪趋势和评估供应链中的变化。持续改进是确保供应链高效运作和满足需求的关键。

（四）技术和工具

实现煤炭供应链的可视化与跟踪需要使用各种技术和工具：

数据分析工具：使用数据分析工具如数据仓库、数据分析软件、机器学习算法等来处理和分析供应链数据。

可视化工具：利用可视化工具如仪表板、数据可视化软件、地理信息系统（GIS）等来可视化供应链数据。

云计算和物联网：云计算和物联网技术可以帮助收集、储存和传输供应链数据，以便实时监控和分析。

区块链技术：区块链可以提供供应链数据的安全性和可追溯性，有助于管理复杂的供应链关系。

供应链管理软件：供应链管理软件如 ERP 系统、WMS 系统和 TMS 系统可以帮助企业更好地管理供应链。

数据安全和隐私保护：确保供应链数据的安全性和隐私保护是非常重要的，需要采取适当的安全措施。

（五）案例研究：中国煤炭供应链可视化

中国是全球最大的煤炭生产和消费国，其煤炭供应链可视化是一个重要的实践案例。中国的煤炭供应链可视化包括以下几个方面：

采矿数据可视化：中国煤矿采用传感器和监控系统来实时监测矿山的产量、安全和生产效率。这些数据可通过仪表板和报表进行可视化，以支持矿山管理决策。

运输数据可视化：中国的煤炭运输是一个复杂的网络，包括铁路、公路、船舶和管道。通过使用 GPS 和物联网技术，运输数据可以实时监测和跟踪，以确保煤炭能够按时交付。

煤炭库存可视化：中国的煤炭库存数据可以通过仪表板和报表进行可视化。这有助于政府和企业监测库存水平，预测需求和供应。

客户订单可视化：中国的电力厂、工业企业和个人用户的煤炭需求可以进行可视化。这有助于企业更好地满足客户需求，提高客户满意度。

环保数据可视化：中国政府关注煤炭产业的环保问题。环保数据可以通过可视化工具来监测，以确保企业遵守环保法规和标准。

中国的煤炭供应链可视化是一个综合性的项目，涉及多个供应链环节和各个利益相关方。它有助于提高供应链的透明度、效率和可持续性，减少浪费和成本，满足环保标准和客户需求。

煤炭供应链的可视化与跟踪对煤炭产业是非常重要的。它可以帮助企业实时监控和管理供应链中的各个环节，降低成本，提高效率，确保质量和可持续性，满足客户需求。通过使用各种技术和工具，包括数据分析、可视化工具、云计算、物联网和区块链等，企业可以实现供应链的可视化与跟踪。煤炭企业管理者可以从中国的案例中学到很多，并将这些实践应用到自己的供应链中，以提高企业的竞争力和可持续性。

二、煤炭灾害应急计划

（一）概述

煤炭是全球主要的能源资源之一，然而，在煤炭的开采、生产和运输过程中，经常伴随着各种灾害风险，如矿难、煤尘爆炸、火灾、矿山塌陷等。这些灾害不仅威胁生命安全，还可能对环境造成重大破坏。为了应对煤炭灾害，保障员工和环境的安全，各个煤炭企业都应制订完善的煤炭灾害应急计划。本部分将详细介绍煤炭灾害应急计划的制订和实施，以确保企业在煤炭生产过程中面临的灾害风险得到有效管理和控制。

（二）煤炭灾害的种类

在制订煤炭灾害应急计划之前，首先需要了解各种潜在煤炭灾害的种类。以下是一些常见的煤炭灾害：

矿难：矿工遇到危险或意外情况，如爆炸、火灾、瓦斯泄漏或坍塌，可能导致人员伤亡。

煤尘爆炸：煤尘在特定条件下可以引发爆炸，这可能对生产设施和员工造成重大危害。

矿山塌陷：煤矿地下结构的塌陷可能导致通风系统瘫痪，同时也会影响矿工的逃生。

水灾：煤矿中的地下水可能泄漏或涌入，导致出现地下洪水和设备故障。

有毒气体泄漏：煤矿中的有毒气体泄漏，如一氧化碳、二氧化硫、氢气等，可能对员工的生命安全构成威胁。

煤矿火灾：煤矿火灾可能在地下或地上爆发，引发严重危机。

露天煤矿灾害：露天煤矿可能发生山体滑坡、矿井坍塌、机械事故等灾害。

基础设施故障：煤炭生产设备和基础设施的故障可能导致停工和生产中断。

环境风险：煤炭在生产和燃烧过程中可能引发环境问题，如水污染、土壤污染和大气污染。

社会危机：矿工罢工、示威抗议、社会事件等可能影响煤炭生产和安全。

煤炭灾害应急计划需要覆盖以上各类潜在灾害，以确保实施全面的风险管理。

（三）制订煤炭灾害应急计划的步骤

1. 风险评估

制订煤炭灾害应急计划的第一步是进行全面的风险评估。这包括识别潜在灾害类型、评估其可能性和严重性，以及确定灾害发生的潜在影响。风险评估应涵盖所有生产环节，从矿山开采到煤炭的运输和使用。

2. 制订灾害应急计划

基于风险评估的结果，制订详细的煤炭灾害应急计划。这个计划应该包括以下内容：

① 组织结构：明确应急管理团队的组织结构和成员，包括领导人员、协调人员、通信团队和救援队。

② 灾害类型和级别：根据风险评估，明确各种可能的灾害类型和级别，以及应对措施。

③ 应急响应程序：为每种灾害类型制定详细的应急响应程序，包括事前准备、事故发生后的紧急响应、事故期间的协调和事后的恢复措施。

④ 通信计划：制订有效的通信计划，确保应急消息能够迅速传达给相关方，包括员工、当地政府、救援机构和社区。

⑤ 疏散计划：制订疏散计划，包括矿工和员工的疏散路线、集结点和撤离程序。

⑥ 救援和医疗支持：确保提供及时的救援和医疗支持，包括急救设备、救援队伍和医疗设施。

⑦ 煤炭库存管理：确保及时清除库存中的煤炭，以减少火灾和爆炸的风险。

⑧ 培训和演练：为员工提供相关培训，定期组织演练以测试应急计划的有效性。

⑨ 合规和法规：确保应急计划符合当地、国家和国际的法规和标准。

3. 指定应急团队

指定应急管理团队是煤炭灾害应急计划的重要部分。这个团队应该由经验丰富的专业人员组成，包括安全专家、医疗人员、通信专家和救援人员。他们应该接受培训，熟悉应急程序，并随时待命以响应灾害。

4. 通信计划和设备

建立强大的通信系统对于应急计划至关重要。这包括各种通信设备，如对讲机、无线电、电话和互联网，以确保信息可以快速传达给关键人员和机构。此外，确保通信系统具有备份设备，以防主要设备失效。

5. 疏散计划

针对各类灾害，制订详细的疏散计划，包括矿工和员工的疏散路线、集结点、应急出口和撤离程序。这些计划应定期进行演练，以确保疏散过程的顺利进行。

6. 煤炭库存管理

在应急计划中，需要包括煤炭库存管理策略，以减少火灾和爆炸的风险。这可能包括通过定期清除库存、保持库存区域的通风来监测潜在的火灾和爆炸风险。

7. 培训和演练

为员工提供相关培训和进行定期的演练是确保应急计划成功的关键。员工应了解应急程序、疏散路线和使用紧急设备的方法。

8.合规和法规

应急计划必须符合当地、国家和国际的法规和标准。确保应急计划的实施在法律框架内，同时要持续跟踪和遵守相关法规的更新与变化。

（四）实施煤炭灾害应急计划

一旦制订了煤炭灾害应急计划，就需要确保其有效实施。以下是一些重要步骤：

培训和教育：为员工提供相关培训，确保他们了解应急程序和如何应对各种灾害。

设备和资源：确保所有必要的应急设备和资源，如急救箱、灭火器、通信设备等都得到妥善维护和存放。

演练和模拟：定期组织演练和模拟灾害场景，以测试应急计划的有效性，并找出改进的机会。

响应和协调：在发生灾害时，应急团队应立即行动，协调响应措施，确保员工和环境的安全。

通信和报告：确保通信系统的畅通，及时向关键人员和机构报告灾害情况。

恢复和总结：灾害后，进行总结和评估，找出应急计划的优点和不足，进行改进。

煤炭灾害应急计划是确保煤炭生产过程中安全的重要工具。它涵盖了多种潜在灾害类型，从矿难到火灾、煤尘爆炸和环境风险，以及社会事件。通过风险评估、应急计划的制订、应急团队的指定、通信计划和设备、疏散计划、煤炭库存管理、培训和演练、合规和法规的遵守，煤炭企业可以提前应对潜在的灾害风险。

有效的煤炭灾害应急计划可以降低灾害发生时的损失，保障员工和环境的安全，同时也有助于维护企业的声誉和遵守法规。因此，每个煤炭企业都应该制订并定期更新其应急计划，以应对不断变化的灾害风险和挑战。这对确保煤炭行业的可持续性和安全性至关重要。

三、煤炭供应链多样化策略

煤炭一直是全球主要的能源资源之一，广泛用于发电、工业、供暖和化工等领域。然而，煤炭产业面临着多种挑战，包括环保压力、能源多元化、国际市场波动等。在这样的背景下，煤炭供应链多样化成为一种重要策略，旨在减轻风险、提高竞争力和适应市场变化。本部分将探讨煤炭供应链多样化的策略、优势和实施步骤。

（一）煤炭供应链多样化的策略

煤炭供应链多样化是一种多元化的战略，通过不能依赖单一市场、供应商或运输方式，而要积极寻求多元化的供应链路径来降低风险、提高灵活性、并实现更好的经济和环保绩效。以下是一些煤炭供应链多样化的策略：

多元化供应商来源：多元化煤炭供应商来源是减少风险的重要步骤。企业可以通过与多个煤炭生产商建立合作关系，确保不会受到单一供应商的波动性和风险。这包括国内和国际供应商，以应对国际市场的波动。

多元化运输方式：多元化的运输方式有助于降低物流风险。除了铁路运输，煤炭供应商还可以考虑水路运输、管道运输和公路运输等多种方式，以确保稳定的供应链。

多元化市场：开发多个市场是减少市场风险的一种策略。除了国内市场，煤炭供应商还可以考虑出口到国际市场，尤其是对亚洲等新兴市场的出口需求。

清洁能源投资：投资和开发清洁能源项目，如太阳能和风能，以减少对传统煤炭的依赖，是多样化能源供应的一种途径。这可以帮助降低碳排放，同时降低环保和法规风险。

增加能效和节能措施：通过提高煤炭的能效和节能措施，可以降低煤炭的需求，减少对煤炭供应链的依赖。这包括采用高效燃烧技术、碳捕获和储存（CCS）等技术。

环保改进：改进环保措施可以减少环保风险，提高企业的可持续性。这包括减少废水和废气排放，处理矿山废弃物，确保符合环保法规。

多元化的煤种和质量：多元化煤炭种类和质量可以满足不同客户和市场的需求。不同地区和用途需要不同类型的煤炭，因此提供多样化的产品组合可以拓宽市场。

持续创新：不断追求技术创新和生产效率提升是多样化策略的一部分。通过采用新技术和工艺，降低生产成本，提高产品质量，提高市场竞争力。

（二）煤炭供应链多样化的优势

多样化煤炭供应链带来多种优势，包括：

风险分散：通过多元化供应商、运输方式和市场，企业可以降低单一点故障的风险，减轻供应链中的波动性和不确定性。

灵活性：多样化的供应链使企业能更好地应对市场变化和突发事件，如供应短缺、价格波动或自然灾害。这种灵活性有助于维护生产的连续性和客户的满意度。

适应性：多元化策略可以帮助企业更好地适应政策和法规的变化，以及环保压力的增加。另外，它也可以减少对高碳煤炭的依赖，降低碳排放风险。

可持续性：多样化供应链有助于提高企业的可持续性。通过投资清洁能源项目和改进环保措施，企业可以降低其对有限资源的依赖，降低环境和社会风险。

市场拓展：开拓新市场，包括国际市场，可以帮助企业增加销售机会，降低其对单一市场的依赖。

创新机会：多样化的策略可以激发创新，推动技术和生产效率的提高，提高竞争力。

（三）实施煤炭供应链多样化策略的步骤

要成功实施煤炭供应链多样化策略，需要采取以下一系列步骤：

风险评估：首先，进行全面的风险评估，包括供应链风险、市场风险、环保风险等。确定风险的类型、可能性和影响程度。

制定多样化策略：基于风险评估的结果，制定多样化策略，明确多元化的目标和计划。这包括选择多元化的供应商、运输方式、市场和能源。

寻找新供应商：寻找新的煤炭供应商，可以是国内或国际的，以确保多元化供应源。建立长期合作伙伴关系，确保供应的可靠性。

多元化运输方式：探索多元化的运输方式，包括水路运输、管道运输、铁路运输和公路运输。这有助于降低物流风险。

拓展市场：考虑出口到国际市场，特别是对亚洲等新兴市场的出口需求。同时，寻找新的国内市场机会，如工业和化工领域。

投资清洁能源和节能项目：考虑投资太阳能、风能和其他清洁能源项目，以减少对传统煤炭的依赖。同时，采取能效和节能措施，降低能源消耗。

提高环保措施：改进环保措施，包括废水处理、废气处理和废弃物管理，以遵守环保法规和减少环境风险。

制订创新计划：鼓励创新，推动技术和生产效率的提高，提高市场竞争力。

持续监测和改进：持续监测供应链多样化策略的执行，寻找识别问题和改进的机会。及时调整计划以应对市场和风险变化。

培训和教育：为员工提供相关培训，使他们了解多样化策略的重要性，以及如何执行这一战略。

煤炭供应链多样化是一种重要战略，可以帮助煤炭企业降低风险、提高竞争力、适应市场变化和提高可持续性。通过多元化供应商、运输方式、市场和能源，企业可以更好地分散风险，提高灵活性，适应政策和法规的变化，降低环保和社会风险。另外，多样化策略还可以推动创新，提高生产效率，提高市场竞争力。

然而，实施煤炭供应链多样化策略并不是一件容易的事情，需要进行深入的风险评估和战略规划，同时需要不断监测和改进。企业需要积极寻找新的供应商、运输方式和市场机会，同时投资清洁能源和环保措施，以实现其多样化策略的目标。

最终，成功的多样化策略可以帮助企业在不断变化的能源和环境背景下保持竞争力，同时降低风险，为其可持续发展打下坚实的基础。多样化策略应该是煤炭产业的一个重要组成部分，以适应未来的挑战和迎接新的机遇。

第三节 价格波动与财务风险管理

一、煤炭价格波动预测

煤炭是世界上最重要的能源资源之一，广泛用于发电、钢铁制造、化工和许多其他工业过程中。由于其重要性，煤炭价格的波动将对经济和能源市场产生深远影响。因此，对煤炭价格的波动进行准确的预测至关重要。本部分将探讨煤炭价格波动的主要因素，并介绍一些用于预测煤炭价格波动的方法。

（一）煤炭价格波动的主要因素

1. 供需关系

煤炭价格的波动与供需关系密切相关。供应过剩或需求下降通常会导致价格下跌，而供应不足或需求增加则会导致价格上涨。供需关系的主要因素包括国内和国际市场需求、能源政策、天气条件、能源替代品的可用性等。例如，当某个国家加强对清洁能源的支持时，煤炭需求可能会下降，从而对煤炭价格产生负面影响。

2. 供应情况

煤炭供应情况对价格波动将起重要作用。供应受到矿产资源可用性、采矿和运输成本、政府政策以及劳工关系等因素的影响。例如，煤矿事故、采矿停工或供应链问题都可能导致供应不足，从而推高煤炭价格。

3. 能源政策

各国政府的能源政策对煤炭价格有重要影响。政府可能实施煤炭生产和使用的监管措施，如碳定价、排放限制和燃煤电厂关闭计划。这些政策可能导致煤炭价格上升，因为它们使煤炭的生产和使用更加昂贵。

4. 天气条件

天气条件对煤炭价格有影响。恶劣的天气条件可能导致采矿和运输受阻，从而影响供应。例如，暴雨可能导致矿山被淹没，导致产量下降，从而推高煤炭价格。

5. 能源替代品

可用的能源替代品会影响煤炭价格。如果更便宜、更清洁的能源替代品（如天然气、太阳能和风能）可供选择，那么煤炭的需求可能就会下降，从而对煤炭价格产生负面影响。

6. 地缘政治因素

地缘政治因素，如国际关系和地区冲突，可能对煤炭价格产生影响。紧张的地缘政治局势可能导致煤炭供应中断或出口限制，从而推高煤炭价格。

7. 货币汇率

货币汇率波动对国际煤炭贸易有影响。如果一个国家的货币贬值，那么它的煤炭出口可能就会变得更具竞争力，从而影响国际煤炭价格。

（二）煤炭价格波动的预测方法

了解煤炭价格波动的主要因素是预测的第一步，但预测实际价格变化仍然是一项复杂的任务。以下是一些用于预测煤炭价格波动的方法：

1. 基本面分析

基本面分析是一种通过研究供需、供应情况、政策和其他基本因素来预测价格变化的方法。分析师可以使用宏观经济数据、政府政策文件和行业报告来评估煤炭市场的基本面。这种方法虽需要大量的数据和研究，但通常提供其对煤炭价格未来走势的有用见解。

2. 技术分析

技术分析是一种通过研究历史价格走势和交易量来预测价格走势的方法。技术分析师使用图表和各种技术指标来识别价格趋势与市场情绪。虽然技术分析不能提供有关基本因素的详细信息，但它可以帮助识别市场中的短期趋势和交易机会。

3. 基于模型的方法

基于模型的方法使用数学模型来预测煤炭价格。这些模型可以包括时间序列分析、回归分析和机器学习算法。通过使用历史数据和其他相关变量，这些模型可以帮助分析师预测未来价格走势。这种方法虽需要大量的计算和数据处理能力，但可以提供较为准确的预测。

4. 专家意见

专家意见是一种基于专业经验和洞察力来预测价格的方法。行业专家和分析师可以提出对市场的独特见解，但这种方法容易受主观因素的影响，因此需要谨慎使用。

5. 模拟分析

模拟分析是一种使用数学模型来模拟不同市场情景的方法。通过模拟多种可能性，可以评估不同因素对煤炭价格的影响。这种方法可以帮助分析师更好地了解市场的不确定性，并提供其对未来价格走势的预测。

6. 趋势分析

趋势分析是一种通过观察市场趋势和周期性模式来预测价格走势的方法。例如，分析师可以观察季节性价格波动或周期性供需变化,并根据这些趋势来进行预测。这种方法通常适用于预测煤炭市场的长期趋势。

7. 敏感性分析

敏感性分析是一种通过分析不同因素对煤炭价格的敏感程度来预测价格波动的方法。分析师可以通过调整不同变量的值来评估价格的敏感性,并预测不同因素的影响。

8. 综合分析

综合分析是一种将多种方法和数据源结合起来进行预测的方法。通过综合不同方法的结果,可以提供更全面的价格预测。这种方法通常能够减少不同方法的偏差,并提高准确性。

需要注意的是,煤炭价格预测是一个复杂的任务,因为市场受多种因素的影响,而且不同市场和地区可能有不同的特点。因此,最好的方法是结合多种分析方法和数据来源,以提高预测的准确性。

(三)实际案例和挑战

在实际应用中,煤炭价格波动的预测面临一些挑战。其中一些挑战包括:

1. 不确定性

煤炭市场受多种因素的影响,包括政策变化、国际市场变化、天气事件等,这些因素的不确定性将使价格预测变得复杂。煤炭价格可能会受到外部因素和突发事件的影响,如天然灾害、地缘政治紧张局势或新的能源政策。

2. 数据可用性

煤炭价格预测需要大量的数据,包括历史价格数据、供应和需求数据、政府政策数据等。然而,有时这些数据可能不完整或不准确,使预测变得更加困难。

3. 市场复杂性

煤炭市场是一个复杂的市场,涉及多个参与者,包括生产商、消费者、贸易商和政府。这些不同的参与者可能会受到不同的动机和因素的影响,使市场的行为更加复杂。

4. 模型选择

选择合适的模型来进行煤炭价格预测是一个挑战。不同的模型可能适用于不同的市场情境,因此需要谨慎选择。

总之,煤炭价格波动的预测虽然是一项具有挑战性的任务,但它对能源市场和相关行业至关重要。通过综合不同的分析方法和数据来源,可以提高预测的准确性,帮助相关利益相关者做出更明智的决策。

煤炭价格波动的预测是一个复杂的任务,需要综合考虑多种因素,包括供需关系、供应情况、政策、天气、能源替代品和地缘政治因素。通过采用各种分析方法,如基本面分析、技术分析、模型分析和趋势分析，可以帮助分析师更好地了解市场情况并进行价格预测。然而，即使这样预测煤炭价格仍然面临不确定性和挑战，需要谨慎对待。

最终，煤炭价格波动的预测对能源市场的参与者、政府政策制定者和能源行业相关者都具有重要意义。通过不断改进预测方法和加强数据收集及分析，可以更好地了解煤炭市场，并更好地应对价格波动带来的风险和抓住机会。

二、煤炭财务风险评估

煤炭行业一直是世界能源市场中的重要领域之一，它供应了大量的电力和原材料，支撑着全球工业和经济的发展。然而，煤炭行业也面临着多种财务风险，这些风险可能会对公司和投资者造成严重损失。本部分将探讨煤炭财务风险的本质、主要因素和评估方法，以帮助相关方更好地了解和应对这些风险。

（一）煤炭财务风险的本质

煤炭财务风险是指那些可能对煤炭企业的财务管理和经济绩效产生负面影响的潜在风险因素。这些风险因素可以影响公司的盈利能力、资产负债表、现金流和市场地位。以下是一些常见的煤炭财务风险：

价格波动风险：煤炭价格波动对煤炭公司的盈利能力产生重大影响。价格下跌可能导致较低的销售收入，而价格上涨则可能导致成本上升，对企业的毛利润和净利润产生负面影响。

供应链风险：煤炭生产和供应的复杂性使企业容易受到供应链问题的影响，如供应不足、采矿事故、交通问题等，这些问题可能导致产量下降和成本上升。

环境法规风险：世界各国政府都在加强对能源行业环保法规的制定，以减少温室气体排放和其他环境影响。不遵守法规可能导致罚款、诉讼和生产成本增加。

市场需求风险：煤炭市场需求的不稳定性可能导致销量下降，尤其是在与清洁能源之间的竞争日益加剧的情况下。

财务杠杆风险：债务水平较高的煤炭企业面临财务杠杆风险，如果利息负担过重，就可能导致偿债能力下降。

地缘政治风险：煤炭市场会受到地缘政治紧张局势的影响，如国际贸易争端、出口限制和地区冲突。

技术进步风险：随着清洁能源技术的不断发展，煤炭行业可能受到技术替代品的威胁，这可能导致煤炭市场份额下降。

这些财务风险因素相互交织，加剧了煤炭行业的不确定性及其面临的挑战。

（二）主要煤炭财务风险因素

1. 价格风险

煤炭价格波动是煤炭行业的核心风险之一。价格波动可能受多种因素影响，包括供需关系、政府政策、国际市场情况、天气事件和能源替代品的可用性。价格下跌可能导致销售收入下降，从而影响煤炭企业的盈利能力。

2. 生产风险

煤炭生产本身涉及一系列潜在风险，包括矿山事故、采矿设备故障、劳工关系问题和天气条件不利等。这些问题可能导致产量下降和成本上升，对煤炭企业的财务状况产生负面影响。

3. 环境法规风险

煤炭行业要遵守严格的环境法规，以减少对环境的不良影响。不遵守这些法规可能导致罚款、诉讼和生产成本增加。此外，煤炭企业还需要考虑未来环境法规的风险，以规划未来的投资和经营活动。

4. 财务杠杆风险

许多煤炭企业通过借债来支持其业务。高财务杠杆可能导致利息支出增加，将对企业的现金流和偿债能力产生负面影响。特别是在价格波动较大的时候，高财务杠杆可能会导致公司面临债务违约的风险。

5. 市场需求风险

随着清洁能源技术的不断发展，市场对煤炭的需求可能下降。企业需要考虑市场需求的不稳定性，尤其是在政府政策和环境压力推动使用清洁能源的情况下。

6. 地缘政治风险

地缘政治紧张局势可能对煤炭市场产生负面影响。国际贸易争端、出口限制、地区冲突等因素都可能导致供应中断和价格波动。

7. 技术进步风险

随着清洁能源技术的进步，煤炭行业可能受到技术替代品的竞争，这可能导致其市场份额下降和销售收入下降。煤炭企业需要积极发展清洁技术，并在市场变化中寻求机会。

（三）煤炭财务风险评估方法

评估煤炭财务风险是关键，以便煤炭企业、投资者和政府制定者可以更好地了解与管理这些风险。以下是一些评估煤炭财务风险的方法：

1. 财务报表分析

通过分析煤炭公司的财务报表，可以评估其财务状况、盈利能力、偿债能力和现金流。

关键的财务指标包括营业收入、净利润、债务水平、资产负债比率、现金流量等。这些指标可以帮助识别煤炭企业面临的财务风险。

2. 基本面分析

基本面分析涉及研究供需、政府政策、国际市场情况和其他基本因素，以评估煤炭市场的潜在风险。分析师可以使用宏观经济数据、政府政策文件和行业报告来评估这些因素的影响。

3. 敏感性分析

敏感性分析是一种通过分析不同因素对煤炭企业财务状况的敏感程度来评估风险的方法。分析师可以通过调整不同变量的值，如煤炭价格、销售量、生产成本等，来评估这些变量对煤炭企业的影响。

4. 模拟分析

模拟分析是一种使用数学模型来模拟不同市场情景的方法。通过模拟多种可能性，可以评估不同因素对煤炭企业的财务状况的影响。这种方法可以帮助煤炭企业更好地了解不同风险因素的潜在影响。

5. 风险管理策略

煤炭企业可以采取一系列风险管理策略，以减轻潜在风险。这些策略包括购买保险、多元化业务、管理财务杠杆、开发清洁技术和与政府机构合作以遵守环境法规。

6. 市场研究

定期进行市场研究以了解煤炭市场的动态是管理风险的关键。市场研究可以帮助企业更好地预测价格趋势、供应情况、政府政策变化和市场需求的变化。

7. 持续监测和反馈

财务风险是动态的，因此持续监测和反馈是管理风险的重要部分。企业应建立有效的监测系统，以及时识别和应对潜在风险。

总之，煤炭财务风险评估是煤炭行业的关键任务之一，可以帮助企业、投资者和政府制定者更好地了解和管理潜在风险。通过使用不同的方法和工具，企业可以更全面地评估煤炭财务风险，并采取相应的措施来降低这些风险的影响。这有助于确保煤炭行业的可持续性和稳定性，同时促进清洁能源和环境可持续性的发展。

三、煤炭金融工具与对冲策略

煤炭行业一直是全球能源市场的重要组成部分，为发电、钢铁制造、化工和其他工业过程提供了重要的能源资源。然而，煤炭市场一直面临着价格波动、供应不稳定性、不遵守环境法规等各种风险。在这种情况下，煤炭企业和投资者需要采取金融工具和对冲策略来管理这些风险，以确保业务的可持续性和盈利能力。本部分将探讨煤炭金融工具和对冲策略，以帮助相关方更好地了解如何应对煤炭市场的风险。

（一）煤炭金融工具

煤炭公司和投资者可以使用各种金融工具来管理风险，包括以下几种主要工具：

1. 期货合同

期货合同是一种常用的金融工具，用于对冲煤炭价格风险。煤炭期货合同允许买方和卖方在将来的某个特定日期以特定价格购买或出售一定数量的煤炭。通过购买期货合同，煤炭公司可以锁定未来的价格，以降低价格波动的风险。

2. 期权合同

期权合同是另一种用于对冲煤炭价格风险的金融工具。期权合同允许买方在未来的某个日期以特定价格购买或出售煤炭，与期货不同的是，买方虽有选择权，但不是义务。这意味着买方可以选择是否执行合同，根据市场条件来决定是否进行交易。

3. 互换合同

互换合同是一种定制的金融合同，用于管理各种类型的风险，包括煤炭价格风险。煤炭企业可以与金融机构签订互换合同，以交换一定期限内的现金流，以对冲未来价格波动的风险。互换合同可以根据企业的具体需求来设计，以提供更大的灵活性。

4. 期货期权策略

期货期权策略是一种结合期货合同和期权合同来管理煤炭价格风险的方法。通过使用期货合同和期权合同的组合，投资者可以实施不同的对冲策略，以降低价格波动的风险。这种策略允许投资者在不同市场条件下灵活应对。

5. 集体投资工具

集体投资工具，如互惠基金、交易所交易基金（ETF）和共同基金，提供了一种多元化投资的方式，以降低煤炭价格风险。投资者可以通过投资这些工具来分散其风险，同时获得其对煤炭市场的掌握。

6. 财务衍生品

财务衍生品是一种用于管理煤炭价格和货币汇率风险的金融工具。这些衍生品允许公司对冲市场波动和汇率波动，以保护其财务状况。

（二）煤炭对冲策略

除了使用金融工具，煤炭企业和投资者还可以采取一系列对冲策略来管理风险。以下是一些常见的对冲策略：

1. 多元化

多元化是一种常见的对冲策略，通过投资不同的资产类别来分散风险。煤炭企业可以通过多元化其投资组合，包括不同类型的煤炭、清洁能源和相关行业，以降低与煤炭价格波动相关的风险。

2. 定价策略

煤炭企业可以通过采用差异化的定价策略来对冲价格波动。这包括灵活调整价格以适应市场需求和竞争情况，以保护企业的盈利能力。

3. 环保投资

面对不断增加的环保压力，一些煤炭企业已经开始投资清洁技术和环保措施，以降低其遵守环境法规风险。这些投资可能有助于减少污染控制成本和提高企业的可持续性。

4. 长期合同

煤炭企业可以通过与客户签订长期合同来锁定价格，以降低价格波动的风险。这些长期合同通常包括价格固定或价格指数链接的条款，为企业提供稳定的销售收入。

5. 国际多元化

国际多元化是一种通过扩大业务到不同国家和地区来分散风险的策略。通过进入不同市场，企业可以降低单一市场风险，并受益于不同地区的市场条件。环保和社会责任

面对越来越多的环保和社会责任要求，煤炭企业可以通过采取一系列环保和社会措施来降低潜在的法律和声誉风险。这包括减少温室气体排放、改进采煤工艺、采取社会责任行动等，以满足环保法规和社会预期。

6. 协同合作

煤炭企业可以通过与其他企业、政府机构和研究机构合作，共同应对市场风险。合作可以帮助企业更好地了解市场动态和趋势，共同开发创新解决方案，以降低风险。

7. 风险管理团队

建立专门的风险管理团队可以帮助企业更好地管理各种风险。这些团队可以监测市场动态、分析风险、制定对冲策略和监控实施效果。

8. 持续监测和反馈

持续监测和反馈是对冲策略的重要组成部分。企业需要建立有效的监测系统，以及时识别和应对潜在风险。通过不断改进和学习，企业可以更好地适应市场变化。

（三）结论

煤炭市场一直面临着多种风险，包括价格波动、供应不稳定性、环境法规等。为了确保业务的可持续性和盈利能力，煤炭企业和投资者需要采取金融工具和对冲策略来管理这些风险。不同的金融工具，如期货合同、期权合同、互换合同和财务衍生品，可以帮助企业锁定价格、分散风险和管理市场波动。同时，各种对冲策略，如多元化、定价策略、环保投资和国际多元化，也可以降低企业面临的风险。最重要的是，持续的监测

和反馈可以帮助企业适应市场变化，提高风险管理的效果。

煤炭行业面临着不断的挑战，但也有机会。通过合理运用金融工具和对冲策略，企业可以更好地管理风险，实现可持续的发展。同时，积极采取环保和社会责任措施可以提高企业的声誉和可持续性，有助于赢得利益相关者的信任。因此，在煤炭市场中，综合运用金融工具和对冲策略，结合环保和社会责任，将有助于煤炭企业应对风险，实现目标。

第四节 危机传播与公关策略

一、煤炭危机沟通计划

煤炭产业一直是全球能源市场的重要领域之一，为发电、工业生产和家庭供暖提供了大量的能源。然而，随着环境问题的凸显和能源市场的转型，煤炭行业面临了一系列危机，包括环保问题、政策调整、能源替代品竞争等。在这种情况下，煤炭企业需要制订有效的危机沟通计划，以维护声誉、管理风险、回应社会和政府的担忧，确保业务的可持续性。本部分将探讨如何制订煤炭危机沟通计划，以应对潜在的危机和面临的挑战。

（一）危机识别和评估

首先，煤炭企业需要识别和评估潜在的危机。这些危机可能包括以下几个方面：

环境问题：煤炭行业一直受到环保组织和政府监管的关注。环境问题可能包括温室气体排放、水污染、土壤污染等。煤炭企业需要评估其环境表现，了解可能的违规行为，以及如何应对环保问题。

政策调整：政府可能会调整能源政策，鼓励清洁能源和减少对煤炭的依赖。这可能对煤炭企业的业务产生负面影响。企业需要了解政府政策的变化，以及如何适应这些变化。

能源替代品竞争：随着清洁能源技术的发展，煤炭使用面临着来自可再生能源和天然气等能源替代品的竞争。企业需要评估市场趋势，了解竞争对手的动态，以应对竞争挑战。

社会担忧：社会和公众对煤炭产业的担忧可能导致声誉损失和市场反应。企业需要了解社会的关切和期望，以采取积极措施回应。

通过对这些潜在危机进行识别和评估，煤炭企业可以更好地准备应对危机，并制订有效的沟通计划。

（二）制订危机沟通计划

1. 危机团队组建

首先，企业需要组建一个专门的危机团队，负责制订和执行危机沟通计划。这个团队应包括高级管理层、公共关系专业人员、法务顾问、环境专家和危机管理专家。这个团队将负责协调和领导应对危机的工作。

2. 风险评估和预测

危机团队应该进行详尽的风险评估，以了解危机可能的发展方向和后果。团队需要考虑不同的情景，包括环境问题爆发、政府政策变化、竞争加剧等。这有助于提前规划应对策略。

3. 内部和外部沟通

危机团队需要制定内部和外部沟通策略。内部沟通是确保员工和关键利益相关者了解情况、对策和沟通计划的关键。外部沟通则包括与媒体、政府、社会组织、客户和供应商的沟通。这些沟通需要是及时、准确和透明的，以建立信任和降低不确定性。

4. 预备消息和信息发布

在危机发生之前，企业应预备好必要的消息和信息，以便在危机时迅速发布。这些消息应该包括企业对危机的态度、采取的措施、将要采取的行动以及问题的根本原因。消息需要符合企业的价值观和品牌形象。

5. 社交媒体和在线监控

社交媒体和在线渠道是广泛传播信息的重要途径。危机团队需要建立社交媒体渠道，以便及时回应和传达信息。同时，团队还需要实时监控社交媒体和在线评论，以了解公众的反应和舆论动态。

6. 模拟演练和培训

企业需要定期进行危机模拟演练，以测试危机沟通计划的有效性。模拟演练可以帮助团队更好地应对压力和面对不确定性。此外，培训员工，使其了解如何在危机时进行有效沟通，是至关重要的。

7. 持续改进

危机沟通计划需要不断改进。团队应该在每次危机后进行反思，分析经验教训，更新计划，以适应不断变化的市场和面临的风险。

（三）实施危机沟通计划

一旦制订了危机沟通计划，企业就需要按计划实施，确保及时、有效地应对潜在的危机。以下是一些实施危机沟通计划的重要步骤：

1. 紧急响应

在危机爆发时，危机团队应立即行动。团队成员需要执行预先制定的任务，如通知高层管理层、收集必要信息、启动内部和外部沟通渠道等。紧急响应是确保危机得到及时处理的关键。

2. 内部沟通

在危机时，内部沟通是至关重要的。公司需要确保员工了解情况，明白公司的危机沟通计划和角色。内部沟通应该是开放和透明的，以维护员工的信任和士气。

3. 外部沟通

外部沟通需要与媒体、政府、社会组织、客户和供应商建立有效的联系。危机团队需要根据沟通计划发布信息，回应媒体查询，与政府协商，与社会组织对话，以及与客户和供应商保持联系。外部沟通应该是专业、真实和及时的。

4. 控制信息流

危机团队需要努力控制信息的流向。这包括处理虚假信息、负面报道和不准确的传闻。团队可以发布官方消息，提供事实和数据，以纠正不准确的信息内容。同时，要防止信息泄露，避免信息外泄。

5. 社交媒体管理

社交媒体是广泛传播信息的渠道，危机团队需要积极管理社交媒体的动态。团队应回应社交媒体上的评论或提问，提供准确的信息，以维护企业声誉和建立公众信任。

6. 更新计划

在危机处理的过程中，危机团队需要根据情况不断更新危机沟通计划。团队应根据新的信息和发展情况来调整沟通策略，确保计划的有效性。

7. 总结和反思

危机处理结束后，企业需要对整个过程进行总结和反思。团队应分析经验教训，评估危机处理的有效性，以及需要改进的地方。这有助于提高企业未来的危机应对能力。

（四）建立可持续的危机沟通文化

最后，企业需要建立可持续的危机沟通文化。这包括以下几个方面：

1. 教育和培训

培训员工，使他们了解危机沟通的重要性和基本原则。员工需要知道如何在危机时进行沟通，以确保信息的准确性和透明性。

2. 社会责任

积极履行社会责任，采取环保措施，以减少潜在的环境问题。公司的社会责任举措可以提高公众对公司的信任，降低危机发生的概率。

3. 预防措施

除了危机应对，企业还应采取预防措施，降低危机发生的可能性。这包括改进生产工艺、监控环境表现、了解政策趋势等。

4. 听取反馈

企业需要积极听取公众的反馈。通过定期进行社会调查和与利益相关者对话，公司可以了解公众的期望和担忧，以便及时做出调整。

5. 可持续性报告

发布可持续性报告，展示公司的环境和社会绩效。可持续性报告可以提供透明的信息，向公众传达公司为可持续性而做出的努力。

煤炭行业面临着多种危机和挑战，包括环境问题、政策调整、竞争和社会担忧。建立有效的危机沟通计划是维护声誉、降低风险、确保业务可持续性的关键。企业需要识别和评估潜在的危机、制订危机沟通计划、实施计划，建立可持续的危机沟通文化。通过积极应对危机，企业可以更好地应对市场的不确定性，赢得公众的信任，实现可持续的发展。危机沟通计划不仅是一项管理工具，也是维护企业声誉和承担社会责任的重要途径。

二、煤炭媒体管理与危机信息控制

煤炭产业一直是全球能源市场的重要组成部分，为电力生产、工业制造和供暖等领域提供了重要的能源资源。然而，这一产业面临着日益增加的环境、社会和政治压力，媒体监督也越来越严格，因此需要通过有效的媒体管理和危机信息控制来维护声誉和可持续经营。本部分将探讨煤炭行业中的媒体管理和危机信息控制策略，以帮助企业更好地应对媒体挑战和面对危机情境。

（一）煤炭行业的媒体挑战

环境问题：煤炭产业长期以来一直受到媒体关于环境问题的负面报道，包括大气污染、水污染、温室气体排放等。这些报道引发了环保组织、政府监管机构和公众的关切。

能源转型：随着可再生能源和天然气等清洁能源的兴起，煤炭产业面临着来自其他竞争能源的压力。这种转型将对煤炭行业的市场份额和盈利能力构成挑战。

社会反对：煤炭产业还会受到一些社会组织和社区的反对，包括反煤矿运营、停止新项目的抗议活动。这些抗议活动可以导致负面媒体报道和声誉受损。

政策调整：政府在环保和能源政策上的调整可能对煤炭行业产生重大影响。政策的变化可能导致严格的法规监督或生产成本上升，对煤炭企业产生负面影响。

企业社会责任：企业社会责任是煤炭行业的重要议题之一。公众对企业在社会和环境方面的表现提出了更高期望，不履行社会责任可能导致负面报道和企业声誉损害。

这些媒体挑战将对煤炭行业的声誉和可持续性构成威胁，因此需要制定有效的媒体管理和危机信息控制策略来应对。

（二）煤炭行业的媒体管理策略

1. 建立媒体关系

煤炭企业需要积极与媒体建立良好的关系。这包括与记者、编辑、新闻机构等建立联系，了解他们的需求和关注点。通过建立信任和合作关系，企业可以更好地影响媒体报道和信息传播。

2. 提供透明信息

透明度是媒体管理的关键。企业需要主动提供有关其业务、环境表现和社会责任的信息，确保信息的准确性和可验证性。透明度有助于建立公众信任，降低负面报道的风险。

3. 危机预警和危机计划

企业需要制订危机预警系统和危机管理计划，以应对可能出现的负面情况。危机计划应包括应对措施、媒体管理策略和危机信息控制措施。

4. 社交媒体管理

社交媒体已成为信息传播的重要渠道，企业需要积极管理社交媒体账户，回应公众的评论和提问，传达正面信息，维护其声誉。

5. 媒体培训

培训员工，使他们了解媒体管理的基本原则和技巧。员工需要知道如何与记者交流、如何应对媒体采访、如何处理媒体查询等。

6. 定期沟通

定期与媒体沟通，不仅在危机情况下，还要在正常情况下。企业可以通过新闻稿、新闻发布会、媒体采访等方式，传递企业的消息和发展动态，减少负面报道的机会。

（三）煤炭行业的危机信息控制策略

1. 预先准备好信息

在危机爆发之前，企业需要预先准备好必要的信息。这包括企业对危机的态度、采取的措施、将要采取的行动等。预先准备好信息可以在危机发生时可以迅速发布，减少混乱现象和不确定性。

2. 主动传播信息

在危机时，企业需要主动传播信息，而不是等待媒体的查询。主动传播信息可以帮助企业掌握话语权，控制信息流向，确保信息的准确性和一致性。

3. 回应媒体查询

企业需要及时回应媒体的查询，提供准确的信息。媒体查询往往是公众获取信息的重要途径，及时回应可以帮助消除不确定性，减少错误信息的传播，维护企业的声誉。

4. 指定公司发言人

公司需要指定并培训专门的发言人，负责处理媒体查询和危机信息传播。发言人应具备媒体沟通技能，了解企业政策和立场，确保信息的一致性和准确性。

5. 社交媒体管理

社交媒体是信息迅速传播的平台，危机信息控制需要包括社交媒体管理。企业应积极管理社交媒体账户，及时回应社交媒体上的评论和提问，传递正面信息，防止虚假信息的传播。

6. 控制信息泄露

企业需要采取措施，防止信息泄露。这包括加强信息的保密性，限制员工与外部人员的访问，防止内部文件和信息的外泄。

7. 全面评估危机后果

在危机发生后，企业需要全面评估危机的后果，包括媒体报道、声誉损害、法律责任等。这有助于企业制定应对策略和改进未来的危机信息控制措施。

8. 建立持续改进机制

危机信息控制不仅是应对危机时的临时措施，也需要建立持续改进机制。企业应在每次危机后反思和总结经验教训，更新危机信息控制策略，以适应不断变化的媒体环境和风险。

煤炭行业在面对环境问题、能源转型和政策调整等媒体挑战时，需要有效的媒体管理和危机信息控制策略来应对。建立良好的媒体关系、提供透明信息、制订危机预警和危机管理计划等媒体管理策略有助于企业维护声誉和公众信任，而预先准备好信息、主动传播信息、回应媒体查询等危机信息控制策略则可以帮助企业控制信息流向，减少负面影响。

最重要的是，媒体管理和危机信息控制需要建立在企业社会责任与可持续发展的基础上。积极履行社会责任、改善环境表现和透明度是维护声誉与应对媒体挑战的重要因素。通过综合运用这些策略，煤炭企业可以更好地应对媒体挑战，确保企业可持续经营和发展。媒体管理和危机信息控制不仅是应对危机的手段，也是维护企业声誉和社会责任的重要途径。

三、煤炭公众关系维护策略

煤炭产业一直是全球能源市场的重要领域之一，为电力生产、工业生产和家庭供暖等提供了重要的能源资源。然而，煤炭产业也一直面临来自环境、社会和政治方面的挑战，包括环境污染、气候变化、社区抗议等。在这种情况下，煤炭企业需要制定有效的公众关系维护策略，以建立和维护与利益相关者的积极关系，提高声誉，促进可持续发展。本部分将探讨煤炭行业中的公众关系维护策略，以帮助企业更好地应对公众关系挑战。

（一）公众关系挑战

煤炭产业面临多方面的公众关系挑战，其中一些主要问题包括：

环境问题：煤炭开采和燃烧产生大量温室气体排放，导致气候变化和大气污染。环保组织和公众对煤炭产业带来的环境影响提出了严格的要求，包括减少排放、改善采煤工艺等。

社会抗议：一些社区和社会组织反对煤炭开采和发电项目，认为这些项目会对当地环境和社会造成负面影响。社会抗议活动可能导致项目延迟或取消，对企业的投资和声誉构成威胁。

政策调整：政府在能源政策和环保法规方面的调整可能对煤炭企业产生重大影响。政策的变化可能导致生产成本上升或限制企业对煤炭的使用，对企业的盈利能力将产生负面影响。

社会责任：公众对企业的社会责任提出了更高期望。企业需要积极履行社会责任，采取环保措施、改善社区关系、提高员工福祉等，以满足公众的期望。

这些公众关系挑战将对煤炭企业的声誉和可持续性构成威胁，因此需要建立有效的公众关系维护策略来应对。

（二）公众关系维护策略

1. 透明度与沟通

透明度是建立积极公众关系的关键。企业需要积极传达信息，包括其业务实践、环境表现、社会责任举措和可持续发展计划。透明度有助于建立公众信任，减少误解和不信任。

沟通是维护公众关系的关键工具。企业应积极与各利益相关者进行沟通，包括政府、社区、环保组织、客户和供应商。沟通可以帮助企业了解各方关切和期望，寻求共识，解决争议问题。

2. 社会责任和可持续发展

积极履行社会责任是维护公众关系的重要途径。企业应采取环保措施，减少环境影响，改善社区关系，提高员工福祉。这些举措有助于提高公众对企业的信任，降低负面影响。

可持续发展是维护公众关系的关键。企业需要制定可持续发展战略，包括减少碳排放、提高能源效率、推动清洁技术创新等。可持续发展有助于满足公众的环保期望，减轻环境和气候变化的压力。

3. 社区参与和合作

与当地社区建立积极关系是维护公众关系的关键。企业应积极参与社区事务，支持社区项目，提供就业机会，改善基础设施等。社区参与有助于减少社会抗议活动，以争取社区的支持。

合作是维护公众关系的有效途径。企业可以与环保组织、政府机构和其他利益相关者合作，共同解决环境和社会问题。合作可以帮助企业更好地理解各方关切，寻求解决方案，减少冲突和争议。

4. 危机管理和危机沟通

危机管理是维护公众关系的重要组成部分。企业需要制订危机管理计划，预测潜在的危机，制定应对策略。在危机发生时，及时采取措施，避免负面影响范围的扩大。

危机沟通是维护公众关系的关键。企业需要制订危机沟通计划，包括危机信息传播、媒体管理和社交媒体管理等。在危机发生时，企业应及时向公众提供信息，解释情况，展示采取的措施，表达对问题的关切，以减少公众的恐慌和不满。

5. 持续改进和监测

公众关系维护策略需要不断改进和监测。企业应定期评估其公众关系维护举措的效果，了解公众的反馈和需求。这有助于调整策略，以适应不断变化的社会和市场环境。

同时，企业需要积极监测媒体报道和社交媒体的动态，了解公众的观点和反应。这有助于及时回应负面报道和虚假信息，维护其声誉。

6. 创新和教育

创新是维护公众关系的关键。企业应积极探索新的技术和方法，提高环保效率，减少环境影响。创新可以帮助企业更好地满足公众的期望，推动可持续发展。

教育是维护公众关系的重要工作。企业可以开展环保教育和社区教育项目，提高公众的环保意识和参与度。实施教育项目有助于减少误解和不信任，以达成共识和促进合作。

煤炭产业一直面临着来自环境、社会和政治方面的公众关系的挑战。有效的公众关系维护策略是维护声誉和可持续发展的关键。透明度、社会责任、社区参与、危机管理和创新等策略可以帮助企业建立积极公众关系，满足公众的期望，降低风险和减少争议。

最重要的是，公众关系维护需要建立在企业履行社会责任和促进可持续发展的基础上。企业应积极履行社会责任，采取可持续发展措施，以满足公众的期望，实现共赢。通过综合运用这些策略，煤炭企业可以更好地应对公众关系挑战，确保可持续经营和发展。公众关系维护不仅是企业的管理工具，也是实现履行社会责任和促进可持续发展的重要途径。

第九章 煤炭政策法规与合规管理

第一节 煤炭政策法规解读

一、煤炭政策影响分析

煤炭一直是全球主要的能源资源之一,为电力生产、工业制造和供暖等领域提供了重要的能源。然而,由于环境和气候问题的不断增加,以及对可再生能源使用量的增加,各国政府已经采取了一系列政策来调整煤炭产业结构。这些政策旨在减少煤炭对环境的影响、降低温室气体排放、促进向清洁能源转型等。本部分将分析煤炭政策对煤炭行业的影响,包括政策的背景、实施情况和潜在影响。

(一)煤炭政策的背景

煤炭政策的出台主要会受到以下几个关键因素的影响:

环境问题:煤炭燃烧产生大量的二氧化碳(CO_2)、氮氧化物(NO_x)和颗粒物等大气污染物,将对大气质量和气候产生负面影响。这导致出现空气污染、酸雨、气候变化等环境问题。

气候变化:煤炭燃烧是主要的温室气体排放源之一,对全球气候变化影响很大。气候变化将对生态系统、农业和人类健康产生重大影响,促使政府采取行动减少企业对煤炭的使用。

可再生能源发展:可再生能源如太阳能和风能的成本逐渐下降,其与煤炭作为能源资源的竞争不断增加。政府鼓励可再生能源发展,以减少对煤炭的依赖。

社会和政治压力:社会和环保组织以及公众对煤炭产业的环境与社会影响提出了质疑,并发起抗议活动,推动政府采取更严格的政策。

能源安全:一些国家关注煤炭供应的稳定性和可靠性,为了减少其对进口煤炭的依赖,这些国家鼓励国内可再生能源的发展。

这些因素共同推动了煤炭政策的制定和实施。

（二）煤炭政策的主要内容

煤炭政策的内容虽因国家和地区而异，但一般包括以下几个主要方面：

温室气体减排目标：政府制定了减少温室气体排放的具体目标，通常包括减少二氧化碳排放和提高能源效率。这些目标旨在应对气候变化问题。

清洁能源推动：政府鼓励清洁能源的发展，包括太阳能、风能、水能等可再生能源，以降低对煤炭的依赖。

煤炭减排技术：政府支持煤炭产业采用清洁技术，如煤气化、碳捕获和储存（CCS）等，以降低污染物排放。

煤炭采矿和开采规范：政府制定了煤矿安全和环保法规，以确保煤炭开采和采矿活动的合规性和可持续性。

减少煤炭使用：政府鼓励能源效率改进，以减少煤炭的使用。这可能包括提供能源税收优惠、设立能源效率标准和采取激励措施。

社区参与和合作：政府鼓励煤炭企业与当地社区合作，以改善社区关系，减少社会抗议活动。

国际合作：一些国家参与国际气候协议，如巴黎协定，承诺减少温室气体排放，开展全球气候行动。

（三）煤炭政策的影响

煤炭政策的影响虽因国家和地区而异，但一般包括以下几个方面：

环境改善：煤炭政策的实施通常导致减少大气污染物排放和温室气体排放。这有助于改善空气质量、减少酸雨和降低气候变化风险。

清洁能源发展：政府鼓励清洁能源发展，如太阳能和风能。这虽使煤炭产业面临竞争压力，但也为可再生能源和清洁技术提供了商机。

技术创新：政府支持煤炭产业采用清洁技术，如煤气化和碳捕获和储存（CCS）。这有助于改善煤炭的环保性能，减少污染物排放。

经济影响：煤炭政策可能对煤炭产业的经济影响产生负面影响。例如，减少煤炭的使用可能导致煤炭矿山的关闭和失业率的上升。然而，政府通常通过采取措施来缓解这些经济影响，如提供转型支持和培训机会。

可持续发展：煤炭政策有助于实现可持续发展目标。减少温室气体排放、改善环境表现和提高能源效率是可持续发展的关键要素。

能源供应安全：政府鼓励可再生能源发展，以减少其对进口煤炭的依赖，提高本国国内能源供应的可靠性和安全性。

社会和政治稳定：政府通过改善社区关系和减少社会抗议活动来维护社会和政治稳

定。这有助于促进煤炭产业的可持续发展。

国际合作：一些国家通过参与国际气候协议，提高其国际形象，开展全球气候行动。

（四）不同国家的煤炭政策案例分析

不同国家对煤炭政策的实施程度和方法各不相同。以下是一些国家的煤炭政策案例分析：

1. 中国

中国是全球最大的煤炭生产和消费国，也是温室气体排放量最大的国家之一。中国政府制定了一系列政策来应对环境和气候问题，包括：

减少煤炭的使用：中国采取了控制煤炭消费的措施，包括关闭小型煤矿、提高能源效率和鼓励清洁能源发展。

清洁技术创新：中国政府支持煤炭行业采用碳捕获和储存技术，以减少污染物排放。

国际合作：中国积极参与国际气候协议，承诺减少温室气体排放。

2. 美国

美国是世界上最大的煤炭生产国之一，但在近年来，美国政府采取了一系列政策来减少其对煤炭的依赖，包括：

清洁电力计划：奥巴马政府制订了清洁电力计划，旨在减少电力生产中的二氧化碳排放，并促进清洁能源的发展。

煤矿关闭：一些地区的煤矿关闭，导致失业问题。

能源效率改进：政府鼓励能源效率改进，减少煤炭的使用。

3. 德国

德国政府积极推动可再生能源发展，减少其对煤炭的依赖。德国采取了以下措施：

预算支持：政府为可再生能源项目提供财政支持，降低清洁能源成本。

煤炭短缺：德国面临煤炭短缺问题，需要依赖进口煤炭。

清洁技术创新：政府支持煤炭行业采用清洁技术，如燃煤电厂升级和碳捕获技术。

以上这些国家的案例表明，煤炭政策的实施和影响因国家情况及政策目标而异，但都旨在应对环境和气候问题，促进了本国经济社会的可持续发展。

（五）煤炭政策的挑战和机遇

煤炭政策的实施面临一些挑战，包括：

经济影响：煤炭政策可能导致煤炭产业的就业问题，特别是在关闭煤矿和电厂时。政府需要提供培训和转型支持，以减少这些对经济的不利影响。

能源供应安全：减少对煤炭的依赖可能对国家的能源供应安全产生影响。政府需要采取措施确保能源供应的可靠性。

社会抗议：一些社区和社会组织反对煤炭政策，认为其将对当地经济和社会造成负面影响。政府需要积极参与社区活动，解决争议，改善社会关系。

然而，煤炭政策也带来了一些机遇，包括：

清洁技术发展：政府支持清洁技术的研发和采用，有助于改善煤炭的环保性能，减少污染物排放。这为清洁技术产业提供了商机，创造了就业机会。

可再生能源发展：政府鼓励可再生能源的发展，如太阳能、风能和水能。这为可再生能源行业带来了增长，减少了对有限资源的依赖。

国际合作和形象改善：参与国际气候协议和全球气候行动有助于提高国家的国际形象，加强国际合作。这可以为国家创造外交机会和商业机会。

煤炭政策的实施将对煤炭行业和社会经济产生广泛的影响。政府制定煤炭政策的背后是应对气候变化、改善环境和实现可持续发展的愿望。煤炭政策的内容和影响虽因国家而异，但总体来说，它们都旨在减少煤炭的环境影响、降低温室气体排放、促进清洁能源转型。

煤炭政策虽面临挑战，如经济影响、能源供应安全和社会抗议，但也提供了机遇，如清洁技术发展、可再生能源发展和国际合作。政府需要在制定政策时权衡各种因素，以实现政策目标并减少负面影响。

最终，煤炭政策的实施继续在全球范围内推进，将为煤炭行业和社会经济带来深远的影响。在政策制定和执行的过程中，政府、产业界和社会应共同合作，以实现可持续能源的未来。

二、煤炭法规遵从与合规性评估

煤炭产业一直是全球能源市场的重要组成部分，为电力生产、工业制造和供暖等提供了重要的能源资源。然而，由于环境、社会和安全方面的问题，各国政府制定了一系列煤炭法规来监管和规范煤炭产业。这些法规旨在确保煤炭开采和使用的可持续性，减少环境污染，提高安全性，以及遵守国家和国际法律标准。本部分将探讨煤炭法规遵从与合规性评估的重要性，以及如何有效管理和评估煤炭法规的合规性。

（一）煤炭法规的重要性

环境保护：煤炭开采和燃烧将对环境造成严重影响，包括大气污染、水资源污染和土地破坏。煤炭法规旨在减少这些环境影响，保护生态系统和自然资源。

社会责任：煤炭产业将对当地社区和居民的生活产生重大影响。煤炭法规要求企业履行社会责任，包括提供就业机会、改善社区基础设施和提供社会支持。

安全管理：煤炭采矿是一项危险的工作，涉及高风险的活动。煤炭法规要求企业采取安全措施，以确保矿工的安全。

公共健康：大气污染和水资源受污染将对公众健康产生不利影响。煤炭法规旨在减少这些健康风险，保护公众健康。

国际承诺：一些国家应参与国际气候协定，承诺减少温室气体排放。煤炭法规有助于实现这些国际承诺。

（二）煤炭法规遵从的挑战

煤炭法规遵从面临一些挑战，包括：

复杂性：煤炭法规通常涉及多个法律法规、政府机构和监管标准，涵盖了煤炭生产的各个环节。这使得法规遵从变得复杂和繁琐。

变化性：煤炭法规可能随时间和政策变化而变化。企业需要不断更新和调整其合规经营策略，以适应新的法规要求。

费用和资源：确保法规合规性可能需要大量的人力、物力和财力资源。这可能对企业的经济状况产生负面影响。

监管监督：监管机构虽需要监督和执行法规的合规性，但有时监管资源有限，难以覆盖所有煤炭企业和项目。

多方责任：煤炭产业通常涉及多方，包括政府、企业、社会组织和公众。确保所有各方的合规性可能需要协调和合作。

（三）煤炭法规遵从的管理和评估

为确保煤炭法规的遵从性，煤炭企业需要建立有效的管理体系和评估机制。以下是一些重要步骤和策略：

制定内部政策和程序：企业应制定内部政策和程序，明确法规遵从的责任和要求。这包括确保员工了解和遵守相关法规。

培训和教育：为员工提供培训和教育，以增强其法规遵从意识和技能。培训可以帮助员工了解法规要求，减少违规行为。

合规性评估：进行定期的合规性评估，以确保企业的活动符合相关法规。评估可以涵盖环境合规性、社会责任、安全管理和公共健康等方面。

监测和报告：建立监测和报告机制，以追踪法规遵从性的情况。监测可以包括数据收集、排放测量和事故报告。

合规性审计：进行定期的合规性审计，以评估法规遵从性的程度。审计可以由内部或外部审计师进行，以确保客观性。

问题解决和改进：解决发现的合规问题，并采取纠正措施。同时，改进内部管理体系和程序，以提高合规性。

参与利益相关者：积极与政府、社会组织、当地社区和公众合作，以了解各方的关切和期望。合作有助于减少冲突和争议，提高法规遵从性。

制订风险管理计划：煤炭企业应制订风险管理计划，以识别潜在的法规遵从风险，并采取措施减轻这些风险。这可能包括建立备用计划、采用最佳实践和改进技术，以降低法规遵从的风险。

数据管理和报告：确保合规性数据的准确性和完整性。及时报告违规行为或违规情况，以避免可能的法律和金融风险。

持续改进：不断改进合规性管理体系，以适应法规变化和业务需求。定期审查和更新内部政策及程序，以保持合规性。

（四）煤炭法规遵从的利益和挑战

煤炭法规遵从带来了一系列利益和挑战，对企业、社会和环境都具有重要意义。

1. 利益

环境保护：煤炭法规遵从有助于减少煤炭开采和使用对环境的不利影响，包括大气污染、水资源污染和土地破坏。这有助于保护生态系统和自然资源。

社会责任：煤炭法规要求企业履行社会责任，包括提供就业机会、改善社区基础设施和提供社会支持。这有助于改善社区关系和维护社会形象。

安全管理：煤炭法规要求企业采取安全措施，以确保员工和矿工的安全。这有助于减少事故和伤害。

公共健康：遵守煤炭法规有助于企业减少大气污染和水资源受污染，减少对公众健康的不利影响。

合规性证明：符合煤炭法规的企业通常更容易获取许可证和融资，提高企业业务的可持续性和稳定性。

2. 挑战

经济成本：煤炭法规遵从可能需要大量的资源和资金投入，将对企业经济状况产生负面影响。

复杂性和变化性：煤炭法规不但复杂多样，涵盖多个领域，而且可能随时间和政策变化而变化。企业需要不断更新和调整其合规策略。

监管监督：监管机构虽然需要监督和执行法规的合规性，但有时监管资源有限，难以覆盖所有煤炭企业和项目。

多方责任：煤炭产业通常涉及多方，包括政府、企业、社会组织和公众。确保所有各方的合规性可能需要协调和合作。

社会抗议和争议：一些社区和社会组织反对煤炭法规，认为其对当地经济和社会造成负面影响。这可能导致产生冲突和争议。

煤炭法规遵从与合规性评估对确保煤炭产业的可持续性和负责任性至关重要。虽然面临一系列挑战，但这些法规有助于保护环境、改善社会责任、提高安全性和维护公共健康。有效的合规性管理和评估机制可以帮助企业降低法规遵从的风险，提高业务的可持续性和稳定性。最重要的是，合规性不仅是企业责任，也是对社会和环境负责的体现，有助于企业实现可持续发展目标。

三、煤炭政策变更应对

全球煤炭行业正面临巨大的挑战，包括环境问题、气候变化、可再生能源崛起以及社会压力。为应对这些挑战，各国政府纷纷制定并调整煤炭政策，以减少煤炭的使用、提高环境友好性，并推动清洁能源发展。这种政策变更对煤炭行业和相关利益相关者来说都是一项重大挑战，需要采取有效的应对措施。本部分将探讨煤炭政策变更的原因、影响以及如何应对这些变化。

（一）煤炭政策变更的原因

煤炭政策变更的原因多种多样，主要包括以下几个方面：

环境问题：煤炭开采和燃烧产生大量的二氧化碳（CO_2）、氮氧化物（NO_x）、颗粒物等大气污染物，对环境产生严重影响。这包括大气污染、酸雨、水体污染和土地破坏。政府为了保护环境和生态系统，应采取政策减少对煤炭的依赖。

气候变化：煤炭是主要的温室气体排放源之一，对全球气候变化影响巨大。气候变化将对农业、水资源、海平面上升等造成不可逆的影响，促使政府采取减少煤炭使用的政策。

可再生能源发展：太阳能、风能和其他可再生能源的成本逐渐下降，增加了与煤炭使用之间的竞争压力。政府鼓励可再生能源发展，以减少对传统煤炭能源的依赖。

社会压力：社会和环保组织以及公众对煤炭产业的环境与社会影响提出了质疑，发起抗议活动，推动政府采取更严格的政策。

能源安全：一些国家关注煤炭供应的稳定性和可靠性，为了减少对进口煤炭的依赖，鼓励国内可再生能源的发展。

国际承诺：一些国家参与国际气候协议，承诺减少温室气体排放，促进全球气候行动。政府可以通过调整国内煤炭政策来履行这些国际承诺。

以上因素共同推动了各国政府调整其煤炭政策，以应对现有的和未来的挑战。

(二)煤炭政策变更的影响

煤炭政策变更将对多个利益相关者产生深远的影响,包括:

煤炭行业:煤炭企业受到政策变更的直接冲击,尤其是那些依赖煤炭产业的地区和企业。政策变更可能导致煤炭矿山的关闭、减少煤炭需求、转型清洁能源等。

能源供应:煤炭政策的变更会影响国家的能源供应,可能导致能源供应的不稳定性。政府需要制定战略来确保能源供应的安全和可靠性。

环境改善:政策变更通常会导致减少大气污染物排放和温室气体排放,改善空气质量和减少气候变化风险。

社会影响:社区和当地居民可能会因政策变更而受益或受害。一些地区可能因煤矿关闭而失业,而其他地区可能因清洁能源项目的发展而创造就业机会。

可再生能源行业:可再生能源行业受益于政策变更,因为政府鼓励清洁能源的发展。这为可再生能源行业提供了商机和利润增长机会。

国际形象:参与国际气候协议的国家通过履行承诺来提高其国际形象,推动开展全球气候行动。

政策变更的具体影响因国家、地区和政策的不同而异。然而,通常情况下,政策变更旨在推动清洁能源转型、减少温室气体排放、改善环境质量和促进可持续发展。因此,政策变更对环境、社会和经济产生了广泛的影响。

(三)应对煤炭政策变更的策略

煤炭政策变更对各利益相关者带来了挑战,但也为他们提供了机遇。以下是一些应对煤炭政策变更的策略:

多元化经济:煤炭企业可以考虑多元化其经济活动,寻找新的商机和市场。这可以包括投资清洁能源项目、开发可再生能源、提供能源储存和转型服务等。

提高能源效率:煤炭企业可以通过提高能源效率来减少生产成本和环境影响。采取更高效的采矿和电力生产技术,减少资源浪费。

投资清洁技术:煤炭行业可以积极投资和采用清洁技术,如碳捕获和储存(CCS)、燃煤电厂升级、煤炭气化等。这有助于减少污染物排放,提高环保性能。

社区合作:煤炭企业可以积极与当地社区合作,解决社会问题,提供社会支持,改善社区关系。这可以减少社会抗议和争议。

政府合作:煤炭企业可以与政府合作,参与政策制定和实施,以确保其声音被听取,并共同寻求解决方案。

可再生能源投资:煤炭企业可以考虑投资和发展可再生能源项目,以多元化其能源组合。这有助于降低温室气体排放,并满足政府对可再生能源的需求。

培训和技能提升：煤炭从业人员可以接受培训，提高其技能，以适应新的清洁能源和环保技术的要求。

监测和报告：煤炭企业需要建立监测和报告机制，以追踪法规的合规性和环境绩效。这有助于提高机制的透明度和合规性。

创新和研发：煤炭企业可以投资研发，寻找新的解决方案和技术，以适应变化的市场需求。

总的来说，应对煤炭政策变更需要煤炭行业和政府之间的合作与协调，以找到可持续的发展路径。同时，社会组织和公众也可以发挥重要作用，推动政府采取更严格的政策，促进可持续能源的未来。

煤炭政策变更是不可逆转的趋势，将会受到全球环境和气候问题的影响。政府为了应对气候变化、改善环境质量和推动清洁能源发展，纷纷制定和调整煤炭政策。这将对煤炭行业和相关利益相关者产生深远的影响，需要采取有效的应对措施。

应对煤炭政策变更需要多方合作，包括政府、煤炭企业、社会组织和公众。多元化经济、提高能源效率、投资清洁技术、社区合作和政府合作等策略可以帮助煤炭企业适应变化，并找到可持续的发展路径。

最终，煤炭政策变更是为了实现可持续发展和减少环境与气候问题的影响。只有通过共同努力，才能实现清洁能源未来，减少温室气体排放，改善环境质量，提高社会和经济的可持续性。

第二节　合规管理体系建设

一、煤炭合规框架设计

在面临日益严格的环境法规、社会压力和气候变化挑战的情况下，煤炭行业必须建立健全的合规框架来确保其活动遵守法律法规、环境标准和履行社会责任。合规框架是一个组织内部的体系，用于管理、监测和报告与法规、政策和标准相关的事项。本部分将探讨如何设计和实施煤炭合规框架，以遵守法规、改善环境绩效和履行社会责任。

（一）合规框架的重要性

煤炭合规框架的建立和实施具有重要意义，包括以下几个方面：

法规遵守：合规框架确保组织了解并遵守相关法规和政策，减少违规行为和相关法律风险。

环境保护：通过合规框架，组织可以有效监测和管理其环境影响，减少污染物排放，保护生态系统和自然资源。

社会责任：合规框架有助于组织履行社会责任，包括提供就业机会、改善社区关系和提供社会支持。

可持续性：合规框架有助于组织实现可持续性目标，包括减少温室气体排放、提高能源效率和改善社会福祉。

声誉保护：合规框架有助于维护组织的声誉，提高其形象和信誉。

业务稳定性：合规框架有助于降低法规风险，确保业务的稳定性和可持续性。

投资吸引力：具备健全合规框架的组织更有可能吸引投资，因为这些组织被认为具有更低的法律、环境和社会风险。

（二）设计煤炭合规框架的重要因素

设计煤炭合规框架需要考虑多个重要因素，以确保其有效性和可持续性：

法规和政策评估：首先，组织需要全面评估适用于其运营地点和活动的法规及政策。这包括国家、地区和国际层面的法规，以及环境、社会和健康安全方面的法规。

内部政策和程序：基于法规评估，组织需要制定内部政策和程序，明确合规的责任和要求。这包括制定适用于各个部门和活动的合规政策。

组织结构和责任：定义合规框架中的组织结构和责任分工，明确谁负责合规监督、执行和报告。这包括指定合规主管和团队。

培训和教育：提供员工培训和教育，以增强其合规意识和技能。培训可以帮助员工了解法规要求，减少违规行为。

监测和报告：建立监测和报告机制，以追踪合规性的情况。这可以包括数据收集、排放测量和事故报告。

合规性审计：进行定期的合规性审计，以评估法规遵从性的程度。审计可以由内部或外部审计师进行，以确保客观性。

问题解决和改进：解决发现的合规问题，并采取措施。同时，改进内部管理体系和程序，以提高合规性。

风险管理：制订风险管理计划，以识别潜在的合规风险，并采取措施减少这些风险。这可能包括建立备用计划、采用最佳实践和改进技术，以降低法规遵从的风险。

数据管理和报告：确保合规性数据的准确性和完整性。及时报告违规行为或违规情况，以避免可能出现的法律和金融风险。

持续改进：不断优化合规性管理体系，以适应法规变化和业务需求。定期审查和更新内部政策和程序，以保持合规性。

（三）实施煤炭合规框架的步骤

实施煤炭合规框架需要以下步骤：

领导支持：高层领导应提供对合规框架的支持和承诺。这包括确保足够的资源用于合规管理，以及形成组织的合规文化。

合规团队组建：指定合规团队，负责合规框架的建立和实施。这个团队应该包括具有合规专业知识和经验的成员。

法规评估和政策制定：进行法规评估，明确适用于组织的法规和政策。基于评估的结果，制定内部合规政策和程序，明确合规的责任和要求。

培训和教育：开展员工培训和教育，以提高合规意识和技能。培训应定期进行，以确保员工了解最新的法规和政策。

监测和报告：建立监测和报告机制，以追踪合规性的情况。这可以包括数据收集、排放测量和事故报告。确保数据的准确性和及时性。

合规性审计：定期进行合规性审计，以评估法规遵从性的程度。审计可以由内部或外部审计师进行，以确保客观性。审计结果应被详细记录和分析。

问题解决和改进：解决审计中发现的合规问题，并采取纠正措施。同时，改进内部管理体系和程序，以提高合规性。

风险管理：制订风险管理计划，以识别潜在的合规风险，并采取措施减少这些风险。风险管理计划应定期更新，以及时反映新的风险因素。

数据管理和报告：确保合规性数据的准确性和完整性。建立报告程序，及时报告违规行为或违规情况，以避免出现可能的法律和金融风险。

持续改进：不断改进合规性管理体系，以适应法规变化和业务需求。定期审查和更新内部政策和程序，以保持合规性。

（四）煤炭合规框架的利益和挑战

煤炭合规框架的建立和实施带来了一系列利益和挑战，对组织、社会和环境都具有重要意义。

1. 利益

法规遵守：煤炭合规框架确保组织了解并遵守相关法规和政策，减少法律风险。

环境保护：通过合规框架，组织可以有效监测和管理其环境影响，减少污染物排放，保护生态系统和自然资源。

社会责任：合规框架有助于组织履行社会责任，包括提供就业机会、改善社区关系和提供社会支持。

可持续性：合规框架有助于组织实现可持续性目标，包括减少温室气体排放、提高能源效率和改善社会福祉。

声誉保护：合规框架有助于维护组织的声誉，提高其形象和信誉。

业务稳定性：合规框架有助于降低法规风险，确保业务的稳定性和可持续性。

2.挑战

成本：建立和维护合规框架需要投入人力、物力和财力资源，增加了组织的成本。

复杂性：煤炭合规框架通常复杂多样，涵盖多个领域，需要不同领域的专业知识。

监管监督：监管机构虽需要监督和执行法规的合规性，但有时监管资源有限，难以覆盖所有煤炭企业和项目。

社会抗议和争议：一些社区和社会组织可能对煤炭企业的合规性提出质疑，导致发生冲突和争议。

技术挑战：一些合规要求可能需要采用新的技术和方法，将对组织的技术能力提出挑战。

煤炭合规框架的设计和实施对确保煤炭行业的可持续性及负责任性至关重要。虽然面临一系列挑战，但这些框架有助于保护环境、履行社会责任、提高可持续性，同时降低法规遵从风险。最重要的是，合规性不仅是组织责任，也是对社会和环境负责的体现，有助于实现可持续发展目标。通过建立健全的合规框架，煤炭行业可以在面对法规遵从和社会压力的情况下找到平衡，实现长期可持续发展。

二、煤炭内部合规流程与培训

在现代商业环境中，合规性成为企业经营的基本要求之一。对煤炭行业来说，合规性尤为重要，因为其活动涉及复杂的法规、环境和社会责任问题。为确保合规性，建立健全的内部合规流程和进行合规培训是必不可少的。本部分将探讨如何设计和实施煤炭行业的内部合规流程以及进行合规培训，以确保其业务活动符合法规和标准。

（一）内部合规流程的设计

内部合规流程是组织为确保其活动合规性而采取的一系列措施和程序。以下是设计内部合规流程的重要因素：

法规和政策评估：首先，组织需要进行全面的法规和政策评估，以确定适用于其运营地点和活动的法规、政策和标准。这包括国家、地区和国际层面的法规，以及环境、社会和健康安全方面的法规。

内部合规政策和程序：基于法规评估，组织需要制定内部合规政策和程序，明确合规的责任和要求。这些政策和程序应明确规定合规性的标准与要求，并提供具体的操作指南。

合规责任分配：确定合规责任的分配，明确谁负责合规监督、执行和报告。这包括指定合规主管和团队，负责监督和协调合规活动。

培训和教育：提供员工培训和教育，以提高其合规意识和技能。培训可以包括法规要求、内部政策和程序、风险管理等方面的内容。

监测和报告：建立监测和报告机制，以追踪合规性的情况。这可以包括数据收集、排放测量、事故报告和监测系统的建立。

合规性审计：进行定期的合规性审计，以评估法规遵从性的程度。审计可以由内部或外部审计师进行，以确保客观性。审计结果应被详细记录和分析。

问题解决和改进：解决发现的合规问题，并采取纠正措施。同时，改进内部管理体系和程序，以提高合规性。

风险管理：制订风险管理计划，以识别潜在的合规风险，并采取措施减少这些风险。这可能包括建立备用计划、采用最佳实践和改进技术，以降低法规遵从的风险。

数据管理和报告：确保合规性数据的准确性和完整性。建立报告程序，及时报告违规行为或违规情况，以避免出现可能的法律和金融风险。

持续改进：不断改进内部合规流程，以适应法规变化和业务需求。定期审查和更新内部政策及程序，以保持合规性。

（二）合规培训的重要性

合规培训对确保内部合规流程的成功实施至关重要。以下是合规培训的重要性：

提高员工合规意识：合规培训可以帮助员工了解法规要求、内部政策和程序，以确保他们在日常工作中符合合规性要求。

降低法规风险：合规培训有助于减少员工违规行为的风险，从而减少承担法律责任的可能性。

改善内部管理：培训可以提高内部管理的质量，包括数据管理、报告和监测程序的有效性。

提高组织声誉：合规培训有助于维护组织的声誉，提高其形象和信誉。

社会责任：通过培训，员工可以更好地了解社会责任和可持续性目标，有助于组织履行其社会责任。

提高工作效率：培训可以提高员工的工作效率，减少合规遵从问题和违规行为的发生，从而提高生产力。

（三）合规培训的设计和实施

设计和实施合规培训需要以下步骤：

需求分析：首先，组织需要进行培训需求分析，以确定员工的培训需求和要求。这可以通过员工调查、法规评估和内部政策分析来完成。

培训计划：基于需求分析，制订培训计划，包括培训主题、内容、时间表和培训方法。确保培训计划符合法规和标准。

培训内容和材料：开发培训内容和材料，以满足员工的培训需求。内容应包括法规要求、内部政策和程序、风险管理和社会责任等方面的内容。

培训方法：选择适当的培训方法，包括课堂培训、在线培训、模拟演练和实际案例分析。不同员工可能需要不同形式的培训。

培训资源：确保有足够的培训资源，包括培训师、培训设施、培训工具和技术支持。

培训安排：安排培训的时间表和地点，确保员工可以方便参加培训。

培训评估：在培训结束后，进行培训评估，以确定培训的有效性。评估可以包括员工的反馈、知识测试和绩效评估。

培训记录：记录员工的培训记录，包括参加培训的日期、内容和成绩。这有助于监测员工的培训进展和合规性。

持续改进：基于培训评估的结果，不断改进培训计划和内容，以确保培训的有效性。

（四）内部合规流程和培训的挑战

内部合规流程和培训的设计和实施可能面临一些挑战，包括：

复杂性：煤炭行业的法规和政策非常复杂，需要员工深入理解和遵守。培训需要设计得简洁明了，同时涵盖所有必要的内容。

变化性：法规和政策可能会发生变化，需要不断更新和改进内部合规流程和培训计划。

文化差异：煤炭企业可能在不同国家和地区开展业务，不同地方的文化和法规有所不同。需要为不同背景的员工提供适应性的培训。

监督与执行：确保员工遵守合规流程可能需要加强监督和执行，以防止出现违规行为。

培训成本：培训成本可能很高，包括培训师、设施和材料。组织需要权衡成本和培训效益。

员工参与：员工的积极参与和参与度对培训的成功至关重要。需要鼓励员工参与培训，并提供适当的激励。

时间管理：培训需要员工投入时间，可能会对他们的日常工作产生影响。需要安排培训时间，以减少对其业务的干扰。

内部合规流程和培训对确保煤炭行业的合规性与可持续性至关重要。通过设计和实施合规流程，组织可以更好地了解法规要求、明确合规责任、提高监测和报告能力，降低法规风险。同时，合规培训可以提高员工合规意识和技能，减少出现违规行为的风险，维护组织的声誉，履行社会责任。虽然面临一些挑战，但通过不断改进和更新合规流程及培训计划，煤炭行业可以更好地应对法规和社会要求，实现可持续发展。

三、煤炭合规监督与报告

煤炭行业在全球范围内扮演着重要的角色，同时它面临着环境、社会和法规等多方面的挑战。为了确保煤炭企业的活动合规性，监督和报告成为不可或缺的组成部分。本部分将探讨煤炭合规监督的重要性，以及如何设计和实施有效的监督与报告机制，以确保煤炭行业的可持续性和更好地履行社会责任。

（一）合规监督的重要性

合规监督是确保煤炭企业遵守法规、政策和标准的关键环节。以下是合规监督的重要性：

法规遵守：合规监督确保煤炭企业了解并遵守适用的法规和政策，以降低法律风险。

环境保护：通过监督，组织可以有效地跟踪和管理其环境影响，减少污染物排放，保护生态系统和自然资源。

社会责任：合规监督有助于组织履行社会责任，包括提供就业机会、改善社区关系和提供社会支持。

可持续性：合规监督有助于组织实现可持续性目标，包括减少温室气体排放、提高能源效率和改善社会福祉。

声誉保护：合规监督有助于维护组织的声誉，提高其形象和信誉。

业务稳定性：合规监督有助于降低法规风险，确保业务的稳定性和可持续性。

投资吸引力：具备有效监督和报告机制的组织更有可能吸引投资，因为这些组织被认为具有更低的法律、环境和社会风险。

（二）监督与报告机制的设计

设计有效的监督与报告机制需要考虑多个重要因素，以确保其可行性和可持续性：

法规和政策评估：首先，组织需要全面评估适用于其运营地点和活动的法规和政策。这包括国家、地区和国际层面的法规，以及环境、社会和健康安全方面的法规。

内部合规政策和程序：基于法规评估，组织需要制定内部合规政策和程序，明确合规的责任和要求。这些政策和程序应明确规定合规性的标准及要求，并提供具体的操作指南。

组织结构和责任：定义监督与报告机制中的组织结构和责任分工，明确谁负责合规监督、执行和报告。这包括指定合规主管和团队。

监测和数据收集：建立监测和数据收集机制，以追踪合规性的情况。这可以包括排放测量、事故报告和监测系统的建立。

合规性审计：进行定期的合规性审计，以评估法规遵从性的程度。审计可以由内部或外部审计师进行，以确保客观性。审计结果应被详细记录和分析。

问题解决和改进：解决合规审计中发现的问题，并采取相关措施。同时，改进内部管理体系和程序，以提高合规性。

风险管理：制订风险管理计划，以识别潜在的合规风险，并采取措施减少这些风险。风险管理计划应定期更新，以反映新的风险因素。

数据管理和报告：确保合规性数据的准确性和完整性。及时报告违规行为或违规情况，以避免出现可能的法律和金融风险。

持续改进：不断改进监督与报告机制，以适应法规变化和业务需求。定期审查和更新内部政策和程序，以保持合规性。

（三）监督与报告的实施

实施监督与报告机制需要以下步骤：

领导支持：高层领导应提供对监督与报告的支持和承诺。这包括确保足够的资源用于监督与报告，以及制定组织的监督与报告文化。

监督团队组建：指定监督团队，负责监督与报告机制的建立和实施。这个团队应该包括具有监督与报告专业知识和经验的成员。

法规评估和政策制定：进行法规评估，明确适用于组织的法规和政策。基于评估的结果，制定内部合规政策和程序，明确合规的责任和要求。

监测和数据收集：建立监测和数据收集系统，以收集与合规性相关的信息和数据。这可以包括定期的排放测量、环境监测、安全记录和事故报告。

合规性审计：进行定期的合规性审计，以评估法规遵从性的程度。审计可以由内部或外部审计师进行，以确保客观性。审计应根据法规和内部政策进行，并应记录审计结果。

问题解决和改进：解决审计中发现的合规问题，并采取纠正措施。同时，改进内部管理体系和程序，以提高合规性。

风险管理：制订风险管理计划，以识别潜在的合规风险，并采取措施减少这些风险。风险管理计划应包括风险识别、风险评估和风险应对措施。

数据管理和报告：确保合规性数据的准确性和完整性，建立报告程序，及时报告违规行为或违规情况，以避免出现可能的法律和金融风险。

持续改进：不断改进监督与报告机制，以适应法规变化和业务需求。定期审查和更新内部政策和程序，以保持合规性。

（四）挑战与应对

煤炭合规监督与报告面临一系列挑战，包括但不限于以下几点：

复杂性：煤炭行业的法规和政策复杂多样，需要深入了解和遵守。组织需要建立专业团队来处理法规和政策的复杂性。

监管差异：煤炭企业可能在不同国家和地区开展业务，每个地方的监管环境和要求都可能不同。组织需要适应不同的监管环境。

监督成本：建立和维护监督与报告机制需要投入人力、物力和财力资源，增加了组织的成本。需要权衡成本和监督效益。

技术挑战：一些合规要求可能需要采用新的技术和方法，对组织的技术能力提出挑战。组织需要不断更新技术和设备，以满足合规要求。

社会压力：一些社区和社会组织可能对煤炭企业的合规性提出质疑，导致冲突和争议。组织需要积极与社会各界进行沟通和合作，以解决问题。

变化管理：法规和政策可能会不断变化，组织需要及时调整和更新监督与报告机制，以确保合规性。

员工参与：员工的积极参与和参与度对监督与报告的成功至关重要。需要鼓励员工参与监督与报告活动，提供适当的激励。

煤炭合规监督与报告是确保煤炭企业可持续性和社会责任的重要因素。通过设计和实施有效的监督与报告机制，组织可以更好地了解法规要求、明确合规责任、提高监测和报告能力，降低法规风险。虽然面临一些挑战，但通过不断改进和更新监督与报告机制，煤炭行业可以更好地应对法规和社会要求，实现可持续发展。监督与报告不仅有助于保护环境、改善社会责任，还有助于提高煤炭企业的竞争力和声誉。最终，监督与报告是煤炭行业在实现可持续性和社会责任方面承诺的具体体现。

第三节 煤炭环保与可持续法规遵循

一、煤炭环境法规遵从

煤炭作为一种重要的能源资源，虽然在能源供应中扮演了关键的角色，但其采煤、加工和燃烧过程中往往伴随着环境问题。因此，确保煤炭产业的环境法规遵从变得至关重要。本部分将探讨煤炭环境法规遵从的重要性、相关的法规和标准，以及如何制订和实施有效的环境法规遵从计划，以降低环境风险并实现可持续发展。

（一）煤炭环境法规遵从的重要性

煤炭行业的环境法规遵从对维护环境质量、保护生态系统和减少环境污染至关重要。以下是环境法规遵从的重要性：

生态系统保护：煤炭开采和燃烧对附近的生态系统造成负面影响，包括森林、水体和野生动植物。环境法规遵从有助于减少这些影响，维护生态平衡。

空气质量改善：煤炭燃烧释放大量二氧化硫、氮氧化物和颗粒物等有害气体和颗粒物，将对大气造成污染，影响空气质量。法规遵从有助于减少大气污染物的排放，改善空气质量。

水资源保护：煤矿和煤矿加工活动可能导致水资源的污染，对水质产生负面影响。环境法规遵从有助于减少水污染，保护水资源。

健康和安全：煤炭生产和使用可能对工人和附近居民的健康产生负面影响。合规性要求有助于减少职业健康和公共健康风险。

气候变化应对：煤炭燃烧释放大量温室气体，对气候变化产生影响。法规遵从有助于减少温室气体排放，应对气候变化挑战。

社会声誉：煤炭企业的环境表现对其社会声誉产生重要影响。遵守环境法规有助于维护企业的声誉和社会责任形象。

法律风险：不遵守环境法规可能导致产生法律诉讼、罚款和业务关闭等法律风险。合规性有助于降低法律风险。

（二）相关法规和标准

煤炭行业的环境法规和标准虽因国家和地区而异，但通常包括以下几个关键方面：

大气排放法规：大气排放法规规定了煤炭燃烧过程中排放的污染物的限制。这些法规通常包括二氧化硫（SO_2）、氮氧化物（NO_x）、颗粒物和有机污染物等。在美国，例如，清洁空气法规定了大气排放的标准，要求采用减排技术和控制措施。

水质法规：水质法规规定了煤矿和煤矿加工过程中对水资源的影响。这些法规通常包括对废水排放的质量标准和排放限值。例如，美国的清洁水法规定了对废水排放的标准和要求。

土壤和生态系统法规：这些法规关注土壤和生态系统的保护，包括土地复垦、野生动植物保护和生态系统恢复等。法规要求煤矿企业采取措施减少土地破坏，保护野生动植物栖息地，恢复生态系统。

社会责任标准：除了法规，还存在一些社会责任标准，如社会责任倡议（Social

Responsibility Initiatives）和国际煤炭行业倡议（ICMI），旨在推动煤炭企业履行社会责任，包括环境和社会方面的责任。

温室气体排放法规：鉴于煤炭燃烧对气候变化的影响，一些国家制定了温室气体排放法规，要求减少温室气体排放。例如，欧洲联盟实施了排放交易系统，限制了二氧化碳排放。

安全法规：安全法规关注煤矿工人的安全，包括煤矿爆炸、坍塌和有害气体暴露的风险。这些法规通常包括对煤矿安全设备、培训和紧急情况应对的规定。

废弃物管理法规：煤炭生产和加工过程中会产生废弃物，包括固体废弃物、废水和尾矿等。废弃物管理法规规定了废弃物的处理和处置要求，以减少对环境的负面影响。

采矿权管理：一些国家制定了煤矿采矿权的管理法规，规定了采矿许可和采矿计划的要求。这些法规通常包括土地使用和土地复垦要求。

社会参与法规：社会参与法规要求煤矿企业与当地社区和利益相关方进行积极的沟通和合作。这有助于解决潜在的社会冲突和问题。

环境影响评价（EIA）：煤炭项目通常需要进行环境影响评价，以评估项目对环境的潜在影响，并采取适当的措施来减少这些影响。EIA 是许多国家法规的一部分。

（三）环境法规遵从计划的设计与实施

设计和实施有效的环境法规遵从计划需要综合考虑以下关键要素：

法规评估：首先，组织需要进行法规评估，了解适用于其业务的所有环境法规和标准。这包括国家、地区和国际层面的法规。评估应包括法规的适用性、要求和期限。

合规团队：指定专门的合规团队，负责监督和管理环境法规遵从计划。团队应该包括环境专家、法律顾问和技术人员。

内部政策和程序：基于法规评估的结果，组织需要制定内部环境法规遵从政策和程序。这些政策和程序应明确规定合规性的标准及要求，提供具体的操作指南。

风险评估：进行环境风险评估，以识别潜在的环境风险。风险评估应包括环境影响、污染物排放、废弃物管理和社会风险。

监测和报告系统：建立监测和报告系统，以跟踪环境参数和合规性指标。这可以包括大气和水质监测、废物产生报告和环境数据收集。

培训和意识提升：提供培训，以提高员工对环境法规的理解和合规性要求的意识。培训应定期进行，包括新员工培训和定期复习。

环境影响评价：对新项目或重大变更进行环境影响评价，以评估项目对环境的影响。评价结果应用于决策和合规计划的制订。

持续改进：不断改进环境法规遵从计划，以适应法规变化和业务需求。定期审查和更新内部政策和程序，以保持合规性。

（四）环境法规遵从的挑战与应对

环境法规遵从面临一系列挑战，需要采取相应的措施来应对：

复杂性：煤炭行业的环境法规复杂多样，需要深入了解和遵守。组织需要建立专业团队来处理法规的复杂性。

监管差异：煤炭企业可能在不同国家和地区开展业务，每个地方的环境监管环境和要求可能不同。组织需要适应不同的监管环境。

监管压力：一些国家或地区可能加强对煤炭行业的监管压力，增加了合规成本和风险。组织需要积极参与政府和利益相关方的对话，以影响监管政策和法规。

技术挑战：一些环境法规可能需要采用新的技术和方法，对组织的技术能力提出挑战。组织需要不断更新技术和设备，以满足合规要求。

社会压力：煤炭企业可能面临来自社区、环保组织和公众的压力，要求改善环境表现。组织需要积极与社会各界进行沟通和合作，以解决问题。

变化管理：法规和政策可能会不断变化，组织需要及时调整和更新环境法规遵从计划，以确保合规性。

投资风险：煤炭企业可能面临来自投资者和金融机构的环境和社会风险，如果不符合环保法规和标准，可能就会导致投资退出或融资难度增加。因此，维护环境法规遵从性对吸引和保留投资非常重要。

公共关系和声誉：煤炭企业的环境表现对其社会声誉产生重要影响，而负面环境新闻和丑闻将对企业的声誉造成损害。因此，煤炭企业需要积极参与社会和公众，传递积极的环境信息，以改善形象。

技术和成本挑战：采用环保技术和措施通常需要投入资本和资源，增加了生产和运营成本。组织需要寻求效益和可持续性，以降低环境保护成本。

监测和报告要求：环境法规要求煤炭企业进行持续的监测和报告，以确保合规性。这需要建立有效的数据收集和报告系统，增加了管理负担。

社会参与和对话：各方利益相关者，包括社区、政府、环保组织和投资者，对煤炭企业的环境表现提出了更高的期望。积极参与和与这些利益相关方进行对话对解决问题和减少冲突至关重要。

煤炭环境法规遵从对维护环境质量、生态系统保护和社会健康至关重要。通过制订实施有效的环境法规遵从计划，煤炭企业可以降低环境风险、提高社会声誉，实现可持续发展。虽然面临一些挑战，但通过不断改进和更新环境法规遵从计划，煤炭行业可以更好地应对环境法规的要求,同时促进经济增长和履行社会责任。最终,环境法规遵从是煤炭企业实现可持续性和社会责任承诺的具体体现。保护环境、维护生态平衡和改善社会健康是煤炭企业不可或缺的责任,也是为了确保可持续的未来。

二、煤炭可持续发展策略

煤炭作为全球主要的能源资源之一,一直以来都扮演着重要的角色,为各个国家和地区提供能源。然而,煤炭采矿、加工和燃烧对环境、气候和社会产生了负面影响。为了应对这些挑战,煤炭行业必须制定和实施可持续发展策略,以实现资源的有效利用、降低环境影响、提高社会责任和维护经济稳定。本部分将探讨煤炭可持续发展的重要性、相关挑战、核心策略和成功案例。

(一)煤炭可持续发展的重要性

煤炭可持续发展对保障未来能源供应、减少环境和气候影响、履行社会责任至关重要。以下是可持续发展的重要性:

能源安全:煤炭仍然是全球主要的能源来源之一,尤其对一些国家来说,是能源供应的关键。可持续发展有助于确保煤炭资源的可持续供应,降低能源短缺风险。

环境保护:煤炭开采和燃烧可能对环境产生负面影响,包括大气污染、水资源污染、土地破坏和生态系统破坏。可持续发展可以减少这些影响,维护环境质量。

气候变化应对:煤炭燃烧是温室气体的主要来源之一,对气候变化产生负面影响。可持续发展可以帮助降低煤炭的碳排放,减缓气候变化。

社会责任:煤炭行业对社会的影响很大,包括就业机会、社区发展和公共健康。可持续发展有助于提高社会责任,改善社会福祉。

经济稳定:煤炭行业对一些国家的经济至关重要,因为它创造了大量就业机会和财政收入。可持续发展可以帮助维护经济的稳定和可持续增长。

法律合规:遵守法律法规和国际标准是维护企业声誉和法律风险的关键。可持续发展要求企业合规,降低法律风险。

投资和金融:可持续发展在吸引投资和融资方面起着重要作用。越来越多的投资者和金融机构关注环境及社会责任,只有符合可持续标准的煤炭项目才能获得支持。

(二)挑战与机会

实现煤炭可持续发展面临着一系列挑战,同时也存在着机会:

环境挑战:煤炭开采和燃烧对环境影响巨大,包括大气污染、水污染和土地破坏。降低这些环境影响需要采用清洁技术和措施,增加成本。然而,这也为开发环保技术和服务提供了商机。

气候变化挑战：煤炭燃烧是温室气体的主要来源，因此对煤炭行业应对气候变化的要求越来越高。煤炭企业需要寻找降低碳排放的途径，包括碳捕集和储存技术。

社会压力：煤炭企业面临来自社区、环保组织和公众的压力，要求改善环境表现和社会责任。积极参与社会和公众对话是应对这一挑战的关键。

技术和成本挑战：采用环保技术和措施通常需要高额投入，增加了生产和运营成本。然而，这也为提高效率和资源利用率提供了机会。

政策和法规挑战：不同国家和地区对煤炭行业的监管要求不仅各异，而且法规可能不断变化。煤炭企业需要不断调整和适应这些政策与法规。

市场变化：随着可再生能源和清洁能源的发展，煤炭市场面临不确定性。煤炭企业需要寻找新的市场机会，如生态复垦、再生资源和绿色技术。

社会参与和对话：各方利益相关者的期望日益增加，要求煤炭企业积极参与社会和公众对话，解决问题和减少社会冲突。建立积极的社会参与和沟通机制是应对这一挑战的关键。

创新和研发：煤炭企业需要不断创新，寻找新的技术和解决方案，以减少环境影响、提高效率和资源利用率。投资研发和创新是一个重要机会。

多元化业务：煤炭企业可以考虑多元化业务，包括可再生能源、绿色技术和清洁能源项目。这有助于降低对煤炭使用的依赖性，应对市场变化。

（三）核心可持续发展策略

为实现煤炭可持续发展，以下是一些核心策略和举措：

清洁生产和技术：采用清洁生产技术和设备，以降低大气和水污染，减少碳排放。这包括使用高效的燃烧技术、污染物控制装置和能源效率措施。

碳捕集和储存：探索碳捕集和储存（CCS）技术，以捕获和储存二氧化碳排放，减少气候影响。CCS技术可以将二氧化碳注入地下储存设施，防止其排放到大气中。

资源效率：提高煤炭资源的利用效率，减少资源浪费。采用现代采矿和加工技术，以最大限度地减少矿石损失。

再生资源：探索再生资源和废弃物的再利用，以减少环境负荷。废矿复垦、尾矿处理和水资源回收都可以降低废弃物产生。

社区参与和发展：与当地社区建立积极的伙伴关系，支持社区发展项目，提供就业机会和社会福利改善。

环境管理体系：建立有效的环境管理体系，确保遵守法规和国际标准，持续改进环境表现。

研发和创新：投资研发，寻找新的环保技术和解决方案，提高煤炭产业的可持续性。

社会责任：履行社会责任，包括安全、健康、教育、文化和环保。积极参与社区和社会各界，解决问题和减少冲突。

法规合规：遵守法规和国际标准，降低法律风险，维护声誉和可持续性。

市场多元化：考虑多元化业务，包括可再生能源、清洁技术和绿色项目。这有助于减少市场风险。

煤炭可持续发展是面对煤炭行业的挑战和机会的重要战略。通过采用清洁技术、资源效率、社会责任和创新，煤炭企业可以降低环境和气候影响，提高社会责任，并确保资源的可持续利用。实现煤炭可持续发展需要综合考虑环境、社会和经济因素，同时积极参与社区和社会各界，以解决问题和减少冲突。

随着全球能源需求不断增加和环保意识的提高，煤炭行业必须不断改进，以适应新的市场和环境要求。通过采用先进的技术、清洁生产、资源效率和履行社会责任，煤炭企业可以实现可持续发展，减少环境和社会风险，同时为未来提供可靠的能源供应。

最终，煤炭可持续发展不仅有助于煤炭企业的长期成功，还有助于全球环境保护、气候变化应对和社会福祉的改善。这需要全球合作和各方利益相关者的共同努力，以实现可持续发展的煤炭产业及其更可持续的未来。

三、煤炭环境责任与报告

煤炭作为全球主要的能源资源之一，在能源供应和经济增长中发挥着重要作用。然而，煤炭开采、加工和燃烧对环境和气候产生了显著的影响。为了减少这些负面影响，煤炭企业需要承担环境责任，采取措施降低碳排放、减少污染、保护生态系统，并积极参与社区和社会各界。本部分将探讨煤炭行业的环境责任，包括其重要性、挑战、核心内容和环境报告的作用。

（一）煤炭环境责任的重要性

煤炭环境责任对维护环境质量、减少气候影响、改善社会关系以及维护企业声誉至关重要。以下是环境责任的重要性：

减少环境影响：煤炭开采和燃烧对环境产生了负面影响，包括大气污染、水污染、土地破坏和生态系统破坏。环境责任有助于减少这些影响，保护自然环境。

气候变化应对：煤炭燃烧是温室气体的主要来源之一，对气候变化产生了负面影响。环境责任需要采取措施减少碳排放，为应对气候变化做出贡献。

社会责任：煤炭企业对社会的影响很大，包括就业机会、社区发展和公共健康。环境责任有助于提高社会责任，改善社会福祉。

法律合规：遵守环境法规和国际标准是维护企业声誉与降低法律风险的关键。环境责任有助于确保合规性。

投资和金融：煤炭企业需要吸引投资和融资，而只有具备良好的环境责任的项目才能获得支持。投资者和金融机构越来越注重环境保护和社会责任履行。

社区关系：与当地社区建立积极的关系对企业的可持续发展至关重要。环境责任有助于改善社区关系，减少社会冲突。

公司声誉：煤炭企业的声誉与其环境责任直接相关。积极履行环境责任有助于维护声誉，提高企业形象。

市场竞争力：拥有良好的环境责任有助于企业提高市场竞争力，吸引更多客户和合作伙伴。

（二）挑战与机会

实施环境责任面临一些挑战，同时也存在着机会：

环境影响挑战：煤炭开采和燃烧对环境产生了显著影响，包括大气污染、水污染、土地破坏和生态系统破坏。降低这些环境影响需要采用清洁技术和措施，增加成本。然而，这也为环保技术和服务提供了商机。

气候变化挑战：煤炭燃烧是温室气体的主要来源，应对气候变化的要求越来越高。煤炭企业需要寻找降低碳排放的途径，包括碳捕集和储存技术。

社会压力：煤炭企业面临来自社区、环保组织和公众的压力，要求改善环境表现和社会责任。积极参与社会和公众对话是应对这一挑战的关键。

技术和成本挑战：采用环保技术和措施通常需要高额投入，增加了生产和运营成本。然而，这也为提高效率和资源利用率提供了机会。

政策和法规挑战：不同国家和地区对煤炭行业的监管要求不仅各异，而且法规可能不断变化。煤炭企业需要不断调整和适应这些政策和法规。

市场变化：随着可再生能源和清洁能源的发展，煤炭市场面临不确定性。煤炭企业需要寻找新的市场机会，如生态复垦、再生资源和绿色技术。

社区参与和对话：各方利益相关者的期望日益增加，要求煤炭企业积极参与社区和社会对话，解决问题和减少社会冲突。建立积极的社会参与和沟通机制是应对这一挑战的关键。

创新和研发：煤炭企业需要不断创新，寻找新的技术和解决方案，以减少环境影响、提高效率和资源利用率。投资研发和创新是一个重要机会。

多元化业务：煤炭企业可以考虑多元化业务，包括可再生能源、绿色技术和清洁能源项目。这有助于降低依赖性，应对市场变化。

（三）核心环境责任内容

实施环境责任需要采取一系列措施和行动，以降低环境影响、改善社会关系，以下是环境责任的核心内容：

碳排放控制：采用清洁能源、高效燃烧技术和碳捕集和储存技术，以降低碳排放，减少气候影响。

大气污染控制：安装污染物控制装置，减少大气污染物排放，改善空气质量。

水资源保护：采取措施防止水污染，包括废水处理和水资源回收，以保护水资源。

土地复垦和生态保护：实施废矿复垦计划，恢复生态系统，减少土地破坏。

资源效率：提高煤炭资源的利用效率，减少资源浪费。

社区发展和参与：支持社区发展项目，提供就业机会和改善社会福祉，同时与社区建立积极的关系。

环境管理体系：建立有效的环境管理体系，确保遵守法规和国际标准，持续改进环境表现。

社会责任：履行社会责任，包括安全、健康、教育、文化和环保。积极参与社区和社会各界，解决问题和减少冲突。

创新和研发：投资研发，寻找新的环保技术和解决方案，提高煤炭产业的可持续性。

法规合规：遵守环境法规和国际标准，降低法律风险，维护企业声誉和可持续性。

环境报告和透明度：提供定期的环境报告，向利益相关者公开环境数据和表现，增加透明度。

（四）环境报告的作用

环境报告是企业向内部和外部利益相关者提供环境信息的重要工具。以下是环境报告的作用：

透明度和问责制：环境报告提供企业的环境数据和表现，增加透明度，确保企业对其环境责任负有问责。

利益相关者沟通：环境报告向外部利益相关者提供有关企业环境表现的信息，满足他们的信息需求。

绩效评估和改进：通过环境报告，企业可以评估其环境绩效，识别改进机会，制定改进计划。

法规合规：环境报告有助于确保企业遵守环境法规和国际标准，降低法律风险。

投资者关系：环境报告向投资者提供有关企业环境责任的信息，帮助他们评估投资风险和机会。

社会责任：环境报告有助于企业展示其社会责任，树立社会形象，改善社会关系。

利益相关者对话：环境报告为企业与利益相关者之间的对话提供了基础，帮助解决问题和减少冲突。

煤炭环境责任和报告是维护环境质量、减少气候影响、改善社会关系和维护企业声誉的关键。煤炭企业需要承担环境责任，采取措施降低碳排放、减少污染、保护生态系统，并积极参与社区和社会各界。通过环境报告，企业可以提供透明度，向内外部利益相关者提供有关其环境责任的信息，满足他们的信息需求，确保问责制，评估绩效，改进环境表现，降低法律风险，吸引投资和履行其社会责任。最终，环境责任和报告是实现企业可持续的煤炭产业与更可持续未来的重要因素。

第四节　政府合作与政策倡导

一、煤炭政府关系管理

煤炭产业虽然在全球范围内具有巨大的经济影响，但也伴随着诸多环境和社会挑战。政府在监管、许可、税收、环保等方面对煤炭企业产生重要影响。因此，建立良好的政府关系对煤炭企业来说至关重要。本部分将探讨煤炭政府关系管理的重要性、挑战、核心内容以及成功案例。

（一）煤炭政府关系管理的重要性

煤炭产业与政府之间的关系对企业的成功和可持续发展至关重要。以下是政府关系管理的重要性：

监管合规：政府是监管和管理煤炭产业的主要机构。与政府建立良好的关系有助于确保企业遵守法规，降低合规风险。

许可和准入：煤炭企业只有得到政府的许可和准入才能进行开采和生产。良好的政府关系可以帮助企业获取必要的许可，避免生产中断。

税收政策：煤炭产业通常需要缴纳重要的税收，政府税收政策直接影响企业盈利能力。与政府建立关系有助于影响税收政策制定。

环保要求：政府对煤炭企业的环保要求越来越严格，包括碳排放限制和水资源管理。与政府合作，制订可持续的环保计划至关重要。

社会责任：煤炭企业需要积极参与社区和社会发展项目，提供就业机会和改善社会福祉。政府关系有助于实现这一目标。

政治稳定：政治稳定是企业运营的重要因素。与政府建立稳定的关系有助于维护政治稳定。

市场准入：对煤炭企业来说，国际市场是至关重要的。政府关系可以帮助企业获得国际市场准入和合同。

投资和融资：投资者和金融机构通常会考虑政府关系因素，决定是否投资煤炭企业。

（二）挑战与机会

煤炭政府关系管理虽面临一些挑战，同时也存在着机会：

政策不确定性：政府政策可能不断变化，对企业产生不确定性。企业需要灵活应对政策变化，与政府保持沟通。

公众压力：煤炭产业常常受到来自环保组织和公众的压力，要求减少环境影响。政府关系可以帮助企业应对这些压力。

社区反对：一些社区可能反对煤炭企业的运营，可能导致社会冲突。与政府合作，解决社区关切是至关重要的。

国际竞争：煤炭市场国际竞争激烈，政府关系有助于企业获取出口和国际市场机会。

环保要求：环保要求越来越严格，煤炭企业需要与政府合作，减少环境影响。

社会责任：社会责任是煤炭企业的重要组成部分，政府关系有助于实现社会责任目标。

地方政府：煤炭企业通常需要通过与地方政府合作来影响企业运营。

政治风险：政治风险是企业运营的不确定因素，政府关系有助于降低政治风险。

（三）核心政府关系管理内容

政府关系管理涉及多个方面，包括政府合规、许可和准入、税收政策、环保要求、社会责任等。以下是政府关系管理的核心内容：

政府关系建立：与政府建立联系和关系，包括与国家、地方政府、监管机构等进行沟通和合作。

政策倡导：参与政策制定过程，提出建议和倡导政策变化，以支持企业利益。

合规和许可：遵守法规，获得必要的许可和准入，确保生产和运营的合法性。

税收政策：与政府协商税收政策，寻找税收减免和优惠。

环境管理：遵守环保法规和要求，制订可持续的环保计划。

环境影响，包括大气污染、水污染、土地破坏等。

社会责任：积极参与社区和社会发展项目，提供就业机会、改善社会福祉，提高社会责任意识。

危机管理：制订危机管理计划，以应对可能出现的突发事件，包括环境事故、社会冲突等。

政府关系沟通：建立有效的政府关系沟通渠道，确保政府了解企业的需求和问题，同时也要了解政府政策和要求。

社区关系管理：与当地社区建立积极的关系，解决社区关切，提供信息和透明度。

投资和融资：与政府、投资者和金融机构建立关系，吸引投资和融资支持。

政治风险管理：监测政治风险，采取措施降低政治风险，保障企业稳定运营。

国际合作：参与国际合作项目，寻找国际市场机会，推动国际合作与贸易。

煤炭政府关系管理对煤炭企业的成功和可持续发展至关重要。政府是监管、许可、税收、环保、社会责任等方面的主要影响因素。企业需要与政府建立良好的关系，合规经营，满足政府政策要求，同时也要积极履行社会责任，维护政治稳定，提高可持续性。成功案例表明，良好的政府关系管理可以帮助煤炭企业应对各种挑战，实现可持续发展，同时可以促进国家和国际社会的环保和社会责任目标。最终，政府关系管理是煤炭产业的重要因素，有助于实现环保和社会可持续性。

二、煤炭政府合作项目管理

煤炭一直以来都是世界上最重要的能源资源之一，为国家的工业化和能源需求提供了不可或缺的支持。然而，随着气候变化和环境问题日益引起全球关注，煤炭的开采和使用面临着诸多挑战。政府合作项目管理在这一背景下变得尤为关键，它可以协调政府、行业和其他利益相关者，促进可持续的煤炭开采和利用。本部分将探讨煤炭政府合作项目管理的重要性、方法和案例研究，以及未来的发展方向。

（一）煤炭政府合作项目管理的重要性

1. 可持续发展

煤炭开采和利用可能对环境和社会造成不可忽视的影响。二氧化碳排放、水资源消耗、土地破坏和人类健康问题都是煤炭产业面临的重要挑战。政府合作项目管理可以帮助确保煤炭产业朝着可持续的方向发展，减少对环境和社会的不利影响。

2. 资源管理

煤炭是有限的资源，其开采和管理需要精心规划。政府在资源管理方面扮演着关键角色，政府合作项目管理有助于优化资源的开发和分配，确保资源的可持续利用。

3. 经济增长

煤炭产业通常对国家的经济增长有着巨大的贡献。政府可以通过项目管理来监督和协调各个环节，确保资源的最大化利用，同时促进就业和经济发展。

4. 社会稳定

煤炭产业通常位于偏远地区，对当地社区产生重要影响。政府合作项目管理可以协调各方的利益，确保社会稳定和公平的资源分配。

（二）煤炭政府合作项目管理的方法

1. 制定政策和法规

政府应当制定相关政策和法规，规范煤炭产业的发展和管理。这些政策应当涵盖环境、社会和经济方面的考虑，以确保可持续发展。

2. 制订项目计划

政府合作项目管理需要制订明确的项目计划，明确项目的目标、范围、时间表和预算。这些计划应当充分考虑到可持续性和社会责任。

3. 制定监管机制

政府应当建立有效的监管机制，确保煤炭产业的合法性和可持续性。这包括监测环境影响、监管安全标准、以及确保企业遵守相关法规。

4. 制定社会参与机制

政府合作项目管理需要积极促进社会参与，包括当地社区、NGOs 和其他利益相关者。这有助于建立透明度和协调各方的利益。

5. 数据收集和分析

政府应当积极收集和分析有关煤炭产业的数据，包括生产量、环境指标、社会影响等。这有助于监测和改进项目管理的效果。

（三）煤炭政府合作项目管理的未来发展方向

1. 清洁技术和能源转型

未来，煤炭产业将面临更多的环境和气候挑战。政府合作项目管理将需要更加重点关注清洁技术和能源转型。政府可以鼓励煤炭企业采用低碳技术，或逐步减少煤炭的使用，以推动能源转型。

2. 社会责任和社区参与

社会责任和社区参与将继续是政府合作项目管理的重要方面。政府需要确保煤炭企业承担社会责任，改善当地社区的生活水平。此外，政府还应鼓励社会参与，以便听取各方意见，协调各方的需求。

3. 数据分析和监测

随着技术的发展，数据分析和监测将变得更加重要。政府可以利用先进的技术来收集和分析有关煤炭产业的数据，以监测环境和社会影响，同时改进项目管理的效果。

4. 国际合作

煤炭产业是全球性的，跨国合作将变得更加重要。政府可以积极与其他国家合作，分享最佳实践和经验，以共同应对煤炭使用带来的挑战。

煤炭政府合作项目管理对于确保煤炭产业的可持续发展和社会责任至关重要。政府应当通过制定政策、制定项目计划、建立监管机制、促进社会参与以及数据分析和监测来推动煤炭产业的管理。未来，政府合作项目管理将需要更加关注清洁技术和能源转型，社会责任和社区参与，以及国际合作，以应对不断变化的环境和社会挑战。只有通过政府的积极干预和协调，煤炭产业才能在可持续性和社会责任方面取得成功。

三、煤炭行业倡导与政策影响

煤炭行业是全球能源供应体系中的一个重要部分，它在能源生产、经济发展和环境保护等方面都扮演着重要角色。然而，随着气候变化和环境问题的日益突出，煤炭行业面临着越来越大的挑战。政府政策对煤炭行业的发展和生存至关重要，因为政策可以引导和规范煤炭行业的发展方向。本部分将探讨煤炭行业的倡导和政策影响，以及这些影响对煤炭行业和社会的影响。

（一）煤炭行业的倡导

1. 煤炭行业的背景

煤炭作为一种主要的化石燃料，被广泛用于电力生产、工业生产和暖气供应等方面。它在全球能源供应中占据着相当大的比重，尤其是在一些国家，如中国和印度。煤炭行业不仅提供了大量的就业机会，还对国家经济做出了巨大的贡献。

2. 煤炭行业的挑战

然而，煤炭行业也面临着一些严重的挑战。首先，煤炭的燃烧释放大量的二氧化碳等温室气体，加剧了全球气候变化问题。其次，煤炭开采和使用对环境造成了巨大的破坏，包括土地退化、水污染和空气污染等。最后，煤炭行业的不稳定性对经济产生了一定的影响，因为煤炭价格波动较大，所以会受到国际市场因素的影响。

3. 煤炭行业的倡导

面对这些挑战，一些组织和个人开始倡导煤炭行业的可持续发展。他们提出了一系列的观点和行动，以减轻煤炭行业对环境和气候的影响。这些倡导可以分为以下几个方面：

（1）转型清洁能源

倡导者认为，煤炭行业应该加速转型为更清洁的能源形式，如天然气、太阳能和风能。这样可以减少温室气体排放，降低对环境的影响。一些煤炭企业已经开始投资清洁能源项目，以适应未来能源市场的需求。

（2）节能减排

倡导者提出，煤炭行业应该采取更多的节能减排措施，以减少燃煤过程中的能源损耗和温室气体排放。这包括改进采煤技术、提高电厂效率以及实施碳捕获和储存等技术。

（3）社会责任

煤炭行业的倡导者强调，煤炭企业应该承担更多的社会责任，包括改善矿工的工作条件、减少污染对当地社区的影响以及投资当地社会项目。这样可以改善煤炭行业的形象，减少社会对其的负面看法。

（4）政策合作

倡导者认为，政府和煤炭行业应该加强合作，共同制定政策和法规，以推动煤炭行业的可持续发展。政府可以提供激励措施，鼓励企业采取更多的环保措施，同时也需要监管和强制执行。

（二）政策影响

1. 政府政策的重要性

政府政策对煤炭行业的发展和生存至关重要。政策可以引导煤炭行业的发展方向，促进煤炭行业的可持续发展。以下是一些政策影响煤炭行业的方式：

2. 减排政策

为了应对气候变化，许多国家实施了减排政策，限制温室气体排放。这些政策对煤炭行业造成了影响，因为煤炭是主要的温室气体排放源之一。政府通过设定排放标准、征收碳税和推动清洁能源发展等方式，鼓励煤炭行业采取更环保的做法。

3. 能源转型政策

一些国家正在推动能源转型，减少对煤炭的依赖，转向更清洁的能源形式。这包括增加对天然气、太阳能和风能的投资，同时减少对煤炭的使用。这些政策对煤炭行业的生存和发展造成了挑战，因为它们可能导致煤炭需求的下降和煤炭企业收入的减少。

4. 环保法规

政府通过制定环保法规来规范煤炭行业的行为，以减少对环境的不良影响。这些法规包括土地复原、废水处理和废气排放等方面的规定。煤炭企业必须遵守这些法规，否则可能面临罚款和法律诉讼。

5. 社会责任政策

一些国家要求煤炭企业履行社会责任，改善矿工的工作条件，减少污染对当地社区的影响，并投资当地社会项目。政府可以通过监管和激励措施来推动煤炭企业履行这些责任，以改善煤炭行业的社会形象。

6. 能源安全政策

一些国家将煤炭视为能源安全的一部分,因为它是一种本国国内可获得的能源资源。政府应采取措施,以确保国内煤炭供应的稳定性,以减少对国际能源市场的依赖。这对支持煤炭行业的生存和发展至关重要。

(三)政策影响对煤炭行业和社会的影响

1. 对煤炭行业的影响

政府政策对煤炭行业的影响是深远的。减排政策、能源转型政策和环保法规等都可能导致煤炭需求的下降,使煤炭企业面临着生存的压力。这可能会导致煤炭企业的裁员、矿井的关闭以及投资的减少。然而,政府政策也可以激励煤炭企业采取更环保的做法,提高效率,减少排放,以适应新的环境要求。

2. 对社会的影响

政府政策将对社会产生重要影响。减排政策和环保法规可以减少环境污染,改善当地社区的生活质量。社会责任政策可以改善矿工的工作条件,保障他们的安全和福利。然而,能源转型政策可能会导致一些地区的失业问题,特别是那些依赖煤炭产业的地区。

3. 对经济的影响

政府政策将对经济产生广泛影响。能源转型政策可以促进清洁能源行业的发展,创造新的就业机会,促进经济增长。然而,减排政策可能会对煤炭企业和相关产业造成负面影响,导致失业和经济不稳定。因此,政府需要谨慎平衡环保和经济发展的需求之间的关系。

政府政策对煤炭行业的发展和生存具有巨大的影响。倡导者呼吁政府采取更多的环保和可持续发展政策,以减少煤炭行业对环境和气候的影响。然而,政府也需要考虑煤炭行业的经济重要性,采取措施来减缓转型带来的冲击。最终,政府政策应该在环保、社会和经济之间取得平衡,以实现可持续发展的目标。这需要政府、煤炭行业和社会各方的合作与努力。

第十章 煤炭人力资源与人才培养

第一节 人才需求与招聘策略

一、煤炭人才规划

煤炭行业一直以来是重要的能源产业，对国家经济和能源供应起着重要作用。然而，随着环保和气候变化等议题的不断升温，煤炭行业也面临着重大的挑战和变革。煤炭人才规划在这一背景下变得尤为重要，它需要适应煤炭行业的演变，并满足未来的需求。本部分将讨论煤炭人才规划的必要性、目标、策略以及对煤炭行业的影响。

（一）煤炭人才规划的必要性

1. 煤炭行业的现状

煤炭一直以来都是主要的化石燃料，被广泛用于电力生产、工业制造和暖气供应。然而，煤炭的开采和使用不仅导致了环境问题，还加剧了气候变化。因此，许多国家都在努力减少对煤炭的依赖，寻求更清洁的能源替代品。这导致了煤炭行业发展速度的不断下降和转型。

2. 人才需求的变化

随着煤炭行业的演变，人才需求也在发生变化。传统的矿工、矿业工程师和煤炭技术专家虽然需要，但现在还需要更多的环境专家、清洁能源专家和可持续发展专家，以应对环保和能源转型的挑战。此外，数字化技术和自动化系统的崛起也对技术人才提出了新的要求。

3. 人才供应的问题

尽管煤炭行业的需求发生了变化，但传统的煤炭培训和教育体系仍然主要侧重传统技能。这导致了人才供应与需求之间的不匹配。因此，需要进行煤炭人才规划，以确保有足够的适应性和多元化的人才供应，以满足行业的现代化需求。

(二)煤炭人才规划的目标

1. 适应性

煤炭人才规划的首要目标是确保人才具备足够的适应性,能够适应行业的演变。这包括培训和教育的多样性,以满足不同领域和技能的需求。培训计划应该能够帮助现有的煤炭从业者获得新技能,同时吸引新的人才进入煤炭行业。

2. 可持续发展

煤炭人才规划应该有助于推动煤炭行业的可持续发展。这包括培养环境专家,帮助行业减少对环境的影响,以及培养清洁能源和可再生能源领域的专家,以推动能源转型。人才规划应该强调可持续性的重要性,并提供相关的培训和教育。

3. 创新和数字化

现代煤炭行业越来越依赖创新和数字化技术,以提高效率和减少成本。煤炭人才规划应该鼓励培养数字化技术和自动化系统方面的专家,以满足行业的新需求。这包括培训工程师和技术人员,以应对数字化时代的挑战。

(三)煤炭人才规划的策略

1. 教育和培训

为了实现煤炭人才规划的目标,教育和培训是重要的策略。教育机构和培训中心需要调整课程,包括传统的矿业和煤炭工程课程,以适应现代需求。此外,还应该加强跨学科培训,培养环境专家、清洁能源专家和数字化技术专家。

2. 吸引新人才

煤炭行业需要吸引新的人才,特别是那些对可持续发展和环保问题感兴趣的人。这可以通过提供奖学金、实习机会和职业发展计划来实现。同时,煤炭企业可以加强与高校和研究机构的合作,以吸引年轻人进入煤炭行业。

3. 转型和更新

煤炭企业需要积极参与人才规划,支持员工的继续培训和转型。这包括提供培训机会,鼓励员工学习新技能,以适应行业的演变。此外,煤炭企业还可以考虑与技术公司合作,引入数字化和自动化系统,提高生产效率。

(四)煤炭人才规划的影响

1. 行业竞争力的提升

通过煤炭人才规划,煤炭行业能够培养更具竞争力的人才,适应现代需求。这将有助于提高煤炭企业的创新能力,降低成本,提高效率,增强国际竞争力。具备多领域技能的人才可以促进产业的现代化转型,使煤炭行业更加可持续和环保。

2.环境保护和可持续发展

通过培训环境专家和可持续发展专家，煤炭人才规划有助于减少煤炭行业对环境的不良影响。这有助于改善空气质量、减少水污染、减少土地破坏和降低温室气体排放。煤炭行业能够更好地履行社会责任，促进可持续发展。

3.社会和地方经济的稳定

通过吸引新人才和提供继续培训机会，煤炭人才规划可以帮助煤炭从业者维持就业和提高生计水平。这有助于社会的稳定，减少地方社区的经济压力。此外，煤炭企业的现代化和提高效率也有助于维持地方经济的稳定性。

4.国家能源安全

煤炭作为一种国内可获得的能源资源，在一些国家被视为能源安全的一部分。通过培养适应性和多元化的人才，煤炭人才规划可以帮助确保国家能源供应的稳定性。这有助于减少对国际能源市场的依赖，维护国家的能源安全。

煤炭人才规划是适应煤炭行业演变的重要策略。它有助于满足现代煤炭行业的需求，提高竞争力，促进环境保护和可持续发展，稳定社会和地方经济，同时也有助于维护国家的能源安全。政府、教育机构、煤炭企业和社会各方需要共同合作，共同推动煤炭人才规划的实施，以实现煤炭行业的现代化和可持续发展。这将有助于确保煤炭行业在未来继续发挥重要作用，同时也符合环保和气候变化等全球挑战的需求。

二、煤炭招聘策略与流程

煤炭行业一直以来是重要的能源产业，它在电力生产、工业制造和暖气供应等领域发挥着重要作用。为了保持行业的运营和发展，招聘合适的人才至关重要。煤炭招聘策略和流程的有效性对吸引、培养和保留高素质的员工至关重要。本部分将讨论煤炭招聘策略与流程的重要性、关键步骤、面临的挑战和解决方案以及最佳实践。

（一）煤炭招聘策略的重要性

1.人才是煤炭行业的核心资产

煤炭行业的发展和竞争力与其员工的素质和能力密切相关。从矿工和矿业工程师到环境专家和技术人员，各类员工都对行业的成功和可持续发展起着至关重要的作用。因此，招聘优秀的人才是保持煤炭行业竞争力的关键。

2.面临的人才挑战

煤炭行业面临着一系列的人才挑战。首先，随着环保和可持续发展的压力增加，需要更多的环境专家和清洁能源专家。其次，数字化技术和自动化系统的广泛应用，需要拥有相应技能的员工。最后，煤炭行业的形象问题和劳动条件的苛刻性质可能会影响招聘。

3. 招聘策略的重要性

招聘策略不仅仅是填补岗位空缺的手段，它还可以帮助煤炭企业实现战略目标。招聘策略可以确保企业拥有多元化的技能和经验，促进创新和发展。另外，它还可以有助于提高员工满意度，减少员工流失，降低招聘和培训成本。

（二）煤炭招聘流程的关键步骤

1. 需求分析

招聘流程的第一步是明确招聘需求。企业需要确定具体的岗位空缺，以及这些岗位的技能和资格要求。这需要与各部门和团队合作，以确保招聘计划与企业战略保持一致。

2. 岗位描述和招聘广告

一旦需求明确，企业就需要制定详细的岗位描述，包括工作职责、资格要求和薪资待遇。然后，可以创建招聘广告，将其发布在适当的招聘渠道上，如招聘网站、社交媒体和行业协会。

3. 筛选和面试

招聘流程中的筛选和面试环节至关重要。企业可以使用各种方法来筛选申请者，如简历筛选、电话面试和在线测试。然后，候选人可以参加面试，以进一步评估其技能和适应性。

4. 终面和录用

在经过筛选和面试后，企业可以进行终面，以确保最终候选人的能力和文化匹配度。一旦选择了合适的候选人，企业就可以提供聘用通知，商讨薪酬和待遇，然后正式录用。

5. 入职培训

新员工入职后，需要接受适当的培训，以熟悉公司政策、流程和工作职责。培训有助于新员工尽快适应工作环境，并提高他们的工作表现程度。

6. 绩效管理和职业发展

招聘流程不仅仅是聘用员工，还包括绩效管理和职业发展。企业需要建立绩效评估体系，定期评估员工的表现，并提供职业发展机会，以激励员工，提高他们的满意度，降低员工流失率。

（三）面临的挑战和解决方案

1. 行业形象和安全问题

煤炭行业的形象问题和劳动条件的苛刻性质可能影响招聘。为了解决这些问题，煤炭企业需要改善工作条件，提高员工安全水平，加强社会责任，树立良好的企业社会形象。

2.技能短缺

面对技能短缺的挑战，企业可以与教育机构和研究机构合作，提供培训和教育项目，以满足特定技能需求。此外，企业还可以吸引新的人才，提供培训和职业发展机会，以填补技能空缺。

3.市场竞争

煤炭行业面临激烈的市场竞争，吸引和留住优秀的人才变得更加困难。为了应对市场竞争，企业可以采取以下措施：

提供有竞争力的薪酬和福利待遇，以吸引和留住高素质的员工。

建立积极的企业文化和工作环境，以提高员工满意度和忠诚度。

提供职业发展机会，激励员工在企业内部发展，提高员工的职业前景。

制订招聘计划和战略，以确保招聘和留用的效率及质量。

与教育机构和行业协会合作，建立长期的人才管道，以满足行业需求。

（四）最佳实践

1.持续的招聘计划

煤炭企业应该制订和实施持续的招聘计划，以满足业务的不断变化和增长。这可以确保企业随时有足够的人力资源来支持其战略目标。

2.多元化的人才来源

企业应该积极寻找多元化的人才来源，包括校园招聘、专业协会、招聘机构和社交媒体。多元化的渠道可以帮助企业吸引不同背景和技能的人才。

3.数据驱动的招聘决策

使用数据分析和招聘分析工具，以更好地理解招聘流程的效率和效果。这可以帮助企业做出更明智的招聘决策，提高招聘质量。

4.培训和发展

为新员工和现有员工提供培训和发展机会，以提高他们的技能和表现水平。培训可以有助于员工适应不断变化的工作环境，以给他们一个良好的职业前景。

5.长期人才管道

建立长期的人才通道，与教育机构和行业协会合作，以满足未来的招聘需求。这可以帮助企业确保有足够的人才来支持其战略目标。

煤炭招聘策略与流程的有效性对于煤炭行业的成功和可持续发展至关重要。通过明确的需求分析、有效的筛选和面试、绩效管理和职业发展，企业可以吸引、培养和保留高素质的员工，提高竞争力，应对行业的挑战。通过采用最佳实践，建立多元化的人才来源和长期人才通道，煤炭企业可以应对市场竞争，确保有足够的人力资源来支持其发展战略。最终，煤炭行业的招聘策略和流程应与企业的战略目标及价值观保持一致，以实现其可持续发展。

三、煤炭人才吸引与定位

煤炭行业一直以来是重要的能源产业，对国家经济和能源供应起着重要作用。然而，随着环保和气候变化议题的升温，煤炭行业面临着重大的挑战和变革。在这一背景下，吸引和定位煤炭人才成为至关重要的任务。本部分将讨论煤炭人才吸引与定位的必要性、目标、策略以及对煤炭行业的影响。

（一）煤炭人才吸引与定位的必要性

1. 人才是煤炭行业的关键资产

煤炭行业的发展和竞争力在很大程度上依赖其员工的素质与技能。从矿工和矿业工程师到环境专家和技术人员，各类员工都对行业的可持续发展起着至关重要的作用。因此，吸引和定位合适的人才是保持煤炭行业竞争力的关键。

2. 煤炭行业面临的挑战

煤炭行业面临一系列的挑战，包括环保压力、能源转型、数字化技术的崛起以及人才需求的变化。随着全球气候变化问题的日益突出，许多国家采取了减排政策，这对传统的煤炭行业构成了巨大的挑战。同时，新技术和自动化系统的广泛应用改变了工作的性质，需要新的技能和知识。煤炭行业需要吸引具备环保、可持续发展和数字化技术知识的人才，以适应新的需求。

3. 人才流失问题

煤炭行业还面临人才流失的问题，特别是在面临减产或矿井关闭的情况下。这可能导致煤炭企业失去宝贵的经验和知识，增加新人才的吸引和培训成本。因此，吸引和定位煤炭人才至关重要，以弥补人才流失的影响。

（二）煤炭人才吸引与定位的目标

1. 吸引多元化的人才

煤炭行业需要吸引来自不同背景和领域的人才，以满足多元化的需求。这包括工程师、环境科学家、数字化技术专家、清洁能源专家等。吸引多元化的人才可以帮助行业更好地应对各种挑战，推动创新和发展。

2. 提高行业形象

煤炭行业的形象问题可能影响吸引人才。因此，行业需要采取措施来改善其形象，包括改善环保实践、提高员工福利、加强社会责任等。一个积极的形象可以帮助吸引更多的人才，特别是那些关注可持续发展和环保的人才。

3. 与教育机构和研究机构合作

与教育机构和研究机构合作，建立长期的人才通道，以满足行业需求。这可以包括提供奖学金、实习机会、研究合作等，以吸引年轻人进入行业，培养相关领域的专业人才。

4. 提供职业发展机会

为人才提供职业发展机会，帮助他们在行业内不断成长和进步。职业发展机会可以包括培训、晋升机会、项目管理经验等。这可以激励员工，增加他们留在行业的意愿。

（三）煤炭人才吸引与定位的策略

1. 环保和可持续发展

煤炭企业应该积极倡导环保和可持续发展，以吸引那些关注环保问题的人才。这包括改善煤炭生产过程，减少环境影响，投资清洁能源技术，并建立环保项目。

2. 提供培训和发展机会

为新人才和现有员工提供培训和发展机会，以提高他们的技能和知识水平。培训可以涵盖新技术、环保实践、可持续发展和职业发展机会。通过提供培训，可以吸引和留住高素质的人才。

3. 长期合作关系

建立长期的合作关系，与教育机构、研究机构和行业协会合作，以建立人才通道。这可以包括提供奖学金、支持研究项目、提供实习机会、合作研究项目等。长期的合作关系可以有助于吸引新的人才，并培养具有特定技能和知识的人才，以满足行业需求。

4. 市场定位

为了吸引特定类型的人才，煤炭企业需要进行市场定位。这包括确定目标人才群体的特点、需求和偏好，然后根据这些信息来制定吸引策略。例如，如果企业希望吸引环保专家，可以强调其环保实践和投资清洁能源技术的举措。

5. 建立吸引力的企业文化

企业文化对吸引和定位人才非常重要。一个积极、创新和支持员工发展的企业文化可以吸引更多的人才。企业可以通过提供灵活的工作安排、员工福利、奖励计划和员工参与项目来建立吸引力的文化。

（四）煤炭人才吸引与定位的影响

1. 提高竞争力

通过吸引和定位高素质的人才，煤炭企业可以提高其竞争力。拥有具备环保、可持续发展和数字化技术知识的员工可以帮助企业更好地应对各种挑战，提高创新能力，推动其可持续发展。

2. 促进可持续发展

吸引关注环保和可持续发展的人才可以帮助煤炭行业改善其环境记录，降低碳排放，减少对环境的不良影响。这有助于推动可持续发展，并改善行业的社会形象。

3. 增加员工满意度和忠诚度

通过提供培训、职业发展机会和支持员工的文化，煤炭企业可以提高员工满意度和忠诚度。满意的员工更有可能留在企业，才能提高其绩效并可以做出贡献。

4. 长期的人才供应

通过建立长期的合作关系和人才管道，煤炭行业可以确保有足够的人才供应，满足未来的需求。这有助于降低招聘和培训成本，提高招聘效率。

煤炭人才吸引与定位是煤炭行业可持续发展的关键。通过吸引多元化的人才，树立行业形象，提供培训和发展机会，建立长期的合作关系，煤炭企业可以提高其竞争力，促进可持续发展，增加员工满意度和忠诚度，确保长期的人才供应。最终，吸引和定位煤炭人才应与企业的战略目标和价值观保持一致，以实现可持续发展。这对企业应对行业的挑战和变革至关重要，确保煤炭行业在未来继续发挥其重要作用。

第二节 培训与技能提升

一、煤炭培训需求分析

煤炭行业一直以来是重要的能源产业，对国家经济和能源供应起着关键作用。然而，随着环保、可持续发展和技术创新的日益重要，煤炭行业的培训需求也在不断演变。本部分将探讨煤炭行业的培训需求，为什么它们至关重要，如何进行培训需求分析，以及如何满足这些需求。

（一）煤炭行业的培训需求

1. 技术和自动化

随着数字化技术的崛起，煤炭行业的工作方式发生了根本性的变化。自动化系统、传感器技术和数据分析等新技术的广泛应用，要求员工具备数字化技术的知识和技能，以监测、控制和维护设备。此外，煤炭企业需要培训员工，以适应新技术和工作方式，提高生产效率。

2. 环保和可持续发展

煤炭行业将面临越来越大的环保和可持续发展压力。政府和国际组织的规定要求减少碳排放、减少环境污染、提高资源利用效率等。为了满足这些要求，煤炭企业需要培训员工，以推广清洁能源技术、改进生产过程、减少废弃物排放，以及更好地避免出现环境风险。

3. 安全培训

煤炭行业的工作环境非常苛刻，存在一定的安全风险。培训员工以确保他们了解如何安全地操作设备、处理化学品、遵循安全规定以及应对紧急情况是至关重要的。安全培训有助于降低事故和伤害风险，保护员工的生命和健康。

4. 技能短缺

随着煤炭行业的技术演进，一些领域可能出现技能短缺。例如，环保专家、数字化技术专家、清洁能源专家等具有特定知识和技能的人才可能供不应求。通过培训计划可以填补这些技能缺口，确保行业有足够的专业人才。

5. 职业发展

员工通常希望有机会发展自己的职业。为了留住优秀员工，煤炭企业需要提供职业发展机会，包括培训、晋升机会、项目管理经验等。这可以激励员工，提高他们的工作满意度和忠诚度。

（二）进行培训需求分析

1. 确定培训目标

进行培训需求分析的第一步是确定培训的具体目标。企业需要明确要达到的结果，如提高生产效率、降低碳排放、提高安全性等。这些目标将指导后续的培训计划。

2. 评估员工技能和知识

企业可以通过员工评估和技能测试来了解员工的当前技能水平与知识。这可以帮助企业确定员工需要哪些培训，以填补他们的知识和技能缺口。

3. 收集反馈意见

员工的反馈是非常重要的，他们通常可以提供有关培训需求的有用信息。企业可以通过员工调查、面谈和讨论小组来征求员工的意见，了解他们的需求和期望。

4. 分析行业趋势和法规

煤炭行业的发展和法规环境在不断变化。企业需要定期分析行业趋势和法规，以确定需要哪些培训来适应新的挑战和要求。这包括关注环保法规、清洁能源技术和数字化技术的发展。

5. 制订培训计划

根据前面的分析，企业可以制订具体的培训计划，包括培训内容、方法、时间表和预算。培训计划应该与培训目标和员工需求保持一致。

（三）满足培训需求的策略

1. 提供多样化的培训方式

不同员工有不同的学习偏好和需求。企业可以提供多样化的培训方式，包括课堂培训、在线培训、实地实习、导师制度等。这可以帮助员工选择最适合他们的学习方式。

2. 与教育机构和行业协会合作

与教育机构和行业协会合作，可以提供更广泛的培训资源和专业知识。这可以包括提供奖学金、支持研究项目、举办研讨会和会议，以及建立合作关系，以获取领域专家的意见和支持。与教育机构和行业协会的合作可以帮助企业满足其更广泛的培训需求。

3. 强调职业发展

为员工提供职业发展机会，可以提高他们的工作满意度和忠诚度。企业可以制订晋升计划、提供项目管理经验、鼓励员工参与专业认证等，以激励员工发展自己的职业。

4. 制定持续培训计划

培训不是一次性的活动，而是一个持续的过程。企业应该制订持续培训计划，以确保员工不断更新和提高他们的知识与技能。这可以包括定期的培训课程、在岗培训、员工发展计划等。

5. 监测和评估培训效果

一旦培训计划实施，企业就需要监测和评估培训的效果。这可以通过员工绩效评估、反馈调查、技能测试和工作表现来完成。根据评估结果，企业可以对培训计划进行调整，以确保它们达到预期的目标。

（四）培训需求分析的影响

1. 提高员工技能和知识

通过满足培训需求，煤炭企业可以提高员工的技能和知识水平。这有助于提高生产效率、降低环境风险、提高安全性，从而提高企业的绩效和可持续发展。

2. 增加员工满意度和忠诚度

提供职业发展机会和培训计划可以提高员工的满意度与忠诚度。满意的员工更有可能留在企业，贡献更多，减少员工流失的成本。

3. 提高环保和可持续发展

通过满足培训需求，煤炭企业可以更好地推广清洁能源技术、改进环保实践和降低碳排放。这有助于提高环保和可持续发展，改善行业的社会形象。

4. 减少安全风险

安全培训可以帮助降低事故和伤害风险，保护员工的生命和健康。通过满足培训需求，企业可以创造更安全的工作环境，减少法律和赔偿成本。

煤炭培训需求分析是确保煤炭行业的成功和可持续发展的重要步骤。通过明确的培训目标、评估员工技能和知识、收集员工反馈、分析行业趋势和法规，以及制订有效的培训计划，煤炭企业可以满足员工的需求，提高员工技能和知识，增加员工满意度和忠诚度，改善环保和可持续发展，减少安全风险，提高绩效。最终，培训需求分析应与企业的战略目标和价值观保持一致，以确保企业可持续发展。这对应对行业的挑战和变革至关重要，确保煤炭行业继续发挥其重要作用。

二、煤炭培训计划与资源管理

煤炭行业一直以来是国家能源产业中的重要领域，对国家经济和能源供应起着重要作用。然而，煤炭行业也面临着不断变化的挑战，如环保压力、技术创新和市场竞争等。为了保持竞争力和应对这些挑战，煤炭企业需要制订有效的培训计划，并进行资源管理，以确保培训的顺利实施。本部分将讨论煤炭培训计划的重要性、如何制定培训计划、资源管理策略以及其对煤炭行业的影响。

（一）煤炭培训计划的重要性

1. 技术升级与创新

煤炭行业正面临技术升级和创新的压力，以提高生产效率、降低成本、减少环境影响和提高安全性。新技术的广泛应用需要员工掌握相关知识和技能，以有效地操作和维护设备，从而保证生产的顺利进行。

2. 环保和可持续发展

煤炭行业受到环保和可持续发展方面的压力，需要减少碳排放、改进环保实践和降低环境影响。员工需要接受培训，了解最佳的环保实践，以确保企业运营达到环保标准。

3. 安全培训

煤炭行业的工作环境非常苛刻，存在一定的安全风险。为了保护员工的生命和健康，必须提供安全培训，以确保员工了解如何安全地操作设备、处理化学品，以及应对紧急情况。

4. 提高员工的满意度和忠诚度

员工通常希望有机会发展自己的职业。通过提供培训和发展机会，可以提高员工的满意度和忠诚度，减少员工流失，从而降低招聘和培训成本。

（二）制订煤炭培训计划

1. 确定培训需求

制订培训计划的第一步是确定培训的确切需求。这可以通过员工评估、技能测试、员工反馈以及行业趋势和法规分析来完成。确保培训计划与业务目标和员工需求保持一致。

2. 设定培训目标

明确的培训目标是培训计划的关键。这些目标应与企业的战略目标相一致，可以包括提高生产效率、降低环境影响、提高安全性，或者提高员工技能和知识水平。

3. 制定培训内容和方法

根据培训需求和目标，制定培训内容和方法。培训内容应覆盖所需的知识和技能，培训方法可以包括课堂培训、在线培训、实地实习、导师制度等。确保培训方法与员工的学习需求和偏好相一致。

4. 制定时间表和预算

制定培训时间表和预算，确保培训计划的顺利实施。时间表应根据员工的工作安排和生产计划来制定，预算应考虑培训内容、方法、材料、设备和培训人员的成本。

（三）资源管理策略

1. 分配培训资源

分配适当的资源对培训计划的成功至关重要。这包括预算、培训设施、培训材料和培训人员。确保资源足够，以满足培训需求，不影响生产计划。

2. 选择培训人员

选择合适的培训人员非常重要。培训人员应具备相关领域的知识和经验，能够有效地传授培训内容。如果需要，就可以考虑聘请外部培训师傅或合作伙伴。

3. 监测和评估培训效果

培训计划的效果应定期监测和评估。这可以通过员工绩效评估、反馈调查、技能测试和工作表现来完成。根据评估结果，可以对培训计划进行调整，以确保它们达到预期的目标。

4. 提供持续培训

培训不是一次性的活动，而是一个持续的过程。煤炭企业应该提供持续的培训，以确保员工不断更新和提高他们的知识与技能水平，适应行业变化。

(四)培训计划的影响

1. 提高员工技能和知识

通过有效的培训计划,煤炭企业可以提高员工的技能和知识水平。这有助于提高生产效率、降低环境影响、提高安全性,从而提高企业的绩效和促进其可持续发展。

2. 提高环保和可持续发展

通过培训计划,煤炭企业可以更好地推广清洁能源技术、改进环保实践和降低碳排放。这有助于提高环保和可持续发展,改善行业的社会形象。

3. 降低安全风险

安全培训可以帮助企业降低事故和伤害风险,保护员工的生命和健康。通过培训计划,企业可以创造更安全的工作环境,减少法律和赔偿成本。

4. 提高员工满意度和忠诚度

提供职业发展机会和培训计划可以提高员工的满意度和忠诚度。满意的员工更有可能留在企业,贡献更多,减少员工流失的成本。

5. 提高竞争力

通过提高员工的技能和知识,改进环保和可持续发展实践,以及提高生产效率,煤炭企业可以提高其竞争力。这有助于企业在市场上脱颖而出,适应行业的变化和挑战。

煤炭培训计划与资源管理是确保煤炭行业成功和可持续发展的重要因素。通过制订明确的培训计划,分配适当的资源,选择合适的培训人员,监测和评估培训效果,以及提供持续培训,煤炭企业可以提高员工技能和知识水平,改进环保和可持续发展实践,降低安全风险,提高员工满意度和忠诚度,提高竞争力。最终,培训计划及资源管理应与企业的战略目标和价值观保持一致,以确保企业可持续发展。这对应对行业的挑战和变革至关重要,确保煤炭行业继续发挥其重要作用。

三、煤炭技能提升评估

煤炭行业一直以来是国家能源产业的关键领域,对国家经济和能源供应起着重要作用。然而,随着环保要求的增加、技术的不断演进以及市场竞争的加剧,煤炭行业的员工需要不断提升其技能和知识,以适应行业的变化和挑战。煤炭技能提升评估是一个重要的工具,用于确定员工的培训需求、评估他们的技能水平,以及制订有效的培训计划。本部分将讨论煤炭技能提升评估的重要性、评估的方法和步骤,以及如何将评估结果应用于培训计划和员工发展。

（一）煤炭技能提升评估的重要性

1. 确定培训需求

煤炭技能提升评估是确定员工培训需求的关键工具。通过评估员工的当前技能水平和知识，企业可以确定哪些领域需要提升，以满足行业的要求和标准。这有助于制订有针对性的培训计划，确保员工获得所需的知识和技能。

2. 提高员工绩效

通过提升员工的技能和知识，可以提高他们的绩效。员工可以在工作中表现更好，能够更有效地完成任务，提高生产效率，减少错误和事故，从而提高企业的绩效。

3. 适应变化和创新

煤炭行业正面临着技术创新和市场变化的挑战。员工需要不断适应新技术和工作方式，以保持竞争力。通过评估员工的技能水平，企业可以确定他们需要哪些培训，从而适应行业的变化和创新。

4. 提高员工满意度和忠诚度

员工通常希望有机会发展自己的职业。通过提供技能提升评估和相应的培训机会，可以提高员工的满意度和忠诚度。员工感到受到关注和支持，更有可能留在企业，贡献更多。

（二）煤炭技能提升评估的方法和步骤

1. 评估员工技能和知识

技能提升评估的第一步是评估员工的当前技能水平和知识。这可以通过技能测试、知识考试、工作表现评估和员工反馈来完成。评估应覆盖与工作相关的各个方面，包括操作技能、环保实践、安全程序等。

2. 定义培训需求

根据评估结果，企业可以明确定义员工的培训需求。这包括确定哪些技能和知识需要提升，以满足行业的要求和标准。培训需求应与业务目标和员工发展计划相一致。

3. 制定培训计划

根据培训需求，制订具体的培训计划。培训计划应包括培训内容、培训方法、时间表、培训人员和预算。确保培训计划与员工的学习需求和偏好相一致。

4. 实施培训计划

培训计划的实施是确保员工获得所需知识和技能的重要步骤。培训可以包括课堂培训、在线培训、实地实习、导师制度等。培训应根据员工的工作安排和生产计划来安排，确保不干扰正常的工作流程。

（三）应用评估结果

1. 制订个性化培训计划

评估结果可以用于制订个性化的培训计划。不同员工可能有不同的培训需求，评估可以帮助确定这些需求，并制订适应不同员工的培训计划。

2. 监测和评估培训效果

一旦培训计划实施，企业就应定期监测和评估培训的效果。这可以通过员工绩效评估、反馈调查、技能测试和工作表现来完成。根据评估结果，可以对培训计划进行调整，以确保它们达到预期的目标。

3. 提供持续培训

技能提升评估应是一个持续的过程。员工的技能和知识水平需要不断更新和提高，以适应行业的变化和创新。因此，企业应提供持续的培训和发展机会，确保员工保持竞争力。

4. 激励员工发展

评估结果可以用来激励员工发展自己的职业。员工可以根据评估结果制订个人发展计划，明确自己的技能提升目标，然后参与相应的培训和发展活动。企业可以提供晋升机会、奖励制度、项目管理经验等激励措施，以鼓励员工积极参与自我提升。

（四）煤炭技能提升评估的影响

1. 提高员工技能和知识水平

通过煤炭技能提升评估，企业可以明确员工的培训需求，帮助他们提高技能和知识水平。这有助于提高员工的绩效，减少错误和事故，提高生产效率。

2. 适应行业的变化和挑战

评估结果可以帮助员工适应行业的变化和挑战。员工了解自己的技能缺口后，可以有针对性地接受培训，以适应新技术和工作方式。这有助于企业保持竞争力。

3. 提高员工的满意度和忠诚度

提供技能提升评估和相应的培训机会可以提高员工的满意度和忠诚度。员工感到受到支持和关注，更有可能留在企业，贡献更多。

4. 提高企业绩效

通过提升员工的技能和知识，企业可以提高绩效。员工更有效地完成任务，减少错误和事故，提高生产效率，从而提高企业的绩效。

煤炭技能提升评估是确保煤炭行业员工具备必要技能和知识的重要工具。通过评估员工的技能水平和知识，制订培训计划，并将评估结果应用于员工发展，可以提高员工绩效，提高员工的满意度和忠诚度，适应行业的变化和挑战，提高企业的绩效。评估应与企业的战略目标和价值观保持一致，以确保企业可持续发展。这对应对行业的挑战和变革至关重要，确保煤炭行业继续发挥其重要作用。通过不断提升员工的技能和知识，煤炭行业可以更好地应对未来的机遇和挑战。

第三节　绩效管理与激励机制

一、煤炭绩效评估体系

煤炭行业一直以来是国家能源产业的关键领域，对国家经济和能源供应起着重要作用。然而，随着环保要求的不断提高、技术的不断演进以及市场竞争的加剧，煤炭企业需要建立有效的绩效评估体系，以监测和评估员工和组织的表现，以便不断提高工作效率、降低成本、改善环境和提高安全性，从而确保企业的可持续发展。本部分将探讨煤炭绩效评估体系的重要性、设计和实施的步骤，以及如何将评估结果应用于业务改进和员工发展。

（一）煤炭绩效评估体系的重要性

1. 提高生产效率

煤炭行业的核心任务之一是提高生产效率。通过建立绩效评估体系，企业可以监测生产过程、设备运行和员工表现，以发现潜在的效率问题，并采取措施进行改进。这有助于提高生产效率，降低生产成本。

2. 环保和可持续发展

煤炭行业面临越来越高的环保压力。绩效评估体系可以用来监测和评估环保实践，确保企业遵守法规和标准，降低碳排放，减少环境影响。这有助于提高企业的可持续发展，改善行业的社会形象。

3. 提高安全性

煤炭行业的工作环境非常危险，存在一定的安全风险。通过绩效评估体系，企业可以监测和评估安全实践，发现潜在的安全问题，并采取措施降低事故和伤害风险。这有助于保护员工的生命和健康。

4. 提高员工的满意度和忠诚度

员工通常希望有机会发展自己的职业。通过建立绩效评估体系，可以为员工提供明确的绩效标准和目标，帮助他们了解自己的职业发展机会。员工感到受到关注和支持，更有可能留在企业，贡献更多。

（二）设计和实施煤炭绩效评估体系的步骤

1. 确定关键绩效指标

设计煤炭绩效评估体系的第一步是确定关键绩效指标。这些指标应涵盖生产效率、环保、安全性、员工满意度等各个方面。关键绩效指标应与企业的战略目标和价值观相一致。

2. 收集数据

一旦确定了关键绩效指标，企业就需要收集相关数据。数据可以来自生产过程、员工表现、环保实践等。数据的收集可以通过手动记录、传感器、监测设备、员工反馈等方式进行。

3. 制定绩效标准

根据收集的数据，企业需要制定绩效标准。绩效标准应具体、可度量和可比较。这些标准应用于关键绩效指标，以评估员工和组织的表现。

4. 进行绩效评估

一旦制定了绩效标准，企业就可以进行绩效评估。这可以包括员工绩效评估、生产过程监测、环保实践审核、安全性检查等。绩效评估应定期进行，以确保员工和组织的表现处于可控状态。

5. 提供反馈

绩效评估后，企业应提供反馈给员工和组织。反馈应包括绩效评估结果、改进建议和发展机会。员工可以根据反馈来改进自己的表现，组织可以采取措施改进生产过程、促进环保实践和提高安全性。

（三）应用绩效评估结果

1. 业务改进

绩效评估结果可以用于业务改进。通过分析绩效评估数据，企业可以发现潜在的问题和机会，采取措施降低成本、提高生产效率、改进环保实践和提高安全性。

2. 员工发展

员工的绩效评估结果可以用于员工发展。员工可以根据评估结果制订个人发展计划，明确自己的职业发展目标。企业可以提供培训和发展机会，以帮助员工提高技能和知识水平，提高绩效。

3. 监测和评估

绩效评估结果可以用于监测和评估绩效改进的效果。企业应定期重新评估绩效，以确定改进的效果，并继续改进。这可以通过再次收集数据、制定新的绩效标准、进行绩效评估等方式进行。

4. 持续改进

绩效评估是一个持续的过程，不仅用于一次性的评估，还用于持续改进。企业应积极寻求反馈，从员工、客户和其他利益相关者那里获得信息，以确定绩效评估体系的有效性和适应性。根据反馈，可以调整绩效评估体系，以确保其与业务需求和战略目标保持一致。

（四）煤炭绩效评估体系的影响

1. 提高生产效率

通过煤炭绩效评估体系，企业可以识别生产效率问题，并采取措施改进生产过程。这有助于提高生产效率，降低成本，提高竞争力。

2. 提高环保和可持续发展

绩效评估体系可以用于监测和评估环保实践。企业可以采取措施改进环保实践，降低碳排放，减少环境影响，提高可持续发展水平。

3. 提高安全性

通过绩效评估体系，企业可以发现安全问题，并采取措施降低事故和伤害风险。这有助于提高安全性，保护员工的生命和健康。

4. 提高员工的满意度和忠诚度

提供明确的绩效标准和发展机会可以提高员工的满意度和忠诚度。员工感到受到支持和关注，更有可能留在企业，贡献更多。

煤炭绩效评估体系是确保煤炭行业员工和组织表现出色的关键工具。通过建立绩效评估体系，可以提高生产效率、降低成本、改善环境和提高安全性，提高员工的满意度和忠诚度，适应行业的变化和挑战，提高企业的绩效。绩效评估应与企业的战略目标和价值观保持一致，以确保长期的成功和可持续发展。这对应对行业的挑战和变革至关重要，确保煤炭行业继续发挥其重要作用。通过建立有效的绩效评估体系，煤炭企业可以更好地应对未来的机遇和挑战，实现可持续发展。

二、煤炭激励计划设计

煤炭行业一直以来是国家能源产业的关键领域，对国家经济和能源供应起着重要作用。然而，随着环保要求的增加、技术的不断演进以及市场竞争的加剧，煤炭企业需要采取有效的激励计划来吸引、激励和留住优秀的员工，以应对行业的变化和挑战。本部分将探讨煤炭激励计划的设计原则、不同类型的激励措施，以及如何实施和管理激励计划。

（一）煤炭激励计划的设计原则

1. 与战略目标一致

煤炭激励计划应与企业的战略目标和价值观一致。激励计划应帮助实现企业的长期目标，鼓励员工采取行动，以推动企业的成功。

2. 公平和公正

激励计划应建立在公平和公正的原则之上。员工应感到他们受到了公平对待，无论其在组织中的职位或级别如何。激励计划的设计和实施应避免歧视，确保员工拥有平等的机会。

3. 个性化

不同员工可能有不同的需求和动机。因此，激励计划应考虑到员工的个人情况和目标。个性化的激励计划可以更好地满足员工的需求，激励他们实现个人和组织目标。

4. 可度量和可衡量

激励计划的目标和绩效标准应是可度量与可衡量的。员工和管理层应能够清晰地了解他们的绩效和激励水平。这有助于确保激励计划的透明性和可追溯性。

5. 持续改进

激励计划应是一个持续改进的过程。企业应定期评估激励计划的效果，根据员工的反馈和绩效数据进行调整。这有助于确保激励计划与变化的行业需求和员工的期望保持一致。

（二）不同类型的激励措施

1. 薪酬激励

薪酬激励是最常见的激励措施之一。它包括基本工资、奖金、股权激励计划和其他形式的薪酬。薪酬激励可以激发员工为了实现个人和组织目标而努力工作，但需要明确的绩效标准和评估机制。

2. 职业发展机会

提供职业发展机会可以激励员工继续学习和发展自己的职业。这包括培训计划、导师制度、晋升机会和项目管理经验。员工通常会受到激励，知道他们有机会提高自己的技能和知识水平，实现职业目标。

3. 员工福利

员工福利是另一种常见的激励措施。它包括医疗保险、退休福利、假期和其他员工福利。提供员工福利可以提高员工的生活质量，提高他们的满意度和忠诚度。

4. 股权激励

股权激励计划将员工与企业的股权联系在一起，使他们分享企业的成功。这可以激励员工为了提高企业的股价和绩效而努力工作，因为他们的回报与企业的表现相关。

5. 员工表彰和奖励

员工表彰和奖励是一种简单而有效的激励措施。它包括表扬、奖章、奖状和礼品卡等。员工表彰和奖励可以提高员工的士气，让他们感到受到重视和赞扬。

（三）激励计划的实施和管理

1. 设定明确的目标和绩效标准

激励计划的实施应从设定明确的目标和绩效标准开始。这些目标和绩效标准应与员工的工作职责及组织的战略目标一致。员工应清楚了解他们需要达到的标准和目标。

2. 提供反馈和评估

激励计划的成功取决于有效的反馈和评估。企业应定期提供反馈，让员工了解他们的绩效水平，并指出改进的机会。另外，评估也应定期进行，以确定激励计划的有效性和适应性。

3. 促进员工参与

激励计划的成功取决于员工的积极参与。企业应鼓励员工参与激励计划的制订和实施过程。员工的反馈和建议应被纳入考虑，以确保激励计划满足他们的需求和期望。

4. 管理激励计划的成本

不同类型的激励措施都会涉及成本。企业需要管理激励计划的成本，确保其不会对企业的财务状况产生不利影响。这可以通过进行预算、成本控制和成本效益分析来实现。

5. 持续改进

激励计划应是一个持续改进的过程。企业应定期评估激励计划的效果，并根据员工的反馈和绩效数据进行调整。这有助于确保激励计划与变化的行业需求和员工的期望保持一致。

（四）煤炭激励计划的影响

1. 提高员工绩效

有效的激励计划可以提高员工的绩效。员工有动力为了实现个人和组织目标而努力工作，因为他们知道他们的绩效与回报相关。这有助于提高生产效率和质量，降低错误和事故风险。

2. 提高员工的满意度和忠诚度

提供激励计划可以提高员工的满意度和忠诚度。员工感到受到关注和支持，更有可能留在企业，贡献更多。另外，满意的员工也更有可能推荐企业给其他人，有助于招聘和员工保留。

3. 吸引和留住优秀员工

煤炭行业面临激烈的竞争,吸引和留住优秀员工至关重要。有效的激励计划可以帮助企业吸引和留住最有才华的员工,因为他们知道自己的努力将得到公平的回报。

4. 适应行业的变化和挑战

煤炭行业正面临着技术创新、环保要求和市场变化等挑战。激励计划可以帮助员工积极应对这些变化和挑战,以确保企业保持竞争力。

煤炭激励计划的设计和实施对煤炭企业的成功至关重要。通过建立与战略目标一致、公平和公正、个性化、可度量和可衡量的激励计划,企业可以提高员工的绩效、满意度和忠诚度,吸引和留住优秀员工,应对行业的变化和挑战。激励计划的实施和管理需要精心策划,涉及目标设定、反馈和评估、员工参与、成本管理和持续改进。通过不断改进激励计划,煤炭企业可以实现可持续发展。

三、煤炭绩效反馈与改进

在煤炭行业,绩效反馈与改进是一项关键的活动,旨在监测和评估员工和组织的表现,以及采取措施来不断改进工作效率、降低成本、提高安全性,从而确保企业的可持续发展。本部分将探讨煤炭绩效反馈与改进的重要性、实施的步骤,以及如何应用反馈结果来促进业务改进和员工发展。

(一)煤炭绩效反馈与改进的重要性

1. 提高生产效率

煤炭行业的核心任务之一是提高生产效率。通过绩效反馈与改进,企业可以监测生产过程、设备运行和员工表现,以发现潜在的效率问题,并采取措施进行改进。这有助于提高生产效率,降低生产成本。

2. 环保和可持续发展

煤炭行业面临着越来越高的环保压力。绩效反馈与改进可以用来监测和评估环保实践,确保企业遵守法规和标准,降低碳排放,减少环境影响。这有助于促进企业的可持续发展,改善行业的社会形象。

3. 提高安全性

煤炭行业的工作环境非常危险,存在一定的安全风险。通过绩效反馈与改进,企业可以监测和评估安全实践,发现潜在的安全问题,并采取措施降低事故和伤害风险。这有助于保护员工的生命安全和健康。

4. 提高员工满意度和忠诚度

员工通常希望有机会发展自己的职业。通过提供绩效反馈，员工可以了解自己的绩效水平和改进的机会。员工感到受到支持和关注，更有可能留在企业，贡献更多。

（二）实施煤炭绩效反馈与改进的步骤

1. 确定关键绩效指标

实施煤炭绩效反馈与改进的第一步是确定关键绩效指标。这些指标应涵盖生产效率、环保、安全性、员工满意度等各个方面。关键绩效指标应与企业的战略目标和价值观相一致。

2. 收集数据

一旦确定了关键绩效指标，企业就需要收集相关数据。数据可以来自生产过程、员工表现、环保实践等。数据的收集可以通过手动记录、传感器、监测设备、员工反馈等方式进行。

3. 制定绩效标准

根据收集的数据，企业需要制定绩效标准。绩效标准应具体、可度量和可比较。这些标准应用于关键绩效指标，以评估员工和组织的表现。

4. 进行绩效评估

一旦制定了绩效标准，企业就可以进行绩效评估。这可以包括员工绩效评估、生产过程监测、环保实践审核、安全性检查等。绩效评估应定期进行，以确保员工和组织的表现处于可控状态。

5. 提供反馈

绩效评估后，企业应提供反馈给员工和组织。反馈应包括绩效评估结果、改进建议和发展机会。员工可以根据反馈来改进自己的表现，组织可以采取措施改进生产过程、环保实践和安全性。

（三）应用绩效反馈结果

1. 业务改进

绩效反馈结果可以用于业务改进。通过分析绩效评估数据，企业可以发现潜在的问题和机会，采取措施降低成本、提高生产效率、改进环保实践行为和提高安全性。

2. 员工发展

员工的绩效反馈结果可以用于员工发展。员工可以根据反馈结果制订个人发展计划，明确自己的职业发展目标。企业可以提供培训和发展机会，以帮助员工提高技能和知识水平，提高绩效。

3. 监测和评估

绩效反馈结果可以用于监测和评估绩效改进的效果。企业应定期重新评估绩效，以确定改进的效果，并继续改进。这可以通过再次收集数据、制定新的绩效标准、进行绩效评估等方式进行。

4. 持续改进

绩效反馈与改进是一个持续的过程，不仅用于一次性的评估，还用于持续改进。企业应积极寻求反馈，从员工、客户和其他利益相关者那里获得信息，以确定绩效反馈与改进的有效性和适应性。根据反馈，可以调整绩效反馈与改进的流程和标准，以确保其与业务需求和战略目标保持一致。

（四）煤炭绩效反馈与改进的影响

1. 提高生产效率

通过煤炭绩效反馈与改进，企业可以及时发现和解决生产效率问题。这有助于提高生产效率，降低生产成本，提高竞争力。

2. 提高环保和可持续发展水平

绩效反馈与改进可以用于监测和评估环保实践。企业可以采取措施改进环保实践，降低碳排放，减少环境影响，提高可持续发展水平。

3. 提高安全性

通过绩效反馈与改进，企业可以发现安全问题，并采取措施降低事故和伤害风险。这有助于提高安全性，保护员工的生命和健康。

4. 提高员工的满意度和忠诚度

提供明确的绩效标准和发展机会可以提高员工的满意度与忠诚度。员工感到受到支持和关注，更有可能留在企业，贡献更多。

煤炭绩效反馈与改进是确保煤炭行业员工和组织表现出色的重要工具。通过制订绩效反馈与改进计划，可以提高生产效率、降低成本、改进环保实践行为和提高安全性，提高员工的满意度和忠诚度，适应行业的变化和挑战，提高企业的绩效。绩效反馈与改进应与企业的战略目标和价值观保持一致，以确保企业可持续发展。这对应对行业的挑战和变革至关重要，确保煤炭行业继续发挥其重要作用。通过建立有效的绩效反馈与改进机制，煤炭企业可以更好地应对未来的机遇和挑战，实现可持续发展。

第四节 团队建设与领导力发展

一、煤炭团队构建与协作

煤炭行业作为国家能源产业的重要部门，对国家经济和能源供应起着重要作用。在这个具有高度复杂性和风险的行业中，构建高效的团队和协作机制至关重要。本部分将探讨煤炭团队构建的重要性、团队构建的步骤，以及团队协作的关键因素等内容。

（一）煤炭团队构建的重要性

1. 提高生产效率

在煤炭行业，高度协调的团队可以提高生产效率。团队成员可以共同合作，协调生产过程，减少停工和浪费，提高产量和质量。

2. 提高环保和可持续发展水平

煤炭行业面临越来越高的环保压力。通过团队协作，可以共同制定和执行环保实践策略，降低碳排放，减少环境影响，推动可持续发展。

3. 提高安全性

煤炭行业的工作环境危险，团队协作可以提高安全性。团队成员可以互相监督，共同制定安全规程和程序，降低事故和伤害风险。

4. 提高员工的满意度和忠诚度

有效的团队协作可以提高员工的满意度和忠诚度。员工感到团队的支持和合作，更有可能留在企业，贡献更多。

（二）煤炭团队构建的步骤

1. 明确团队的目标和任务

团队构建的第一步是明确团队的目标和任务。团队成员应清楚了解他们的任务和责任，以确保团队工作朝着共同的目标前进。

2. 选择合适的团队成员

选择合适的团队成员至关重要。团队成员应具备必要的技能、知识和经验，以胜任他们的任务。此外，团队成员的个性和价值观也应与团队的目标及文化相一致。

3. 建立清晰的沟通渠道

良好的沟通是团队协作的关键。团队应建立清晰的沟通渠道，确保信息传递和反馈顺畅。这包括定期的会议、报告、电子邮件和其他沟通工具。

4.制定团队规则和流程

团队应制定团队规则和流程，以确保工作有序进行。这包括任务分配、决策流程、冲突解决和反馈机制等。团队规则和流程应适应团队的特定需求与情境。

5.培训和发展团队成员

团队构建包括培训和发展团队成员。团队成员可以通过培训和发展机会提高技能和知识，以更好地完成他们的任务。

（三）团队协作的关键因素

1.信任

信任是团队协作的基础。团队成员需要相互信任，相信彼此会履行他们的任务，遵守团队规则和流程。信任有助于建立良好的工作关系，提高合作效率。

2.沟通

良好的沟通是团队协作的关键。团队成员需要及时分享信息、反馈和问题，以确保工作有序进行。有效的沟通有助于避免误解和冲突，提高工作效率。

3.合作

团队协作要求团队成员积极合作。合作意味着共同努力实现团队的目标，而不是追求个人利益。合作有助于提高生产效率和质量。

4.解决冲突

冲突是不可避免的，但团队需要有效地解决冲突。团队成员应采取适当的措施来解决冲突，以确保团队的和谐和合作。

5.领导

领导在团队协作中起着重要作用。领导应提供方向和支持，鼓励团队成员发挥他们的潜力，管理冲突，以确保团队达到共同的目标。

（四）煤炭团队构建与协作的影响

1.提高生产效率

高效的团队协作可以提高生产效率。团队成员可以共同合作，协调生产过程，减少停工和浪费，提高产量和质量。

2.提高环保和可持续发展水平

通过团队协作，可以共同制定和执行环保实践策略，降低碳排放，减少环境影响，推动可持续发展。团队的合作精神有助于实现环保目标。

3.提高安全性

团队协作可以提高安全性。团队成员可以共同监督、培训和执行安全规程，降低事故和伤害风险。团队的协作和互相支持有助于提高工作场所的安全性。

4. 提高员工的满意度和忠诚度

有效的团队协作可以提高员工的满意度和忠诚度。员工感到团队的支持和合作，更有可能留在企业，贡献更多。团队的合作氛围有助于提高员工的工作满意度。

在煤炭行业，团队构建和协作是确保企业可持续发展的重要因素。通过明确团队的目标和任务，选择合适的团队成员，建立清晰的沟通渠道，制定团队规则和流程，以及培训和发展团队成员，可以构建高效的团队。团队协作的关键因素包括信任、沟通、合作、解决冲突和领导。通过这些因素的综合作用，团队可以提高生产效率、环保实践水平、安全性和员工的满意度，实现可持续发展。通过建立有效的团队和协作机制，煤炭企业可以更好地应对未来的机遇和挑战，确保其在竞争激烈的行业中保持竞争力。

二、煤炭领导力发展计划

煤炭行业作为国家能源领域的重要组成部分，要应对不断变化的市场、技术和环保要求，需要具备卓越的领导力。领导力在煤炭行业的重要性在于能够带领团队应对挑战，推动创新，提高生产效率，确保安全和环保，以及促进员工的满意度和忠诚度。本部分将探讨煤炭领导力的重要特质，制订领导力发展计划的步骤，以及如何应用领导力发展计划来提高煤炭企业的绩效等内容。

（一）煤炭领导力的关键特质

1. 战略思维

在煤炭行业，领导者需要具备战略思维，能够制定明智的业务决策，应对市场变化和竞争压力。他们应该有能力分析行业趋势、理解市场需求，制定长期发展战略，同时能够在战略层面和执行层面取得平衡。

2. 沟通能力

领导者必须具备卓越的沟通能力，能够与不同层次和背景的员工、合作伙伴和利益相关者进行有效的沟通。他们应该能够清晰地传达愿景、目标和期望，鼓励团队协作，促进信息共享，建立信任关系。

3. 决策能力

在煤炭行业，领导者需要迅速做出决策，应对危机和问题。他们应该能够权衡风险和回报，制定明智的决策，同时有勇气承担后果。决策能力是领导者成功的重要因素。

4. 团队建设

领导者需要有团队建设的能力，能够招聘、培训和发展高效的团队。他们应该能够激励和激励团队成员，建立团队的信任和凝聚力，以实现共同的目标。

5. 创新精神

煤炭行业正面临着技术创新、环保要求和市场变化等挑战。领导者需要有创新精神，鼓励团队提出新的想法和解决方案，推动创新，提高竞争力。

（二）制定煤炭领导力发展计划的步骤

1. 评估现有领导力

首先，企业需要评估当前的领导力情况。这可以通过员工调查、360度反馈、领导者评估和绩效评估等方法进行。评估将帮助企业了解现有领导力的优点和不足。

2. 制定明确的领导力发展目标

基于现有领导力的评估，企业应制定明确的领导力发展目标。这些目标应与企业的战略目标和发展需求相一致。目标可以涵盖不同层次的领导者，从高管到一线主管。

3. 制订发展计划

根据领导力发展目标，企业应制订发展计划。发展计划可以包括培训、教育、辅导、导师制度、跨部门轮岗和项目分配等。发展计划应为领导者提供机会发展所需的技能和知识。

4. 实施发展计划

发展计划的实施是关键的一步。企业应提供培训和发展机会，为领导者提供所需的资源和支持。发展计划可以根据领导者的需要和发展目标进行个性化定制。

5. 持续评估和调整

领导力发展计划不是一次性的活动，而是一个持续的过程。企业应定期评估领导者的发展进展，根据评估结果调整发展计划。这有助于确保领导者不断提高其领导力能力。

（三）应用领导力发展计划的影响

1. 提高领导者的绩效

领导力发展计划的最终目标是提高领导者的绩效。通过提供培训和发展机会，领导者可以提高其战略思维、沟通能力、决策能力、团队建设和创新精神，从而更好地应对挑战，推动企业的成功。

2. 促进团队协作

领导者的发展会对整个团队产生积极影响。有卓越领导力的领导者能够激励和激励团队成员，建立团队的信任和凝聚力，促进团队协作，提高工作效率和质量。

3. 提高员工的满意度

领导者的发展还可以提高员工满意度。员工通常会对具有卓越领导力的领导者感到满意，因为他们能够提供清晰的方向、有效的支持和机会发展。高满意度的员工更有可能留在企业，贡献更多。

4.提高企业竞争力

具备卓越领导力的企业更有竞争力。领导者的决策能力、战略思维和创新精神可以帮助企业应对市场变化，促进创新，提高生产效率，确保安全和环保，从而更好地满足客户需求并在市场上脱颖而出。

在煤炭行业，领导力发展是确保企业成功的关键因素。通过识别和培养具备战略思维、沟通能力、决策能力、团队建设和创新精神等关键特质的领导者，煤炭企业可以更好地应对挑战，提高绩效，促进团队协作，提高员工满意度，增强竞争力。领导力发展计划应根据企业的具体需求和目标进行制定和实施，并应定期评估和调整，以确保其持续有效。通过领导力发展，煤炭行业可以更好地满足市场需求，推动可持续发展。

三、煤炭团队效能评估

在煤炭行业，团队的效能对于提高生产效率、降低成本、确保安全和环保，以及提高员工满意度和忠诚度至关重要。团队效能评估是一种用于测量和改进团队表现的工具，可以帮助煤炭企业识别问题、制订改进计划，并持续提高团队的绩效。本部分将探讨煤炭团队效能评估的重要性、实施的步骤，以及如何应用评估结果来提高团队效能。

（一）煤炭团队效能评估的重要性

1.提高生产效率

团队效能评估可以帮助企业了解团队在生产过程中的表现，识别潜在的效率问题，并采取措施来提高生产效率。这有助于降低生产成本，提高产量和质量。

2.降低成本

通过评估团队效能，企业可以发现浪费和不必要的资源使用，采取措施降低成本。这有助于提高企业的竞争力，增加盈利能力。

3.确保安全和环保

团队效能评估可以用来监测团队在安全和环保实践方面的表现。企业可以识别潜在的安全和环保问题，采取措施降低事故和环境风险。这有助于保护员工的生命安全和健康，同时遵守法规和标准。

4.提高员工的满意度和忠诚度

员工通常会对能够在高效的团队中工作感到满意，并更有可能留在企业，贡献更多。团队效能评估可以用来识别员工面临的挑战，改进工作流程，提高员工的满意度和忠诚度。

（二）实施煤炭团队效能评估的步骤

1. 确定评估目标

首先，企业需要明确评估的目标。这可以包括提高生产效率、降低成本、确保安全和环保，以及提高员工满意度。评估的目标应与企业的战略目标相一致。

2. 选择评估工具和方法

评估团队效能可以使用多种工具和方法，包括员工调查、绩效评估、流程分析、安全和环保审核，以及定期的团队会议和反馈机制。企业应选择适合其需求的工具和方法。

3. 收集数据

一旦选择了评估工具和方法，企业就需要收集相关数据。数据可以来自生产过程、员工表现、安全和环保实践等。数据的收集可以通过手动记录、传感器、监测设备、员工反馈等方式进行。

4. 分析数据

收集的数据需要进行分析，以了解团队效能的当前状态和问题。数据分析可以揭示潜在的效率问题、安全风险、环保问题和员工满意度方面的挑战。

5. 制订改进计划

基于数据分析的结果，企业可以制订改进计划。改进计划应包括具体的措施和时间表，以确保问题得到解决并团队效能得到提高。改进计划还应与评估的目标相一致。

（三）应用团队效能评估的影响

1. 提高生产效率

团队效能评估的结果可以用来提高生产效率。通过识别效率问题并采取措施，企业可以降低生产成本，提高产量和质量，提高竞争力。

2. 降低成本

评估结果可以用来降低成本。企业可以通过减少不必要的浪费和资源使用，降低成本，提高盈利能力。

3. 确保安全和环保

团队效能评估的结果可以用来确保安全和环保。企业可以识别潜在的安全和环保问题，并采取措施降低事故和环境风险，遵守法规和标准。

4. 提高员工的满意度和忠诚度

评估结果可以用来提高员工的满意度和忠诚度。通过识别员工面临的挑战，并采取措施改进工作流程，员工的满意度和忠诚度可以得到提高。

煤炭团队效能评估是确保团队能够在复杂多变的煤炭行业中取得成功的重要工具。

通过评估团队的表现，企业可以识别问题并制订改进计划，以提高生产效率、降低成本、确保安全和环保，以及提高员工满意度和忠诚度。评估过程包括确定评估目标、选择评估工具和方法、收集数据、分析数据和制订改进计划。评估的结果可以用来提高生产效率、降低成本，以及提高员工的满意度和忠诚度。通过持续的团队效能评估，煤炭企业可以更好地应对市场挑战，提高竞争力，实现可持续发展。

第十一章 煤炭财务管理与投资分析

第一节 财务报表分析

一、煤炭财务指标分析

煤炭行业作为国家能源产业的重要组成部分，在国家经济中具有重要地位。财务指标分析是评估煤炭企业经济状况和绩效的重要工具。通过分析各种财务指标，可以了解企业的盈利能力、偿债能力、流动性、资产负债状况和效率等关键方面。本部分将深入探讨煤炭财务指标分析的重要性、常用的煤炭财务指标，以及如何应用煤炭财务指标分析的影响。

（一）煤炭财务指标分析的重要性

1. 评估盈利能力

财务指标分析可以帮助企业评估其盈利能力。通过分析收入、成本、毛利润和净利润等指标，可以了解企业的盈利情况。这有助于确定企业是否在实现可持续盈利，以及采取措施来提高盈利能力。

2. 测量偿债能力

煤炭企业通常需要大量资本来投资和运营，因此偿债能力对企业的稳定运营至关重要。财务指标分析可以帮助企业评估其偿债能力，包括分析债务比率、流动比率和速动比率等指标，以确保企业能够按时偿还债务。

3. 评估流动性

流动性是企业能够支付短期债务和应对突发支出的能力。通过分析流动比率和速动比率等指标，可以了解企业的流动性情况。这有助于确保企业能够应对紧急情况，避免流动性危机。

4. 了解资产负债状况

财务指标分析可以用于了解企业的资产负债状况。通过分析资产负债表，可以了解企业的资产、负债和净资产情况。这有助于企业确定其净值和资产负债状况，以更好地规划未来的发展。

5. 提高经营效率

分析财务指标可以帮助企业提高经营效率。通过分析各种效益和经营效率指标，可以识别效率问题，并采取措施来提高生产和经营效率，降低成本。

（二）常用的煤炭财务指标

1. 毛利润率

毛利润率是衡量企业每一单位销售额中毛利润所占比例的指标。

毛利润率的高低反映了企业的盈利能力。高毛利润率通常表示企业有更大的利润余地，而低毛利润率可能需要进一步降低成本或提高销售价格。

（2）负债比率

负债比率是衡量企业债务水平的指标。

负债比率的高低反映了企业的负债水平。高负债比率可能表示企业在偿还债务方面面临风险，而低负债比率可能意味着企业有更好的偿债能力。

（3）流动比率

流动比率是衡量企业短期偿债能力的指标。

流动比率的高低反映了企业的短期偿债能力。流动比率低于1可能表示企业在支付短期债务方面存在困难，而流动比率高于1表示企业有足够的流动资产来支付短期债务。

（4）速动比率

速动比率是另一种衡量企业短期偿债能力的指标，它排除了存货的影响，因为存货通常不容易迅速变现。

速动比率的高低反映了企业除存货外的短期偿债能力。速动比率高于1通常被认为是一个积极的迹象。

（5）利润和损失表分析

利润和损失表（也称损益表）提供了企业的经济表现情况，包括总收入、总成本和净利润。分析利润和损失表可以帮助企业了解其盈利能力、成本结构和盈利来源。

（6）资产负债表分析

资产负债表提供了企业的资产、负债和净资产情况。分析资产负债表可以帮助企业了解其资产负债状况，包括资产的构成和负债的水平。

（三）应用煤炭财务指标分析的影响

（1）提高盈利能力

通过分析毛利润率和利润和损失表，企业可以识别盈利能力问题，并采取措施来提高盈利能力。这可以包括降低成本、提高销售价格、提高生产效率和增加销售额。

（2）管理债务

通过分析负债比率，企业可以了解债务水平，并制定合理的债务管理策略。如果负债比率过高，企业就可以考虑减少债务或延长偿还期限，以减轻债务压力。

（3）提高流动性

通过分析流动比率和速动比率，企业可以确保具备足够的流动资产来支付短期债务。如果流动比率低于理想水平，企业就可以采取措施来增加流动资产，如减少存货或加强现金管理。

（4）优化资产负债状况

通过分析资产负债表，企业可以了解其资产负债状况，并优化资产组合。这可能包括调整资产配置、减少无效资产或筹集额外资本来支持增长。

（5）提高经营效率

通过分析各种效益和经营效率指标，企业可以识别效率问题，并采取措施来提高生产和经营效率。这可以包括改进生产流程、减少浪费和提高资源利用率。

煤炭财务指标分析是确保企业在竞争激烈的市场环境中取得成功的重要工具。通过分析各种财务指标，企业可以了解其盈利能力、偿债能力、流动性、资产负债状况和效率等方面。财务指标分析有助于企业更好地管理风险、提高盈利能力、降低成本、确保安全和环保，以及提高员工的满意度。通过定期进行财务指标分析，煤炭企业可以更好地规划未来的发展，实现可持续发展，应对市场的挑战，以维持竞争力。

二、煤炭财务比率分析

煤炭行业是国际能源市场中的一个重要组成部分，对国家经济发展具有重要作用。在这一行业中，财务比率分析是评估企业健康状况和绩效的关键工具之一。财务比率提供了有关企业财务情况的关键信息，包括盈利能力、偿债能力、流动性、效益和效率等方面的数据。本部分将深入探讨财务比率分析的重要性、在煤炭行业中常用的财务比率，以及应用煤炭财务比率分析的影响。

（一）财务比率分析的重要性

1.评估盈利能力

财务比率分析可以帮助企业评估其盈利能力。盈利能力是企业在销售产品和提供服务后实现盈利的能力。通过分析财务比率，可以了解企业的净利润率、毛利润率和运营利润率等指标，从而了解企业的盈利情况。

2. 测量偿债能力

在煤炭行业，企业通常需要大量的资本来进行采矿、生产和运营。因此，偿债能力对企业的稳定运营至关重要。财务比率分析可以帮助企业评估其偿债能力，包括分析债务比率、流动比率和速动比率等指标，以确保企业能够按时偿还债务。

3. 评估流动性

流动性是企业能够支付短期债务和应对突发支出的能力。通过分析流动比率和速动比率等指标，可以了解企业的流动性情况。这有助于确保企业能够应对紧急情况，避免流动性危机。

4. 了解资产负债状况

财务比率分析可以用于了解企业的资产负债状况。通过分析资产负债表，可以了解企业的资产、负债和净资产情况。这有助于企业确定其净值和资产负债状况，以更好地规划未来的发展。

5. 提高经营效率

分析财务比率可以帮助企业提高经营效率。通过分析各种效益和经营效率指标，可以识别效率问题，并采取措施来提高生产和经营效率，降低成本。

（二）常用的煤炭财务比率

1. 毛利润率

毛利润率是衡量企业每一单位销售额中毛利润所占比例的指标。

毛利润率的高低反映了企业的盈利能力。高毛利润率通常表示企业有更大的利润余地，而低毛利润率可能需要进一步降低成本或提高销售价格。

2. 负债比率

负债比率是衡量企业债务水平的指标。

负债比率的高低反映了企业的负债水平。高负债比率可能表示企业在偿还债务方面面临风险，而低负债比率可能意味着企业有更好的偿债能力。

3. 流动比率

流动比率是衡量企业短期偿债能力的指标。

流动比率的高低反映了企业的短期偿债能力。流动比率低于 1 可能表示企业在支付短期债务方面存在困难，而流动比率高于 1 表示企业有足够的流动资产来支付短期债务。

4. 速动比率

速动比率是另一种衡量企业短期偿债能力的指标，它排除了存货的影响，因为存货通常不容易迅速变现。

速动比率的高低反映了企业除存货外的短期偿债能力。速动比率高于1通常被认为是一个积极的迹象。

5. 利润和损失表分析

利润和损失表（也称损益表）提供了企业的经济表现情况，包括总收入、总成本和净利润。分析利润和损失表可以帮助企业了解其盈利能力、成本结构和盈利来源。

6. 资产负债表分析

资产负债表提供了企业的资产、负债和净资产情况。分析资产负债表可以帮助企业了解其资产负债状况，包括资产的构成和负债的水平。

（三）应用煤炭财务比率分析的影响

1. 提高盈利能力

通过分析毛利润率和利润和损失表，企业可以识别盈利能力问题，并采取措施来提高盈利能力。这可以包括降低成本、提高销售价格、提高生产效率和增加销售额。

2. 管理债务

通过分析负债比率，企业可以了解债务水平，并制定合理的债务管理策略。如果负债比率过高，企业可以考虑减少债务或延长偿还期限，以减轻债务压力。

3. 提高流动性

通过分析流动比率和速动比率，企业可以确保具备足够的流动资产来支付短期债务。如果流动比率低于理想水平，企业应可以采取措施来增加流动资产，例如减少存货或加强现金管理。

4. 优化资产负债状况

通过分析资产负债表，企业可以了解其资产负债状况，并优化资产组合。这可能包括调整资产配置、减少无效资产或筹集额外资本来支持增长。

5. 提高经营效率

通过分析各种效益和经营效率指标，企业可以识别效率问题，并采取措施来提高生产和经营效率。这可以包括改进生产流程、减少浪费和提高资源利用率。

煤炭财务比率分析是确保企业在竞争激烈的市场环境中取得成功的重要工具。通过分析各种财务比率，企业可以了解其盈利能力、偿债能力、流动性、资产负债状况和效率等关键方面。财务比率分析有助于企业更好地管理风险、提高盈利能力、降低成本、确保安全和环保，以及提高员工的满意度。通过定期进行财务比率分析，煤炭企业可以更好地规划未来的发展，实现可持续发展，应对市场的挑战，以维持竞争力。

三、煤炭财务趋势分析

煤炭行业一直是全球能源市场的一个重要领域，对国家经济和能源供应起着至关重要的作用。然而，随着能源行业的发展和环境法规的变化，煤炭企业面临着巨大的挑战和机遇。为了更好地理解煤炭企业的财务状况和未来前景，财务趋势分析变得至关重要。本部分将探讨煤炭行业的财务趋势分析，包括其重要性、分析的方法和如何应用这些趋势来制定战略决策。

（一）财务趋势分析的重要性

1. 了解过去和现在

财务趋势分析的一个主要目的是了解企业的财务状况和过去表现。通过分析历史财务数据，可以识别关键的趋势和模式，包括盈利能力、偿债能力、流动性和效率等。这有助于确定企业发展的长期和短期稳定性。

2. 预测未来

除了了解过去和现在，财务趋势分析还有助于预测未来。通过识别并理解财务趋势，企业可以更好地预测未来的盈利能力、资产负债状况和现金流。这有助于制订战略计划和决策，以应对未来的挑战和机遇。

3. 辅助战略规划

煤炭行业面临着多方面的压力，包括环保法规、市场竞争和能源转型等。财务趋势分析可以为企业的战略规划提供重要的信息。通过了解财务趋势，企业可以制定战略，以提高盈利能力、减少风险并应对市场变化。

4. 监测绩效

财务趋势分析可以用来监测企业的绩效。通过与过去的财务数据进行比较，企业可以确定是否在实现自己的财务目标和战略。这有助于及时纠正错误，调整战略方向，并持续提高绩效。

（二）煤炭财务趋势分析的方法

1. 横向分析

横向分析是将不同年度的财务数据进行比较，以了解企业的财务趋势。这种分析方法通常涉及将多年的财务数据制成表格或图表，以便直观地看出变化。例如，可以比较不同年度的净利润、总资产、负债等数据，以了解这些财务项目随时间的变化。

2. 纵向分析

纵向分析是将不同财务项目的数据进行比较，以了解它们在不同年度内的变化趋势。这种分析方法通常涉及制定一个基准年度，然后比较其他年度与基准年度的变化。例如，可以将某一年的净利润与前几年的净利润进行比较，以了解净利润是否在增长或下降。

3. 财务比率分析

财务比率分析是将不同财务项目的数据相互比较，以了解它们之间的关系。这种分析方法通常包括一系列财务比率，如毛利润率、净利润率、流动比率、速动比率、负债比率等。通过比较这些比率，可以了解企业的财务状况和绩效。

4. 趋势图和图表

制作趋势图和图表是一种可视化方法，可以更容易地理解财务趋势。通过绘制线图、柱状图、饼图和散点图等图表，可以将财务数据呈现得更清晰和易于理解。这些图表可以帮助企业和利益相关者更好地了解财务趋势的变化。

（三）应用煤炭财务趋势分析的影响

1. 制订财务计划

通过分析煤炭企业的财务趋势，可以更好地制订财务计划。了解过去和现在的财务表现可以为企业提供信息，以便制定可行的财务目标和预算。这有助于企业规划未来的资金需求、投资和成本控制。

2. 优化资源配置

财务趋势分析可以帮助企业优化资源配置。通过了解不同财务项目的变化趋势，企业可以决定是否需要调整资源的分配方式。例如，如果净利润持续下降，企业就可能需要降低成本或增加销售以提高盈利能力。

3. 增加投资吸引力

对煤炭企业来说，吸引投资者和融资机构的投资非常重要。通过展示良好的财务趋势，企业可以提高其投资吸引力。投资者更愿意投资那些表现良好、有稳定财务表现的企业。

4. 管理风险

财务趋势分析有助于企业管理风险。通过分析财务数据，企业可以识别潜在的财务问题，如偿债问题、流动性问题或盈利能力下降。这有助于企业及时采取措施来降低风险。

5. 改善绩效

最后，财务趋势分析可以帮助企业改善绩效。通过监测财务趋势，企业可以及时解决问题、调整策略，以提高盈利能力、减少成本、增加效率和降低风险。这有助于企业在竞争激烈的市场中保持竞争力。

煤炭财务趋势分析是在煤炭行业中非常重要的工具，帮助企业了解其财务状况、过去和现在的表现，以及未来的前景。通过分析历史数据、财务比率和趋势图，企业可以更好地规划未来、制订财务计划、优化资源配置和管理风险。另外，财务趋势分析还可以帮助企业吸引投资者和融资机构的投资,提高其竞争力。综上所述,财务趋势分析对确保煤炭企业的可持续发展至关重要。

第二节 资本预算与投资决策

一、煤炭投资项目评估

煤炭作为一种重要的化石燃料资源,一直在全球范围内具有重要地位。煤炭投资项目通常涉及采矿、生产、加工、运输和销售等多个环节,因此需要仔细的评估和分析,以确保项目的可行性和持续性。本部分将探讨煤炭投资项目评估的重要性、方法和关键因素,以及如何制定决策来实施这些项目。

(一)煤炭投资项目评估的重要性

1. 项目可行性

煤炭投资项目评估的一个主要目的是确定项目的可行性。这包括确定项目的潜在盈利能力、风险和回报。在投资巨额资金之前,需要确保项目具有可行性,以避免浪费资源和资金。

2. 风险管理

煤炭投资项目通常伴随着一定程度的风险,包括市场风险、技术风险和环境风险等。项目评估有助于识别和管理这些风险。通过仔细评估项目的各个方面,可以采取措施来降低潜在风险,保护投资。

3. 决策支持

项目评估提供了有关项目决策的重要信息。通过分析项目的投资回报率、成本效益和市场前景,可以为决策者提供有关项目是否值得投资的建议。这有助于制定明智的决策,以最大限度地提高投资回报。

4. 可持续性

在现代社会中,可持续性已经成为重要的考虑因素。煤炭投资项目评估还涉及环境和社会可持续性。通过评估项目对环境的影响、社会责任和可持续性实践,可以确保项目符合可持续性标准和法规。

(二)煤炭投资项目评估的方法

1. 市场分析

市场分析是煤炭投资项目评估的一个重要步骤。这涉及了解市场需求、价格趋势、竞争格局和市场前景。通过市场分析，可以确定项目的市场定位和潜在市场份额。

2. 技术评估

技术评估涉及评估项目所涉及的技术和生产过程。这包括确定所需的设备、工程和技术要求。技术评估还包括确定项目的生产效率和成本结构。

3. 资金需求

评估项目所需的资金是非常重要的。这包括确定项目的初始投资、运营成本和资本支出。同时还需要考虑融资方式和筹资计划。

4. 风险评估

风险评估是评估项目可行性的一个重要方面。这包括识别项目面临的各种风险，如市场风险、技术风险、环境风险和政治风险。然后需要制定风险管理策略和应对措施。

5. 环境和社会评估

考虑到煤炭产业的环境和社会影响，环境和社会评估也是非常重要的。这包括评估项目对水资源、土壤、空气和生态系统的影响，以及项目对当地社区和居民的影响。

（三）关键因素和决策

1. 投资回报率（IRR）

投资回报率是评估煤炭投资项目的一个关键指标。它表示项目的潜在回报。如果IRR高于预期的资本成本，项目就可能值得投资。这个指标可以帮助决策者确定项目的可行性。

2. 成本效益分析

成本效益分析是确定项目的成本与收益之间的平衡的一种方法。通过比较项目的总成本和总收益，可以确定项目的成本效益比。这有助于决策者确定是否值得投资。

3. 风险管理计划

风险管理计划是决策者在项目评估中需要考虑的重要因素之一。这包括识别和管理项目所涉及的各种风险，以确保项目在不确定的环境中能够完成。

4. 可持续性实践

在现代社会中，可持续性已经成为投资项目评估的一个关键因素。项目需要考虑环境和社会可持续性，以确保项目符合法规和可持续性标准。

5. 政策和法规

煤炭投资项目需要考虑政策和法规的影响。不同国家和地区可能有不同的法规与政策，影响项目的实施。决策者需要了解并遵守相关法规。

煤炭投资项目评估是确保项目的可行性和可持续性的关键过程。通过市场分析、技术评估、资金需求分析、风险评估、环境和社会评估等多个步骤，可以全面了解项目的潜在盈利能力、成本结构、风险和影响。决策者可以使用投资回报率、成本效益分析、风险管理计划、可持续性实践和法规合规性等因素来制定决策，以决定是否进行煤炭投资项目。

最终，项目评估需要综合考虑所有因素，确保项目不仅具有潜在的经济回报，而且符合可持续性标准，有助于保护环境和社会责任。煤炭投资项目的成功与否将直接影响企业的未来发展和长期可持续性。

因此，在进行煤炭投资项目评估时，决策者需要充分了解相关市场、技术和环境情况，以制定明智的决策。同时，他们还需要关注风险管理、合规性和可持续性实践，以确保项目在不断变化的全球煤炭市场中顺利完成。综合考虑所有这些因素，可以帮助决策者做出明智的投资决策，确保项目的可持续性。

二、煤炭资本预算技术

煤炭行业一直是全球能源市场的一个重要组成部分，对国家经济和能源供应具有重要影响。在这个行业中，进行资本预算是至关重要的，因为它涉及巨额的资本投资，如采煤设备、采矿场地、生产工艺和基础设施等。本部分将深入探讨煤炭资本预算技术，包括其重要性、方法和关键考虑因素，以及如何应用这些技术来做出明智的投资决策。

（一）煤炭资本预算技术的重要性

1. 确定投资项目的可行性

煤炭投资项目通常需要大规模的资本投资，包括采煤设备、基础设施建设、生产线和劳动力等。资本预算技术有助于确定这些项目的可行性，即项目是否值得投资。它可以帮助企业识别潜在的投资回报和风险，以便制定明智的决策。

2. 确保资源的有效使用

煤炭行业涉及巨额的资本投资，因此需要确保资源的有效使用。资本预算技术可以帮助企业评估不同项目的潜在回报，以确保资源可以被投入最有前途的项目中，最大限度地提高资本效率。

3. 管理风险

煤炭投资项目通常伴随着一定程度的风险，包括市场风险、技术风险和环境风险等。资本预算技术有助于识别和管理这些风险。通过仔细评估项目的潜在风险，可以采取措施来降低潜在的损失和风险。

4. 提高投资回报

通过资本预算技术，企业可以选择那些具有较高投资回报率的项目，从而提高整体投资组合的回报率。这有助于企业更好地实现其财务目标，最大限度地提高股东价值。

（二）煤炭资本预算技术的方法

1. 内部收益率（IRR）

内部收益率是项目的贴现率，使得项目的净现值等于零。它表示项目的潜在回报率。如果内部收益率高于企业的资本成本，项目通常就被认为是可行的。

2. 投资回收期（PI）

投资回收期是项目投资本金的回收时间。它是指项目所需的时间，以回收初始投资，并开始产生正现金流。投资回收期较短的项目通常被认为更具吸引力。

3. 敏感性分析

敏感性分析是一种评估不同参数对项目净现值的影响的方法。通过变化不同参数，如销售价格、成本、贴现率等，可以了解这些参数对项目可行性的影响。这有助于确定项目对不确定性的容忍度，以及哪些参数对项目的顺利开展至关重要。

4. 边际分析

边际分析是一种评估增加或减少投资的影响的方法。它可以帮助企业了解在不同投资水平下，项目的净现值和内部收益率是如何变化的。这有助于确定最佳的投资水平。

（三）关键考虑因素和决策

1. 贴现率

贴现率是资本预算中的一个关键因素，它影响项目的净现值和内部收益率。贴现率通常是企业的资本成本，即企业所需的最低投资回报率。在选择合适的贴现率时，需要考虑项目的特性、风险和机会成本。

2. 项目现金流

项目现金流是资本预算的核心。它包括项目的现金流入和现金流出，涵盖了项目的整个生命周期。确保准确估算项目的现金流对正确评估项目的可行性至关重要。

3. 投资风险

煤炭投资项目通常伴随着一定程度的风险，包括市场风险、技术风险和环境风险。资本预算需要考虑这些风险，并制定风险管理策略和应对措施，以降低潜在风险。

4. 长期战略

资本预算决策通常涉及长期承诺，因此需要与企业的长期战略和目标相一致。项目的投资决策应与企业的战略规划相匹配，确保项目对实现企业目标有贡献。

5. 可持续性考虑

在现代社会中，可持续性已经成为投资决策的重要考虑因素。资本预算需要考虑项目对环境和社会的影响，以确保项目符合可持续性标准和法规。

煤炭资本预算技术是确保煤炭投资项目的可行性和可持续性的重要工具。通过方法如净现值、内部收益率、投资回收期、敏感性分析和边际分析，企业可以评估不同项目的潜在回报和风险。重要因素如贴现率、项目现金流、投资风险、长期战略和可持续性考虑对正确的资本预算决策至关重要。

最终，资本预算需要全面考虑不同因素，以确保投资项目对企业的可持续性具有积极的影响。在进行煤炭投资项目评估时，决策者需要充分了解相关市场、技术和环境情况，以制定明智的决策。同时，决策者还需要关注风险管理、合规性和可持续性实践，以确保项目在不断变化的全球煤炭市场中取得成功。综合考虑所有这些因素，可以帮助决策者做出明智的资本预算决策，确保项目的可持续性。

三、煤炭投资决策模型

煤炭作为全球主要的化石燃料资源之一，一直以来在能源行业中具有重要地位。然而，随着能源市场的不断变化、环保压力的增加以及可再生能源的兴起，煤炭投资决策变得更加复杂和具有挑战性。为了做出明智的煤炭投资决策，企业和投资者需要依赖科学方法和决策模型。本部分将深入探讨煤炭投资决策模型的重要性、构建方法和关键因素，以及如何应用这些模型来做出明智的投资决策。

（一）煤炭投资决策模型的重要性

1. 复杂性的挑战

煤炭投资决策通常涉及大量的资本投资、技术风险和市场不确定性。由于煤炭市场的复杂性，投资者需要应对各种不同因素，如市场需求、价格波动、环保法规和政治风险等。投资决策模型可以帮助企业更好地应对这些挑战。

2. 风险管理

煤炭投资项目通常伴随着一定程度的风险，包括市场风险、技术风险和环境风险。投资决策模型可以帮助企业识别、量化和管理这些风险。通过分析不同的决策方案和情景，企业可以制定风险管理策略，以降低潜在风险。

3. 最大化投资回报

投资决策模型有助于企业最大化其投资回报。通过考虑不同决策方案的潜在回报和成本，企业可以选择那些对其财务目标最有利的决策。这有助于提高企业的盈利能力和竞争力。

4. 长期战略规划

煤炭投资通常伴随着长期承诺，因此需要与企业的长期战略和目标相一致。投资决策模型有助于确保项目对实现企业长期战略目标有贡献。这有助于企业规划其未来发展路径。

（二）煤炭投资决策模型的构建方法

1. 数据收集

构建煤炭投资决策模型的第一步是收集必要的数据。这包括市场数据、技术数据、财务数据、风险数据和环境数据等。数据的质量和准确性对模型的可靠性至关重要。

2. 模型选择

选择合适的模型是关键。不同类型的煤炭投资项目可能需要不同类型的模型。一些常见的模型包括净现值（NPV）模型、内部收益率（IRR）模型、投资回收期（PI）模型和敏感性分析模型等。

3. 建立假设

在构建模型时，需要建立一些关键的假设。这包括投资成本、市场需求、价格预测、运营成本和贴现率等。这些假设将在模型中用于计算投资回报和风险。

4. 情景分析

情景分析是模型的一部分，用于考虑不同的情景和决策方案。通过分析不同情景下的投资回报和风险，企业可以更好地了解不同决策的潜在结果。

5. 模型验证

模型验证是确保模型的准确性和可靠性的关键步骤。模型需要经过验证，以确保其与现实情况一致。这可以通过与实际数据进行比较和历史模型绩效的回顾来实现。

（三）关键考虑因素和决策

1. 贴现率

贴现率是模型中的一个重要因素，它影响项目的净现值和内部收益率。贴现率通常是企业的资本成本，即企业所需的最低投资回报率。在选择合适的贴现率时，需要考虑项目的特性、风险和机会成本。

2. 投资回报率

投资回报率是模型中的关键性能指标，它表示项目的潜在回报。如果投资回报率高于企业的资本成本，项目通常就被认为是可行的。决策者需要了解不同决策方案的投资回报率，以做出明智的决策。

3. 风险管理

风险管理是煤炭投资决策中的一个重要因素。投资决策模型需要考虑不同决策方案的风险，如市场风险、技术风险、环境风险和政治风险。决策者需要制定风险管理策略和应对措施，以降低潜在风险。

4. 可持续性考虑

在现代社会中，可持续性已经成为投资决策的重要考虑因素。投资决策模型需要考虑项目对环境和社会的影响，以确保项目符合可持续性标准和法规。决策者需要了解项目的环保和社会责任实践，以确保项目符合可持续性要求。

5. 决策分析

最终，决策分析是煤炭投资决策模型的核心。通过模型的分析和比较，决策者可以了解不同决策方案的潜在回报、风险和影响。这有助于决策者做出明智的投资决策，选择那些对企业的可持续性具有积极影响的决策。

煤炭投资决策模型是确保投资项目的可行性和可持续性的重要工具。通过数据收集、模型选择、假设建立、情景分析和模型验证，企业可以更好地了解不同决策方案的潜在回报和风险。重要因素如贴现率、投资回报率、风险管理、可持续性考虑和决策分析对于正确的投资决策至关重要。

最终，投资决策模型需要全面考虑不同因素，以确保项目对企业的可持续性具有积极的影响。在进行煤炭投资决策时，决策者需要充分了解相关市场、技术和环境情况，以制定明智的决策。同时，决策者还需要关注风险管理、合规性和可持续性实践，以确保项目在不断变化的全球煤炭市场中取得成功。综合考虑所有这些因素，可以帮助决策者做出明智的投资决策，确保项目的可持续性。

第三节　资金管理与融资策略

一、煤炭资金流量管理

煤炭行业一直是全球能源市场的重要组成部分，面临着市场波动、环境法规和可再生能源竞争等多重挑战。在这个竞争激烈的行业中，有效的资金流量管理对企业的成功至关重要。本部分将探讨煤炭资金流量管理的重要性、方法和关键考虑因素，以及如何应用这些策略来确保企业的财务稳健性。

（一）煤炭资金流量管理的重要性

1. 确保流动性

煤炭企业需要面对不断变化的市场条件，包括价格波动和需求波动。良好的资金流量管理有助于确保企业具有足够的流动性，以应对这些市场挑战。企业需要有足够的现金储备，以应对突发事件和市场不确定性。

2. 降低债务风险

债务对煤炭企业来说是一种常见的资本筹集方式。然而，高额的债务可能导致债务风险，包括利息负担和偿还困难。资金流量管理有助于降低债务风险，确保企业能够按时偿还债务，维护信用评级。

3. 投资和扩张

煤炭企业需要不断投资和扩张，以保持竞争力和增加产量。资金流量管理有助于确定可用资金，以支持新项目、设备更新和技术创新。有效的资金流量管理可以帮助企业优化投资决策，确保资金用于最具前景的项目。

4. 税务筹划

合理的资金流量管理可以帮助企业进行税务筹划，以最大限度地降低税负。通过管理现金流入和流出的时机，企业可以合法降低纳税义务，提高利润率。

（二）煤炭资金流量管理的方法

1. 现金流量预测

现金流量预测是资金流量管理的核心。企业需要制定详细的现金流量预测，以了解未来现金流入和流出的情况。这包括考虑销售收入、成本、运营费用、税收、债务偿还和投资等各种因素。

2. 现金储备管理

维护适当的现金储备是资金流量管理的一部分。企业需要确定多少现金需要保留在手头，以应对突发事件和市场波动。同时，也需要将多余的现金进行有效的投资，以获得较高的回报。

3. 债务管理

对需要借款的企业，债务管理是关键。企业需要确保债务的利息和本金支付得以满足，并在合理的范围内保持债务水平。债务融资方案需要谨慎选择，以确保最低的成本和风险。

4. 资本支出规划

资本支出规划涉及确定未来投资项目和支出的时机。企业需要优化资本支出计划，以确保项目按计划完成，资金不会浪费在不紧急或不重要的项目上。

5. 税务筹划

合理的税务筹划可以降低企业的税负。这包括优化税务时机、合法降低纳税义务和最大限度地提高税收回报。企业需要密切关注税法的变化，并采取措施以降低税负。

（三）关键考虑因素和决策

1. 贴现率

在现金流量管理中，贴现率是一个关键因素。贴现率用于计算现金流量的现值，以确定现金流量的净现值。企业需要选择适当的贴现率，这通常是企业的资本成本，即企业所需的最低投资回报率。

2. 预测准确性

现金流量预测的准确性对资金流量管理至关重要。企业需要使用可靠的数据和模型来制定现金流量预测，以确保它们能够准确反映未来的情况。定期更新和修订现金流量预测也是必要的，以反映市场和业务的变化。

3. 风险管理

风险管理在资金流量管理中起着重要作用。企业需要识别并管理与现金流量相关的各种风险，如市场风险、汇率风险、信用风险和操作风险。通过采取风险管理策略，企业可以减少对资金流量的负面影响。

4. 盈利再投资

资金流量管理需要考虑盈利再投资。企业需要决定将多余的现金是用于盈利再投资，以获得更高的回报，还是将其分配给股东或用于偿还债务。这需要综合考虑企业的财务策略和目标。

5. 税务规划

合理的税务规划可以降低企业的税负。企业需要根据税法的要求，优化税务筹划，以最大限度地减少纳税义务。这可能涉及选择合适的税务时机、合法减税策略和税收减免。

煤炭资金流量管理对保持企业的财务稳健性和竞争力至关重要。通过现金流量预测、现金储备管理、债务管理、资本支出规划、税务筹划和风险管理，企业可以优化其现金流量，确保足够的流动性，并降低债务风险。同时，合理的税务筹划和盈利再投资也有助于提高企业的盈利能力和竞争力。

最终，资金流量管理需要全面考虑不同因素，以确保企业能够应对市场挑战和不确定性。在进行煤炭资金流量管理时，决策者需要充分了解相关市场、技术和环境情况，以制定明智的决策。同时，他们还需要关注贴现率、现金流量预测的准确性、风险管理、税务规划和盈利再投资，以确保企业的财务正常和可持续性。综合考虑所有这些因素，可以帮助决策者做出明智的资金流量管理决策，确保企业在竞争激烈的煤炭市场中取得成功。

二、煤炭融资选择与策略

煤炭产业一直以来都是全球能源市场的重要组成部分，而在现代社会面临着越来越多的挑战，包括环保压力、市场波动和可再生能源竞争。为了应对这些挑战并维持行业竞争力，煤炭企业需要有效的融资选择和策略。本部分将深入探讨煤炭融资选择与策略的重要性、不同的融资选项和关键考虑因素，以及如何在不断变化的环境中做出明智的决策。

（一）煤炭融资选择与策略的重要性

1. 支持业务增长

煤炭企业通常需要融资来支持业务的增长和扩张。这包括采购新设备、开发新矿区、改进技术和提高产量。有效的融资选择和策略可以确保企业有足够的资金来支持这些关键举措。

2. 管理债务风险

债务对煤炭企业来说是一种常见的资本筹集方式。然而，高额的债务可能导致债务风险，包括高额的利息支出和偿还困难。融资选择和策略需要有助于降低债务风险，确保企业能够按时偿还债务。

3. 优化成本和利润

融资选择和策略可以帮助企业优化成本和提高利润。不同的融资选项具有不同的成本和条件，企业需要选择那些最经济的融资方式，以最大限度地减少融资成本，并提高盈利能力。

4. 适应环境变化

煤炭行业面临着环境法规的不断变化，以及可再生能源和清洁能源的崛起。融资选择和策略需要有助于企业适应这些环境变化，包括减少碳排放、采用环保技术和支持可持续发展。

（二）煤炭融资选择与策略的方法

1. 债务融资

债务融资是煤炭企业的一种主要融资方式。这包括债券发行、贷款和信贷额度。债务融资虽具有较低的融资成本，但也伴随着偿还利息和本金的义务。企业需要谨慎选择债务融资，以确保债务水平在可控范围内，能够按时偿还。

2. 股权融资

股权融资涉及向投资者出售股票或股权，以融资企业的资本需求。股权融资是可以提供资金，不需要支付利息或本金，但它也会稀释股东的权益。企业需要谨慎权衡股权融资的利弊，以确定何时和多少股权应该出售。

3. 内部融资

内部融资是利用企业内部的利润和现金储备来支持业务发展。这包括留存盈利、减少开支和优化资本支出。内部融资是可以降低融资成本和债务风险，但它可能会受到资金限制。

4. 混合融资

混合融资是将不同的融资方式组合在一起，以满足不同的资本需求。企业可以根据具体情况选择债务融资、股权融资和内部融资的组合。混合融资可以帮助企业平衡融资成本、债务风险和股权权益。

5. 租赁和项目融资

租赁和项目融资是煤炭行业中的特殊融资方式。租赁可以用于采购设备和技术，而项目融资可以用于资助特定项目和矿区的开发。企业需要考虑这些特殊融资方式的利弊，并选择适合自身需要的方式。

（三）关键考虑因素和决策

1. 融资成本

融资成本是选择融资方式的关键因素之一。不同的融资方式具有不同的融资成本，包括利率、股权成本和管理费用。企业需要权衡融资成本与可用资金之间的关系，以确定最经济的融资方式。

2. 偿还能力

偿还能力是指企业偿还债务和股权权益的能力。企业需要确保选择的融资方式不会对其偿还能力造成过大的负担。综合考虑债务偿还、股权回报和未来现金流量的情况，有助于确保企业能够按时偿还融资。

3. 风险管理

风险管理在融资选择和策略中起着重要作用。企业需要识别并管理与不同融资方式相关的风险。债务融资可能导致债务风险，而股权融资可能导致权益稀释。企业需要采取风险管理策略，以减少潜在风险。

4. 税务考虑

税务筹划是融资选择和策略中的重要因素。不同的融资方式可能会对企业的税务义务产生不同的影响。企业需要考虑如何最大限度地降低税负，制订合法减税和税收优惠策略。

5. 市场条件

市场条件会对融资选择和策略产生影响。不同的市场条件可能会影响不同融资方式的可行性。企业需要考虑市场利率、投资者信心和竞争状况等因素，以确定最适合当前市场条件的融资方式。

煤炭融资选择与策略是确保企业的财务正常和竞争力的关键因素。通过谨慎选择不同融资方式，如债务融资、股权融资、内部融资和混合融资，企业可以优化资金结构，降低融资成本，降低债务风险和权益稀释。合理的融资策略还可以帮助企业适应不断变化的环境，包括环保法规、市场波动和可再生能源竞争。

最终，在制定煤炭融资选择与策略时，决策者需要充分了解自身业务需求、融资成本、偿还能力、风险管理和税务筹划等因素。综合考虑这些因素，可以帮助企业做出明智的融资决策，确保资金充足，支持业务增长和提高竞争力。同时管理好债务风险和权益稀释。在不断变化的煤炭市场中，明智的融资选择与策略将对企业的可持续性产生积极影响。

三、煤炭资本结构管理

煤炭产业一直是全球能源市场的重要组成部分，但在当今时代，面临着多重挑战，包括环境法规、市场波动和可再生能源竞争。在这个竞争激烈且不断变化的行业中，煤炭企业需要有效地管理其资本结构，以确保财务稳健和可持续发展。本部分将深入探讨煤炭资本结构管理的重要性、方法、关键考虑因素以及如何优化资本结构以适应不断变化的环境。

（一）煤炭资本结构管理的重要性

1. 资本结构与财务稳健

资本结构是指企业以债务和股本方式融资的比例。正确管理资本结构有助于确保企业的财务稳健性。一个合适的资本结构可以降低财务风险，提高偿债能力，并为企业创造增值机会。

2. 市场竞争力

资本结构可以影响企业的市场竞争力。通过合理的资本结构管理，企业可以降低融资成本，提高利润率，并吸引投资者和融资机构的信任。这有助于企业在竞争激烈的市场中取得竞争优势。

3. 可持续性和环保要求

如今，遵守环境法规给煤炭行业带来了更大的压力，要求企业减少碳排放和采用更环保的做法。管理良好的资本结构可以帮助企业筹集资金以支持环保技术和可持续发展举措。

4. 投资和扩张

煤炭企业需要不断进行投资和扩张，以保持竞争力和增加产量。优化的资本结构有助于确保企业有足够的资金来支持新项目、设备更新和技术创新。这对企业实现可持续增长至关重要。

（二）煤炭资本结构管理的方法

1. 债务与股权比例

资本结构的管理涉及债务与股权的比例。企业需要权衡债务融资和股权融资的利弊，以确定最适合的比例。债务融资虽具有较低的融资成本，但会增加偿债风险。股权融资虽可以降低债务风险，但可能会导致权益稀释。企业需要根据自身需求和市场条件来确定最佳比例。

2. 债务选择

在债务融资中，企业需要选择不同类型的债务工具，如债券、贷款和信贷额度。不同的债务工具具有不同的融资成本和条件。企业需要选择最适合自身需求的债务工具，以降低融资成本和风险。

3. 内部融资

内部融资是利用企业内部的盈利和现金储备来支持业务增长。这包括留存盈利、减少开支和优化资本支出。内部融资可以降低融资成本，减轻债务风险，并降低权益稀释。

4. 资本支出规划

资本支出规划涉及确定未来投资项目和支出的时机。企业需要优化资本支出计划，以确保项目按计划完成，资金不会浪费在不紧急或不重要的项目上。合理的资本支出规划有助于确保资金被用于最有前景的项目。

5. 风险管理

资本结构管理需要考虑风险管理。企业需要识别并管理与不同资本结构相关的各种风险，如利率风险、信用风险和市场风险。通过采取风险管理策略，企业可以降低潜在风险，确保财务稳健性。

（三）关键考虑因素和决策

1. 融资成本

融资成本是选择资本结构的关键因素之一。不同的融资方式具有不同的融资成本，包括债务利率和股权成本。企业需要权衡融资成本与可用资金之间的关系，以确定最经济的资本结构。

2. 偿还能力

偿还能力是企业偿还债务和股权权益的能力。企业需要确保所选择的资本结构不会对其偿还能力产生不利影响。综合考虑债务偿还、股权回报和未来现金流量的情况，有助于确保企业能够按时偿还融资。

3. 税务考虑

税务筹划是资本结构管理的重要因素之一。不同的资本结构可能会对企业的税务义务产生不同的影响。企业需要考虑如何最大限度地减少税负，合法减税策略和税收减免，以确保资本结构在税务方面是最优化的。

4. 风险管理

风险管理是资本结构管理的一个重要方面。企业需要识别并管理与不同资本结构相关的各种风险，如利率风险、信用风险和市场风险。通过采取风险管理策略，企业可以降低潜在风险，确保财务稳健性。

5. 市场条件

市场条件会对资本结构产生影响。不同的市场条件可能会影响不同资本结构的可行性。企业需要考虑市场利率、投资者信心和竞争状况等因素，以确定最适合当前市场条件的资本结构。

煤炭资本结构管理对确保企业的财务正常和可持续发展至关重要。通过谨慎选择不同的资本结构，如债务与股权的比例、债务选择、内部融资和资本支出规划，企业可以优化其资本结构，降低融资成本，降低风险，提高偿债能力和盈利能力。合理的资本结构还可以帮助企业适应不断变化的环境，包括环保法规、市场波动和可再生能源竞争。

最终，在制定煤炭资本结构管理策略时，决策者需要充分了解自身业务需求、融资成本、偿还能力、风险管理和税务筹划等关键因素。综合考虑这些因素，可以帮助企业做出明智的决策，确保资本结构在当前市场条件下是最优化的。在不断变化的煤炭市场中，明智的资本结构管理将对企业的可持续性产生积极影响。

第四节 财务风险管理与控制

一、煤炭风险识别与评估

煤炭产业一直是全球能源市场的重要领域之一，今天面临着多种风险和挑战。从环境法规到市场波动，再到技术变革，煤炭企业必须不断应对各种不确定性因素。为了在这个竞争激烈的行业中取得成功，煤炭企业需要有效地识别、评估和管理各种风险。本部分将探讨煤炭风险的不同类型，风险识别与评估的方法，以及如何制定风险管理策略以确保企业的可持续发展。

（一）煤炭行业面临的风险

1. 市场风险

市场风险是煤炭行业中的一个主要挑战。市场价格波动、需求变化和竞争加剧都可能对企业的盈利能力产生负面影响。市场风险包括国际市场因素，如国际贸易政策、汇率波动和全球经济状况。

2. 环境法规风险

环境法规风险是一个不断增加的问题。煤炭企业必须遵守越来越严格的环境法规，包括减少碳排放、水资源管理和土地复原等方面的要求。不符合法规可能会导致罚款、法律诉讼和声誉损害。

3. 技术变革

技术变革对煤炭行业产生了深远的影响。新技术的出现，如清洁燃烧技术、可再生能源和自动化设备，改变了行业的运作方式。煤炭企业需要适应这些技术变革，以保持竞争力。

4. 地缘政治风险

地缘政治风险是一个需要关注的因素。国际关系紧张、政治不稳定和地缘政治冲突都可能对煤炭供应和市场造成干扰。企业需要评估和管理这些风险，以确保安全的供应链。

5. 资本和融资风险

煤炭企业通常需要大量资本来支持业务的扩张和更新。资本和融资风险包括融资困难、债务负担和股权稀释等问题。企业需要确保能够获得足够的资金来支持其计划，并优化资本结构以降低融资成本。

（二）煤炭风险识别与评估的方法

1. 风险识别

风险识别是风险管理的第一步。企业需要建立一个系统来识别潜在的风险因素。这包括内部风险，如管理风险和操作风险，以及外部风险，如市场风险、政治风险和环境风险。

2. 风险评估

一旦风险被识别，企业就需要对其进行评估，以确定其严重性和可能性。风险评估通常涉及制定风险矩阵或评分系统，以便量化风险。这有助于企业确定哪些风险是最紧迫的，需要优先处理。

3. 数据和分析

数据和分析是风险评估的关键部分。企业需要收集和分析相关数据，以更好地了解风险因素的影响。这包括市场数据、财务数据、环境数据和政治数据。数据分析有助于企业更好地了解风险的性质和规模。

4. 情景分析

情景分析是一种评估风险的方法，通过考虑不同的情景和可能性来模拟风险的影响。这有助于企业更好地了解不同风险因素的潜在影响，并制定相应的应对策略。

5. 外部咨询和专家意见

有时候，企业可能需要外部咨询和专家意见来帮助识别与评估风险。专业的风险管理顾问和行业专家可以提供有价值的洞察和建议，帮助企业更好地应对各种风险。

(三）风险管理策略

1. 风险规避

风险规避是一种风险管理策略，企业通过采取措施来减少或消除潜在风险。这可能包括改变业务模型、选择不同的供应链或投资新技术以减少环境风险。

2. 风险转移

风险转移是一种将风险转移给其他方的策略，通常是通过保险来实现。企业可以购买不同类型的保险来转移风险，如财产保险、责任保险和政治风险保险。这有助于降低风险对企业的影响。

3. 风险减轻

风险减轻是一种通过采取措施来降低风险的策略。这可能包括采用更好的管理实践、改进危机应对计划和加强供应链可靠性。风险减轻有助于减少风险的严重性和潜在损失。

4. 风险应对

风险应对是一种面对风险的策略，以降低其影响。这可能包括制订紧急计划、进行危机管理培训和积极与利益相关者沟通。风险应对有助于企业更好地处理突发事件和挑战。

5. 风险监控

风险监控是一种定期跟踪和评估风险的策略。企业需要建立有效的风险监控体系，以及时识别和应对风险。这包括定期报告、风险指标和风险评估。

煤炭行业面临各种风险，包括市场风险、环境法规风险、技术变革、地缘政治风险和资本融资风险。为了在这个竞争激烈且不断变化的行业中取得成功，煤炭企业需要有效地识别、评估和管理这些风险。

风险识别与评估是风险管理的重要步骤，它需要综合考虑内部和外部因素，利用数据和情景分析，以更好地了解潜在风险的性质和规模。外部咨询和专家意见也可以提供有价值的洞察和建议。

一旦风险被识别和评估，企业就可以采取不同的风险管理策略，如风险规避、风险转移、风险减轻和风险应对。另外，风险监控也是确保风险管理策略的有效性的重要部分。

最终，煤炭企业需要建立综合的风险管理体系，以确保财务稳健、可持续发展和业务连续性。在不断变化的环境中，有效的风险管理将对企业的可持续发展产生积极影响。

二、煤炭风险控制策略

煤炭产业一直是全球能源市场的关键领域，但也面临多种风险和挑战。从市场波动到环境法规，再到可持续能源竞争，煤炭企业必须制定有效的风险控制策略，以确保可持续的经营和业务成功。本部分将探讨煤炭风险的不同类型，风险控制策略的方法，以及如何在不断变化的环境中保护企业的财务和声誉。

（一）煤炭行业面临的风险

1. 市场风险

市场风险是煤炭行业的一个主要挑战。市场价格波动、需求变化和竞争加剧都可能对企业的盈利能力产生负面影响。市场风险包括国际市场因素，如国际贸易政策、汇率波动和全球经济状况。

2. 环境法规风险

环境法规风险是一个不断增加的问题。煤炭企业必须遵守越来越严格的环境法规，包括减少碳排放、水资源管理和土地复原等方面的要求。不符合法规可能会导致罚款、法律诉讼和声誉损害。

3. 技术变革

技术变革对煤炭行业产生了深远的影响。新技术的出现，如清洁燃烧技术、可再生能源和自动化设备，改变了行业的运作方式。煤炭企业需要适应这些技术变革，以保持竞争力。

4. 地缘政治风险

地缘政治风险是一个需要关注的因素。国际关系紧张、政治不稳定和地缘政治冲突都可能对煤炭供应和市场造成干扰。企业需要评估和管理这些风险，以确保安全的供应链。

5. 资本和融资风险

煤炭企业通常需要大量资本来支持业务的扩张和更新。资本和融资风险包括融资困难、债务负担和股权稀释等问题。企业需要确保能够获得足够的资金来支持其计划，并优化资本结构以降低融资成本。

（二）煤炭风险控制策略

1. 风险规避

风险规避是一种风险控制策略，企业通过采取措施来减少或消除潜在风险。这可能包括改变业务模型、选择不同的供应链或投资新技术以减少环境风险。企业可以采取以下措施来规避市场风险：

多元化业务：通过多元化产品线、市场和地理位置来降低市场波动的影响。这有助于分散风险，因为不同市场和产品的表现可能会不同。

遵守法规：积极遵守环境法规和其他法规，以减少法律风险和罚款。企业应建立健全的合规体系，并定期审查法规变化。

投资于清洁技术：投资清洁燃烧技术和可再生能源，以减少环境法规风险。这有助于提高企业的环保声誉，吸引环保意识强的投资者。

2. 风险转移

风险转移是一种将风险转移给其他方的策略，通常是通过保险来实现。企业可以购买不同类型的保险来转移风险，如财产保险、责任保险和政治风险保险。这有助于降低风险对企业的影响。以下是一些风险转移策略：

财产保险：保护企业的物理资产免受自然灾害、火灾、盗窃等风险。

责任保险：保护企业免受产品责任、职业责任和环境责任等风险。

政治风险保险：保护企业免受政治风险、汇率波动和出口风险等风险。

3. 风险减轻

风险减轻是一种通过采取措施来降低风险的策略。这可能包括采用更好的管理实践、改进危机应对计划和加强供应链可靠性。以下是一些风险减轻策略：

风险管理体系：建立综合的风险管理体系，以识别、评估和监控风险。这包括制定风险策略、建立风险指标和实施监控程序。

危机应对计划：制订完善的危机应对计划，以应对突发事件和风险事件。计划应包括通信策略、紧急响应程序和业务连续性计划。

供应链管理：加强供应链管理，确保供应链的可靠性和稳定性。多元化供应商、建立备件库存和定期审查供应链风险是一些措施。

4. 风险应对

风险应对是一种面对风险的策略，以降低其影响。这可能包括制订紧急计划、进行危机管理培训和积极与利益相关者沟通。以下是一些风险应对策略：

危机管理培训：为员工提供危机管理培训，使他们能够有效地应对紧急情况。培训应包括危机通信、紧急撤离和危险品管理等方面。

制订紧急计划：制订详细的紧急计划，以应对各种风险事件，如自然灾害、事故和政治危机。计划应包括通信渠道、责任分工和资源调配。

利益相关者沟通：积极与利益相关者、政府机构和媒体沟通，以建立透明度和信任。及时通知和与相关方保持联系有助于减轻声誉风险。

5. 风险监控

风险监控是一种定期跟踪和评估风险的策略。企业需要建立有效的风险监控体系，以及时识别和应对风险。以下是一些风险监控策略：

风险指标：制定和跟踪关键风险指标，以衡量风险的严重性和可能性。这有助于确定哪些风险是最紧迫的，需要优先处理。

定期报告：定期编制风险报告，以向管理层和利益相关者传达风险情况。报告应包括风险评估、监控结果和应对措施。

风险评估：定期进行风险评估，以更新风险分析和确定新的风险因素。风险评估应与业务计划和预算一起进行。

煤炭行业面临各种风险，包括市场风险、环境法规风险、技术变革、地缘政治风险和资本融资风险。为了在这个竞争激烈的行业中取得成功，煤炭企业需要制定综合的风险控制策略。

风险规避、风险转移、风险减轻和风险应对是一些可行的策略，可以帮助企业降低不同类型风险的影响。同时风险监控也是确保风险控制策略有效性的关键部分。

在不断变化的环境中，煤炭企业需要积极应对各种风险，以确保财务稳健、声誉受保护和可持续的经营。综合风险管理的有效性将对企业的可持续性产生积极影响。

三、煤炭风险监控与报告

煤炭行业一直以来都面临着多种风险，包括市场波动、环境法规、技术变革、地缘政治风险以及资本融资风险。为了确保业务的可持续性和财务稳健，煤炭企业需要建立有效的风险监控与报告体系，以及时识别、评估和应对各种风险。本部分将探讨煤炭风险监控的重要性，建立风险监控体系的步骤，以及如何有效地进行风险报告。

（一）风险监控的重要性

1. 为什么需要风险监控？

风险监控是一项关键的管理活动，对煤炭企业而言尤为重要。以下是一些理由说明为什么需要风险监控：

及时识别风险：风险监控有助于企业及时识别潜在风险。通过监测市场变化、法规更新、供应链问题和其他风险因素，企业可以更早地做出反应，降低风险的影响。

评估风险的严重性和可能性：风险监控有助于企业深入了解不同风险的严重性和可能性。这有助于企业确定哪些风险是最紧迫的，需要采取措施来降低其潜在影响。

支持战略决策：风险监控提供了数据和信息，可用于支持战略决策。企业可以根据风险情况调整战略，以更好地适应变化的环境。

避免潜在损失：通过监控风险，企业可以采取措施来避免潜在的财务和声誉损失。这有助于维护企业的稳健财务状况和声誉。

2. 风险监控与战略规划

风险监控与战略规划密切相关。有效的战略规划需要综合考虑风险因素，以确保战略的可行性和可持续性。风险监控提供了数据和信息，可用于识别战略中的潜在风险，从而使企业能够更好地制定战略和目标。

另外，战略规划也可以影响风险监控的重点。企业可能需要根据其战略目标来确定哪些风险因素是最关键的，从而优化风险监控体系的设置和运作。

（二）建立风险监控体系的步骤

1. 确定风险因素

第一步是确定可能影响煤炭企业的各种风险因素。这些风险因素可以分为内部和外部因素。内部因素包括企业的经营模式、财务状况和管理实践，而外部因素包括市场条件、法规环境、技术趋势、地缘政治和自然灾害等。

企业可以通过以下方式来确定风险因素：

评估当前和潜在风险：审查过去的风险事件和可能的风险来源，以确定潜在风险。

利用专家意见：咨询内部和外部专家，以获取有关不同风险因素的洞察和建议。

数据分析和情景分析：使用数据分析工具和情景分析来识别潜在的风险因素和其可能的影响。

2. 制定风险指标

一旦确定了风险因素，下一步就是制定适当的风险指标。风险指标是用于量化和监测风险的关键性能指标。这些指标应该能够提供关于风险严重性和可能性的信息。

风险指标的选择应根据不同风险因素的性质和类型来进行。例如，市场风险可以通过监测煤炭价格波动、需求变化和竞争情况来量化。环境法规风险可以通过监测法规合规度和环保措施的执行情况来量化。

3. 建立监控程序

建立有效的监控程序是确保风险监控体系运作良好的关键。监控程序应包括以下方面：

数据收集：收集与风险指标相关的数据，包括内部数据（如企业财务数据、生产数据和法规合规数据）和外部数据（如市场数据、政治情报和天气数据）。

数据分析：对收集的数据进行分析，以确定风险指标的变化趋势和异常情况。数据分析工具和技术，如数据挖掘和统计分析，可以帮助企业更好地理解数据，并及时发现潜在的风险信号。

报警系统：建立报警系统，以便在风险指标达到事先设定的警戒线时能够立即发出警报。这有助于在风险事件发生之前采取及时的措施。

定期审查：定期审查监控程序的有效性，包括数据收集、分析和报警系统的运作情况。如果发现问题，应及时进行调整和改进。

4. 风险评估

风险评估是风险监控体系的重要组成部分。它涉及评估不同风险因素的严重性和可能性，以确定哪些风险是最紧迫的，需要采取措施来降低其潜在影响。

风险评估可以采用不同的方法，包括定性和定量分析。定性分析通常涉及专家判断和风险矩阵的使用，以确定风险的优先级。定量分析则使用统计模型和数学工具来量化风险的概率和影响。

5. 制订风险应对计划

一旦识别和评估了风险，下一步就是制订风险应对计划。风险应对计划包括确定采取的措施、责任人和时间表。计划应根据风险的严重性和可能性来制定，以确保采取适当的措施来降低风险。

风险应对措施可以包括风险规避、风险转移、风险减轻和风险应对。例如，市场风险可以通过多元化业务、合约对冲和市场趋势分析来规避。环境法规风险可以通过合规体系建立、环境管理系统和环保投资来减轻。风险应对计划应与战略规划和预算一致，以确保资源的有效分配和执行。

（三）风险报告

1. 报告频率

风险报告的频率应根据风险的性质和重要性来确定。一般来说，较高风险的风险因素可能需要更频繁的监控和报告，而较低风险的风险因素可以定期报告。通常，企业会制定定期的风险报告，如每季度或每年。

2. 报告格式

风险报告的格式可以根据企业的需求和偏好来确定。报告通常包括以下内容：

风险因素的概述：报告应包括与各种风险因素相关的背景信息和上下文。

风险指标：报告应提供风险指标的数据和分析，以表明风险的严重性和可能性。

风险评估：报告应包括风险评估的结果，包括风险的优先级和重要性。

风险应对计划：报告应说明已采取的风险应对措施，以及计划中的下一步行动。

建议和建议：报告可以包括有关改进风险管理的建议和建议。

3. 报告的受众

风险报告的受众可能包括企业高层管理、董事会、投资者、监管机构、员工和其他利益相关者。因此，报告的内容和格式应根据不同受众的需求来确定。例如，高层管理可能需要更详细的数据和分析，而员工可能更关心风险应对措施和如何应对风险。

4. 报告的透明度和真实性

风险报告应具有透明度和真实性，以确保受众能够获得准确和全面的信息。企业应避免隐藏或歪曲风险信息，以维护声誉和信任。

报告应诚实地讨论风险的不确定性和潜在的影响。这有助于受众更好地理解风险，并采取适当的应对措施。

风险监控与报告是确保煤炭企业在不断变化的环境中取得成功的关键活动。通过建立有效的风险监控体系，企业可以及时识别、评估和应对各种风险，降低财务和声誉损失的潜在影响。

风险监控的步骤包括确定风险因素、制定风险指标、建立监控程序、进行风险评估和制定风险应对计划。风险报告的频率、格式、受众和透明度也是重要考虑因素。

最终，风险监控与报告有助于企业更好地规划战略、降低潜在风险、维护稳健财务状况，并确保可持续的经营和声誉。同时它还有助于企业适应变化的市场和法规环境，减少未来不确定性带来的冲击。

然而，风险监控与报告不是一次性的工作，而是一个持续的过程。企业需要不断改进其监控体系，根据新的风险因素和变化的环境来调整和更新风险指标。此外，企业应根据报告的反馈和建议来改进其风险应对计划，以提高其应对风险的能力。

最终，风险监控与报告是煤炭企业成功的重要因素之一。通过积极的风险管理，企业可以降低潜在风险的影响，保护其财务和声誉，以及确保可持续的经营和业务成功。在不断变化的环境中，具备强大的风险监控与报告体系将有助于企业更好地应对挑战，实现可持续发展。

第十二章 煤炭社会与利益相关者关系

第一节 社会责任与可持续发展

一、煤炭可持续发展战略

煤炭作为一种重要的能源资源,在世界范围内一直扮演着重要的角色,但同时也伴随着一系列环境、社会和经济挑战。为了应对这些挑战,煤炭行业需要制定和实施可持续发展战略,以确保其长期的可持续性和社会责任。本部分将探讨煤炭可持续发展战略的重要性,如何制定和实施这些战略,以及一些成功的案例和最佳实践。

(一)煤炭可持续发展的背景

1. 可持续发展的概念

可持续发展是指在满足当前需求的同时,不会损害未来世代满足其需求的能力。它涉及经济、社会和环境的协调,以实现长期的可持续性。

在煤炭行业中,可持续发展的核心目标包括降低环境影响、改善社会责任、提高经济效益和维护长期的供应安全。

2. 煤炭行业的挑战

煤炭行业面临多种挑战,包括以下几个方面:

环境影响:煤炭开采和燃烧会导致大气污染、水污染和土壤污染,对生态环境造成不可逆转的影响。

气候变化:燃煤排放大量温室气体,加速气候变化,导致极端天气和海平面上升。

社会责任:煤炭行业需要面对有关劳工权益、社区影响和人权的问题。

市场不确定性:煤炭市场受到全球市场波动、政治风险和能源转型的不确定性影响。

为了应对这些挑战,煤炭行业需要制定和实施可持续发展战略。

（二）制定可持续发展战略

1. 制定战略目标

制定可持续发展战略的第一步是确定战略目标。这些目标应包括经济、社会和环境方面的目标，以确保全面的可持续性。

经济目标可能包括提高生产效率、降低成本、增加市场份额和扩展业务。社会目标可能包括改善员工福祉、融洽社区关系、提高安全标准和遵守法规。环境目标可能包括减少排放、降低能耗、推动清洁技术创新和提高生态恢复。

2. 制订战略计划

一旦确定了战略目标，下一步就是制订战略计划。战略计划应包括以下几个方面：

行动计划：确定实现战略目标所需的具体行动。这可能包括投资清洁技术、改进能源效率、提高员工培训和社区参与等。

时间表：确定每个行动计划的时间表，以确保战略计划能够按计划执行。

资源分配：确定实施战略计划所需的资源，包括资金、人力资源和技术。

监测和评估：建立监测和评估程序，以确保战略计划的有效性。这包括制定关键绩效指标和制度化的报告程序。

3. 制定政策和流程

为了实施可持续发展战略，煤炭企业需要制定相应的政策和流程。这些政策和流程可以包括以下几个方面：

环保政策：制定环保政策，规定如何降低排放、管理废弃物和保护生态环境。

社会责任政策：制定社会责任政策，规定如何管理员工权益、社区关系和人权。

安全政策：制定安全政策，规定如何提高工作场所安全性和减少事故。

供应链政策：制定供应链政策，规定如何选择和监督供应商，以确保他们遵守可持续发展原则。

投资政策：制定投资政策，规定如何投资清洁技术和环保项目。

4. 利益相关者参与

制定可持续发展战略需要与各种利益相关者进行密切合作，包括政府、社区、员工、投资者和环境组织。利益相关者的意见和反馈对制定有效的战略非常重要。他们可以提供有关社会和环境问题的重要见解，协助企业更好地理解各种挑战和机会。

通过与利益相关者的合作，企业可以建立更紧密的伙伴关系，共同实现可持续发展目标。这也有助于增强企业的社会责任声誉，吸引更多的投资和客户。

(三)实施可持续发展战略

1. 整合可持续发展原则

可持续发展战略的成功实施需要将可持续发展原则整合到企业的日常运营中。这包括将环保、社会和经济考虑因素纳入决策和业务流程中。

企业可以通过以下方式来实施可持续发展原则:

培训和教育:提供员工培训,以增强他们对可持续发展原则的理解和重要性。

内部政策:制定内部政策,要求员工遵守可持续发展原则,包括节能减排、社会责任和安全标准。

绩效评估:制定绩效评估体系,用于评估员工和部门在可持续发展方面的表现。

合规和报告:确保企业遵守相关法规和规定,并定期报告可持续发展的进展。

2. 创新和技术投资

为了实现可持续发展目标,煤炭企业需要不断创新并投资于新的清洁技术。这可能包括采用更高效的采矿和加工技术、减少排放、提高能源效率以及开发替代能源。

创新和技术投资有助于减少环境影响、降低成本、提高竞争力,并满足不断增长的清洁能源市场需求。

3. 风险管理

可持续发展战略需要考虑潜在的风险。企业应识别和评估与可持续发展目标相关的风险,包括环境、社会和政治风险。

风险管理计划可以包括规避、转移、减轻和应对风险的措施。例如,企业可以采取措施来规避环境法规风险,减轻社会责任风险,和应对市场不确定性。

4. 监测和报告

实施可持续发展战略后,企业需要建立监测和报告体系,以追踪进展并向利益相关者提供信息。

监测和报告可以包括以下几个方面:

绩效指标:制定关键绩效指标,用于衡量可持续发展目标的实现情况。

报告周期:确定报告周期,以确保及时向利益相关者提供信息。

透明度和真实性:报告应具有透明度和真实性,以确保受众能够获得准确和全面的信息。

利益相关者沟通:与利益相关者保持密切联系,包括政府、社区、员工、投资者和环境组织,以传达可持续发展的进展和取得的成就。

煤炭可持续发展战略对煤炭行业的未来至关重要。随着环境、社会和经济挑战的不断增加,煤炭企业需要采取积极的措施,以确保其可持续性和社会责任。

制定和实施可持续发展战略需要明确的战略目标、政策和流程、利益相关者参与、创新和技术投资,以及监测和报告体系。成功的案例和最佳实践表明,煤炭企业可以通过采用可持续发展原则来实现经济增长、社会责任和环保目标。

最终,煤炭企业的可持续发展战略将有助于减少环境影响、提高社会责任、降低风险、增强竞争力,以及确保长期的可持续性和商业成功。这也符合全球可持续发展目标,为未来世代提供更清洁、更安全和更健康的能源。

二、煤炭社会责任项目

煤炭是一种重要的能源资源,被广泛用于发电、加工和工业生产等领域。然而,煤炭采矿和使用也伴随着环境和社会问题,如空气污染、水资源消耗、土地破坏、健康问题以及劳工权益等。为了应对这些问题,煤炭企业需要承担社会责任,开展煤炭社会责任项目,以减轻煤炭产业对环境和社会的不利影响。本部分将探讨煤炭社会责任项目的重要性、内容和实施方式,以及其对可持续发展的影响。

(一)煤炭社会责任的重要性

1. 减轻环境影响

煤炭的采矿和燃烧会导致大气污染,排放二氧化碳和其他温室气体,加剧气候变化。此外,煤炭开采还会破坏土地,影响生态系统的完整性。通过开展煤炭社会责任项目,煤炭企业可以采取措施来减少这些环境影响,如改进采煤技术、提高能源效率、减少废弃物产生等。

2. 促进社区发展

煤炭产业通常位于偏远地区,对当地社区的经济和社会发展有重要影响。通过投资和支持社会责任项目,煤炭企业可以改善当地居民的生活条件,提供就业机会,提高基础设施建设水平,促进教育和医疗保健等领域的发展。

3. 保障劳工权益

煤炭采矿和加工是一项危险的工作,劳工权益问题常常存在。社会责任项目可以包括改善劳工条件、提供培训和教育机会、确保工资公平和安全等,以提高劳工的福祉。

4. 促进创新和可持续性

通过开展社会责任项目,煤炭企业可以鼓励创新,探索更环保和可持续的煤炭开采和利用方式。这有助于行业的可持续发展,并在未来降低环境和社会风险。

（二）煤炭社会责任项目的内容

1. 环境保护

煤炭企业可以实施各种环境保护措施，包括改善废水处理设施，减少废弃物产生，降低大气污染排放等。此外，他们还可以投资生态恢复项目，以修复因采煤活动而受损的土地和生态系统。

2. 社区发展

社区发展项目可以包括建设当地学校、医疗设施和基础设施，提供职业培训和技能发展机会，支持小企业发展，以及改善基层社区的生活条件。这些项目可以帮助煤炭企业建立积极的关系，改善其声誉，促进社会稳定。

3. 劳工权益

煤炭企业应关注劳工权益，确保员工获得合理的薪酬、工时和工作条件。此外，他们还可以提供培训和教育机会，以提高员工的技能水平，并确保工作场所的安全。

4. 创新和可持续性

煤炭企业可以投资研究和开发，以寻求更环保和高效的采煤技术，降低碳排放，减少能源消耗。同时，他们还可以推动煤炭利用的创新，如碳捕获和利用技术，以减少二氧化碳排放。

（三）煤炭社会责任项目的实施方式

1. 制定社会责任政策

煤炭企业应制定明确的社会责任政策，明确其在环境、社区、劳工和创新方面的承诺。这一政策应该受到高层管理的支持，并贯穿整个组织中。

2. 合作与伙伴关系

与政府、非政府组织、社区团体和其他利益相关者建立合作伙伴关系是实施社会责任项目的关键。这些合作可以提供支持、资源和专业知识，帮助项目的成功实施。

3. 监测和报告

煤炭企业应建立监测和报告机制，以跟踪项目的进展和影响。透明度和信息公开是社会责任的一部分，因此及时向利益相关者提供有关项目的信息至关重要。

4. 持续改进

社会责任项目应不断改进和发展，以适应不断变化的环境和社会需求。煤炭企业可以定期评估项目的效果，并根据评估结果采取必要的改进措施。这包括根据社区的需求进行项目调整，改进环境管理措施，改善劳工条件，以及推动更可持续的煤炭开采和利用方法的研发。

5. 培训和教育

培训和教育是实施社会责任项目的重要组成部分。员工需要了解企业的社会责任政策，并具备相关技能，以确保项目的有效实施。此外，培训还可以提高员工的社会意识，激励他们积极参与项目。

6. 风险管理

煤炭企业需要考虑风险管理，包括环境和社会风险。他们应该开展风险评估，制定应对措施，以减少不利影响。这可以包括应对突发事件的计划，确保员工和社区的安全。

（四）煤炭社会责任项目对可持续发展的影响

实施煤炭社会责任项目对可持续发展有着积极的影响。以下是一些主要影响：

减轻环境影响：通过改进环保措施和采用更高效的技术，煤炭企业可以降低其环境足迹，减少大气污染和废弃物产生，从而有助于保护环境和减缓气候变化。

促进社区发展：社会责任项目可以改善当地社区的经济状况，提供就业机会，改善教育和医疗保健水平，促进社会稳定，有助于社区的可持续发展。

保障劳工权益：煤炭企业的劳工权益项目有助于提高员工的福祉，提供更安全和健康的工作环境，从而促进员工的生产力和满意度。

促进创新和可持续性：通过投资研究和开发，煤炭企业可以推动行业的创新，寻求更可持续的解决方案，减少碳排放，降低能源消耗，从而有助于推动整个煤炭产业的可持续性发展。

总之，煤炭社会责任项目是煤炭企业应对环境和社会挑战的重要手段。通过实施这些项目，煤炭产业可以减少其不利影响，促进可持续发展，提高社区生活质量，维护劳工权益，并推动创新。这些项目有助于确保煤炭产业在未来能够更加可持续地满足能源需求，同时保护环境和社会的福祉。

三、煤炭可持续报告与认证

煤炭是全球能源产业中的关键组成部分，然而，它也因其巨大的环境和社会影响而备受争议。为了改善煤炭产业的可持续性，越来越多的煤炭企业选择制定可持续报告并进行认证。本部分将探讨煤炭可持续报告和认证的背景、内容、影响以及未来趋势。

（一）背景

煤炭是一种丰富的能源资源，被广泛用于发电、加工和工业生产等领域。然而，煤炭采矿和使用对环境和社会带来了严重的影响，包括大气污染、气候变化、土地破坏、水资源消耗、劳工权益问题等。这些问题引发了社会和环境组织以及政府和投资者的关切，要求煤炭企业承担更大的社会责任，以减少其不利影响。

为了满足这一需求，煤炭企业开始制定可持续报告，并寻求认证。可持续报告是一种用于公开披露企业社会和环境绩效的工具，它包括对企业可持续性实践的详细描述，以及未来改进计划。认证是由独立的第三方机构进行的评估，用于验证企业的可持续报告是否符合一定标准和指南。

（二）煤炭可持续报告的内容

煤炭可持续报告通常包括以下内容：

煤炭供应链：报告会详细描述煤炭的采购、加工和销售过程，包括供应商信息、采矿地点和方法、运输方式等。

环境绩效：报告会列出企业的环境影响，包括大气排放、水资源消耗、废弃物产生、土地使用等。还会包括环保措施和改进计划。

社会责任：报告会描述企业的社会项目和劳工权益保障，包括社区发展项目、员工培训、工资和福利待遇等。

气候变化：煤炭企业通常会报告其温室气体排放，以及采取的措施来减少碳排放和应对气候变化的策略。

可持续性策略：报告会包括企业的可持续性战略，包括未来目标、改进计划和社会责任项目的规划。

绩效指标：报告通常会使用一系列绩效指标来量化和衡量企业的可持续性表现，这些指标包括能源效率、废物减少、水资源管理、社区投资等。

（三）煤炭可持续认证的标准和机构

目前，煤炭企业可以寻求多种可持续认证，其中一些常见的包括：

ISO 14001：这是国际标准组织发布的环境管理系统认证，它要求企业建立和实施有效的环境管理体系，以减少其环境影响。

社会责任认证：一些机构提供社会责任认证，涵盖企业的社会项目、劳工权益保障和社区发展。这些认证通常根据特定的标准和准则来评估。

低碳认证：一些机构提供低碳认证，用于评估企业的碳排放水平和温室气体管理实践。

GRI（全球报告倡议）认证：GRI 是一种国际上广泛接受的可持续报告框架，企业可以选择遵循 GRI 的指南并接受相关认证。

ESG 评级：许多投资机构和资产管理公司使用环境、社会和治理（ESG）评级来评估企业的可持续性绩效。高分数的企业通常更容易吸引投资。

不同的认证机构和标准可以根据企业的需求和目标进行选择，以确保这些企业的可持续报告得到认证，同时提高透明度和公信力。

（四）煤炭可持续报告与认证的影响

煤炭可持续报告与认证对煤炭产业和社会有着积极的影响：

提高透明度：可持续报告提供了企业社会和环境绩效的透明度，有助于利益相关者了解企业的可持续性实践。

促进改进：制定报告和寻求认证迫使企业审视其可持续性绩效，并采取改进措施以满足标准和准则。

吸引投资：高质量的可持续报告和认证可以吸引投资者，因为他们更倾向于投资符合可持续性标准的企业。这可以为企业提供更多的融资和资金支持，促进业务的可持续发展。

提高企业声誉：通过制定可持续报告和获得认证，企业可以提高其社会和环境责任形象，增强品牌声誉，吸引更多的消费者和合作伙伴。

降低风险：具有高质量可持续报告和认证的企业通常更容易应对环境和社会风险，避免不良的法律纠纷和公共舆论压力。

推动可持续发展：可持续报告和认证有助于推动整个煤炭产业向更可持续的方向发展，促进环境保护、社区发展和劳工权益的改善。

（五）未来趋势

随着对可持续性问题的关注不断增加，煤炭可持续报告和认证的重要性将继续增加。以下是一些未来趋势：

标准的持续发展：煤炭可持续认证的标准将继续发展，以适应不断变化的环境和社会要求。新的认证标准和框架可能会涵盖更广泛的问题，如碳捕获和利用、生态恢复和社会影响评估。

利益相关者参与：越来越多的企业将与利益相关者合作，包括政府、非政府组织、社区团体和消费者，以确保可持续报告和认证符合各方的期望和需求。

投资者的影响：投资者将继续对企业的可持续性绩效产生更大的影响。越来越多的资产管理公司将考虑ESG因素，包括煤炭企业的可持续性绩效，作为投资决策的一部分。

创新技术的应用：煤炭企业将寻求利用新技术，如数字化和大数据分析，来改善可持续报告的质量和效率。

合规性要求的增加：政府和监管机构可能会对煤炭企业的可持续性实践提出更高的要求，这将促使企业更加积极地寻求认证和制定报告。

总之，煤炭可持续报告和认证是煤炭产业实现可持续性的重要工具。它们有助于提高企业的社会和环境责任，吸引投资，改善企业形象，降低风险，并推动整个行业向更可持续的方向发展。在未来，煤炭企业需要积极应对这一趋势，以满足社会和环境的要求，实现可持续发展。

第二节 利益相关者参与与沟通

一、煤炭利益相关者分析

在煤炭产业中，有各种各样的利益相关者，包括政府、企业、社会组织、投资者、员工、社区等。这些利益相关者对煤炭产业的运作和影响有着不同的期望、需求和利益。本部分将对煤炭产业中的主要利益相关者进行分析，以了解他们的关切和影响，以及如何管理这些关系以实现可持续发展。

（一）政府

政府是煤炭产业中的一个重要利益相关者，他们在监管、法规制定、税收和许可方面发挥关键作用。政府的关切包括：

环境监管：政府负责确保煤炭企业遵守环境法规，减少大气污染、水资源消耗和土地破坏等负面影响。

碳排放控制：政府通常致力于减少温室气体排放，对煤炭企业实施碳排放控制政策，鼓励使用清洁能源或碳捕获技术。

资源管理：政府负责管理煤炭矿产资源，确保其合理开发和利用，以保障国家经济和能源安全。

安全标准：政府制定和监督煤炭采矿和生产的安全标准，以确保员工的安全和劳工权益。

政府通过法规、税收政策和许可条件来引导和控制煤炭产业，以平衡经济、环境和社会利益。

（二）煤炭企业

煤炭企业是煤炭产业的核心利益相关者，他们致力于实现盈利并确保生产持续性。煤炭企业的关切包括：

盈利和竞争力：企业追求盈利，提高生产效率，降低成本，并与竞争对手保持竞争力。

环保和可持续性：煤炭企业需要管理环境影响，以满足法规要求，并改善环保实践以提高可持续性。

社会责任：企业需要管理社会关系，与社区合作，提供就业机会，改善员工条件，开展社会项目，以维护社会责任。

投资者关系：企业需要吸引投资者，提高股票价格，确保投资者对企业的可持续发展有信心。

煤炭企业需要平衡不同利益相关者的需求，以实现可持续发展，同时保障其自身的长期利益。

（三）社会组织和环保团体

社会组织和环保团体通常代表公众和环境的利益，他们对煤炭产业的关切包括：

环境保护：这些组织通常致力于减少煤炭产业对环境的不利影响，包括大气污染、水资源消耗、土地破坏和气候变化。

社区权益：他们关注煤炭企业对社区的影响，包括社区健康、土地权益和基础设施建设。

可持续性：社会组织和环保团体鼓励煤炭产业采取更可持续的实践，如能源效率改进、碳捕获技术使用等。

这些组织通过舆论压力、法律诉讼和倡导活动来推动煤炭产业改善其社会和环境绩效。

（四）投资者

投资者对煤炭产业具有重要的影响，他们的关切包括：

可持续性绩效：投资者越来越关注企业的可持续性绩效，包括环境、社会和治理（ESG）因素。

风险管理：投资者需要了解煤炭企业的风险，包括环境和社会风险，以确保其投资安全。

政策和法规：投资者需要了解政府的政策和法规对煤炭产业的影响，以调整其投资策略。

投资者通过投资决策来影响煤炭企业的行为，鼓励这些企业采取更可持续的实践。

（五）员工

员工是煤炭产业的重要利益相关者，他们的关切包括：

工资和福利：员工期望获得公平的薪酬和福利待遇，以保持其生活水平和维护劳工权益。

安全和健康：员工需要工作在安全和健康的环境中，避免事故和健康问题。

职业发展：员工期望获得培训和晋升机会，以提高技能水平，拓宽职业发展路径。

员工的需求和期望对煤炭企业的人力资源管理和劳工权益保障产生重大影响。满足员工的需求可以提高生产效率，减少员工流失率，并提高企业声誉。

（六）社区

当地社区是煤炭产业的直接受影响的利益相关者，他们的关切包括：

就业机会：社区期望煤炭企业提供就业机会，提高居民的生计水平。

基础设施和社区发展：社区需要基础设施改善，如道路、学校、医疗设施等，以提高生活质量。

环境和健康：社区关注煤炭产业对环境和健康的影响，包括大气污染和水质问题。

社会项目：社区希望煤炭企业参与社会项目，改善社区的社会福祉。

煤炭企业需要与社区建立积极的关系，通过社会项目、就业机会和社区投资来满足社区的需求，以确保其在当地的合法经营。

（七）供应链伙伴

供应链伙伴包括煤炭的采购商、运输公司和其他合作伙伴，他们的关切包括：

供应链可靠性：供应链伙伴期望供应链稳定，以确保原材料供应充足。

成本控制：他们希望降低采购和运输成本，以提高竞争力。

可持续性：供应链伙伴可能关注煤炭的可持续性，包括环境和社会责任。

煤炭企业需要与供应链伙伴建立稳定的合作关系，以确保供应链的可靠性和可持续性。

（八）技术供应商

技术供应商可以提供煤炭产业所需的技术设备和解决方案，他们的关切包括：

技术创新：技术供应商关注市场需求和技术趋势，以提供创新的解决方案。

质量和可靠性：他们期望其提供的技术设备具有高质量和可靠性，以满足煤炭企业的需求。

合作关系：技术供应商希望与煤炭企业建立合作关系，共同推动技术创新和可持续发展。

煤炭企业需要与技术供应商建立战略合作关系，以确保其技术需求得到满足，同时促进行业的技术创新。

综上所述，煤炭产业中存在众多的利益相关者，他们具有不同的期望和需求，涉及经济、环境、社会和政策等多个方面。管理这些利益相关者关系对煤炭企业的可持续发展至关重要。企业需要通过建立开放、透明和负责任的沟通渠道，平衡不同利益相关者的需求，采取综合性的战略来实现可持续性。只有通过综合性的管理，煤炭企业才能在不断变化的环境中维护其声誉，降低风险，提高竞争力，同时满足社会和环境的期望。

二、煤炭沟通战略与工具

煤炭产业是一个备受争议的领域，涉及复杂的社会、环境和政治问题。为了维护声誉、满足各种利益相关者的期望，以及推动可持续发展，煤炭企业需要制定有效的沟通战略和使用适当的工具。本部分将探讨煤炭沟通战略的重要性、重要组成部分以及常用的沟通工具。

（一）煤炭沟通战略的重要性

煤炭产业的沟通战略至关重要，因为它可以帮助企业应对以下挑战和解决问题：

舆论压力：煤炭产业经常面临舆论压力，特别是在环保、气候变化和社会责任等问题上。通过有效的沟通，企业可以改善公众对其的看法。

法规合规：政府和监管机构对煤炭产业的法规要求可能会不断发生变化。通过与政府和监管机构的沟通，企业可以确保其遵守相关法规，降低法律风险。

利益相关者管理：煤炭企业涉及多方利益相关者，包括政府、社区、投资者、员工等。通过与这些利益相关者建立积极的关系，企业可以获得更多支持和合作机会。

环境和社会责任：煤炭企业需要展示其在环境和社会责任方面的承诺和实践，以提高其可持续性和社会声誉。

市场竞争：煤炭产业竞争激烈，有效的沟通可以帮助企业在市场上脱颖而出，吸引投资者和客户。

（二）煤炭沟通战略的重要组成部分

一个成功的煤炭沟通战略通常包括以下重要组成部分：

目标设定：确定沟通战略的目标是非常重要的。企业需要明确自己的愿景和目标，包括提高社会声誉、吸引投资者、改善员工满意度等。

利益相关者分析：企业需要了解其主要利益相关者，包括政府、社区、投资者、员工等，以便根据其需求和期望制定相应的沟通策略。

消息开发：明确清晰的消息是有效沟通的关键。企业需要开发相关、诚实和可衡量的消息，以传达其价值观和承诺。

沟通工具：选择合适的沟通工具是至关重要的。这可能包括社交媒体、新闻稿、网站、报告、会议、讲座等。

时间表和计划：企业需要制作时间表和制订计划，以确保消息按时传达，并与重要事件和里程碑相吻合。

监测和评估：沟通战略的成功需要不断监测和评估。企业需要使用指标和度量工具来测量其沟通效果，从而可以及时进行调整和改进。

(三)常用的煤炭沟通工具

以下是一些常用的煤炭沟通工具,用于传达信息和与利益相关者进行互动:

网站:企业可以创建专门的网站,用于发布关于其业务、可持续性实践和社会项目的信息。网站可以包括公司历史、报告、新闻稿、案例研究、联系信息等。

社交媒体:社交媒体平台如 Twitter、LinkedIn 和 Facebook 等提供了一个直接与利益相关者互动的途径。企业可以使用社交媒体来分享新闻、事件、更新和与利益相关者的对话。

新闻稿:发布新闻稿是一种常用的方式,用于宣传公司的新闻、成就和可持续性实践。新闻稿通常会发送给媒体、行业杂志和投资者。

报告:定期发布可持续性报告是一种重要的沟通工具。这些报告详细介绍企业的社会和环境绩效,以及其未来计划和目标。

会议和讲座:企业可以组织和参加行业会议、研讨会和讲座,以分享最佳实践、参与讨论和建立联系。

社区参与:与当地社区进行积极的互动,参与社区项目和支持社区发展,有助于建立积极的社会声誉。

电子邮件通讯:企业可以使用电子邮件通讯与投资者、员工和其他利益相关者进行定期沟通。这可以用于分享公司的最新消息、报告和活动。

社会媒体广告:使用社交媒体广告可以将信息传播到更广泛的受众中,以推广公司的可持续性实践和成就。

危机沟通计划:煤炭企业需要制订危机沟通计划,以应对可能出现的危机情况,如事故、环境问题或法律诉讼。

利益相关者对话:企业可以定期与利益相关者进行对话,了解他们的需求和关切,以确保沟通策略的有效性。

网络论坛和社区平台:参与在线社区和讨论论坛,以便与关心煤炭产业的人建立联系,分享信息和参与对话。

视频和多媒体:使用视频和多媒体内容可以更生动地传达信息,吸引受众的兴趣。

不同的煤炭企业可能会选择不同的沟通工具,以满足其特定需求和目标。重要的是确保沟通工具与战略一致,能够传达一致的信息,提高企业的可持续性和社会声誉。

(四)未来趋势

随着社会对煤炭产业的可持续性和社会责任的关注不断增加,煤炭企业的沟通战略将继续演进。以下是一些未来趋势:

利益相关者对话的强化:企业将更加注重与利益相关者的对话,以了解他们的需求和关切，并采取更具包容性的沟通策略。

数字化和社交媒体的重要性：社交媒体和数字化工具将继续在煤炭企业的沟通战略中发挥重要作用，以吸引年轻一代的受众和扩大影响。

环境和社会责任的强化：煤炭企业将更加强调其环境和社会责任，包括碳减排、社区投资、员工权益和可持续性创新。

可持续性报告的增加：越来越多的煤炭企业将制定并发布可持续性报告，以向利益相关者透明地传达其可持续性绩效和成就。

创新技术的应用：煤炭企业将寻求利用创新技术，如虚拟现实、人工智能和大数据分析，以提高沟通效果和引起公众的兴趣。

碳捕获和碳中和：随着碳排放问题的不断升温，煤炭企业将更加注重碳捕获和碳中和技术，并将其作为沟通战略的一部分，以传达其在减缓气候变化方面的努力。

国际合作和倡导：煤炭企业可能会与其他行业和国际组织合作，以共同解决全球性问题，如气候变化和环境可持续性。

总之，煤炭产业的沟通战略和工具在实现可持续发展和管理复杂的利益相关者关系方面至关重要。随着社会、环境和政治环境的不断变化，煤炭企业需要不断适应和创新其沟通方法，以保持其声誉、吸引投资者和满足各方的期望。有效的沟通战略有助于确保煤炭产业在未来能够继续发展，同时履行其社会责任和可持续性承诺。

三、煤炭利益相关者参与计划

煤炭产业作为一个涉及多个利益相关者的复杂领域，需要积极推动利益相关者的参与和合作，以实现可持续发展和应对各种挑战。利益相关者参与计划是一种关键工具，它有助于建立积极的关系，推动可持续性实践，降低风险，提高声誉，同时满足各方的需求和期望。本部分将讨论煤炭产业中的利益相关者参与计划的重要性、重要组成部分以及实施方法。

（一）煤炭利益相关者参与计划的重要性

煤炭产业的利益相关者参与计划对实现可持续性和成功经营至关重要，因为它可以解决以下问题和应对挑战：

利益相关者合作：通过参与计划，煤炭企业可以与政府、社区、投资者、员工等利益相关者合作，共同解决共同关心的问题，如环境保护、社会责任和安全问题。

环境和社会风险降低：利益相关者参与可以帮助企业更好地了解可能的环境和社会风险，并采取措施降低这些风险，以避免负面影响和法律纠纷。

公共支持：煤炭企业可以通过参与计划建立公共支持，提高其在社区和政府中的声誉，从而更容易获取许可和资源。

可持续发展：利益相关者参与计划有助于企业制定和实施可持续性战略，包括减少碳排放、改善员工条件、支持社区项目等。

战略决策：企业可以通过与利益相关者的对话获得宝贵的信息和见解，以指导战略决策，提高企业的长期成功概率。

（二）煤炭利益相关者参与计划的重要组成部分

一个成功的煤炭利益相关者参与计划通常包括以下重要组成部分：

利益相关者识别：首先，企业需要明确定义和识别其主要利益相关者，包括政府、社区、投资者、员工、供应商等。这个步骤是参与计划的基础。

沟通和对话：企业需要建立有效的沟通渠道，以便与利益相关者进行定期对话。这可以包括会议、研讨会、电子邮件、电话、社交媒体等多种方式。

听取反馈：企业需要积极倾听利益相关者的反馈和建议，以了解其需求和关切。这有助于建立双向沟通和建设性的对话。

合作和合作：参与计划通常包括与利益相关者合作解决共同问题，推动可持续性项目和共同利益。这可能涉及资源共享、技术合作、社会投资等。

数据收集和分析：企业需要收集和分析相关数据，以了解其社会和环境绩效，并满足报告和透明度的要求。

制订共识和行动计划：通过对话和合作，企业和利益相关者可以制订共识和行动计划，明确各方的责任和目标。

持续改进：参与计划应该是一个持续的过程，企业需要不断改进和适应新的情境和挑战。

（三）煤炭利益相关者参与计划的实施方法

以下是一些实施煤炭利益相关者参与计划的方法：

制定明确的战略：企业应该制定明确的参与战略，明确目标、范围、时间表和责任，以确保计划的成功。

培训和教育：员工需要接受培训，以提高其沟通和关系管理技能，以确保与利益相关者的有效对话。

创造性对话：企业应该鼓励开放和创造性的对话，以使利益相关者能够自由表达其看法和建议。

透明度和公开示：企业应该提供透明度，包括关于其业务实践、绩效和决策的信息。这可以通过可持续性报告、网站上的数据和信息、社交媒体等途径实现。

社会媒体和数字化工具：利用社交媒体和数字化工具可以更广泛地传播信息，吸引更多的受众，建立在线社区，并促进对话。

社区参与：与当地社区积极互动，参与社区项目和活动，以建立积极的关系，解决共同问题。

持续评估和改进：企业应该定期评估利益相关者参与计划的效果，并根据反馈和经验进行改进。这有助于不断提高计划的质量和效果。

遵守法规：确保参与计划符合相关法规和监管要求，以降低法律风险。

可持续性目标：将可持续性目标纳入参与计划，以确保与利益相关者的对话能够直接推动企业的可持续性战略和目标。

（四）未来趋势

煤炭产业的利益相关者参与计划将继续发展和演进，以适应不断变化的社会、环境和政治环境。以下是一些未来趋势：

数字化和社交媒体：数字化工具和社交媒体将继续在利益相关者参与计划中发挥重要作用，以吸引年轻一代的受众，扩大影响范围，提高透明度。

可持续性重点：利益相关者参与计划将更加强调可持续性和社会责任，包括环境保护、碳减排、社区投资等方面的项目和倡导。

跨行业合作：煤炭企业可能会与其他行业和组织合作，共同解决全球性问题，如气候变化、社会不平等和可持续发展。

数据驱动决策：利益相关者参与计划将更多地依赖数据分析和度量工具，以了解绩效和进展，从而指导决策和改进。

社会创新和社会企业：企业可能会积极支持社会企业和社会创新项目，以解决社会问题，同时提高其社会声誉。

综上所述，煤炭企业需要积极制订和实施利益相关者参与计划，以建立积极的关系、推动可持续发展和降低风险。这些计划将在未来继续演进，以应对不断变化的环境和社会问题，同时满足各方的需求和期望。通过有效的利益相关者参与计划，煤炭产业可以实现可持续性发展。

第三节 社区关系管理

一、煤炭社区参与计划

煤炭产业一直以来都与当地社区紧密相连,不仅因为煤炭资源的开采通常发生在社区附近,而且因为煤炭企业的活动对社区的生活和经济有着深远的影响。因此,建立有效的煤炭社区参与计划对维护积极的社区关系、实现可持续发展、降低风险以及提高声誉至关重要。本部分将讨论煤炭社区参与计划的重要性、重要组成部分以及实施的方法。

(一)煤炭社区参与计划的重要性

煤炭社区参与计划对煤炭企业和社区双方都具有重要意义,以下是一些重要的原因:

维护积极的社区关系:煤炭企业和社区之间的关系对企业的可持续性和社会声誉至关重要。通过积极的社区参与,企业可以建立互信和合作,避免潜在的社区抵制和纠纷。

促进可持续发展:社区参与计划可以帮助企业与社区共同制订可持续性目标和计划,包括环境保护、社会投资、经济发展等,从而提高整个地区的可持续性。

提高声誉:积极的社区参与可以提高企业的社会声誉,吸引投资者、客户和员工,加强企业的竞争力。

遵守法规和监管要求:一些国家和地区对煤炭企业实施了严格的社会责任法规和监管要求,社区参与计划有助于企业遵守这些法规,降低法律风险。

社区福祉:社区参与计划可以改善社区的生活质量,提供就业机会、改善基础设施、支持教育和健康项目等,从而提高社区的整体福祉。

(二)煤炭社区参与计划的重要组成部分

一个成功的煤炭社区参与计划通常包括以下重要组成部分:

社区识别和关系建立:首先,企业需要明确定义并识别与其活动相关的社区。建立积极的社区关系是参与计划的第一步。

沟通和对话:企业需要建立有效的沟通渠道,以便与社区进行定期对话。这可以包括会议、研讨会、公开听证会、电子邮件、社交媒体等多种方式。

听取反馈:企业需要积极倾听社区的反馈和建议,以了解社区的需求和关切。这有助于建立双向沟通和建设性的对话。

合作和合作:社区参与计划通常包括与社区合作解决共同问题,共同制定可持续性项目和共同利益。这可能涉及资源共享、技术合作、社会投资等。

数据收集和分析：企业需要收集和分析相关数据，以了解其社会和环境绩效，并满足报告和透明度的要求。

制订共识和行动计划：通过对话和合作，企业和社区可以制订共识和行动计划，明确各方的责任和目标。这可以包括共同制订社区发展计划、采取环境管理措施、提供就业机会等。

社区投资和支持：企业可以提供社区投资、赞助社区项目、支持教育和培训机会，以提高社区的发展和福祉。

社区监测和评估：社区参与计划的成功需要不断监测和评估。企业需要使用度量工具和指标来测量计划的绩效，以便能够及时进行调整和改进。

（三）煤炭社区参与计划的实施方法

以下是一些实施煤炭社区参与计划的方法：

制定明确的战略：企业应该制定明确的社区参与战略，明确目标、范围、时间表和责任，以确保计划的成功。

培训和教育：员工需要接受培训，以提高其社区参与和沟通技能，以确保有效的与社区的互动。

创造性对话：企业应该鼓励开放和创造性的对话，以使社区居民能够自由表达其看法和建议。

透明度和公开示范：企业应该提供透明度，包括关于其业务实践、绩效和决策的信息。这可以通过社交媒体、网站、社区报告等途径实现。

社会媒体和数字化工具：利用社交媒体和数字化工具可以更广泛地传播信息，吸引更多的社区居民，建立在线社区，并促进对话。

社区参与活动：企业可以组织社区参与活动，如健康检查、环境清理、教育培训等，以加强与社区的联系。

持续评估和改进：企业应该定期评估社区参与计划的效果，并根据反馈和经验进行改进。这有助于不断提高计划的质量和效果。

遵守法规和监管要求：确保社区参与计划符合相关法规和监管要求，以降低法律风险。

（四）未来趋势

未来，煤炭社区参与计划将继续演进以适应不断变化的社会、环境和政治环境。以下是一些未来趋势：

数字化和社交媒体：数字化工具和社交媒体将继续在社区参与计划中发挥重要作用，以吸引年轻一代的受众，扩大影响范围，提高透明度。

可持续性重点：社区参与计划将更加强调可持续性和社会责任，包括环境保护、碳减排、社会投资等方面的项目和倡导。

数据驱动决策：社区参与计划将更多地依赖数据分析和度量工具，以了解绩效和进展，从而指导决策和改进。

社会创新和社会企业：企业可能会积极支持社会企业和社会创新项目，以解决社会问题，同时提高其社会声誉。

跨行业合作：煤炭企业可能会与其他行业和组织合作，共同解决全球性问题，如气候变化、社会不平等和可持续发展。

总结而言，煤炭社区参与计划对于维护积极的社区关系、推动可持续发展、降低风险和提高声誉至关重要。通过有效的社区参与计划，煤炭企业可以与社区共同实现共同的目标和愿景，从而实现双赢的局面。这些计划将在未来继续演进，以应对不断变化的社会、环境和政治环境，同时满足社区的需求和期望。通过建立积极的社区关系，煤炭企业可以实现可持续性发展，同时提高其社会责任和声誉。

二、煤炭社区关系建立

煤炭产业一直以来都与当地社区有着紧密的联系，因为煤炭开采和加工通常发生在靠近居民区的地方。由于煤炭产业的特殊性质，它对社区的影响可以是深远的，不仅包括经济影响，还包括社会、环境和文化影响。因此，建立积极的煤炭社区关系是至关重要的，它有助于维护社区的生活质量，促进可持续发展，提高企业的声誉，降低风险。本部分将探讨煤炭社区关系建立的重要性、关键组成部分以及成功实施的方法。

（一）煤炭社区关系建立的重要性

煤炭社区关系建立对煤炭企业和当地社区都具有关键的重要性，以下是一些主要原因：

维护社区和企业的互信：积极的社区关系有助于建立互信，减少误解和不满，从而降低了潜在的社区抵制和冲突。

可持续发展：通过与社区合作，煤炭企业可以共同制定可持续发展计划，包括环境保护、社会投资、经济发展等，从而提高社区的整体可持续性。

社区参与和支持：积极的社区关系有助于建立社区的支持，提高企业在社区中的接受度，从而更容易获得许可和资源。

提高声誉：良好的社区关系可以提高企业的社会声誉，吸引投资者、客户和员工，加强企业的竞争力。

遵守法规和监管要求：一些国家和地区对煤炭企业实施了严格的社会责任法规和监

管要求，积极的社区关系有助于企业遵守这些法规，降低法律风险。

社区福祉：通过社区关系建立，企业可以改善社区的生活质量，提供就业机会、改善基础设施、支持教育和健康项目等，从而提高社区的整体福祉。

（二）煤炭社区关系建立的重要组成部分

一个成功的煤炭社区关系建立计划通常包括以下重要组成部分：

社区识别和关系建立：首先，企业需要明确定义并识别与其活动相关的社区。建立积极的社区关系是关系建立计划的第一步。

沟通和对话：企业需要建立有效的沟通渠道，以便与社区进行定期对话。这可以包括会议、研讨会、公开听证会、电子邮件、社交媒体等多种方式。

听取反馈：企业需要积极倾听社区的反馈和建议，以了解社区的需求和关切。这有助于建立双向沟通和建设性的对话。

合作和合作：社区关系建立计划通常包括与社区合作解决共同问题，共同制定可持续性项目和共同利益。这可能涉及资源共享、技术合作、社会投资等。

数据收集和分析：企业需要收集和分析相关数据，以了解其社会和环境绩效，并满足报告和透明度的要求。

制订共识和行动计划：通过对话和合作，企业和社区可以制订共识和行动计划，明确各方的责任和目标。这可以包括共同制订社区发展计划、环境管理措施、就业机会创造等。

社区投资和支持：企业可以提供社区投资、赞助社区项目、支持教育和培训机会，以提高社区的发展和福祉。

社区监测和评估：社区关系建立计划的成功需要不断监测和评估。企业需要使用度量工具和指标来测量计划的绩效，以便能够及时进行调整和改进。

（三）煤炭社区关系建立的实施方法

以下是一些实施煤炭社区关系建立计划的方法：

制定明确的战略：企业应该制定明确社区关系的战略，明确目标、范围、时间表和责任，以确保计划的成功。

培训和教育：员工需要接受培训，以提高其社区关系建立和沟通技能，以确保与社区的有效互动。

创造性对话：企业应该鼓励开放和创造性的对话，以使社区居民能够自由表达其看法和建议。

透明度和公开示范：企业应该提供透明度，包括关于其业务实践、绩效和决策的信息。这可以通过社交媒体、网站、社区报告等途径实现。

社会媒体和数字化工具：利用社交媒体和数字化工具可以更广泛地传播信息，吸引更多的社区居民，建立在线社区，并促进对话。

社区参与活动：企业可以组织社区参与活动，如健康检查、环境清理、教育培训等，以加强与社区的联系。

持续评估和改进：企业应该定期评估社区关系建立计划的效果，并根据反馈和经验进行改进。这有助于不断提高计划的质量和效果。

遵守法规和监管要求：确保社区关系建立计划符合相关法规和监管要求，以降低法律风险。

（四）未来趋势

未来，煤炭社区关系建立计划将继续演进以适应不断变化的社会、环境和政治环境。以下是一些未来趋势：

数字化和社交媒体：数字化工具和社交媒体将继续在社区关系建立计划中发挥重要作用，以吸引年轻一代的受众，扩大影响范围，提高透明度。

可持续性重点：社区关系建立计划将更加强调可持续性和社会责任，包括环境保护、碳减排、社会投资等方面的项目和倡导。

数据驱动决策：社区关系建立计划将更多地依赖数据分析和度量工具，以了解绩效和进展，从而指导决策和改进。

社会创新和社会企业：企业可能会积极支持社会企业和社会创新项目，以解决社会问题，同时提高其社会声誉。

跨行业合作：煤炭企业可能会与其他行业和组织合作，共同解决全球性问题，如气候变化、社会不平等和可持续发展。

总结而言，煤炭社区关系建立对维护积极的社区关系、推动可持续发展、降低风险和提高声誉至关重要。通过有效的社区关系制订计划，煤炭企业可以与社区共同实现共同的目标和愿景，从而实现双赢的局面。这些计划将在未来继续演进，以应对不断变化的社会、环境和政治环境，同时满足社区的需求和期望。通过建立积极的社区关系，煤炭企业可以实现可持续性发展，同时提高其社会责任和声誉。

三、煤炭社区投资与发展

煤炭产业一直以来都与当地社区有着紧密的联系，因为煤炭开采和加工通常发生在靠近居民区的地方。由于煤炭产业的特殊性质，它对社区的影响可以是深远的，不仅包括经济影响，还包括社会、环境和文化影响。因此，煤炭社区投资与发展计划是至关重要的，它有助于维护社区的生活质量，促进可持续发展，提高企业的声誉，降低风险。本部分将探讨煤炭社区投资与发展的重要性、重要组成部分以及成功实施的方法。

（一）煤炭社区投资与发展的重要性

煤炭社区投资与发展对煤炭企业和当地社区都具有关键的重要性，以下是一些主要原因：

维护社区和企业的互信：积极的社区投资与发展有助于建立互信，减少误解和不满，从而降低了潜在的社区抵制和冲突。

可持续发展：通过与社区合作，煤炭企业可以共同制定可持续发展计划，包括环境保护、社会投资、经济发展等，从而提高社区的整体可持续性。

社区参与和支持：积极的社区投资与发展有助于建立社区的支持，提高企业在社区中的接受度，从而更容易获得许可和资源。

提高声誉：良好的社区投资与发展可以提高企业的社会声誉，吸引投资者、客户和员工，加强企业的竞争力。

遵守法规和监管要求：一些国家和地区对煤炭企业实施了严格的社会责任法规和监管要求，积极的社区投资与发展有助于企业遵守这些法规，降低法律风险。

社区福祉：通过社区投资与发展，企业可以改善社区的生活质量，提供就业机会、改善基础设施、支持教育和健康项目等，从而提高社区的整体福祉。

（二）煤炭社区投资与发展的重要组成部分

一个成功的煤炭社区投资与发展计划通常包括以下重要组成部分：

社区识别和关系建立：首先，企业需要明确定义并识别与其活动相关的社区。建立积极的社区关系是投资与发展计划的第一步。

沟通和对话：企业需要建立有效的沟通渠道，以便与社区进行定期对话。这可以包括会议、研讨会、公开听证会、电子邮件、社交媒体等多种方式。

听取反馈：企业需要积极倾听社区的反馈和建议，以了解社区的需求和关切。这有助于建立双向沟通和建设性的对话。

合作和合作：投资与发展计划通常包括与社区合作解决共同问题，共同开展可持续性项目和维护共同利益。这可能涉及资源共享、技术合作、社会投资等。

数据收集和分析：企业需要收集和分析相关数据，以了解其社会和环境绩效，并满足报告和透明度的要求。

制订共识和行动计划：通过对话和合作，企业和社区可以制订共识和行动计划，明确各方的责任和目标。这可以包括共同制订社区发展计划、环境管理措施、就业机会创造等。

社区投资和支持：企业可以提供社区投资、赞助社区项目、支持教育和培训机会，以提高社区的发展和福祉。

社区监测和评估：投资与发展计划的成功需要不断监测和评估。企业需要使用度量工具和指标来测量计划的绩效，以便能够及时进行调整和改进。

（三）煤炭社区投资与发展的实施方法

以下是一些实施煤炭社区投资与发展计划的方法：

制定明确的战略：企业应该制定明确的社区投资与发展战略，明确目标、范围、时间表和责任，以确保计划的成功。

培训和教育：员工需要接受培训，以提高其社区投资与发展和沟通技能，以确保与社区的有效互动。

创造性对话：企业应该鼓励开放和创造性的对话，以使社区居民能够自由表达其看法和建议。

透明度和公开示范：企业应该提供透明度，包括关于其业务实践、绩效和决策的信息。这可以通过社交媒体、网站、社区报告等途径实现。

社会媒体和数字化工具：利用社交媒体和数字化工具可以更广泛地传播信息，吸引更多的社区居民，建立在线社区，并促进对话。

社区参与活动：企业可以组织社区参与活动，如健康检查、环境清理、教育培训等，以加强与社区的联系。

持续评估和改进：企业应该定期评估投资与发展计划的效果，并根据反馈和经验进行改进。这有助于不断提高计划的质量和效果。

遵守法规和监管要求：确保投资与发展计划符合相关法规和监管要求，以降低法律风险。

（四）未来趋势

未来，煤炭社区投资与发展计划将继续演进以适应不断变化的社会、环境和政治环境。以下是一些未来趋势：

数字化和社交媒体：数字化工具和社交媒体将继续在社区投资与发展计划中发挥重要作用，以吸引年轻一代的受众，扩大影响范围，提高透明度。

可持续性重点：投资与发展计划将更加强调可持续性和社会责任，包括环境保护、碳减排、社会投资等方面的项目和倡导。

数据驱动决策：投资与发展计划将更多地依赖数据分析和度量工具，以了解绩效和进展，从而指导决策和改进。

社会创新和社会企业：企业可能会积极支持社会企业和社会创新项目，以解决社会问题，同时提高其社会声誉。

跨行业合作：煤炭企业可能会与其他行业和组织合作，共同解决全球性问题，如气候变化、社会不平等和可持续发展。

总结而言，煤炭社区投资与发展对维护积极的社区关系、推动可持续发展、降低风险和提高声誉至关重要。通过制订有效的社区投资与发展计划，煤炭企业可以与社区共同实现共同的目标和愿景，从而实现双赢的局面。这些计划将在未来继续演进，以应对不断变化的社会、环境和政治环境，同时满足社区的需求和期望。通过建立积极的社区关系，煤炭企业可以实现可持续性发展，同时提高其社会责任和声誉。

第四节 煤炭企业公益与慈善活动

一、煤炭公益项目管理

煤炭产业一直以来都与当地社区有着紧密的联系，因为煤炭开采和加工通常发生在靠近居民区的地方。由于煤炭产业的特殊性质，它对社区的影响可以是深远的，不仅包括经济影响，还包括社会、环境和文化影响。因此，煤炭公益项目管理是至关重要的，它有助于维护社区的生活质量，促进可持续发展，提高企业的声誉，降低风险。本部分将探讨煤炭公益项目管理的重要性、重要组成部分以及成功实施的方法。

（一）煤炭公益项目管理的重要性

煤炭公益项目管理对煤炭企业和当地社区都具有关键的重要性，以下是一些主要原因：

社会责任履行：作为重要的产业，煤炭企业需要履行社会责任，为社区提供回报，改善社区的生活质量。

维护社区关系：积极的公益项目有助于维护积极的社区关系，减少社区抵制和冲突。

可持续发展：通过公益项目，煤炭企业可以共同制订可持续发展计划，包括环境保护、社会投资、经济发展等，从而提高社区的整体可持续性。

社区参与和支持：公益项目有助于建立社区的支持，提高企业在社区中的接受度，从而更容易获得许可和资源。

提高声誉：良好的公益项目可以提高企业的社会声誉，吸引投资者、客户和员工，加强企业的竞争力。

遵守法规和监管要求：一些国家和地区对煤炭企业实施了严格的社会责任法规和监

管要求，公益项目有助于企业遵守这些法规，降低法律风险。

社区福祉：通过公益项目，企业可以改善社区的生活质量，提供就业机会、改善基础设施、支持教育和健康项目等，从而提高社区的整体福祉。

（二）煤炭公益项目管理的重要组成部分

一个成功的煤炭公益项目管理计划通常包括以下重要组成部分：

项目策划：明确项目的目标、范围、时间表和资源，明确项目的愿景和使命。

需求分析：了解社区的需求和关切，以确定项目的重点领域和优先事项。

合作伙伴关系：建立与社区、非政府组织和其他利益相关者的合作伙伴关系，以确保项目的成功。

项目执行：有效地实施项目，确保资源的适当分配，监督进展和绩效。

沟通与参与：与社区进行定期对话，倾听反馈，鼓励社区参与，确保项目符合社区的期望。

资金管理：有效管理项目的预算，确保资源的透明度和财务可持续性。

监测与评估：定期监测项目的绩效，收集数据和反馈，以便进行评估和改进。

可持续性和延续性：确保项目的可持续性，考虑项目的长期影响和延续性。

（三）煤炭公益项目管理的实施方法

以下是一些实施煤炭公益项目管理计划的方法：

制定明确的战略：企业应该制定明确的公益项目管理战略，明确目标、范围、时间表和责任，以确保项目的成功。

培训和教育：项目团队成员需要接受培训，以提高其项目管理和沟通技能，以确保项目的有效实施。

项目定制化：每个项目都应该根据社区的特定需求和背景进行定制化，而不是采用通用性的方法。这需要深入了解社区的需求和愿望。

风险管理：在项目管理中，应该识别潜在的风险和障碍，并制定相应的应对计划，以降低风险。

沟通和透明度：与社区之间的沟通和透明度至关重要。应该建立有效的沟通渠道，定期向社区报告项目的进展和绩效。

社会投资：项目管理应该包括社会投资，以满足社区的需求，提高社区的生活质量。这可能包括教育、健康、基础设施建设、就业机会等项目。

长期规划：公益项目管理应该考虑项目的长期规划，包括项目的持续性和延续性，以确保项目的长期影响。

持续评估和改进：项目管理不仅包括项目的执行，还包括定期评估和改进。通过使用度量工具和指标，可以监测项目的绩效，并根据反馈和经验进行改进。

（四）未来趋势

未来，煤炭公益项目管理将继续演进以适应不断变化的社会、环境和政治环境。以下是一些未来趋势：

数字化和社交媒体：数字化工具和社交媒体将继续在公益项目管理中发挥重要作用，以吸引年轻一代的受众，扩大影响范围，提高透明度。

可持续性重点：公益项目管理将更加强调可持续性和社会责任，包括环境保护、碳减排、社会投资等方面的项目和倡导。

数据驱动决策：公益项目管理将更多地依赖数据分析和度量工具，以了解绩效和进展，从而指导决策和改进。

社会创新和社会企业：企业可能会积极支持社会企业和社会创新项目，以解决社会问题，同时提高其社会声誉。

跨行业合作：煤炭企业可能会与其他行业和组织合作，共同解决全球性问题，如气候变化、社会不平等和可持续发展。

总结而言，煤炭公益项目管理对维护积极的社区关系、推动可持续发展、降低风险和提高声誉至关重要。通过有效的公益项目管理，煤炭企业可以与社区共同实现共同的目标和愿景，从而实现双赢的局面。这些计划将在未来继续演进，以应对不断变化的社会、环境和政治环境，同时满足社区的需求和期望。通过建立积极的社区关系，煤炭企业可以实现可持续性发展，同时提高其社会责任和声誉。

二、煤炭慈善捐赠战略

慈善捐赠战略在煤炭行业中扮演着重要的角色，帮助企业履行社会责任、改善社区关系、推动可持续发展、提高声誉，并回馈社会。随着社会对企业社会责任的关注不断增加，煤炭企业需要制定明智的慈善捐赠战略，以确保捐赠的资金和资源能够最大限度地创造社会价值。本部分将探讨煤炭慈善捐赠战略的重要性、关键组成部分以及成功实施的方法。

（一）煤炭慈善捐赠战略的重要性

煤炭企业的慈善捐赠战略对企业和社会都具有重要性，以下是一些主要原因：

履行社会责任：煤炭产业通常受到公众的关注，因其潜在的环境和社会影响。通过慈善捐赠，企业可以积极履行社会责任，改善其社会形象，弥补负面影响。

维护社区关系：积极的慈善捐赠有助于维护积极的社区关系，减少社区抵制和冲突，建立互信。

社会投资：慈善捐赠可以用于支持社区项目、环境保护、教育和文化活动等，为社会创造实际价值，提高社区的福祉。

提高声誉：良好的慈善捐赠战略可以提高企业的社会声誉，吸引投资者、客户和员工，加强企业的竞争力。

遵守法规和监管要求：一些国家和地区对煤炭企业实施了严格的社会责任法规及监管要求，慈善捐赠有助于企业遵守这些法规，降低法律风险。

（二）煤炭慈善捐赠战略的重要组成部分

一个成功的煤炭慈善捐赠战略通常包括以下重要组成部分：

目标设定：明确慈善捐赠的目标和愿景，确定捐赠的重点领域和受益社区。

需求分析：了解社区的需求和关切，以确定慈善捐赠的优先事项和项目。

合作伙伴关系：建立与社区组织、非政府组织、政府机构和其他潜在合作伙伴的关系，以共同推动慈善项目。

资金管理：有效管理慈善捐赠的预算，确保资源的透明度和财务可持续性。

项目执行：实施慈善项目，确保资源的适当分配，监督进展和绩效。

沟通与参与：与社区之间的沟通和参与至关重要。应该建立有效的沟通渠道，定期向社区报告项目的进展和绩效。

监测与评估：定期监测项目的绩效，收集数据和反馈，以便进行评估和改进。

可持续性和延续性：确保慈善项目的可持续性，考虑项目的长期影响和延续性。

（三）煤炭慈善捐赠战略的实施方法

以下是一些实施煤炭慈善捐赠战略的方法：

制定明确的战略：企业应该制定明确的慈善捐赠战略，明确目标、范围、时间表和责任，以确保捐赠的资金和资源能够最大限度地创造社会价值。

需求分析：企业应该与社区建立紧密联系，深入了解社区的需求和关切，以制定符合社区需求的慈善捐赠项目。

合作伙伴关系：建立合作伙伴关系是成功慈善捐赠战略的关键。企业应该与当地社区组织、非政府组织和政府部门合作，共同推动项目的实施。

沟通和透明度：与社区之间的沟通和透明度至关重要。企业应该建立有效的沟通渠道，定期向社区报告项目的进展和绩效。

社会投资：捐赠的资金和资源应该用于支持社区项目、环境保护、教育和文化活动等，为社会创造实际价值，提高社区的福祉。

长期规划：慈善捐赠战略应该考虑项目的长期规划，包括项目的持续性和延续性，以确保项目的长期影响。

持续评估和改进：慈善项目不仅需要执行，还需要定期评估和改进。通过使用度量工具和指标，可以监测项目的绩效，并根据反馈和经验进行改进。

风险管理：在慈善捐赠战略中，应该识别潜在的风险和障碍，并制订相应的应对计划，以降低风险。

（四）未来趋势

未来，煤炭慈善捐赠战略将继续演进以适应不断变化的社会、环境和政治环境。以下是一些未来趋势：

数字化和社交媒体：数字化工具和社交媒体将继续在慈善捐赠战略中发挥重要作用，以吸引年轻一代的受众，扩大影响范围，提高透明度。

可持续性重点：慈善捐赠战略将更加强调可持续性和社会责任，包括环境保护、碳减排、社会投资等方面的项目和倡导。

数据驱动决策：慈善捐赠战略将更多地依赖数据分析和度量工具，以了解绩效和进展，从而指导决策和改进。

社会创新和社会企业：企业可能会积极支持社会企业和社会创新项目，以解决社会问题，同时提高其社会声誉。

跨行业合作：煤炭企业可能会与其他行业和组织合作，共同解决全球性问题，如气候变化、社会不平等和可持续发展。

总结而言，煤炭慈善捐赠战略对维护积极的社区关系、推动可持续发展、降低风险和提高声誉至关重要。通过明智的捐赠战略，煤炭企业可以与社区共同实现共同的目标和愿景，从而实现双赢的局面。这些战略将在未来继续演进，以应对不断变化的社会、环境和政治环境，同时满足社区的需求和期望。通过建立积极的社区关系，煤炭企业可以实现可持续性发展，同时提高其社会责任和声誉。

三、煤炭社会影响评估

煤炭产业一直以来都扮演着重要的角色，但也伴随着一系列社会问题和影响。为了应对这些问题，煤炭社会影响评估（SIA）成为一项至关重要的工具。SIA 旨在评估煤炭项目对社会的影响，包括社区、文化、健康、经济和环境方面的影响。本部分将探讨煤炭社会影响评估的重要性、关键组成部分以及成功实施的方法。

（一）煤炭社会影响评估的重要性

煤炭社会影响评估在煤炭产业中具有关键的重要性，以下是一些主要原因：

社会责任履行：煤炭企业需要履行社会责任，确保其活动对社会的影响是正面的，以改善社区和社会的福祉。

可持续发展：通过评估社会影响，可以制定可持续发展策略，确保项目的长期可持续性，包括环境保护、社会投资和经济发展。

社区参与和支持：SIA 有助于建立社区的支持，通过与社区进行对话和合作，减少社区的反对意见和冲突。

风险管理：通过评估社会影响，企业可以识别潜在的风险和障碍，采取适当的措施降低风险，提高项目的可行性。

提高声誉：积极的 SIA 可以提高企业的社会声誉，吸引投资者、客户和员工，加强企业的竞争力。

遵守法规和监管要求：一些国家和地区对煤炭企业实施了严格的社会责任法规和监管要求，SIA 有助于企业遵守这些法规，降低法律风险。

（二）煤炭社会影响评估的重要组成部分

一个全面的煤炭社会影响评估通常包括以下重要组成部分：

范围和目标设定：明确评估的范围、目标和愿景，确定评估的焦点领域和受影响方。

数据收集和分析：收集社会、经济、文化和环境数据，分析这些数据以评估项目对社会的影响。

利益相关者参与：积极与各利益相关者，包括社区、政府、非政府组织和企业，进行沟通和参与，以获得各方的反馈和意见。

风险评估：识别潜在的社会风险和机会，采取应对措施，降低风险和最大限度地利用机会。

绩效度量：制定绩效指标，监测项目的社会影响，定期评估项目的绩效。

报告和传播：向各利益相关者报告评估结果，包括社区、政府、投资者、客户和员工，以提高透明度和沟通。

持续改进：根据评估结果，采取适当的措施，改进项目的社会影响，确保可持续性和延续性。

（三）煤炭社会影响评估的实施方法

以下是一些实施煤炭社会影响评估的方法：

多方合作：SIA 需要多方合作，包括企业、社区、政府、非政府组织和专业机构。

各方应共同制定评估计划和方法，以确保评估的全面性和客观性。

社区参与：社区的参与至关重要，他们应该能够表达自己的意见和关切，对项目的决策产生影响。企业应建立有效的沟通渠道，鼓励社区参与，确保其声音被听到。

数据收集和分析：数据的收集和分析是 SIA 的关键步骤。数据应该涵盖各种社会、经济、文化和环境因素，以确保评估的全面性。

风险管理：评估应该识别潜在的社会风险和机会，制定应对措施，降低风险和最大程度地利用机会。

持续改进：SIA 不仅仅是一次性的评估，还需要定期监测和评估项目的绩效，根据评估结果采取适当的改进措施，确保项目的社会影响持续改进。

（四）未来趋势

未来，煤炭社会影响评估将继续演进以适应不断变化的社会、环境和政治环境。以下是一些未来趋势：

数字化和数据分析：数字化工具和数据分析将在社会影响评估中发挥更重要的作用，帮助企业更好地理解和度量项目的社会影响。

社会创新和社会企业：企业可能会积极支持社会企业和社会创新项目，以解决社会问题，同时提高其社会声誉。

气候变化和可持续性重点：社会影响评估将更加关注气候变化和可持续性，包括碳减排、环境保护和社会投资。

跨行业合作：煤炭企业可能会与其他行业和组织合作，共同解决全球性问题，如气候变化、社会不平等和可持续发展。

总结而言，煤炭社会影响评估对维护积极的社区关系、推动可持续发展、降低风险和提高声誉至关重要。通过全面的评估，煤炭企业可以更好地理解项目的社会影响，采取适当的措施，确保项目对社会的影响是正面的。这有助于实现可持续性发展，同时满足社会的需求和期望。通过维护积极的社区关系，煤炭企业可以履行社会责任、提高声誉，并为社会做出积极的贡献。

第十三章 煤炭危险废物管理与环境保护

第一节 危险废物管理与处理

一、煤炭危废识别与分类

煤炭危险废物的识别和分类在煤炭工业中至关重要。危险废物的管理对确保工作场所的安全、环境的保护以及法规遵守都至关重要。本部分将探讨煤炭危险废物的定义、识别、分类、管理和未来趋势。

（一）煤炭危险废物的定义

危险废物是指因其化学、物理、生物特性，以及数量和浓度等因素，可能对人体健康和环境造成威胁的废物。在煤炭工业中，危险废物可能包括各种废弃物和化学物质，如化学试剂、废油、废水、废气、固体废物等。这些废物可能含有有毒物质、有害物质、易燃物质、腐蚀性物质或其他具有危险性的成分。

煤炭危险废物的定义通常受到国际、国家和地区法规的约束和界定。煤炭企业必须遵守相关法规，确保危险废物的合理处理和管理，以防止对人员健康和环境造成不利影响。

（二）煤炭危险废物的识别

煤炭危险废物的识别是危险废物管理的第一步。这需要煤炭企业对其生产和运营过程进行仔细的检查和分析，以确定可能产生的危险废物。以下是一些常见的煤炭危险废物的识别方法：

化学分析：通过对废物样本进行化学分析，可以确定其中是否含有危险物质。这种分析可以识别废物中的有毒物质、有害物质和其他具有危险性的成分。

废物产生过程分析：分析煤炭生产和处理过程，以确定哪些步骤可能产生危险废物。这包括煤矿开采、煤矿加工、煤燃烧和废弃物处理等环节。

设备和材料标签：查看工作场所的设备和材料标签，以确定是否有危险废物的产生或使用。这包括化学试剂、燃料、润滑油、废水处理剂等。

危险物质清单：参考国际、国家和地区的危险物质清单，了解哪些物质被认定为危险物质，以帮助识别可能的危险废物。

专业咨询：请专业环境顾问或化学工程师进行评估，以确定潜在的危险废物。

（三）煤炭危险废物的分类

煤炭危险废物可以根据其特性和性质进行分类，以便更好地管理和处置。以下是一些常见的煤炭危险废物分类方法：

毒性废物：包括那些对人体健康和环境有毒的废物，如重金属、有机化合物、酸性废物等。

有害废物：包括那些对人体和环境有害但不一定具有毒性的废物，如废油、废溶剂、废化学试剂等。

腐蚀性废物：包括那些具有腐蚀性的废物，如酸性废水、腐蚀性化学品废物等。

爆炸性废物：包括那些具有爆炸性质的废物，如易燃气体、火药废物等。

放射性废物：包括那些具有放射性特性的废物，如含放射性元素的废渣、废水等。

生物危险废物：包括那些可能含有传染病致病菌的废物，如医疗废物、实验室废物等。

不可燃性废物：包括那些不可燃烧的废物，如金属废物、矿渣、石渣等。

这些分类方法有助于更好地了解和管理不同类型的危险废物，以确保其得到适当的处理和处置，以防止对人员健康和环境造成危害。

（四）煤炭危险废物的管理

煤炭危险废物的管理是确保工作场所安全和遵守法规的重要环节。以下是一些重要的危险废物管理步骤：

废物生成源控制：尽量减少危险废物的生成，通过采取措施减少危险废物的产生，如使用替代品、减少废物产生过程中的化学试剂等。

标记和储存：危险废物必须妥善标记和存储，以确保它们不会对人员健康和环境造成危害。标记应明确指示废物的性质和危险性，并遵循法规要求。

运输：危险废物的运输应符合国际、国家和地区的运输法规和标准。在运输过程中必须采取适当的安全措施，以防止泄漏和事故发生。

处置：危险废物的最终处理应符合法规和标准，包括焚烧、填埋、化学处理等方法。不同类型的危险废物可能需要不同的处理方法。

记录和报告：煤炭企业应维护详细的记录，包括危险废物的生成、运输、处理和处置。这些记录可以用于监测和报告，以确保遵守法规。

培训和意识提高：员工需要接受有关危险废物管理的培训，以了解如何正确识别、处理和处置危险废物。员工的意识提高对防止事故和意外情况发生至关重要。

合规监测和审计：煤炭企业应定期进行合规性监测和内部审计，以确保危险废物管理程序的有效性和合规性。

（五）未来趋势

煤炭危险废物管理将继续受到监管和社会关注，随着环境保护和可持续发展的要求不断提高，以下是一些未来趋势：

可持续性：煤炭企业将更加关注危险废物的可持续管理，包括废物减量、资源回收和绿色化学品的使用，以减少对环境的影响。

技术创新：新的技术和处理方法将不断涌现，以更有效地管理危险废物，包括更安全的处理和处置技术。

法规和标准：监管机构将继续提高危险废物管理的法规和标准，以确保更高的安全和环保标准。

全球合作：跨国煤炭企业将继续加强合作，共同应对危险废物管理的挑战，包括跨国废物运输和处理。

总结而言，煤炭危险废物的识别和分类是煤炭工业中重要的环保和安全问题。通过细致的管理和合规性实践，可以降低危险废物对人员健康和环境的影响。随着法规要求和社会期望的提高，煤炭企业需要不断改进其危险废物管理实践，以确保工作场所的安全、环境的保护和法规的遵守。未来，可持续性、技术创新、全球合作和更严格的法规将推动危险废物管理领域的发展。

二、煤炭危废储存与处置

煤炭危险废物的储存与处置是煤炭工业中至关重要的环保和安全问题。有效的储存和处置措施不仅有助于减少废物对环境和人员健康的危害，还有助于遵守法规和维护工作场所的安全。本部分将探讨煤炭危险废物的储存与处置的重要性、最佳实践方法以及未来趋势。

（一）煤炭危险废物的储存与处置的重要性

煤炭危险废物的储存与处置具有重要的重要性，以下是一些主要原因：

环境保护：不当的储存和处置可能导致废物泄漏到土壤和水体中，对生态系统造成危害，对水源和土壤污染。

人员健康：危险废物中可能含有有毒物质和有害物质，不当的储存和处置可能对人员健康造成危害，如中毒、疾病和损害。

法规遵守：煤炭企业必须遵守国际、国家和地区的法规和标准，以确保危险废物的合规储存和处置。不合规可能导致法律责任和罚款。

安全保障：储存和处置危险废物需要采取适当的措施，以防止事故、泄漏和火灾，确保工作场所的安全。

可持续性：合理的储存和处置措施有助于确保资源的回收和再利用，促进可持续发展。

（二）煤炭危险废物的储存

煤炭危险废物的储存是确保废物安全保管和管理的关键步骤。以下是一些储存的最佳实践方法：

储存容器：危险废物应储存在专门设计的容器中，这些容器应符合国际、国家和地区的标准，以确保废物不泄漏和不被污染。

标记和标签：储存容器应妥善标记和标签，以清楚指示废物的性质和危险性。这有助于确保废物得到正确处理。

分类和分类：不同类型的危险废物应分类和分类储存，以防止混合和交叉污染。这有助于确保废物得到适当的处理和处置。

安全设施：储存区域应配备适当的安全设施，如泄漏捕获系统、防火设备和安全栅栏，以确保废物不会对人员和环境造成危害。

定期检查和维护：储存容器和设施应定期检查和维护，以确保其正常运行和完整性。

记录和报告：储存过程中应维护详细的记录，包括储存废物的数量、种类和存放时间。这有助于监测废物的储存和合规性。

（三）煤炭危险废物的处置

煤炭危险废物的处置是确保废物得到适当处理和最终处置的重要步骤。以下是一些处置的最佳实践方法：

合规性：危险废物的处置必须符合国际、国家和地区的法规和标准。合规性是确保废物得到适当处理和处置的关键。

最佳处理技术：选择最佳的废物处理技术，以确保废物得到有效处理和减少对环境的影响。

环境监测：进行环境监测，以监测处置过程中是否有废物泄漏和对环境的影响。监测数据可用于确保合规性和采取必要的纠正措施。

安全措施：在废物处理和处置过程中应采取适当的安全措施，以防止事故、泄漏和火灾。员工需要接受培训，了解如何正确处理和处置危险废物。

资源回收：危险废物中可能包含可回收的材料，如金属、化学物质等。在处置之前，应考虑废物中可回收材料的回收和再利用。

社会参与：与当地社区和利益相关者合作，以确保处置过程的透明度和社区参与。社区的意见和关切应得到尊重。

定期审计：进行定期审计，以确保废物处置过程的合规性和有效性。审计结果可用于改进废物处理和处置程序。

（四）未来趋势

随着环保和可持续发展的要求不断提高，煤炭危险废物的储存和处置将受到更多的关注。以下是一些未来趋势：

循环经济：将更多的关注放在废物的减量、回收和再利用，以促进循环经济和资源可持续利用。

绿色技术：发展和采用更环保的废物处理和处置技术，以降低对环境的影响。

法规和标准的提高：监管机构将继续提高废物处理和处置的法规和标准，以确保更高的安全和环保标准。

全球合作：跨国煤炭企业将继续加强合作，共同应对废物处理和处置的挑战，包括跨国废物运输和处理。

总结而言，煤炭危险废物的储存与处置是确保工作场所安全和环保的重要环节。通过合规性、最佳实践方法、安全措施和环境监测，可以有效减少危险废物对环境和人员健康的影响。未来，循环经济、绿色技术、法规完善和全球合作将推动煤炭危险废物的储存与处置领域的发展和改进。

三、煤炭危废法规遵从

煤炭危险废物法规遵从在煤炭工业中是至关重要的。遵守法规不仅有助于确保工作场所的安全和环境的保护，还可以减少潜在的法律风险和罚款。本部分将探讨煤炭危险废物法规遵从的重要性、法规遵从的实施方法以及未来趋势。

（一）煤炭危险废物法规遵从的重要性

法规遵从对于煤炭工业中的危险废物管理至关重要，以下是一些主要原因：

环境保护：法规规定了危险废物的储存、处理和处置标准，以确保废物不会对环境造成污染和危害。

人员健康：危险废物可能包含有毒物质和有害物质，法规要求采取适当的措施，以确保人员不受到废物的危害。

法律责任：不遵守法规可能导致法律责任和罚款，煤炭企业需要承担法律责任，如果未能遵守法规。

社会声誉：法规遵从有助于提高煤炭企业的社会声誉，表明他们是负责任的企业，关心环境和社会。

安全保障：法规要求采取安全措施，以防止事故、泄漏和火灾，确保工作场所的安全。

可持续性：合规废物管理有助于资源的回收和再利用，促进可持续发展。

（二）煤炭危险废物法规遵从的实施方法

为确保煤炭危险废物法规遵从，煤炭企业可以采取以下实施方法：

法规了解和更新：了解和熟悉适用于煤炭工业的国际、国家和地区法规。法规在不断更新和修改，因此煤炭企业需要定期跟踪法规的变化。

制订和执行合规计划：制订并执行危险废物管理计划，确保废物的储存、处理和处置符合法规。计划应包括废物分类、标记、储存和处置的详细程序。

培训和教育：对员工进行培训和教育，以确保他们了解和遵守法规。员工需要了解如何正确处理和处置危险废物，并采取适当的安全措施。

定期检查和监测：定期检查和监测危险废物的储存和处置过程，以确保合规性和遵守法规。监测数据可用于改进废物管理实践。

环境影响评估：进行环境影响评估，以评估废物处理和处置对环境的影响。评估结果可用于调整废物管理计划，以减少对环境的不利影响。

法规合规审计：定期进行法规合规审计，以确保煤炭企业的废物管理实践符合法规。审计结果可用于纠正不合规情况并改进废物管理。

社区参与和透明度：与当地社区和利益相关者合作，提供关于危险废物管理的信息，以增强透明度和社区参与。

（三）未来趋势

随着环境保护和可持续发展的要求不断提高，煤炭危险废物法规遵从将继续受到关注。以下是一些未来趋势：

更严格的法规：监管机构将继续提高危险废物管理的法规和标准，以确保更高的安全和环保标准。

环境数字化：数字化工具将在法规遵从中发挥更大作用，以帮助企业监测和报告废物管理的数据和信息。

资源回收和循环经济：更多的关注将放在废物的减量、回收和再利用，以促进循环经济和资源的可持续利用。

全球合作：跨国煤炭企业将继续加强合作，共同应对危险废物管理的挑战，包括跨国废物运输和处理。

总结而言，煤炭危险废物法规遵从对煤炭工业的可持续发展和安全至关重要。通过了解法规、制订合规计划、培训员工、定期监测和参与社区，煤炭企业可以确保危险废物的储存和处置符合法规。未来，更严格的法规、环境数字化、资源回收和全球合作将推动煤炭危险废物法规遵从的改进和发展，并提高废物管理的质量。煤炭企业需要积极应对这些未来趋势，以确保这些企业的危险废物管理实践保持合规性，并适应不断变化的法规和社会期望。

第二节 煤炭采矿环境影响评估

一、煤炭环境评估流程

煤炭环境评估是一种重要的过程，旨在评估煤炭开采和使用对环境的影响。这个过程包括数据收集、评估环境效应和制定管理措施。煤炭工业对环境的影响广泛而深远，因此环境评估流程对确保可持续的煤炭开采和使用至关重要。在本部分中，我们将详细介绍煤炭环境评估的流程，包括各个阶段的关键步骤和方法。

（一）背景介绍

煤炭是全球能源供应中的重要组成部分，但其开采和使用对环境产生了多种负面影响，包括土壤和水体污染、温室气体排放、采矿引发的生态破坏等。为了减少这些影响，环境评估流程成为煤炭工业的重要工具。环境评估旨在识别潜在的环境风险，制定合理的管理措施，以确保煤炭开采和使用在环境可持续性方面达到最佳平衡。

（二）煤炭环境评估的流程

煤炭环境评估的流程通常包括以下几个主要阶段：

项目计划和范围确定：在项目启动阶段，确定环境评估的计划和范围，包括评估的时间范围、地理范围和评估的目的。这一阶段还包括确定评估的关键利益相关者，如当地社区、政府机构和环保组织。

数据收集和背景研究：在这一阶段，收集与煤炭项目相关的数据和信息，包括地质、气象、水文和生态学等方面的信息。同时，进行项目背景研究，了解项目周边环境的现状和历史情况。

环境基准的建立：建立环境基准是一个重要步骤，它确定了环境评估的比较基准，用于评估煤炭项目的影响。这些基准包括土壤、水质、空气质量和生态系统的现状。

环境影响评估：在这一阶段，评估煤炭项目对环境的潜在影响，包括土地使用变化、水资源利用、大气污染和生态系统破坏等。这一阶段通常采用模型和仿真技术，以预测项目的环境效应。

风险评估：评估项目可能带来的环境风险，包括水污染、土壤污染和生态系统崩溃等。风险评估有助于确定可能的风险事件，并制定相应的应对计划。

管理措施和规划：在这一阶段，根据评估的结果，制定管理措施和规划，以减轻煤炭项目对环境的不利影响。这些措施包括采取环保技术、合规的废物处理和处置、生态修复和社区参与等。

环境影响报告：根据评估的结果，编制环境影响报告，详细说明项目的环境影响、风险和管理措施。这一报告通常提交给政府机构和其他利益相关者，以进行评审和许可。

监测和审计：在项目实施阶段，定期监测项目的环境效应，确保项目遵守法规和管理措施。此外，定期进行环境审计，以评估项目的环境绩效和合规性。

持续改进：环境评估流程是一个持续的过程，煤炭企业应不断改进其环境管理实践，以应对不断变化的环境和社会要求。

（三）环境评估方法和工具

煤炭环境评估需要使用各种方法和工具，以更好地理解和量化项目的环境影响。以下是一些常用的方法和工具：

环境模型：模型和仿真工具可用于模拟煤炭项目对环境的潜在影响，如大气排放、水资源利用和土地使用变化。

GIS（地理信息系统）：GIS 工具可用于空间数据分析，帮助确定项目周边环境的现状和潜在影响。

水文模型：水文模型可用于预测项目对水资源的影响，包括地下水位和水质。

生态学研究：生态学研究可用于评估项目对生态系统的影响，包括野生动植物种群和栖息地。

社会影响评估：社会影响评估可用于评估项目对当地社区的影响，包括就业、生活质量和社会文化。

环境监测：实地环境监测可用于实时监测项目的环境效应，包括水质、空气质量和土壤污染。

环境影响评价工具：各种环境影响评价工具可用于量化项目的影响，包括生态足迹、碳足迹、水足迹等。

社区参与工具：社区参与工具可用于与当地社区合作，了解他们的关切和期望，以更好地考虑社区利益。

（四）未来趋势

煤炭环境评估领域将继续发展和演进，以适应不断变化的环境和社会要求。以下是一些未来趋势：

可持续开采技术：煤炭开采技术将继续发展，以减少环境影响，包括更高效的采矿和废物处理方法。

数字化和自动化：数字化工具和自动化技术将在环境评估中发挥更大作用，以提高数据收集和分析的效率。

社会关注：社会对煤炭项目的环境和社会影响关注度将继续增加，煤炭企业需要更加积极地与社区和利益相关者合作。

环境政策和法规：监管机构将继续提高环境政策和法规的标准，要求更高的环保和可持续性要求。

环境证书和标准：环境证书和标准将继续推动煤炭企业提高其环境绩效，以满足认证要求。

创新合作：跨国煤炭企业将继续加强合作，共同应对环境评估和环境保护的挑战，包括跨国环境数据共享和技术合作。

总结而言，煤炭环境评估是确保煤炭开采和使用在环境可持续性方面达到最佳平衡的关键工具。通过项目计划、数据收集、环境基准的建立、环境影响评估、风险评估、管理措施和监测，煤炭企业可以更好地理解和管理项目的环境效应。未来，可持续开采技术、数字化和自动化、社会关注、政策和法规、环境证书和创新合作将推动煤炭环境评估领域的发展。这些趋势对确保煤炭工业的可持续发展和环境保护至关重要。

二、煤炭生态风险评估

煤炭生态风险评估是评估煤炭开采和使用对生态系统的潜在影响的过程。煤炭产业将对环境和生态系统产生广泛和深远的影响，包括土地破坏、生态系统崩溃、野生动植物栖息地的丧失等。生态风险评估的目的是帮助煤炭企业和监管机构更好地了解这些风险，采取适当的措施来减轻潜在的生态风险。在本部分中，我们将详细探讨煤炭生态风险评估的流程、方法和未来趋势。

（一）背景介绍

煤炭作为全球最主要的能源资源之一，其开采和使用对生态系统产生了多方面的影响。这些影响包括土地使用变化、水资源污染、野生动植物栖息地的丧失、大气污染以及温室气体排放。这些生态风险对保护生物多样性、维护生态平衡以及确保可持续发展至关重要。

煤炭生态风险评估的目标是确定潜在的生态风险，帮助煤炭企业和政府监管机构制定适当的管理措施，以减轻这些风险。评估生态风险不仅有助于减轻环境损害，还有助于确保煤炭开采和使用的可持续性。

（二）煤炭生态风险评估的流程

煤炭生态风险评估的流程包括以下主要阶段：

项目计划和范围确定：在项目启动阶段，确定生态风险评估的计划和范围，包括评估的时间范围、地理范围和评估的目的。这一阶段还包括确定评估的关键利益相关者，如当地社区、政府机构和环保组织。

数据收集和背景研究：在这一阶段，收集与煤炭项目相关的数据和信息，包括地质、气象、水文、生态学等方面的信息。同时，进行项目周边环境的背景研究，了解现状和历史情况。

生态系统特征分析：对煤炭项目周边生态系统进行详尽的特征分析，包括物种多样性、生境类型、生态过程等。这有助于确定生态系统的脆弱性和敏感性。

生态风险识别：通过对煤炭项目的规划和操作进行分析，识别可能对生态系统产生的潜在风险因素，如土地破坏、水污染、野生动植物栖息地丧失等。

生态风险评估：评估潜在风险的严重程度和概率，确定可能的风险事件，并量化其影响。这一阶段通常采用模型和仿真技术，以定量分析生态风险。

风险管理和规划：根据评估的结果，制定管理措施和规划，以减轻潜在的生态风险。这些措施包括采取环保技术、生态修复、采矿计划的优化和社区参与等。

风险通报和沟通：与关键利益相关者分享生态风险评估的结果，包括政府、社区和环保组织。透明的沟通有助于建立信任和合作。

监测和审计：在项目实施阶段，定期监测生态系统的状态和生态风险的变化，确保项目遵守管理措施和法规。此外，定期进行生态风险审计，以评估项目的生态绩效和合规性。

持续改进：生态风险评估是一个持续的过程，煤炭企业应不断改进其生态风险管理实践，以应对不断变化的环境和社会要求。

（三）生态风险评估方法和工具

煤炭生态风险评估需要使用各种方法和工具，以更好地了解和量化项目的生态风险。以下是一些常用的方法和工具：

生态系统模型：模型和仿真工具可用于模拟煤炭项目对生态系统的潜在影响，包括栖息地丧失、物种灭绝风险等。

GIS（地理信息系统）：GIS 工具可用于空间数据分析，帮助确定项目周边生态系统的特征和脆弱性。

生态风险矩阵：生态风险矩阵是一种定性或定量的方法，用于识别和评估可能的生态风险事件，确定其概率和严重程度。

生态风险指数：生态风险指数是一种量化的方法，用于综合评估项目的生态风险，包括各种因素的权重和分值。

生态风险评估工具：各种生态风险评估工具可用于量化生态风险，包括生态风险矩阵、生态风险指数和生态风险评估软件。

生态学研究：生态学研究可用于评估项目对生态系统的影响，包括野生动植物物种多样性、栖息地丧失和生态过程等。

生态修复技术：生态修复技术可用于恢复受到破坏的生态系统，包括土地复垦、植被恢复和水体修复等。

生态系统监测：实地生态系统监测可用于实时监测项目的生态风险，包括野生动植物种群、栖息地健康和水质。

（四）未来趋势

煤炭生态风险评估领域将继续发展和演进，以适应不断变化的环境和社会要求。以下是一些未来趋势：

生态修复创新：新的生态修复技术将不断涌现，以加速受煤炭开采影响的生态系统的恢复。

生态风险管理工具：生态风险管理工具将变得更加全面和精确，以帮助煤炭企业更好地管理和减轻生态风险。

社会关注和参与：社会对煤炭项目的生态风险关注度将继续增加，煤炭企业需要更积极地与社区和利益相关者合作，以应对关切和期望。

生态政策和法规：监管机构将继续提高生态政策和法规的标准，要求更高的生态保护要求。

生态认证和标准：生态认证和标准将推动煤炭企业提高其生态绩效，以满足认证要求。

创新合作：跨国煤炭企业将继续加强合作，共同应对生态风险评估和生态保护的挑战，包括跨国生态数据共享和技术合作。

总结而言，煤炭生态风险评估是确保煤炭开采和使用在生态可持续性方面达到最佳平衡的重要工具。通过项目计划、数据收集、生态系统特征分析、生态风险评估、风险管理和规划、风险通报和沟通、监测和审计以及持续改进，煤炭企业可以更好地理解和管理项目的生态风险。未来，生态修复创新、生态风险管理工具、社会关注和参与、政策和法规、生态认证和创新合作将推动煤炭生态风险评估领域的发展。这些趋势对确保煤炭工业的可持续发展和生态保护至关重要。

三、煤炭生态修复策略

煤炭生态修复策略是为了应对煤炭开采和使用对生态系统造成的影响而采取的行动计划。煤炭工业对环境和生态系统产生了广泛的不利影响，包括土地破坏、水体污染、野生动植物栖息地丧失等。生态修复的目标是减少这些影响，恢复或改善受影响的生态系统的健康和功能。在本部分中，我们将探讨煤炭生态修复策略的重要性、流程、方法和未来趋势。

（一）背景介绍

煤炭是全球主要的能源资源之一，而其采矿和使用对生态系统产生了重大影响。这些影响包括土地破坏、水体污染、气候变化、野生动植物栖息地丧失、生物多样性下降等。为了减轻这些影响，生态修复成为煤炭工业的一个关键领域，旨在恢复或改善受影响的生态系统。

煤炭生态修复的目标包括：

恢复受损的土地：通过植被恢复、土壤修复和土地复垦，使煤矿区域恢复成生态系统健康和生产力。

恢复水体质量：采取措施减少煤矿对水体的污染，包括处理废水和净化排放。

保护野生动植物：通过采取措施保护和恢复受影响的野生动植物栖息地，维护物种多样性。

减缓气候变化：采取措施减少温室气体排放，包括通过森林植树和气候友好的采矿技术。

采矿和煤矸石堆积

生态修复的流程通常包括以下阶段：

项目计划和范围确定：在项目启动阶段，确定生态修复的计划和范围，包括修复的时间范围、地理范围和目标。这一阶段还包括确定修复的重要利益相关者，如政府、社区和环保组织。

数据收集和评估：收集与煤炭采矿和使用相关的数据和信息，包括土地、水质、生态系统和气象等方面的信息。评估受到影响的生态系统和资源。

生态系统特征分析：对受到影响的生态系统进行特征分析，包括物种多样性、生态过程、栖息地类型和健康状况。这有助于确定修复的重点和优先级。

生态修复规划：根据评估的结果，制订生态修复规划，确定恢复或改善受到影响的生态系统的方法和措施。规划应包括明确的目标、时间表和预算。

生态修复实施：实施生态修复计划，包括植被恢复、土壤修复、水质治理、野生动植物保护等活动。

监测和审计：在修复过程中，定期监测生态系统的健康和功能，确保修复措施的有效性。定期进行生态修复审计，以评估修复的进展和绩效。

沟通和合作：与重要利益相关者分享修复的进展和成果，包括政府、社区和环保组织。透明的沟通和合作有助于建立信任和合作关系。

持续改进：生态修复是一个持续的过程，煤炭企业应不断改进其修复实践，以应对不断变化的环境和社会要求。

（三）生态修复方法和工具

煤炭生态修复涉及多种方法和工具，以更好地实现修复目标。以下是一些常用的方法和工具：

植被恢复：通过植树造林、植被种植和野生动植物栖息地的重建来恢复煤矿区域的植被。这有助于改善土壤稳定性、净化水体和维护生物多样性。

土壤修复：通过土壤修复技术，包括土壤改良、有机质添加、土壤污染清除和土地复垦来恢复土地的健康和肥沃性。

水体治理：采取措施减轻煤矿对水体的污染，包括废水处理、河流和湖泊的生态修复和水体生态系统的保护。

气候友好采矿技术：采取温室气体排放减少措施，包括改进矿山机械和设备效率，采用低碳采矿技术以及实施气候友好的采矿实践。

野生动植物保护：通过建立野生动植物保护区、维护或修复栖息地、采取保护措施和控制外来入侵物种，保护和恢复野生动植物的生态系统。

社区参与：鼓励当地社区参与生态修复计划，包括提供就业机会、培训和教育，以提高他们的参与和支持。

生态系统监测：实地监测和评估修复后的生态系统的状态和功能，以确保目标的实现和修复的持续有效性。

生态修复评估工具：各种生态修复评估工具可用于量化修复的效果，包括监测指标、生态系统健康指标和生态修复指数。

（四）未来趋势

煤炭生态修复领域将继续发展和演进，以适应不断变化的环境和社会要求。以下是一些未来趋势：

生态修复创新：新的生态修复技术将不断涌现，以加速受煤炭开采影响的生态系统的恢复。这可能包括基因编辑技术、人工智能和生物工程等创新方法。

生态修复金融：越来越多的金融机构和投资者将关注生态修复领域，提供资金支持生态修复项目，以获得可持续的回报。

社会关注和参与：社会对煤炭项目的生态修复关注度将继续增加，煤炭企业需要更积极地与社区和利益相关者合作，以应对关切和期望。

生态政策和法规：监管机构将继续提高生态政策和法规的标准，要求更高的生态修复要求，确保煤炭企业承担生态修复的责任。

生态认证和标准：生态认证和标准将推动煤炭企业提高其生态绩效，以满足认证要求，并获得社会认可。

创新合作：跨国煤炭企业将继续加强合作，共同应对生态修复和生态保护的挑战，包括跨国生态数据共享和技术合作。

总结而言，煤炭生态修复是确保煤炭开采和使用在生态系统可持续性方面达到最佳平衡的重要工具。通过项目计划、数据收集和评估、生态系统特征分析、生态修复规划和实施、监测和审计、沟通合作、以及持续改进，煤炭企业可以更好地理解和管理项目的生态影响，并采取适当的措施来减少这些影响。未来，生态修复创新、生态修复金融、社会关注和参与、政策和法规、生态认证和创新合作将推动煤炭生态修复领域的发展。这些趋势对确保煤炭工业的可持续发展和生态保护至关重要。

第三节　水资源管理与保护

一、煤炭水资源监测与保护

水资源是生命之源，对于人类和环境都至关重要。然而，煤炭开采和使用对水资源产生广泛而深远的影响。煤炭工业需要大量水资源用于采煤、发电和工业生产，同时也会导致水体污染和水资源的枯竭。因此，煤炭水资源监测与保护至关重要。本部分将讨论煤炭水资源监测与保护的重要性、流程、方法和未来趋势。

（一）背景介绍

煤炭是全球主要的能源资源之一，而其开采和使用对水资源产生了广泛的影响。这些影响包括：

水资源用量：煤炭采矿和发电需要大量水资源，这会对当地的水供应和生态系统造成竞争压力。

水体污染：煤炭开采和燃烧会导致废水排放和大气污染，污染水体，危害水质和生态系统。

水体枯竭：煤矿排放、地下采煤和水资源开采可能导致地下水位下降，导致水体枯竭和土壤沙化。

生态系统破坏：水资源的过度使用和污染可能导致湿地、河流和湖泊的退化，威胁野生动植物栖息地和物种多样性。

煤炭水资源监测与保护的目标是减轻这些影响，确保水资源的可持续供应和维护水体生态系统的健康。

（二）煤炭水资源监测与保护的流程

煤炭水资源监测与保护的流程通常包括以下主要步骤：

项目计划和范围确定：在项目启动阶段，确定水资源监测与保护的计划和范围，包括监测的时间范围、地理范围和监测的目的。这一阶段还包括确定监测的关键利益相关者，如政府、社区和环保组织。

数据收集和评估：收集与煤炭项目相关的水资源数据和信息，包括地下水位、河流流量、水质等方面的信息。评估水资源的现状和趋势。

水资源特性分析：分析水资源的特性，包括水体类型、水文地质特征、水质状况等。这有助于了解当地水资源的特点和脆弱性。

水资源监测：实施水资源监测计划，包括定期测量地下水位、水体流量、水质参数等。这可以帮助监测水资源的变化和健康状况。

水资源风险评估：评估项目对水资源的潜在风险，包括水位下降、水体污染、水体枯竭等。确定可能的风险事件和其影响。

风险管理和规划：根据评估的结果，制订水资源管理和保护计划，以减少潜在的水资源风险。这包括采取措施来减少水资源用量、改善废水处理、保护水体生态系统等。

风险通报和沟通：与重要利益相关者分享水资源监测与保护的结果，包括政府、社区和环保组织。透明的沟通有助于建立信任和合作。

监测和审计：在项目实施阶段，定期监测水资源的状态和健康状况，确保项目遵守水资源管理措施和法规。此外，定期进行水资源审计，以评估项目的水资源绩效和合规性。

持续改进：水资源监测与保护是一个持续的过程，煤炭企业应不断改进其水资源管理实践，以应对不断变化的环境和社会要求。

（三）水资源监测与保护方法和工具

水资源监测与保护需要使用各种方法和工具，以更好地了解和保护水资源。以下是一些常用的方法和工具：

地下水位监测：通过安装井点和水位计，定期测量地下水位的变化，以了解地下水资源的健康状况和水位下降趋势。

水质监测：监测水体的水质，包括测量各种水质参数，如 pH 酸碱度、溶解氧、化学污染物浓度等，以评估水体的健康和污染程度。

河流流量测量：通过流量计和水文测站，测量河流的流量，以了解河流的水量和流速。

地理信息系统（GIS）：使用 GIS 技术来管理和分析水资源数据，包括地下水位、水体流量、水质数据等。GIS 可以帮助进行空间分析和决策支持。

数值模拟：使用数值模型来模拟水资源的变化和交互作用，以预测未来的水资源情况和应对水资源管理决策。

遥感技术：利用遥感技术来监测水体的变化，包括湖泊、河流、湿地和地下水位。遥感可以提供大范围和实时的数据。

废水处理技术：采用高效的废水处理技术，以净化废水排放，降低对水体的污染。

水资源规划工具：使用水资源规划工具来模拟不同水资源管理和保护措施的效果，以确定最佳的管理方案。

（四）未来趋势

煤炭水资源监测与保护领域将继续发展和演进，以适应不断变化的环境和社会要求。以下是一些未来趋势：

智能监测技术：随着科技的发展，智能监测技术如物联网（IoT）和传感器技术将在水资源监测中发挥更重要的作用，提供实时数据和决策支持。

水资源管理平台：水资源管理平台将成为综合管理和分析水资源数据的中心，帮助决策者更好地理解和保护水资源。

水资源金融：越来越多的金融机构和投资者将关注水资源保护，提供资金支持水资源监测与保护项目，以获得可持续的回报。

水资源政策和法规：监管机构将继续提高水资源政策和法规的标准，要求更高的水资源保护要求，确保煤炭企业承担水资源保护的责任。

跨部门合作：跨部门合作将成为水资源监测与保护的关键，包括政府、煤炭企业、环保组织和社区的合作，以共同应对水资源挑战。

社会关注和参与：社会对水资源保护的关注度将继续增加，煤炭企业需要更积极地与社区和利益相关者合作，以应对关切和期望。

总结而言，煤炭水资源监测与保护是确保煤炭开采和使用在水资源可持续方面达到最佳平衡的重要工具。通过项目计划、数据收集和评估、水资源特性分析、监测和风险评估、管理和规划、监测和审计、沟通和合作以及持续改进，煤炭企业可以更好地理解和管理项目对水资源的影响，并采取适当的措施来保护水资源。未来，智能监测技术、水资源管理平台、水资源金融、政策和法规、跨部门合作和社会关注将推动煤炭水资源监测与保护领域的发展。这些趋势对确保煤炭工业的可持续发展和水资源保护至关重要。

二、煤炭水资源可持续利用

水是生命之源，也是工业和能源生产的关键要素。然而，煤炭开采和使用对水资源产生广泛的影响，包括用水量大、水污染、地下水位下降等。因此，实现煤炭水资源的可持续利用至关重要。本部分将探讨煤炭水资源可持续利用的重要性、流程、方法和未来趋势。

（一）煤炭开采对水资源的影响

水资源用量：煤炭采矿和发电需要大量水资源，用于采矿、煤炭洗选、发电和工业生产。这种大规模用水可能对当地的水供应和水体生态系统造成影响，特别是在水资源短缺的地区。

水污染：煤炭开采和使用会导致水体污染，包括废水排放和水体中的化学物质和重金属污染。这对水体的质量和生态系统造成损害，威胁水资源的可持续性。

地下水位下降：地下采煤和大规模水资源开采可能导致地下水位下降，甚至引发地下水位的枯竭。这对当地农业、生活用水和生态系统造成影响。

水体丧失：煤矿开采可能导致河流和湖泊的丧失，特别是在露天矿区。这种水体丧失对生态系统和水资源造成不可逆转的影响。

（二）煤炭水资源可持续利用的重要性

煤炭水资源可持续利用是确保煤炭开采和使用对水资源的最佳平衡的关键因素。以下是煤炭水资源可持续利用的重要性：

确保水资源供应：水资源是农业、生活和工业生产的基础，确保煤炭开采不会竞争和耗尽当地水资源对社会经济的可持续发展至关重要。

保护生态系统：水资源的可持续利用有助于保护水体生态系统，包括湿地、河流、湖泊和野生动植物栖息地。这有助于维护生物多样性和生态平衡。

减轻水污染：采取可持续的用水和废水处理实践有助于减轻煤炭开采和使用对水体的污染，确保水质符合标准。

避免地下水位下降：通过监测和管理地下水资源的使用，可以避免地下水位的过度下降，减轻地下水资源枯竭的风险。

社会和法规要求：越来越多的社会和法规要求煤炭企业采取措施保护水资源，确保可持续利用。

（三）煤炭水资源可持续利用的流程

实现煤炭水资源的可持续利用需要遵循一系列流程和步骤。以下是煤炭水资源可持续利用的流程：

项目计划和范围确定：在项目启动阶段，确定煤炭水资源可持续利用的计划和范围，包括可持续利用的时间范围、地理范围和目标。这一阶段还包括确定可持续利用的关键利益相关者，如政府、社区和环保组织。

数据收集和评估：收集与煤炭项目相关的水资源数据和信息，包括水资源用量、水质、地下水位、水体特征等。评估水资源的现状和趋势，包括水体的健康状况和可持续性。

可持续利用特性分析：分析煤炭项目所在地区的水资源特性，包括水文地质特征、水体类型、水质状况等。这有助于了解当地水资源的特点和脆弱性。

可持续利用规划和实施：制订可持续利用规划，包括确定可持续用水的目标、采取措施减少用水、改善废水处理、保护水体生态系统等。实施可持续利用计划，确保项目遵循规划和法规。

风险评估：评估项目对水资源的潜在风险，包括水位下降、水体污染、水体丧失等。确定可能的风险事件和其影响。

监测和审计：在项目实施阶段，定期监测水资源的状态和可持续利用绩效，确保项目遵守可持续利用措施和法规。进行可持续利用审计，以评估项目的可持续利用效果和合规性。

沟通和合作：与关键利益相关者分享可持续利用的结果，包括政府、社区和环保组织。透明的沟通有助于建立信任和合作。

持续改进：可持续利用是一个持续的过程，煤炭企业应不断改进其可持续利用实践，以应对不断变化的环境和社会要求。

（四）可持续利用方法和工具

实现煤炭水资源的可持续利用需要使用各种方法和工具，以更好地了解和保护水资源。以下是一些常用的方法和工具：

水资源管理计划：制订水资源管理计划，包括可持续用水目标、用水计划、废水处理计划等。这有助于确保水资源的可持续利用。

水资源模型：使用水资源模型来模拟水资源的变化和交互作用，以预测未来的水资源情况和应对水资源管理决策。

水资源定价：通过实施水资源定价政策，鼓励煤炭企业节约用水和减少废水排放。

水资源审计：进行水资源审计，以评估用水效率和可持续性。水资源审计有助于识别用水效率低下的领域和改进机会。

环境影响评估：进行全面的环境影响评估，以确定煤炭项目对水资源的潜在影响，包括水资源用量、废水排放、水质影响等。

水资源监测：实施水资源监测计划，包括定期测量地下水位、水体流量、水质参数等。这可以帮助监测水资源的变化和健康状况。

水资源规划工具：使用水资源规划工具来模拟不同水资源管理和保护措施的效果，以确定最佳的管理方案。

生态系统维护和恢复：采取措施保护和恢复水体生态系统，包括湿地、河流、湖泊和野生动植物栖息地。

（五）未来趋势

煤炭水资源的可持续利用领域将继续发展和演进，以适应不断变化的环境和社会要求。以下是一些未来趋势：

水资源管理技术的创新：随着科技的发展，水资源管理技术将不断创新，包括智能监测技术、大数据分析、水资源模型等。

水资源金融：越来越多的金融机构和投资者将关注水资源保护和可持续利用，提供资金支持项目，以获得可持续的回报。

政策和法规的加强：监管机构将继续提高水资源政策和法规的标准，要求更高的水资源保护要求，确保煤炭企业承担可持续利用的责任。

跨部门合作：跨部门合作将成为可持续利用的关键，包括政府、煤炭企业、环保组织和社区的合作，以共同应对水资源挑战。

社会关注和参与：社会对水资源保护和可持续利用的关注度将继续增加，煤炭企业需要更积极地与社区和利益相关者合作，以应对关切和期望。

总结而言，煤炭水资源的可持续利用是确保煤炭开采和使用在水资源可持续方面达到最佳平衡的重要工具。通过项目计划、数据收集和评估、可持续利用特性分析、规划和实施、风险评估、监测和审计、沟通和合作以及持续改进，煤炭企业可以更好地理解和管理项目对水资源的影响，并采取适当的措施来保护水资源。未来，水资源管理技术的创新、水资源金融、政策和法规的加强、跨部门合作和社会关注和参与将推动煤炭水资源可持续利用领域的发展和改进。这些趋势对确保煤炭工业的可持续发展和水资源保护至关重要。

在实际应用中，煤炭企业应积极采取措施来减少用水、改善废水处理、保护水体生态系统，并与政府、社区和环保组织合作，共同努力实现煤炭水资源的可持续利用。同时，煤炭企业还应不断改进其水资源管理实践，以适应不断变化的环境和社会要求，确保水资源的可持续利用，以促进社会、环境和经济的共同繁荣。

在面临全球水资源压力不断增加的情况下，煤炭行业必须认真对待水资源问题，采取积极的可持续利用措施，以确保煤炭开采和使用对水资源的影响最小化，同时满足能源需求和维护生态平衡。只有通过全面的水资源管理和可持续利用，煤炭行业才能在未来取得成功，同时履行其社会和环境责任。

三、煤炭水资源法规合规

煤炭作为全球主要的能源资源之一，在生产和使用过程中对水资源有着重要影响。随着社会对环境可持续性的关注不断增加，以及水资源紧缺和水污染等问题的不断加剧，煤炭行业必须遵守相关法规，以确保对水资源的合规管理和保护。本部分将探讨煤炭水资源法规合规的重要性、法规框架、合规挑战和未来发展趋势。

（一）煤炭水资源法规合规的重要性

煤炭开采和使用对水资源产生广泛的影响，包括用水量大、水污染、地下水位下降等。因此，煤炭水资源法规合规对确保水资源的可持续供应和维护水体生态系统的健康至关重要。以下是煤炭水资源法规合规的重要性：

保护水资源：煤炭水资源法规合规有助于保护水资源，确保其质量和数量得到维护。这有利于维护当地社区的饮用水供应和生态系统的健康。

减轻水污染：合规实践可以减轻煤炭开采和使用对水体的污染，包括废水排放和水体中的化学物质和重金属污染。这有助于保护水体的生态系统和水质。

避免地下水位下降：合规管理可以避免地下水位下降，确保地下水资源的可持续利用。这对农业、生活用水和生态系统都至关重要。

符合法规和政策：煤炭企业必须遵守各级政府颁布的法规和政策，以防止可能的罚款和法律诉讼，维护企业声誉。

社会和环保要求：社会和环保组织越来越关注煤炭行业的水资源管理实践，合规有助于满足社会和环保要求，维护企业可持续发展。

（二）煤炭水资源法规框架

煤炭水资源法规合规的框架通常由国家、地方和行业法规构成，这些法规旨在确保煤炭行业对水资源的合规管理。以下是一些典型的法规要素：

国家法规：国家层面的法规通常包括水资源管理法、环境保护法和煤炭开采法等，这些法规规定了煤炭行业在水资源管理方面的责任和义务。

地方法规：不同地区可能会颁布特定的水资源管理法规，以适应当地的水资源特点和需求。这些法规可以涉及用水许可、水质标准和水资源保护计划等。

行业法规：行业协会和监管机构可能颁布针对煤炭行业的特定法规，以规范行业内的水资源管理实践。这些法规可以包括最佳管理实践、监测要求和报告规定等。

环境影响评估（EIA）：煤炭项目可能需要进行 EIA，以评估项目对水资源的潜在影响，并制定相关管理措施。

水资源许可：煤炭企业可能需要获得水资源许可，以合法使用水资源。这些许可可以规定用水量、水质标准和废水排放要求等。

水质标准：法规通常设定水体的水质标准，以确保水体的质量得到维护。煤炭企业必须遵守这些标准，以防止水污染。

废水处理要求：煤炭企业必须合规处理废水，以降低废水排放对水体的污染。

水资源监测和报告：合规要求通常包括定期监测水资源状态，并向相关政府部门提交监测报告。

处罚和处罚机制：法规通常规定了不遵守法规的处罚和处罚机制，以确保煤炭企业遵守法规。

（三）煤炭水资源法规合规的挑战

尽管煤炭水资源法规合规的重要性不容忽视，但煤炭行业在实践中仍面临一些挑战。以下是一些主要挑战：

复杂的法规环境：煤炭行业需要遵守多层次的法规，包括国家、地方和行业法规，这可能导致法规环境的复杂性和不一致性。

监测和报告成本：监测水资源状态和提交监测报告需要投入大量时间和金钱，这对一些小型和中小型煤炭企业可能构成财务压力。

技术和管理能力不足：一些煤炭企业可能缺乏必要的技术和管理能力，以满足法规的要求。这包括水质监测、废水处理技术和环境影响评估等方面的能力。

水资源冲突：在一些地区，煤炭开采和当地社区之间可能存在水资源冲突，这可能导致合规问题和社会不稳定。

可持续用水管理：煤炭行业需要采取可持续用水管理实践，包括节水和水资源循环利用，以适应水资源紧缺的挑战。

知识共享和合作：合规需要不断更新的知识和信息共享，以确保企业了解最新的法规和最佳管理实践。同时合作与政府、社区和环保组织也至关重要。

遵守意愿：有时候企业可能会采取回避或规避合规要求的做法，以降低成本或避免法规的约束，这可能导致法规合规问题。

（四）未来发展趋势

未来，煤炭水资源法规合规将面临一些重要的发展趋势，以应对不断变化的环境和社会要求。以下是一些未来发展趋势：

水资源管理技术的创新：随着科技的发展，水资源管理技术将不断创新，包括智能监测技术、大数据分析、水资源模型等。这将有助于提高合规实践的效率和可行性。

水资源金融：越来越多的金融机构和投资者将关注水资源保护和可持续利用，提供资金支持项目，以获得可持续的回报。

政策和法规的加强：监管机构将继续提高水资源管理法规的标准，要求更高的水资源保护要求，确保煤炭企业承担可持续利用的责任。

跨部门合作：跨部门合作将成为合规的关键，包括政府、煤炭企业、环保组织和社区的合作，以共同应对水资源挑战。

社会关注和参与：社会对水资源保护和可持续利用的关注度将继续增加，煤炭企业需要更积极地与社区和利益相关者合作，以应对关切和期望。

生态综合管理：未来，煤炭行业可能越来越注重生态综合管理，以最大限度地减少对水资源和生态系统的影响。

可持续用水管理：煤炭企业需要采取更积极的可持续用水管理实践，包括节水和水资源循环利用，以适应水资源紧缺的挑战。

总结而言，煤炭水资源法规合规是确保煤炭开采和使用在水资源可持续方面达到最佳平衡的重要因素。通过遵守国家、地方和行业法规、投资创新的水资源管理技术、积极合作和应对未来的挑战，煤炭企业可以更好地管理和保护水资源，维护环境可持续性，并实现可持续的社会和经济发展。只有通过全面的合规实践，煤炭行业才能在未来取得成功，同时履行其社会和环境责任。

第四节 生态恢复与保护工作

一、煤炭生态系统保护计划

煤炭是全球主要的能源资源之一，然而，在其开采和使用过程中，煤炭行业常常对生态系统造成重大影响，包括土地破坏、水体污染、野生动植物栖息地丧失等。为了实现可持续的煤炭开发和减少对生态系统的负面影响，煤炭企业需要制订和执行生态系统保护计划。本部分将探讨煤炭生态系统保护计划的重要性、关键要素、执行步骤和未来趋势。

（一）煤炭生态系统保护的重要性

生物多样性维护：生态系统保护计划有助于维护野生动植物种群和多样性，防止栖息地丧失和物种灭绝。煤炭开采和使用常常导致野生动植物栖息地的破坏，生态系统保护可以减少这种压力。

水体保护：生态系统保护计划还可以减轻煤炭开采和使用对水体的污染和破坏。这有助于维护水体生态系统和水质。

土地恢复：煤炭采矿通常伴随着土地破坏，生态系统保护计划可以包括土地恢复和再植被计划，以减轻土地负面影响。

社区受益：生态系统保护计划有助于确保当地社区从煤炭开采中受益，而不仅仅是受到损害。通过提供生态系统服务，如清洁水源和食物供应，社区可以改善生活质量。

法规合规：煤炭行业必须遵守国家和地方法规，以确保生态系统的保护。合规实践有助于防止可能的法律诉讼和罚款，维护企业声誉。

长期可持续性：通过生态系统保护，煤炭行业可以实现长期可持续性，减轻未来水资源和生态问题的风险，确保企业的持续经济发展。

（二）煤炭生态系统保护计划的关键要素

要制订和执行有效的煤炭生态系统保护计划，需要考虑以下关键要素：

生态系统评估：首先，进行生态系统评估，以了解当地生态系统的特点、物种多样性、关键栖息地和生态系统服务。

法规和政策：了解国家和地方的法规和政策，以确定煤炭项目需要遵守的法规要求。

利益相关者参与：与当地社区、政府、环保组织和其他利益相关者进行积极的沟通和参与，以确保他们的关切和期望得到考虑。

目标和指标：确定生态系统保护计划的明确目标和指标，以确保计划的成功度量和监测。

野生动植物保护：制订保护野生动植物的计划，包括保护关键物种、栖息地恢复和监测。

水资源管理：采取措施保护水体和水质，包括废水处理、水资源循环利用和节水措施。

土地恢复和再植被：制订土地恢复计划，包括土地重建、植被再生和土地修复。

监测和报告：建立监测系统，定期报告生态系统保护计划的进展和效果。

沟通和透明度：与利益相关者进行持续的沟通，分享计划的进展和结果，建立信任和合作。

教育和培训：提供员工培训，确保他们了解和遵守生态系统保护计划。

持续改进：不断改进生态系统保护计划，以适应不断变化的环境和社会要求。

（三）煤炭生态系统保护计划的执行步骤

制订和执行煤炭生态系统保护计划需要遵循一系列步骤：

生态系统评估：进行生态系统评估，包括野生动植物调查、栖息地评估和水资源状况分析。这有助于了解生态系统的健康状况和潜在风险。

法规合规：确保煤炭项目遵守国家和地方法规，包括水资源管理法规、土地使用法规和环境保护法规。这需要详细了解法规的要求并确保项目的合规性。

利益相关者参与：与社区、政府、环保组织和其他利益相关者积极沟通，了解他们的关切和期望，确保他们的意见被考虑在内。

目标和指标制定：明确生态系统保护计划的目标和指标，包括野生动植物保护目标、水资源保护目标和土地恢复目标。这有助于确保计划的成功度量和监测。

野生动植物保护：制订野生动植物保护计划，包括关键物种的保护、栖息地恢复计划和野生动植物监测。

水资源管理：实施水资源管理措施，包括废水处理、水资源循环利用和节水措施，以减轻对水体的污染和破坏。

土地恢复和再植被：制订土地恢复计划，包括土地重建、植被再生和土地修复，以减轻土地破坏。

监测和报告：建立监测系统，定期监测生态系统的健康状况和计划的进展。定期报告计划的结果和效果。

沟通和透明度：与利益相关者进行持续的沟通，分享计划的进展和结果，建立信任和合作。确保计划的执行过程是透明的。

教育和培训：提供员工培训，确保他们了解和遵守生态系统保护计划的要求。培训可以包括环保法规、野生动植物保护和水资源管理。

持续改进：不断改进生态系统保护计划，以适应不断变化的环境和社会要求。定期评估计划的效果，并根据评估结果进行改进。

（四）未来发展趋势

未来，煤炭生态系统保护计划将面临一些重要的发展趋势，以应对不断变化的环境和社会要求。以下是一些未来发展趋势：

生态综合管理：煤炭行业可能越来越注重生态综合管理，以最大限度地减少对生态系统的影响。这包括采取生态补偿措施，以弥补破坏。

社会责任：社会对煤炭行业的社会责任要求将不断增加，包括生态系统保护。煤炭企业需要更积极地履行社会责任，以满足社会期望。

生态系统服务评估：越来越多的煤炭项目可能会进行生态系统服务评估，以确定项目对生态系统的正面和负面影响，并制定相应的保护和恢复措施。

投资和金融：金融机构和投资者可能越来越关注煤炭项目的生态系统保护实践，提供资金支持项目，以获得可持续的回报。

长期可持续性：通过生态系统保护，煤炭行业可以实现长期可持续性，减轻未来水资源和生态问题的风险，确保企业的持续经济发展。

创新技术：未来，煤炭行业将依靠创新技术来减轻对生态系统的影响。这包括环保采矿技术、水资源管理技术和土地恢复技术的发展。

国际合作：煤炭行业可能会加强国际合作，以分享最佳实践和经验，应对全球性的生态系统保护挑战。

总结而言，煤炭生态系统保护计划是确保煤炭开采和使用对生态系统的最佳保护和可持续性的重要因素。通过遵守法规、采取生态系统保护措施、与利益相关者合作和不断改进实践，煤炭企业可以减少对生态系统的负面影响，维护生物多样性、水体和土地的健康，实现可持续的社会和经济发展。只有通过全面的生态系统保护计划，煤炭行业才能在未来取得成功，同时履行其社会和环境责任。

二、煤炭恢复与保护措施

煤炭作为全球主要的能源资源之一，在其采矿和使用过程中对环境和生态系统产生了重大影响。为了减少这些负面影响并确保煤炭资源的可持续开发，煤炭行业需要采取一系列恢复与保护措施。本部分将探讨煤炭恢复与保护措施的重要性、关键要素、实施步骤以及未来发展趋势。

（一）煤炭恢复与保护措施的重要性

土地恢复：煤炭开采通常伴随着土地破坏，包括开采区域的表面矿坑、矿坑和矿渣堆积。恢复土地的关键性在于恢复生态系统功能和生产力，以确保土地能够再次支持自然植被、野生动植物栖息地和农业。

生态系统保护：煤炭开采和使用对生态系统产生广泛的影响，包括水体污染、野生动植物栖息地丧失和生物多样性下降。采取保护措施有助于维护生态系统的健康和功能。

水资源保护：煤炭开采和废水排放对水体质量和数量产生负面影响。采取水资源保护措施，如废水处理和水质监测，有助于减轻水资源污染和水体生态系统的损害。

社区受益：通过采取恢复与保护措施，煤炭企业可以确保当地社区从煤炭开采中受益，而不仅仅是受到损害。这包括提供就业机会、改善生活质量和提供生态系统服务。

法规合规：煤炭企业必须遵守国家和地方法规，以确保土地恢复和生态系统保护的合规性。合规实践有助于防止可能的法律诉讼和罚款，维护企业声誉。

长期可持续性：通过采取恢复与保护措施，煤炭行业可以实现长期可持续性，减轻未来水资源和生态问题的风险，确保企业的持续经济发展。

（二）煤炭恢复与保护措施的关键要素

要制定和执行有效的煤炭恢复与保护措施，需要考虑以下关键要素：

恢复与保护目标：明确恢复与保护措施的目标，包括土地恢复目标、野生动植物保护目标和水资源保护目标。

恢复与保护计划：制订详细的恢复与保护计划，包括土地恢复计划、水资源管理计划和野生动植物保护计划。

法规合规：确保恢复与保护措施符合国家和地方法规，包括土地恢复法规和水资源保护法规。

利益相关者参与：与当地社区、政府、环保组织和其他利益相关者积极沟通和合作，以确保他们的关切和期望得到考虑。

监测和报告：建立监测系统，定期监测恢复与保护措施的进展和效果。定期报告措施的结果和效果。

沟通和透明度：与利益相关者进行持续的沟通，分享恢复与保护措施的进展和结果，建立信任和合作。确保措施的执行过程是透明的。

教育和培训：提供员工培训，确保他们了解和遵守恢复与保护措施的要求。培训可以包括土地恢复技术、水资源管理和野生动植物保护知识。

风险管理：评估潜在的环境和社会风险，采取相应的措施来减轻这些风险。这包括风险评估和应急响应计划的制定。

持续改进：不断改进恢复与保护措施，以适应不断变化的环境和社会要求。定期评估措施的效果，并根据评估结果进行改进。

（三）煤炭恢复与保护措施的执行步骤

制定和执行煤炭恢复与保护措施需要遵循一系列步骤：

目标制定：明确恢复与保护措施的目标和指标，包括土地恢复目标、水资源保护目标和野生动植物保护目标。

恢复与保护计划制定：制订详细的恢复与保护计划，包括土地恢复计划、水资源管理计划和野生动植物保护计划。计划需要包括具体的行动计划和时间表。

法规合规：确保恢复与保护措施符合国家和地方法规，包括土地恢复法规和水资源保护法规。这需要详细了解法规的要求并确保项目的合规性。

利益相关者参与：与社区、政府、环保组织和其他利益相关者积极沟通，了解他们的关切和期望，确保他们的意见被考虑在内。

监测和报告：建立监测系统，定期监测恢复与保护措施的进展和效果。定期报告措施的结果和效果，包括土地恢复进展、水质监测数据和野生动植物栖息地状况。

沟通和透明度：与利益相关者进行持续的沟通，分享恢复与保护措施的进展和结果，建立信任和合作。确保措施的执行过程是透明的，可以向社区和公众提供必要的信息。

教育和培训：提供员工培训，确保他们了解和遵守恢复与保护措施的要求。培训可以包括土地恢复技术、水资源管理和野生动植物保护知识，以确保员工能够正确执行计划。

风险管理：评估潜在的环境和社会风险，采取相应的措施来减轻这些风险。这包括风险评估和应急响应计划的制订，以应对可能的问题和突发事件。

持续改进：不断改进恢复与保护措施，以适应不断变化的环境和社会要求。定期评估措施的效果，并根据评估结果进行改进，以确保计划的可持续性和有效性。

（四）未来发展趋势

未来，煤炭恢复与保护措施将面临一些重要的发展趋势，以应对不断变化的环境和社会要求。以下是一些未来发展趋势：

技术创新：煤炭行业将依靠技术创新来改善恢复与保护措施。这包括土地恢复技术、水资源管理技术和野生动植物保护技术的发展，以提高效率和效果。

社会责任：社会对煤炭行业的社会责任要求将不断增加，包括土地恢复和生态系统保护。煤炭企业需要更积极地履行社会责任，以满足社会期望。

生态综合管理：煤炭行业可能越来越注重生态综合管理，以最大限度地减少对生态系统的影响。这包括采取生态补偿措施，以弥补破坏领域。

国际合作：煤炭行业可能会加强国际合作，以分享最佳实践和经验，应对全球性的土地恢复和生态系统保护挑战。

环境金融：金融机构和投资者可能越来越关注煤炭项目的恢复与保护实践，提供资金支持项目，以获得可持续的回报。

总结而言，煤炭恢复与保护措施是确保煤炭开采和使用对环境及生态系统的最佳保护和可持续性的重要因素。通过明确目标、制订详细计划、遵守法规、与利益相关者合作、监测和报告进展，以及不断改进实践，煤炭企业可以减少其对土地、水资源和生态系统的负面影响，实现可持续的社会和经济发展。只有通过全面的恢复与保护措施，煤炭行业才能在未来取得成功，同时履行其社会和环境责任，为可持续的煤炭资源开发做出贡献。

三、煤炭生态监测与改进

煤炭作为全球主要的能源资源之一，在采矿和使用过程中对环境和生态系统造成广泛的影响。为了减少这些负面影响、确保可持续的煤炭资源开发，以及履行环境责任，煤炭行业需要进行生态监测和采取相应的改进措施。本部分将探讨煤炭生态监测的重要性、关键要素、实施步骤以及未来发展趋势。

（一）煤炭生态监测的重要性

环境保护：煤炭采矿和燃烧产生的废气和废水等排放物会对大气、水体和土壤造成污染，导致环境恶化。通过生态监测，可以识别和量化这些污染物的释放，有助于采取必要的控制措施来保护环境。

生态系统保护：煤炭开采通常伴随着土地破坏和野生动植物栖息地丧失。生态监测可以帮助了解这些影响，从而采取措施来减轻对生态系统的损害，保护野生动植物和维护生态平衡。

水资源管理：煤炭采矿和加工过程中需要大量用水，而废水排放也可能对水质造成负面影响。生态监测可以追踪水资源的使用情况和水质状况，确保合规和水资源的可持续利用。

社区利益：当地社区常常受到煤炭行业的环境影响，包括空气和水质问题。通过生态监测，可以监测这些影响，并采取改进措施，提高社区的生活质量。

法规合规：煤炭行业必须遵守国家和地方法规，以确保环境和生态系统的保护。生态监测是确保合规的关键工具，有助于防止可能的法律诉讼和罚款。

长期可持续性：通过生态监测，煤炭行业可以识别潜在的环境风险，采取措施来减轻这些风险，确保煤炭资源的长期可持续开发。

（二）煤炭生态监测的关键要素

要进行有效的煤炭生态监测，需要考虑以下关键要素：

监测目标明确：明确生态监测的目标和指标，包括空气质量、水质监测、土壤污染、野生动植物监测等。

监测计划制订：制订详细的监测计划，包括监测站点的选择、监测频率和监测参数。监测计划应根据具体项目和环境特点而制定。

监测技术选择：选择适当的监测技术和工具，以确保数据的准确性和可比性。这可能涉及使用气象站、水质监测设备、野生动植物追踪技术等。

数据管理和分析：建立数据管理系统，确保监测数据的及时收集、存储和分析。数据分析可以帮助识别问题和趋势，从而采取必要的改进措施。

利益相关者参与：与当地社区、政府、环保组织和其他利益相关者积极沟通，分享监测数据和结果，以确保他们的关切和期望得到考虑。

沟通和透明度：与利益相关者进行持续的沟通，共享监测数据和结果，建立信任和合作。确保监测过程是透明的，可以向社区和公众提供必要的信息。

教育和培训：提供员工培训，确保他们了解监测过程和技术，能够正确执行监测任务。

持续改进：不断改进监测过程和技术，以适应不断变化的环境和社会要求。定期评估监测数据和结果，根据评估结果采取改进措施，以确保监测的有效性和可持续性。

（三）煤炭生态监测的执行步骤

要进行煤炭生态监测，需要遵循以下执行步骤：

目标制定：明确生态监测的目标和指标，包括监测的范围、频率和监测参数。这需要根据具体项目和环境特点而制定。

监测计划制订：制订详细的监测计划，包括监测站点的选择、监测设备和技术的确定、监测频率和监测人员的培训。

数据收集和记录：按照监测计划执行监测任务，收集监测数据并进行记录。确保数据的准确性和可追溯性。

数据管理和分析：建立数据管理系统，存储监测数据，并进行数据分析。分析可以帮助识别问题和趋势，制定改进措施。

利益相关者沟通：与社区、政府、环保组织和其他利益相关者积极沟通，分享监测数据和结果，以确保他们的关切和期望得到考虑。

沟通和透明度：与利益相关者进行持续的沟通，共享监测数据和结果，建立信任和合作。确保监测过程是透明的，可以向社区和公众提供必要的信息。

教育和培训：提供员工培训，确保他们了解监测过程和技术，能够正确执行监测任务。

持续改进：不断改进监测过程和技术，以适应不断变化的环境和社会要求。定期评估监测数据和结果，根据评估结果采取改进措施，以确保监测的有效性和可持续性。

（四）未来发展趋势

未来，煤炭生态监测将面临一些重要的发展趋势，以应对不断变化的环境和社会要求。以下是一些未来发展趋势：

技术创新：煤炭行业将依靠技术创新来改善监测过程和技术。这包括使用先进的监测设备和传感器，以提高监测数据的准确性和可靠性。

自动化监测：自动化监测系统将更广泛地应用于煤炭行业，以减少人力成本和提高监测的实时性。自动化系统可以迅速检测和报告问题，有助于快速采取措施。

大数据分析：大数据分析技术将用于处理监测数据，识别潜在的问题和趋势。这可以帮助提前预警和采取改进措施，以减轻潜在的风险。

国际合作：煤炭行业可能会加强国际合作，以分享最佳实践和经验，应对全球性的环境监测挑战。

公众参与：社区和公众可能会更积极地参与监测过程，提供反馈和建议，以确保监测的全面性和公正性。

总结而言，煤炭生态监测是确保煤炭行业履行其环境责任和实现可持续发展的重要工具。通过明确监测目标、制订监测计划、数据管理和分析、与利益相关者沟通、教育和培训员工，以及不断改进监测过程，煤炭企业可以减少对环境和生态系统的负面影响，确保煤炭资源的可持续开发。只有通过全面的生态监测和改进，煤炭行业才能在未来取得成功，实现可持续的社会和经济发展。

第十四章 煤炭行业未来展望与战略规划

第一节 煤炭行业未来趋势

一、新能源替代趋势

随着全球对气候变化和环境问题的日益关注,以及对传统化石燃料的有限性的认识,新能源替代成为全球能源领域的一项重大趋势。新能源替代指的是将可再生能源和其他清洁能源逐渐替代传统的化石燃料,以减少碳排放、降低能源成本和促进可持续发展。本部分将探讨新能源替代的重要性、关键要素、实施步骤以及未来发展趋势。

(一)新能源替代的重要性

环境保护:传统的化石燃料,如煤炭、石油和天然气,在采矿、生产和燃烧过程中会排放大量温室气体,导致气候变化和环境破坏。新能源替代可以减少碳排放,降低温室效应,保护地球的生态系统。

资源有限性:传统化石燃料是有限资源,随着时间的推移越来越稀缺,导致供应不稳定性和价格波动。新能源,如太阳能、风能和水能,是可再生的,能够持续供应能源,减少能源供应的不确定性。

能源独立性:依赖进口化石燃料的国家容易受到能源供应的地缘政治风险影响。新能源替代有助于提高国家的能源独立性,减少对进口能源的依赖。

经济发展:新能源行业的发展创造了就业机会,促进了经济增长。新能源技术的研发和应用也有助于提高科技创新和竞争力。

社会可持续性:新能源替代有助于实现社会的可持续性,包括能源可访问性、能源效率和减少贫困。可再生能源项目通常可以为农村地区提供电力,改善生活质量。

法规和政策支持:越来越多的国家和地区制定了法规和政策来支持新能源替代,包括税收激励、补贴和排放限制。这些政策措施有助于加速新能源的发展和应用。

（二）新能源替代的关键要素

要实施有效的新能源替代，需要考虑以下关键要素：

可再生能源：可再生能源，如太阳能、风能、水能和生物质能源，是新能源替代的核心。这些能源可以替代传统的化石燃料，减少碳排放。

技术创新：新能源技术的创新是推动替代的关键。持续的研发和创新可以提高新能源的效率和成本竞争力。

基础设施建设：为了支持新能源的应用，需要建设相应的能源基础设施，包括太阳能电池板、风力涡轮机、水力发电站等。

储能技术：储能技术是确保可再生能源持续供应的关键。能源存储技术，如电池和储氢技术，可以平衡供需，解决能源波动的问题。

网络升级：电力网络需要升级和改进，以支持可再生能源的分布式发电和大规模集成。智能电网技术可以提高电力网络的效率和可靠性。

法规和政策支持：政府的法规和政策支持对新能源替代至关重要。这包括补贴、税收激励、排放限制和可再生能源标准。

投资和融资：新能源项目需要大量资金支持。投资者和金融机构的参与是推动新能源替代的重要因素。投资和融资可以加速新能源项目的发展和扩展。

教育和培训：培训和教育人才，包括工程师、技术人员和维护人员，是确保新能源项目的成功运营的关键。培训可以提高技术水平和维护能力。

利益相关者参与：社区、利益相关者和公众的参与是推动新能源替代的关键。透明和广泛的参与有助于解决环境和社会问题，增加项目的社会接受度。

国际合作：国际合作有助于分享最佳实践、技术和经验，加速新能源的全球发展。国际协作可以推动新能源替代的跨国跨区域合作。

（三）新能源替代的实施步骤

要实施新能源替代，需要遵循以下步骤：

目标设定：明确新能源替代的目标和指标，包括能源供应的比例、碳排放的减少和能源成本的降低。

技术选择：选择适当的可再生能源技术，根据地区的气候和资源特点来确定最适合的技术。

基础设施建设：建设新能源基础设施，包括太阳能光伏电站、风力发电场、水力发电站和生物质发电设施。

储能设施建设：部署储能技术，以确保能源的持续供应，包括电池存储、储氢技术和抽蓄水能。

网络升级：升级电力网络，以支持可再生能源的分布式发电和大规模集成。引入智能电网技术，提高电力网络的效率和可靠性。

法规和政策支持：制定法规和政策，以支持新能源替代，包括补贴、税收激励、排放限制和可再生能源标准。

投资和融资：筹措资金，包括政府投资、私人投资和金融机构的融资，支持新能源项目的发展。

教育和培训：培训和教育从业人员，提高他们的技术水平和维护能力，确保新能源项目的成功运营。

利益相关者参与：与社区、利益相关者和公众进行积极的沟通，解决环境和社会问题，增加项目的社会接受度。

监测和评估：建立监测系统，追踪新能源替代的进展和效果。定期评估目标的达成和项目的可持续性。

（四）未来发展趋势

未来，新能源替代将继续成为全球能源领域的主要趋势。以下是一些未来发展趋势：

太阳能和风能的快速增长：太阳能和风能将继续快速增长，成为主要的新能源供应商。技术创新和成本下降将推动这些能源的扩展。

储能技术的进一步发展：储能技术将进一步发展，提高能源存储的效率和成本效益，以解决能源波动问题。

智能电网的推广：智能电网技术将在全球范围内推广，提高电力网络的效率和可靠性，支持可再生能源的分布式发电。

新能源在交通领域的应用：新能源将在交通领域得到更广泛的应用，包括电动车、氢燃料电池车和生物燃料。

国际合作和跨国投资：国际合作将继续推动新能源的发展，吸引跨国投资，加速新能源的全球化。

新能源领域的就业增长：新能源行业的增长将创造更多的就业机会，包括研发、制造、安装和维护。

总结而言，新能源替代是应对气候变化、保护环境、确保能源安全和促进经济发展的重要趋势。通过制定明确的目标、选择适当的技术、建设基础设施、储能、升级电力网络、制定政策和法规、筹措资金、进行教育和培训、与利益相关者进行沟通和监测评估，新能源替代将为我们创造更加可持续的未来。新能源将继续发展和创新，为人类社会提供清洁、可持续的能源，同时降低碳排放，改善环境质量，提高能源独立性和社会可持续性。未来，国际合作和跨国投资将加速新能源的全球发展，为解决全球气候挑战和能源需求提供创新的解决方案。

新能源替代是一个综合性的策略，需要政府、产业界和社会各界的合作。全球各国应加强合作，通过制定更多的法规和政策来支持新能源发展，促进技术创新，鼓励投资和融资，培养人才，并与国际社会共享经验和最佳实践。

在新能源替代的道路上，我们必须面对挑战，包括能源存储技术的提高、电力网络的升级、资金筹措、社会接受度等。然而，通过坚定的承诺、持续的努力和广泛的合作，新能源替代将成为实现可持续能源未来的主要引擎，为我们的子孙后代留下更清洁、更繁荣和更可持续的星球。

二、煤炭市场前景

煤炭一直以来都是全球主要的能源资源之一，然而，在过去几年，全球煤炭市场发生了巨大的变化。气候变化和环境问题、可再生能源的崛起、政策和法规的影响以及市场需求的波动，都对煤炭市场产生了深远的影响。本部分将探讨煤炭市场的当前状况、未来发展趋势以及面临的挑战和机会。

（一）煤炭市场的当前状况

全球煤炭产量和消耗：全球煤炭产量和消耗在过去几年内出现了波动。虽然一些国家仍然依赖煤炭作为主要能源资源，但全球范围内，煤炭的份额正在逐渐下降。中国、印度和美国是全球最大的煤炭生产国，但它们也在逐渐减少对煤炭的依赖。

温室气体排放问题：煤炭燃烧是主要的温室气体排放源之一，对气候变化产生了重大影响。因此，全球各国纷纷采取措施来减少煤炭的使用，加强环保法规，提高燃煤电厂的效率，以降低碳排放。

可再生能源的崛起：太阳能、风能、水能等可再生能源的快速发展，使其成为一个可行的替代方案。可再生能源的成本逐渐下降，效率不断提高，吸引了投资和政府支持。

煤炭市场需求波动：煤炭市场需求在过去几年内发生了波动。一方面，一些国家仍然需要煤炭来满足其能源需求，尤其是在发展中国家；另一方面，一些国家采取了政策来减少煤炭的使用，促进清洁能源的发展。

煤炭行业挑战：煤炭行业面临一系列挑战，包括环境法规的加强、社会反对煤炭开采、资本退出煤炭投资、劳工问题以及国际市场的波动。这些挑战使得煤炭行业面临着压力和不确定性。

（二）煤炭市场的未来发展趋势

渐进减少煤炭依赖：尽管一些国家仍然依赖煤炭，但全球范围内，煤炭的依赖程度将逐渐减少。政府、企业和消费者越来越关注环保和可持续性，将推动清洁能源的发展。

可再生能源的快速增长：可再生能源将继续快速增长，成为主要的能源资源之一。太阳能和风能技术不断提高，成本不断下降，将取代煤炭作为清洁的替代能源。

煤炭清洁技术的发展：为了减少环境影响，煤炭行业将不断发展和采用清洁技术，包括高效燃煤电厂、碳捕获和封存技术。这些技术将帮助减少燃煤排放，提高燃煤电厂的效率。

国际市场的波动：煤炭市场将继续受到国际市场的波动和政治因素的影响。供应和需求的变化、国际贸易关系的发展、国际合作和竞争，都将对煤炭市场产生影响。

新兴市场的增长：尽管一些发达国家减少了煤炭的使用，但一些新兴市场仍然对煤炭有需求。这些市场的增长可能会提供新的机会，但同时也带来了挑战，如环境问题和社会反对。

煤炭行业多元化：为了应对市场的不确定性，一些煤炭企业正在多元化其业务，包括涉足可再生能源领域，开展清洁技术研发，以及探索新的市场机会。

法规和政策的影响：政府的法规和政策将继续影响煤炭市场。环保法规的加强、碳排放的限制、补贴政策和可再生能源标准，将对煤炭市场产生影响。

投资和金融支持：投资者和金融机构对煤炭行业的支持将受到影响。越来越多的金融机构宣布不再投资煤炭项目，这可能会导致煤炭行业面临资金问题。

（三）煤炭市场的挑战和机会

挑战：煤炭行业面临的挑战包括气候变化和环境问题、社会反对煤炭开采、法规和政策的变化、国际市场的波动、资本退出煤炭投资以及劳工问题。这些挑战可能会对煤炭市场产生负面影响。

机会：尽管面临挑战，煤炭市场仍然存在一些机会。一些新兴市场仍然对煤炭有需求，多元化业务可以帮助煤炭企业减少风险，煤炭清洁技术的发展有助于减少环境影响，政府的政策支持和可再生能源补贴可能会提供新的机会。

煤炭市场面临着巨大的变革和挑战。尽管一些国家仍然依赖煤炭，但全球范围内，煤炭的份额正在逐渐下降。清洁能源的崛起、环保法规的完善、可再生能源的发展和国际市场的波动，都对煤炭市场产生了深远的影响。煤炭行业需要适应这些变化，采取多元化的措施，开发清洁技术，以确保其可持续性。同时，政府、企业和投资者也需要共同努力，推动煤炭市场向更加可持续的未来发展。只有在全球范围内采取行动，才能应对气候变化、保护环境和实现可持续能源未来的挑战。

三、煤炭技术创新

煤炭一直以来都是重要的能源资源，然而，煤炭开采和利用过程中所产生的环境和健康问题,以及碳排放引发的气候变化,使得煤炭产业面临了严峻的挑战。为了应对这些挑战,全球煤炭行业正在积极进行技术创新,以改善煤炭生产和利用的效率,减少环境影响,降低碳排放,同时寻求新的应用领域。本部分将探讨煤炭技术创新的重要性、当前的技术发展趋势、重要的创新领域以及未来的发展前景。

(一)煤炭技术创新的重要性

环境保护:传统的煤炭开采和燃烧过程会导致大量的环境问题,包括水污染、土壤退化、大气污染和温室气体排放。技术创新可以帮助减少这些负面影响,降低煤炭产业对环境的压力。

资源可持续性:煤炭是有限资源,随着时间的推移,煤炭资源的质量和可采储量都在下降。技术创新可以提高煤炭开采的效率,延长煤炭资源的可持续利用期限。

增加能源效率:煤炭燃烧过程的能源效率通常较低,技术创新可以提高燃烧效率,降低能源浪费,减少能源成本。

降低碳排放:煤炭燃烧是温室气体排放的主要来源之一,技术创新可以减少煤炭燃烧的碳排放,有助于应对气候变化。

创造新的应用领域:除了传统的电力生产,煤炭还可以用于生产液体燃料、化学品、建筑材料等。技术创新可以拓宽煤炭的应用领域,创造新的商机。

(二)当前的煤炭技术发展趋势

高效清洁燃煤技术:高效清洁燃煤技术是当前煤炭行业的一个重要发展方向。这包括超临界和超超临界火电机组、燃煤气化和燃煤联合循环发电技术等。这些技术可以提高燃煤电厂的效率,减少污染物排放。

碳捕获和储存(CCS)技术:CCS技术是一种减少碳排放的关键技术。它可以将二氧化碳从燃煤电厂的排放气流中捕获,并将其储存在地下储层中。虽然CCS技术仍面临挑战,但已经在一些项目中得到应用。

高效清洁煤矿技术:煤矿开采过程中的矿井通风、煤炭洗选和煤矿安全等技术方面的创新可以提高煤矿的安全性和效率。

煤炭气化技术:煤炭气化是将煤炭转化为合成天然气或液体燃料的过程。这种技术可以使煤炭更易储存和运输,并减少煤炭燃烧的环境影响。

煤炭利用的多元化:除了电力生产,煤炭还可以用于生产化学品、建筑材料、液体燃料等。煤炭行业正在寻求新的应用领域,以拓宽其产业链。

数字化和自动化技术:数字化和自动化技术在煤炭生产和利用中发挥着越来越重要的作用。这包括物联网、大数据分析、自动化采矿设备等,可以提高生产效率和安全性。

（三）重要的煤炭技术创新领域

清洁煤技术：清洁煤技术包括高效燃煤技术、燃煤气化技术和碳捕获和储存技术。这些技术可以减少煤炭燃烧过程中的污染物排放和碳排放，提高燃煤电厂的效率。

高效煤矿开采技术：高效煤矿开采技术可以提高煤矿的生产效率，降低能源消耗，减少矿工的安全风险。这些技术包括自动化采矿设备、矿井通风系统的改进、矿矿安全监测和矿井废弃物的处理。

煤炭气化技术：煤炭气化技术可以将煤炭转化为合成气体、合成天然气或液体燃料，这些产品可以用于多种应用领域，包括化工、交通和电力生产。

数字化和自动化技术：数字化和自动化技术在煤炭生产和利用中的应用不断增加。物联网技术可以用于监测和控制设备，大数据分析可以用于优化生产过程，自动化采矿设备可以提高矿山生产效率。

煤炭资源可持续性技术：煤炭资源的可持续性技术包括提高煤炭开采效率、减少煤炭资源的浪费、提高采矿废弃物的处理效率，以延长煤炭资源的可持续利用期限。

煤炭利用的多元化技术：多元化技术包括将煤炭用于生产化学品、建筑材料、液体燃料等新的应用领域。这些技术可以创造新的商机，减少煤炭行业对电力生产的依赖。

（四）煤炭技术创新的未来发展前景

煤炭技术创新将继续是煤炭行业的一个重要发展方向。未来的发展前景包括：

清洁煤技术的发展：清洁煤技术将继续发展，以提高燃煤电厂的效率，减少污染物排放和碳排放。

CCS 技术的应用：CCS 技术将在更多的煤炭电厂中得到应用，以减少碳排放。

煤炭气化技术的拓展：煤炭气化技术将进一步拓展，以生产更多的合成气体、合成天然气和液体燃料。

数字化和自动化技术的普及：数字化和自动化技术将在煤炭生产和利用中得到更广泛的应用，以提高效率和安全性。

煤炭多元化的发展：煤炭行业将继续寻求新的应用领域，如化工、建筑材料、液体燃料等，以降低其对电力生产的依赖。

总之，煤炭技术创新对煤炭行业的可持续发展至关重要。技术创新可以减少煤炭产业对环境的负面影响，提高能源效率，降低碳排放，延长煤炭资源的可持续利用期限，创造新的商机。未来，煤炭技术创新将继续推动煤炭行业向更加清洁、高效、可持续的方向发展。

第二节 战略规划与可持续发展

一、煤炭战略规划流程

煤炭作为一种重要的能源资源，对许多国家的经济发展和能源供应起到至关重要的作用。然而，随着环境问题、气候变化和可再生能源的崛起，煤炭行业面临着日益严峻的挑战。因此，制订有效的煤炭战略规划至关重要，以确保煤炭行业的可持续性和竞争力。本部分将探讨煤炭战略规划的流程，包括目标设定、情境分析、战略选择和实施阶段，以及相关的重要因素和挑战。

（一）目标设定阶段

确定愿景和使命：煤炭战略规划的第一步是确定愿景和使命。这包括明确煤炭行业的长期愿景，以及为实现这一愿景而制定的使命和核心价值观。这些愿景和使命将为战略规划提供指导。

设定战略目标：在目标设定阶段，确定明确的战略目标和目标。这些目标应该是具体的、可衡量的、可达成的，并与煤炭行业的愿景和使命相一致。典型的目标可能包括减少碳排放、提高生产效率、降低生产成本、扩大市场份额等。

确定利益相关者：在制订战略规划过程中，确定和分析各种利益相关者，包括政府、投资者、社会团体、员工、供应商等。了解这些利益相关者的期望和关切，有助于制定更加全面和可持续的战略。

（二）情境分析阶段

市场分析：在情境分析阶段，进行市场分析，评估煤炭市场的当前状态和未来趋势。这包括分析供需关系、竞争格局、价格趋势、市场机会和威胁等。

竞争分析：对竞争对手进行分析，了解他们的战略和市场地位。这有助于确定煤炭行业的竞争优势和劣势，以制定更有效的战略。

法规和政策分析：煤炭行业受到各种法规和政策的影响，包括环境法规、能源政策、税收政策等。在情境分析阶段，评估这些法规和政策对煤炭行业的影响，并了解未来的法规变化。

技术和创新分析：了解新技术和创新对煤炭行业的影响，包括清洁技术、碳捕获和储存技术、自动化技术等。这有助于确定未来的技术趋势和机遇。

社会和环境影响评估：评估煤炭行业对社会和环境的影响，包括社会责任、社会接受度、环境影响等。这有助于确定可持续发展的机会和挑战。

(三)战略选择阶段

制定战略选项：根据目标设定和情境分析的结果，制定不同的战略选项。这些选项可能包括市场扩张、技术创新、清洁能源过渡、多元化业务等。

评估战略选项：对各个战略选项进行评估，包括风险和回报分析。确定每个选项的可行性，以及其对战略目标的贡献。

选择最佳战略：基于评估的结果，选择最佳的战略选项。这可能需要在不同选项之间进行权衡，以确定最适合煤炭行业的战略。

制订实施计划：为选择的战略制订详细的实施计划，包括时间表、预算、资源分配和责任分配。确保实施计划具有可操作性和可监控性。

(四)实施阶段

沟通和合作：在实施阶段，与利益相关者进行沟通和合作是至关重要的。这包括与员工、政府、社会团体、投资者和供应商建立良好的合作关系，以共同推动战略的实施。

监控和评估：定期监控战略的实施进展，评估是否达到了战略目标。如果出现问题或需要调整，及时采取措施。

组织能力：确保组织具备实施战略所需的能力，包括技术、人力资源、管理和领导能力。

反馈和学习：不断从实施过程中获取反馈，学习经验教训，不断改进战略和实施计划。灵活性和适应能力是成功实施战略的关键。

(五)关键因素和挑战

环境法规：环境法规的变化和加强可能对煤炭战略规划产生重大影响。煤炭企业需要积极遵守法规，同时寻求创新的解决方案，以减少环境影响。

气候变化和碳排放：气候变化和碳排放问题是煤炭行业面临的重大挑战。清洁能源和碳捕获技术的发展可能会对煤炭市场产生影响。

投资和资金：实施战略需要足够的资金和资源。煤炭企业可能需要吸引投资或寻求融资支持，以推动战略的实施。

技术创新：煤炭行业需要不断追求技术创新，以提高效率、减少环境影响和降低成本。技术创新的不确定性不仅是一个挑战，也是一个机会。

社会接受度：煤炭行业的活动通常受到社会反对，因此建立良好的社会接受度至关重要。与社会团体和当地社区建立合作关系，倾听他们的关切，可以帮助减轻社会反对。

国际市场：国际市场的波动和竞争也会影响煤炭行业。煤炭企业需要密切关注国际市场的动态，以调整战略。

煤炭战略规划是确保煤炭行业的可持续性和竞争力的关键步骤。通过明确的目标设定、全面的情境分析、有效的战略选择和实施计划,煤炭企业可以应对当前的挑战,抓住机会,实现长期可持续发展。然而,煤炭战略规划也面临许多复杂的问题和不确定性,需要灵活性和适应能力,以应对不断变化的环境。只有通过不断学习和改进,煤炭行业才能实现可持续发展并适应未来的挑战。

二、煤炭可持续发展目标

煤炭作为一种重要的能源资源,一直以来在全球能源供应中发挥着重要的作用。然而,煤炭开采和利用所产生的环境问题、社会影响以及碳排放引发的气候变化,使得煤炭产业面临着日益严峻的挑战。为了确保煤炭的可持续发展,需要明确定义并积极追求煤炭可持续发展目标。本部分将探讨煤炭可持续发展目标的重要性、相关领域的目标设定、实施和监测的方法,以及相关的关键因素和挑战。

(一)煤炭可持续发展目标的重要性

环保和减排目标:煤炭开采和燃烧过程中产生的污染物和温室气体排放对环境和气候产生负面影响。设定减排目标是确保煤炭产业对环境的负面影响得到控制的重要手段。

社会责任目标:煤炭产业对当地社区和员工有重要的社会责任。设定社会责任目标可以促使煤炭企业采取措施,确保社区受益、员工权益得到保护,并推动社会可持续发展。

经济可持续性目标:煤炭产业对国家和地区的经济具有重要意义。设定经济可持续性目标可以帮助煤炭企业提高生产效率、降低成本,从而维护产业的竞争力。

创新和技术发展目标:为了应对环境和社会挑战,煤炭产业需要不断追求创新和技术发展。设定创新和技术发展目标可以激励煤炭企业寻求新的解决方案,提高清洁生产技术,降低环境影响。

(二)相关领域的可持续发展目标

1. 环保和减排目标

减少碳排放:设定减少煤炭燃烧过程中产生的碳排放的目标,推动煤炭企业采取清洁技术和碳捕获和储存(CCS)等措施。

减少空气污染物排放:设定减少硫氧化物、氮氧化物、颗粒物等空气污染物排放的目标,提高空气质量。

水资源保护:设定减少水资源消耗和水污染的目标,保护地下水和水体生态系统。

2. 社会责任目标

社区参与和共享:设定目标,促使煤炭企业与当地社区建立积极合作关系,分享经济和社会利益。

安全和健康：设定目标，确保员工的安全和健康，降低事故率和职业健康问题。

社区发展：设定目标，支持当地社区的经济和社会发展，提高当地居民的生活水平。

3. 经济可持续性目标

生产效率提高：设定目标，提高煤炭生产的效率，降低生产成本。

多元化业务：设定目标，鼓励煤炭企业多元化业务，开发新的应用领域，减少对电力生产的依赖。

4. 创新和技术发展目标

清洁技术创新：设定目标，鼓励煤炭企业研发和采用清洁煤技术，如超临界燃烧、气化等。

CCS 技术发展：设定目标，推动碳捕获和储存技术的研发和应用，以减少碳排放。

数字化和自动化：设定目标，推动数字化和自动化技术在煤炭生产中的应用，提高生产效率。

（三）实施和监测方法

制订可持续发展计划：煤炭企业应该制订详细的可持续发展计划，明确实现各个领域目标的具体措施和时间表。

整合可持续发展目标：将可持续发展目标纳入企业的战略规划和绩效管理体系中，确保目标得到有效整合和执行。

制定绩效指标：为了监测目标的实施和达成情况，制定相应的绩效指标，并定期进行绩效评估。

沟通和合作：积极与利益相关者进行沟通和合作，包括政府、社会团体、员工、供应商等，共同推动可持续发展目标的实现。

持续改进：不断学习和改进可持续发展计划，根据反馈和经验教训调整目标和措施，确保目标的实现。

（四）重要因素和挑战

技术和创新：可持续发展目标通常需要技术创新和投资。煤炭企业需要不断追求清洁技术和创新解决方案，同时面对技术不确定性和成本挑战。

法规和政策：环境法规、能源政策和碳定价机制等政策和法规变化可能对可持续发展目标产生影响。企业需要密切关注政策动态，调整战略。

社会接受度：社会对煤炭行业的反对情绪可能影响可持续发展目标的实现。与社会团体和当地社区建立合作关系，提高社会接受度至关重要。

经济压力：煤炭行业面临市场竞争和价格波动的压力，可能会对可持续发展目标的实施产生挑战。企业需要提高竞争力，降低生产成本。

煤炭可持续发展目标是确保煤炭行业在面临环境和社会挑战的同时保持竞争力的关键。设定明确的目标，制订可持续发展计划，并积极实施和监测是实现这些目标的关键步骤。同时，企业需要积极应对技术、法规、社会接受度和经济压力等挑战，以确保可持续发展目标的实现，实现长期的经济、环境和社会效益。只有在综合考虑各种因素的情况下，煤炭行业才能迈向更加可持续的未来。

三、煤炭供应链优化

煤炭作为一种重要的能源资源，在全球范围内被广泛使用。煤炭供应链是将煤炭从采矿到最终用户的流动和分配过程。供应链的高效运作对煤炭行业的可持续发展和经济性至关重要。因此，煤炭供应链的优化成为煤炭企业和相关利益相关者的关注焦点。本部分将探讨煤炭供应链优化的重要性、优化策略、关键因素和挑战。

（一）煤炭供应链优化的重要性

提高效率和降低成本：煤炭供应链的优化可以提高整个供应链的效率，减少运输、仓储和库存成本。这有助于降低生产成本，提高竞争力。

减少浪费：优化供应链可以减少资源浪费，包括能源、时间和人力资源。减少浪费有助于提高可持续性，减少对环境的不利影响。

提高交付准时率：供应链优化可以提高货物的交付准时率，确保产品按时到达客户手中，提高客户满意度。

库存管理：通过供应链优化，可以更好地管理库存，减少库存损耗和过期库存，提高资本利用率。

灵活性和适应能力：供应链的优化使企业更加灵活，能够更好地应对市场变化和需求波动。

（二）煤炭供应链优化策略

信息技术和数字化：信息技术和数字化是供应链优化的关键工具。使用物联网（IoT）、大数据分析和云计算等技术，可以实现供应链的实时监测和管理，优化生产和运输过程。

库存管理：有效的库存管理是供应链优化的一个重要方面。通过精细的库存管理，可以降低库存成本，减少废品和滞销库存。

运输和物流优化：运输和物流是煤炭供应链中的关键环节。优化运输路线、选择合适的运输工具和提高运输效率可以降低运输成本，提高交付准时率。

供应链合作伙伴：与供应链的合作伙伴建立紧密的合作关系是供应链优化的关键。

合作伙伴可以包括供应商、承运商、仓储服务提供商等。建立合作关系有助于提高供应链的协同效应和效率。

可持续性考虑：在供应链优化过程中，要考虑可持续性因素。这包括减少环境影响、社会责任和供应链透明度。可持续性考虑有助于满足法规要求和社会期望，降低声誉风险。

（三）重要因素和挑战

数据质量：供应链优化依赖于准确的数据。不准确的数据可能导致不良的决策和不必要的成本。

技术投资：实施供应链优化策略通常需要技术投资。企业需要评估投资回报率，并确保技术投资与业务战略一致。

复杂性和不确定性：供应链可能受到市场波动、天气、政治因素等多种不确定性的影响。供应链优化需要考虑这些不确定性，并建立应对措施。

风险管理：供应链中存在多种潜在的风险，包括自然灾害、供应商问题、政治风险等。风险管理是供应链优化的一部分，需要制定风险计划和措施。

变化管理：供应链优化可能涉及组织和流程的变化。变化管理是确保供应链优化成功的关键。

煤炭供应链的优化对煤炭行业的可持续发展至关重要。通过使用信息技术、数字化、库存管理、运输和物流优化、供应链合作伙伴和可持续性考虑，煤炭企业可以提高效率、降低成本、提高交付准时率，从而增强竞争力。然而，供应链优化面临数据质量、技术投资、复杂性和不确定性、风险管理和变化管理等挑战。只有通过应对这些挑战，企业才能成功实施供应链优化策略，实现可持续的煤炭供应链管理。

综上所述，煤炭供应链的优化不仅有助于提高效率和降低成本，还可以提高可持续性，降低环境和社会风险。这对煤炭行业在面对不断变化的市场和监管环境中保持竞争力至关重要。因此，煤炭企业应积极探索和实施供应链优化策略，以实现长期的经济、环境和社会效益。同时，监测和持续改进供应链管理是确保优化策略的成功与持续改进的关键。只有通过不断学习和适应，煤炭行业才能适应未来的挑战，实现可持续的供应链管理。

第三节 新技术应用与创新方向

一、煤炭新技术趋势分析

煤炭作为一种主要的化石能源资源,一直在全球范围内被广泛使用。然而,随着对环境影响和碳排放的担忧不断增加,以及可再生能源的崛起,煤炭行业正面临着巨大的挑战。为了应对这些挑战,煤炭行业正在积极寻求新的技术解决方案,以提高煤炭的清洁性、效率和可持续性。本部分将探讨煤炭新技术趋势,包括清洁煤技术、碳捕获和储存技术、数字化技术以及其他创新技术,以及这些技术的应用和前景。

(一)清洁煤技术

超临界燃烧技术:超临界燃烧技术是一种通过提高煤炭燃烧过程的效率来减少污染物排放的方法。这种技术能够显著降低硫氧化物、氮氧化物和颗粒物的排放,同时提高能源利用率。

气化技术:煤气化是一种将煤炭转化为合成气(一种混合气体,包括一氧化碳和氢气)的过程。这种合成气可以用于发电、化学品生产和燃料生产。煤气化技术可以减少燃烧过程中的污染物排放,同时提高煤炭的清洁性。

煤炭洗选技术:煤炭洗选是一种通过去除杂质和硫分的方法来提高煤炭品质的技术。这有助于降低燃烧时的污染物排放,减少灰渣的产生。

生物能源技术:生物能源技术可以将生物质资源(如木材、秸秆等)与煤炭混合燃烧,减少煤炭的使用,同时降低碳排放。

(二)碳捕获和储存技术

燃烧后碳捕获(CCS):CCS技术是一种通过在燃烧过程中捕获二氧化碳(CO_2)排放的方法。捕获的CO_2可以压缩、运输和储存在地下储层中,以减少大气中的CO_2排放。

非氧化碳捕获(NCCS):NCCS技术是一种通过在燃烧过程中捕获CO_2排放并将其转化为其他化合物的方法。这可以降低燃烧过程中的能耗和成本。

高效能源利用:提高发电厂的热效率和电力效率可以减少单位煤炭消耗,从而减少碳排放。

(三)数字化技术

物联网(IoT):IoT技术可以将传感器和设备连接到互联网,实时监测和控制煤炭生产和供应链过程。这有助于提高生产效率和降低能源消耗。

大数据分析：大数据分析可以帮助煤炭企业分析大量数据，发现潜在的效率改进和成本削减机会。

人工智能（AI）：AI技术可以用于优化煤炭生产和供应链管理，提高生产效率和增加预测需求。

区块链技术：区块链技术可以用于改善煤炭供应链的透明度和追踪，减少欺诈和不当行为。

（四）其他创新技术

高温氧化技术：高温氧化技术可以将煤炭转化为气体燃料，同时捕获CO_2。这种技术可以减少碳排放。

电化学方法：电化学方法可以将二氧化碳转化为有用的化学品，如石油烃或化肥。

氢气生产技术：使用煤炭生产氢气，可以用于燃料电池和其他清洁能源应用。

应用和前景

这些新技术在煤炭行业的应用前景广泛，可以应对煤炭行业所面临的环境和经济挑战。以下是一些可能的应用和前景：

减少碳排放：清洁煤技术、CCS和NCCS技术可以显著减少煤炭燃烧过程中的碳排放，有助于实现碳中和和减缓气候变化。

提高效率：数字化技术可以提高煤炭生产和供应链管理的效率，减少资源浪费和成本。

降低环境影响：生物能源技术可以减少煤炭燃烧过程中的污染物排放，降低环境影响，同时提高资源的可持续利用。

可再生能源整合：煤炭企业可以通过与可再生能源技术的整合，如太阳能和风能，减少对煤炭的依赖，实现更加清洁和可持续的能源供应。

新能源和化学品生产：高温氧化技术和电化学方法可以将煤炭转化为有用的化学品，如合成气、氢气、液体燃料等，为其他工业和能源领域提供新的资源。

然而，煤炭新技术的应用和前景也面临一些挑战：

技术成本：许多新技术的研发和应用需要高额投资，可能会增加生产成本。

技术成熟度：一些新技术仍在研发阶段，需要时间来实现商业化和广泛应用。

法规和政策：法规和政策的变化可能会对新技术的应用产生影响，企业需要密切关注监管环境。

技术集成：将多种新技术整合到现有的煤炭生产和供应链中可能会面临技术集成的挑战。

煤炭新技术的发展和应用是煤炭行业应对环境和经济挑战的重要手段。清洁煤技术、碳捕获和储存技术、数字化技术等都有潜力提高煤炭的清洁性、效率和可持续性。同时，这些技术也有助于推动煤炭行业向更加可持续的未来迈进，减少碳排放、减少环境影响，满足社会和政府的可持续发展期望。

然而，煤炭新技术的应用和推广需要应对技术成本、技术成熟度、法规和政策、技术集成等多重挑战。煤炭企业需要积极投资研发，与政府、科研机构和行业合作伙伴合作，以共同推动新技术的发展和应用。只有通过不断的创新和合作，煤炭行业才能实现更加可持续和清洁的未来，继续为能源供应做出贡献。

二、煤炭数字化转型战略

煤炭产业一直是全球能源供应的关键组成部分，但近年来，它面临了来自多个方面的挑战，包括对环境影响的担忧、可再生能源的竞争、市场波动和成本压力。为了应对这些挑战，煤炭行业正在积极探索数字化转型，以提高效率、降低成本、减少碳排放，并确保可持续性。本部分将探讨煤炭数字化转型的重要性、战略构建、关键技术和挑战。

（一）煤炭数字化转型的重要性

提高效率：数字化技术可以改善煤炭生产和供应链管理的效率，减少资源浪费和提高产量。

降低成本：通过数字化转型，煤炭企业可以降低生产和运营成本，提高竞争力。

环保和碳减排：数字化技术可以帮助监测和控制排放，减少对环境的不利影响，同时有助于碳减排和达到可持续发展目标。

增强安全：数字化技术可以提高工作场所安全，降低事故风险。

提高竞争力：数字化转型可以帮助煤炭企业更好地应对市场竞争和市场波动，提高市场份额和利润。

（二）煤炭数字化转型的战略构建

要实现成功的数字化转型，煤炭企业需要制定明智的战略，以下是构建煤炭数字化转型战略的重要步骤：

目标设定：明确数字化转型的目标，包括提高效率、降低成本、减少碳排放、增强安全等。

识别关键技术：确定适用于煤炭行业的关键数字化技术，如物联网（IoT）、大数据分析、人工智能（AI）、区块链等。

数据管理：确保数据的高质量和可用性，建立数据采集、存储和分析的系统。

培训和教育：培训员工，提高他们对数字化技术的理解和应用能力。

合作伙伴关系：建立合作伙伴关系，包括与技术供应商、研究机构和其他行业伙伴的合作，共同推动数字化转型。

安全和合规性：确保在数字化转型过程中的安全和合规性，包括数据隐私和网络安全。

持续改进：不断评估和改进数字化转型策略，根据反馈和经验教训进行调整。

（三）关键技术

物联网（IoT）：IoT技术可以将传感器和设备连接到互联网，实时监测和控制生产过程，提高设备的效率，降低维护成本。

大数据分析：大数据分析可以帮助煤炭企业分析大量数据，发现潜在的效率改进和成本削减机会。

人工智能（AI）：AI技术可以用于预测维护、优化生产过程、提高设备的效率，提高生产效率。

区块链技术：区块链技术可以用于改善供应链的透明度和追踪，减少欺诈和不当行为。

虚拟现实（VR）和增强现实（AR）：VR和AR技术可以用于培训、维护和远程支持，提高安全性和效率。

云计算：云计算可以提供存储和计算资源，支持大规模数据分析和应用。

（四）挑战

数字化转型虽然有很多潜在好处，但也面临一些挑战：

技术投资：数字化转型通常需要大量的技术投资，包括硬件、软件和培训成本。

数据隐私：数据隐私和网络安全是数字化转型的关键问题，需要采取措施来保护敏感数据。

技术集成：将多个数字化技术整合到现有的系统中可能会面临技术集成的挑战。

文化和组织变革：数字化转型可能需要改变组织文化和工作流程，需要员工的支持和合作。

法规和政策：法规和政策的变化可能会对数字化转型产生影响，企业需要密切关注监管环境。

煤炭数字化转型是煤炭行业应对多重挑战的关键战略，包括提高效率、降低成本、减少碳排放、增强安全和提高竞争力。通过制定明智的战略，选择合适的技术，确保数据质量和安全，培训员工，建立合作伙伴关系，数字化转型可以帮助煤炭企业实现这些目标。然而，数字化转型也面临一些挑战，包括技术投资、数据隐私、技术集成、文化和组织变革以及法规和政策变化。

在数字化转型的过程中，煤炭企业应积极寻求合适的数字化技术，以满足其特定需求和目标。同时，企业需要将数字化转型纳入整体战略规划，以确保数字化战略与业务战略一致。此外，培训员工，提高他们对数字化技术的理解和应用能力，以促进数字化文化的建立。企业应与技术供应商、研究机构和其他合作伙伴建立紧密的合作关系，以推动数字化技术的研发和应用。

最重要的是，数字化转型不仅是一次性的努力，而是一个持续的过程。企业需要不断评估和改进数字化转型战略，根据反馈和经验教训进行调整。只有通过不断的创新和适应，煤炭行业才能实现更加可持续和竞争力强的未来，继续为能源供应做出贡献。数字化转型有望在煤炭行业中发挥重要作用，帮助行业适应变化的环境，并实现可持续性发展。

三、煤炭创新与研发投资

煤炭作为一种主要的化石能源资源一直在全球范围内发挥着重要作用。然而，随着环境问题和碳排放的加剧，煤炭产业面临了巨大的挑战。为了应对这些挑战，煤炭行业必须积极投资于创新和研发（Research and Development，R&D），以寻找新的解决方案，提高煤炭的清洁性、效率和可持续性。本部分将探讨煤炭创新与研发的重要性、投资领域、创新技术、挑战以及成功案例。

（一）煤炭创新与研发的重要性

环保和碳减排：创新与研发可以帮助煤炭行业减少对环境的不利影响，降低碳排放，达到环境和气候变化目标。

提高效率：研发投资可以改善煤炭的开采、加工和利用过程，提高资源利用效率，降低生产成本。

降低污染：新技术可以减少煤炭燃烧过程中的污染物排放，降低环境污染。

增强竞争力：创新可以帮助煤炭企业在市场上保持竞争力，满足市场需求。

转型和可持续性：煤炭行业需要适应能源市场的转型，创新与研发可以帮助实现产业升级和可持续性发展。

（二）投资领域

煤炭创新与研发的投资领域广泛，包括但不限于以下几个方面：

清洁煤技术：研发清洁煤技术，如超临界燃烧、煤气化、煤炭洗选、煤炭转化等，以减少煤炭燃烧过程中的污染物排放。

碳捕获和储存技术：投资于碳捕获和储存（CCS）技术，以捕获二氧化碳排放并安全储存，减少碳排放。

生物能源技术：研发生物质与煤炭混合燃烧技术，减少煤炭的使用，降低碳排放。

数字化技术：投资于物联网（IoT）、大数据分析、人工智能（AI）、区块链等数字化技术，以提高生产效率和降低成本。

环境监测与治理：研发环境监测技术，以实时监测环境污染和采取控制措施。

安全和健康：投资安全和健康领域的研发，提高工作场所安全，降低事故风险。

可持续化发展：研发可持续发展策略，包括矿山复绿、社区参与计划等，以满足社会和政府的可持续发展期望。

（三）创新技术

超临界燃烧技术：超临界燃烧技术通过提高煤炭燃烧过程的效率来减少污染物排放。

煤气化技术：煤气化将煤炭转化为合成气，可以用于发电、化学品生产和燃料生产。

煤炭洗选技术：煤炭洗选可以去除杂质和硫分，提高煤炭品质。

碳捕获和储存技术：CCS 技术可以捕获二氧化碳排放并储存，减少碳排放。

生物能源技术：生物能源技术可以将生物质资源与煤炭混合燃烧，减少煤炭的使用。

物联网（IoT）：IoT 技术可以连接传感器和设备，实时监测和控制煤炭生产和供应链过程。

大数据分析：大数据分析可以帮助企业分析大量数据，发现潜在的效率改进和成本削减机会。

人工智能（AI）：AI 技术可以用于优化生产过程、提高效率和预测需求。

区块链技术：区块链技术可以用于改善供应链的透明度和追踪，减少欺诈和不当行为。

（四）挑战

煤炭创新与研发面临一些挑战：

技术投资：煤炭行业可能需要巨额资金来支持创新与研发项目，包括设备采购、研发团队的建设和实验室设施的建设。

长期回报：研发项目通常需要较长的时间来获得回报，这对煤炭企业的财务状况可能产生压力。

法规和政策：煤炭行业受到环境法规和政策的影响，不合规可能导致项目停滞或取消。

技术风险：新技术的开发涉及技术风险，不一定能取得预期的成功。

人才短缺：寻找和留住具有相关专业知识与技能的人才可能是一个挑战。

社会接受度：煤炭创新与研发项目可能会受到社会的质疑和反对，需要积极进行沟通和社会参与。

竞争压力：其他能源形式如天然气、可再生能源等与煤炭竞争，需要更具竞争力的创新来维持市场份额。

（五）成功案例

清洁煤技术：一些煤炭企业已经投资超临界燃烧技术，以提高燃烧效率并降低污染物排放。这种技术已经在一些电厂中得到应用，减少了环境影响。

碳捕获和储存：一些煤炭企业积极投资于碳捕获和储存技术，以减少碳排放。这些项目得到政府支持，并在一些地区取得了成功。

数字化技术：煤炭企业采用物联网、大数据分析和人工智能等数字化技术来提高生产效率和降低成本。这些技术改善了设备维护和预测，减少了生产中断。

煤炭创新与研发是应对煤炭行业当前和未来挑战的关键。通过投资于清洁煤技术、碳捕获和储存技术、生物能源技术、数字化技术等领域，煤炭企业可以提高效率、降低成本、减少环境影响，并确保可持续性。然而，创新与研发也面临一系列挑战，包括技术投资、法规和政策、技术风险等。

为了成功实施创新与研发项目，煤炭企业需要制定明智的投资战略，积极与政府、研究机构和其他合作伙伴合作，吸引并保留高素质的人才，同时积极进行社会沟通和参与，以获得社会接受度。只有通过不断的创新和投资，煤炭行业才能实现更加可持续和竞争力强的未来，继续为能源供应做出贡献。

第四节　全球市场发展与国际竞争

一、煤炭国际市场机会分析

煤炭一直以来都是全球主要的能源资源之一，被广泛用于电力生产、工业制造和供暖等领域。尽管受到可再生能源和环保趋势的冲击，煤炭仍然在全球范围内具有重要地位。国际市场对煤炭的需求仍然稳定，并且一些新兴市场和国家仍然将煤炭作为主要能源来源。本部分将分析煤炭国际市场的机会，包括市场趋势、潜在需求、国际合作和可持续发展机会。

（一）市场趋势

亚太地区需求增长：亚太地区一直是煤炭需求的重要驱动力。中国、印度和东南亚国家等新兴市场国家的工业化与城市化进程导致了对煤炭的不断增长需求。中国和印度作为全球最大的煤炭消费国之一，仍然依赖煤炭来满足本国的能源需求。

环保和清洁能源趋势：尽管煤炭市场仍然存在，但环保和清洁能源趋势正逐渐改变煤炭市场格局。越来越多的国家和地区采取政策措施来减少碳排放，鼓励可再生能源和清洁技术的发展。这可能对煤炭需求产生负面影响。

减少煤炭进口国家：一些国家正在逐渐减少对煤炭的依赖，寻求替代能源。这可能导致一些国际市场的煤炭需求下降，尤其是在欧洲和北美。

煤炭价格波动：煤炭市场价格波动较大，受到多种因素的影响，包括供应和需求、地缘政治因素、气候变化政策等。煤炭市场价格波动可能会对国际市场机会产生影响。

（二）潜在需求和市场机会

新兴市场需求：新兴市场国家如印度尼西亚、越南、孟加拉国等依然对煤炭需求持续增长。这些国家的快速工业化和城市化带来了对电力和工业煤炭的持续需求。煤炭企业可以通过拓展到这些市场来获得增长机会。

高质量煤炭需求：一些国家对高质量煤炭的需求仍然强烈，特别是用于钢铁和工业制造。澳大利亚和印度尼西亚等国家生产高品质的热煤，可以满足这些市场的需求。

清洁煤技术需求：虽然环保和清洁能源趋势增长，但一些国家仍然需要清洁煤技术来减少污染物排放。煤炭企业可以提供清洁燃烧技术和碳捕获和储存技术，以满足这些需求。

国际合作机会：国际合作可以为煤炭企业提供机会，特别是与国际金融机构和政府合作，推动清洁煤技术的发展和推广。

转型市场机会：煤炭企业可以考虑在可再生能源和清洁技术领域寻找机会，以应对市场转型趋势。一些煤炭企业已经开始投资于可再生能源项目，以多元化其业务。

（三）国际合作和可持续发展机会

合作减少环境影响：国际煤炭企业可以积极合作，共同研究和开发清洁煤技术，以减少环境影响。这种合作可以帮助行业满足环保和碳减排目标。

社会责任项目：国际煤炭企业可以参与社会责任项目，支持社区发展、教育和环保倡议。这有助于改善企业形象，并提高社会接受度。

可再生能源投资：国际煤炭企业可以通过投资可再生能源项目来积极应对市场转型。这可以包括太阳能、风能、水力能源等可再生能源项目，以减少碳排放和减少对煤炭的依赖。

可持续采矿和生产：国际煤炭企业可以采取可持续采矿和生产实践，以最大限度减少环境影响。这包括矿山复绿、水资源管理、废弃物处理等可持续性实践。

社区参与计划：制订有效的社区参与计划，以确保社区的需求和关切得到妥善处理。

这有助于建立积极的关系，降低社会风险。

尽管煤炭市场面临着一系列挑战，包括环保趋势和碳排放问题，但国际煤炭市场仍然具有一定的机会。新兴市场需求、高品质煤炭需求、清洁煤技术需求和国际合作机会都为煤炭企业提供了机会。此外，煤炭企业还可以通过多元化其业务，投资可再生能源和清洁技术领域，以适应市场的变化和推动可持续发展。

然而，煤炭企业也必须积极应对环保压力和碳排放问题，寻找创新的解决方案，减少环境影响。国际煤炭市场的可持续发展需要煤炭企业、政府和国际社会的合作，以确保能源供应的同时保护环境和社会责任。

最终，煤炭企业需要在市场变化中保持灵活性，积极寻找新的市场机会，同时逐步推进可持续性发展和绿色转型，以适应未来的能源需求和环境要求。

二、煤炭国际竞争战略

随着全球能源市场的不断演变，煤炭行业面临着严峻的国际竞争压力。环保法规、可再生能源的崛起以及国际市场需求的波动，都对煤炭行业构成了挑战。为了在这个竞争激烈的环境中取得成功，煤炭企业需要制定有效的国际竞争战略。本部分将探讨煤炭国际竞争战略的重要性、关键要素、成功案例以及面临的挑战。

（一）煤炭国际竞争战略的重要性

国际市场机会：煤炭行业在国际市场上仍然具有机会，尤其是在新兴市场和发展中国家，这些地区仍然依赖煤炭来满足其能源需求。

多元化收入来源：国际竞争战略可以帮助煤炭企业多元化其收入来源，降低市场风险。通过进入不同国际市场和扩展业务范围，企业可以在不同市场中获得利润。

创新与技术发展：国际竞争迫使煤炭企业寻找创新的解决方案，提高生产效率、降低成本、改善环境性能，这有助于推动行业的可持续发展。

社会责任和可持续性：国际竞争战略需要考虑社会责任和可持续性问题，包括环境保护、社区发展和员工福利。这有助于改善企业形象和社会接受度。

（二）关键要素

市场分析和市场选择：首先，煤炭企业需要进行详尽的市场分析，了解各国国际市场的需求、竞争格局、法规和政策。然后，企业可以选择适合其战略的市场，并确定进入市场的方式（直接投资、合资或出口等）。

创新与技术发展：创新与技术发展是国际竞争的关键要素。煤炭企业需要不断改进采矿、生产、运输和环保技术，以提高效率、降低成本和减少环境影响。

合作与伙伴关系：建立合作与伙伴关系可以帮助企业更好地进入国际市场。这包括与当地企业、政府机构、国际金融机构和其他利益相关者的合作。

社会责任和可持续性：考虑社会责任和可持续性问题对国际竞争战略至关重要。企业需要制订有效的社区参与计划，改善员工福利，实施环保措施，以满足国际社会的期望。

风险管理：国际竞争伴随着风险，包括政治风险、市场风险、环境风险等。企业需要制定有效的风险管理策略，降低潜在风险带来的不确定性。

（三）面临的挑战

环保和碳排放压力：国际社会对环保和碳减排的要求越来越高，这给煤炭企业带来了挑战。企业需要采取清洁技术和环保措施，以减少环境影响。

政治风险和法规不确定性：国际市场面临政治风险和法规不确定性，包括贸易争端、政治动荡和政策变化。企业需要制定应对政治风险的策略，包括多元化市场、与政府合作和建立政治关系。

可再生能源竞争：可再生能源的快速崛起对煤炭国际竞争构成挑战。煤炭企业需要寻找适当的机会，包括投资可再生能源项目或提供清洁能源解决方案。

市场价格波动：煤炭市场价格波动较大，受多种因素的影响，包括供需关系、地缘政治因素和气候政策。企业需要有效的价格风险管理策略，以减轻价格波动带来的影响。

社会接受度问题：煤炭行业在一些国际市场面临社会接受度问题，包括环境和社会责任问题。企业需要积极进行社会沟通和参与，以提高社会接受度。

煤炭国际竞争战略是煤炭企业在全球市场中取得成功的关键。通过市场分析、创新与技术发展、合作与伙伴关系、社会责任和风险管理，企业可以更好地应对国际竞争压力。成功案例表明，国际扩展、清洁煤技术推广和社会责任实践都可以帮助企业获得竞争优势。

然而，煤炭行业也面临环保和碳排放压力、政治风险、可再生能源竞争、市场价格波动和社会接受度问题。企业需要制定应对策略，积极寻找创新的解决方案，以适应市场的变化和推动可持续发展。最终，煤炭国际竞争战略需要综合考虑市场、技术、社会和环境等多个因素，以取得长期成功和可持续性发展。

三、煤炭国际合作与合资项目

煤炭作为全球主要的能源资源之一，一直在国际市场上扮演重要角色。煤炭产业的国际合作与合资项目不仅有助于满足各国的能源需求，还可以带来经济和技术互惠，促进可持续发展。本部分将探讨煤炭国际合作与合资项目的重要性、合作方式、成功案例以及面临的挑战。

（一）煤炭国际合作与合资项目的重要性

资源丰富国家与需求国家之间的协同：煤炭资源分布不均，一些国家拥有丰富的煤炭储量，而其他国家则面临能源短缺。国际合作与合资项目可以帮助资源丰富国家开发其煤炭资源，同时满足需求国家的能源需求。

经济和技术互惠：合资项目通常涉及跨国企业的合作，这有助于实现经济和技术互惠。资源丰富国家可以获得资金、技术和管理经验，而需求国家可以获得稳定的煤炭供应。

可持续发展：国际合作与合资项目可以促进可持续发展。项目的规划和执行可以考虑环境、社会和经济可持续性，包括环保措施、社区参与和员工福利。

政治和地缘政治稳定：跨国合资项目可以带来政治和地缘政治的稳定。合作项目通常由国际协议和双边协议规范，有助于减少政治风险和促进国际合作。

（二）合作方式

直接外资投资：这是最常见的国际合作方式，其中一家企业直接投资另一个国家的煤炭项目。这种方式虽可以为投资方提供更多的控制权和利润份额，但也伴随着更大的风险和责任。

合资企业：在合资企业中，两个或多个合作伙伴共同投资和经营煤炭项目。这种方式可以减少风险，并促进技术和经验的共享。合资企业可以按比例分享利润和风险。

长期供应协议：一些国际合作项目涉及长期供应协议，其中一家企业同意为另一家企业提供煤炭供应。这种方式虽可以确保供需稳定，但可能限制了投资和合作的深度。

政府间协议：一些国际合作与合资项目是由政府间协议或双边协议规范的。政府可以在项目中发挥重要作用，确保资源的合理利用和国家利益的保护。

（三）面临的挑战

环境和社会责任：国际合作与合资项目需要考虑环境和社会责任问题，包括环境保护、社区参与和员工权益。项目的可持续性是一个重要考虑因素。

政治风险：国际合作项目可能受到政治风险的影响，包括政策变化、政治动荡和贸易争端。企业需要考虑政治风险，并制定应对策略。

市场波动：煤炭市场价格波动较大，受多种因素的影响，包括供需关系、地缘政治因素和气候政策。市场价格波动可能对国际合作与合资项目的经济效益产生重要影响，企业需要有效的价格风险管理策略。

地缘政治和国际关系：国际合作与合资项目可能受到国际关系和地缘政治关系的影响。跨国项目需要考虑不同国家之间的合作和冲突，以减轻政治风险。

技术转让和知识产权：合资项目通常涉及技术转让和知识产权的问题。合作伙伴之间需要就知识共享、技术创新和产权保护达成一致。

煤炭国际合作与合资项目是满足全球煤炭需求、促进经济和技术互惠、推动可持续发展的重要方式。成功案例表明，不同国家之间可以通过各种合作方式，实现资源开发、供应稳定和技术创新。然而，项目也面临环境和社会责任、政治风险、市场波动、地缘政治和知识产权等多重挑战。

为了成功推进国际合作与合资项目，企业需要综合考虑各种因素，制定全面的战略和风险管理措施。政府间协议、长期供应协议、合资企业和直接外资投资等方式都可以用于国际合作项目。最终，合作项目的成功需要双方合作伙伴的互信、合作和共赢精神，以实现共同的经济和环保目标。

第十五章 煤炭资源的未来发展

第一节 煤炭资源的全球重要性

一、煤炭作为主要能源资源的背景

煤炭，作为一种重要的能源资源，扮演着世界各国能源供应的关键角色。煤炭在工业化进程中扮演着至关重要的角色，同时也带来了许多环境和气候挑战。本部分将深入探讨煤炭作为主要能源资源的背景，以及其对环境、经济和社会的影响。

（一）煤炭的历史

煤炭作为一种能源资源的历史可以追溯到几千年前。最早期的煤炭开采可以追溯到公元前两千多年前的古代中国和古代印度。在古代，煤炭主要被用于烹饪和供暖。然而，随着工业革命的到来，煤炭的重要性迅速增加。18世纪末和19世纪初，英国成为世界上第一个实现工业化的国家，而煤炭成为推动工业化的动力源。煤炭矿井的建设和煤炭的大规模采掘使得工厂与机器的运行变得更加高效，从而推动了工业革命的发展。

煤炭的重要性在20世纪继续增长。两次世界大战期间，煤炭被广泛用于军事和工业用途，成为这些产业发展过程中不可或缺的资源。此外，煤炭还可以用于发电、供暖和交通等领域。许多国家建立了大规模的煤炭产业，以满足其不断增长的能源需求。

然而，随着时间的推移，煤炭的使用也带来了一系列问题，包括环境污染、气候变化和危害人类健康问题。因此，人们正在努力寻找更加可持续和环保的能源替代品，以减少对煤炭的依赖。

（二）煤炭的分布与采掘

煤炭是一种地质资源，其分布不均匀，主要集中在一些国家和地区。全球煤炭储量主要分布在美国、中国、俄罗斯、印度和澳大利亚等国家。这些国家拥有丰富的煤炭资源，因此在世界煤炭产业中扮演着重要的角色。

煤炭的采掘是一个复杂的过程，涉及地质勘探、矿井建设、煤矿安全等多个方面。

煤炭可以通过地下开采和露天采矿两种方式进行开采。地下开采主要适用于深埋的煤矿，需要建设矿井和开采通道，以便采煤工人进入井下进行采煤。露天采矿则是在地表开挖煤炭，适用于浅埋的煤矿。不同地区和国家的煤炭开采方式各有特点，取决于煤矿的地质条件和经济可行性。

煤炭的开采会对环境产生不利影响，包括土地破坏、水污染和大气污染。因此，煤炭采掘需要严格的监管和环境保护措施，以减少对自然环境的不利影响。

（三）煤炭的用途

煤炭具有多种用途，主要包括以下几个方面：

发电：煤炭是世界上主要的电力生产原料之一。煤炭发电是一种相对便宜和可靠的发电方式，因此被广泛用于许多国家的电力生产中。然而，煤炭发电也会产生大量的二氧化碳和其他污染物，对气候和环境造成不利影响。

工业：煤炭被用于工业生产中，如炼钢、生产水泥和化学制品等。煤炭可以提供高温热能，用于冶金和其他工业过程。

供暖和冷却：煤炭可以被用于供暖和冷却领域，尤其在一些地区的冬季。然而，煤炭燃烧产生的废气和颗粒物对空气质量与人类健康有害。

交通：煤炭可以被用于火车和船舶的蒸汽动力，尽管这种用途在现代交通中已经不太常见。

尽管煤炭在多个领域有重要用途，但它也面临着一系列挑战，包括环境和气候问题，以及对人类健康和社会的影响。

（四）煤炭的环境和气候影响

煤炭的使用对环境和气候产生了一些负面影响，这些影响已经引起了国际社会的广泛关注。以下是煤炭对环境和气候的主要影响：

温室气体排放：煤炭燃烧产生大量二氧化碳（CO_2），这是主要的温室气体之一，对全球气候变暖起到关键作用。温室气体的排放导致地球温度升高，引发了气候变化，如更频繁的极端天气事件、冰川融化和海平面上升。

空气污染：煤炭燃烧释放大量的空气污染物，包括二氧化硫（SO_2）、氮氧化物（NO_x）、颗粒物和一些有害化合物。这些污染物将对人类健康和环境产生严重危害，导致呼吸道疾病、心血管问题和早逝。此外，这些污染物也会形成酸雨，对土壤和水资源造成损害。

水资源污染：煤矿开采和煤炭处理过程中，会产生废水，其中包含各种有害物质。这些废水可能会流入水体，导致水质污染，危害水生生物和供水系统。同时，煤炭燃烧排放的污染物可能通过降水沉积到水体中，对水生生态产生负面影响。

土地破坏：露天煤矿采煤会导致大面积的土地遭到破坏，包括树木砍伐、土地开垦和采矿废弃物的堆积。这种土地破坏可能影响野生动植物的栖息地，从而破坏生态平衡。

煤矿事故：煤矿开采是一项危险的工作，经常会发生矿难和事故，由此导致采煤工人伤亡。虽然许多国家已经采取了措施来保证煤矿安全，但这仍然是一个重要的社会问题。

为了减少使用煤炭对环境和气候的不利影响，国际社会已经采取了一系列措施，包括减少煤炭使用、提高煤炭燃烧效率和推广清洁能源技术。同时，一些国家已经实施了碳定价政策，以鼓励减少温室气体排放，这些努力旨在减少其对煤炭的依赖，使其转向更加可持续的能源来源。

（五）煤炭的经济和社会影响

煤炭产业在许多国家中扮演着重要的经济和社会角色。以下是煤炭的主要经济和社会影响：

就业机会：煤炭产业提供了大量就业机会，尤其是在煤矿地区。这包括采煤工人、矿山工程师、运输工人和矿山设备制造商等。因此，煤炭对许多社区来说，是维持生计和提供经济机会的关键。

经济发展：煤炭产业对一些国家的经济增长至关重要。这包括中国、印度和澳大利亚等国家，煤炭出口成为国家经济的支柱之一。

社会挑战：尽管煤炭产业提供了就业机会和经济增长，但它也带来了一系列社会挑战。矿工面临着危险、煤矿事故和自身的健康问题。煤矿地区可能会受到土地破坏、污染和社区压力的影响。此外，煤炭的使用还与空气污染和人类健康问题有关，将对当地社区造成不利影响。

（六）转型和可持续发展

为了应对煤炭对环境和气候的不利影响，国际社会正在努力实施能源转型和可持续发展政策。这些政策包括：

减少煤炭使用：许多国家已经制订了计划逐步减少其对煤炭的依赖，推动其向更加清洁的能源转型。这包括提高能源效率、发展可再生能源和鼓励清洁能源投资。

推广清洁技术：煤炭发电厂可以通过安装污染控制设备和提高煤炭燃烧效率来减少排放。此外，研发和应用碳捕获和储存（CCS）技术可以帮助减少煤炭燃烧产生的二氧化碳排放。CCS技术允许将二氧化碳捕获并储存在地下，以防止其进入大气层。

促进可持续社区发展：为了应对煤炭产业的减少，一些国家正在制订社区转型计划，以确保受影响的社区能够实现可持续发展。这包括提供培训和教育，创造新的就业机会，以及发展替代经济。

国际合作：气候变化是一个全球性挑战，减少对煤炭的依赖需要国际合作。国际社会已经在实施减排协议和政策方面取得了一些进展，如巴黎协定，旨在限制全球气温上升。国家和地区之间的合作可以共同努力减少煤炭的使用，以减少对气候的不利影响。

煤炭作为主要能源资源在人类历史上发挥了重要作用，推动了工业化和经济增长。然而，它也带来了严重的环境和气候问题，包括温室气体排放、空气污染、水资源污染和土壤被破坏。此外，煤炭产业在一些社区中创造了就业机会，但也带来了危害人类健康的社会挑战。

为了实现可持续发展，国际社会正在采取措施来减少对煤炭的依赖，推动能源转型和可持续发展。这包括减少煤炭使用、推广清洁技术、促进可持续社区发展和国际合作。通过这些努力，我们可以减少煤炭对环境、经济和社会的负面影响，实现更加可持续的未来。

二、全球煤炭储量与产量

煤炭一直以来是全球能源供应中的重要组成部分。它不仅可以用于电力生产、工业制造和供热，还在一些国家扮演着经济支柱的角色。本部分将深入探讨全球煤炭储量和产量的现状，以及未来的趋势，包括煤炭的地理分布、主要生产国家和环境问题。

（一）全球煤炭储量

全球煤炭储量是指地球上尚未开采的煤炭资源，通常以储量量纲来表示。全球煤炭储量分布广泛，主要集中在一些国家和地区，其中一些国家拥有丰富的煤炭资源，而其他国家则相对较少。

1.主要煤炭储量国家和地区

全球煤炭储量的分布主要集中在以下几个国家和地区：

中国：中国是全球最大的煤炭储量国家，拥有世界上大部分的煤炭资源。中国的煤炭储量估计超过2000亿吨。中国的煤炭产业在国内和国际市场都具有重要地位。

俄罗斯：俄罗斯是世界上煤炭储量第二大的国家，估计储量约为250亿吨。俄罗斯的煤炭主要分布在西伯利亚地区。

澳大利亚：澳大利亚拥有丰富的煤炭资源，其储量估计约为140亿吨。澳大利亚的煤炭主要用于出口，成为全球煤炭市场的主要供应国之一。

美国：美国的煤炭储量位居世界第四。美国的煤炭主要分布在中西部地区，被广泛用于电力生产和工业制造领域。

印度：印度的煤炭储量估计约为100亿吨，位居世界第五。印度是世界上最大的煤炭进口国之一，以满足国内需求。

南非：南非是非洲煤炭资源最丰富的国家之一，储量约为 70 亿吨。南非的煤炭主要用于电力生产和出口。

除了上述国家，其他国家和地区，如印度尼西亚、巴西、哥伦比亚、蒙古国等也拥有可观的煤炭储量。总体来说，煤炭储量虽然分布广泛，但少数几个国家拥有大部分资源。

2. 煤炭储量的类型

煤炭储量根据煤炭的质量和用途不同，可以分为不同类型。主要的煤种包括：

焦煤：这是最高质量的煤种，通常含有较少的杂质和硫分，适合用于冶金和高温工业。然而，它的储量相对较少。

硬煤：硬煤是较高质量的煤种，常用于电力生产和工业制造。它在世界各地都有广泛分布。

亚炽煤：亚炽煤质量较低，通常用于电力生产。美国的煤炭主要是亚炽煤。

褐煤：褐煤是最低质量的煤种，含水量较高，常用于电力生产。欧洲国家如德国和波兰拥有大量的褐煤储量。

不同类型的煤炭储量分布和利用也存在差异，具体取决于国家和地区的需求与经济结构。

（二）全球煤炭产量

全球煤炭产量是指一定时间内（通常以年为单位）采煤和生产的煤炭总量。煤炭产量与储量密切相关，但并不完全相同。煤炭产量可以反映国家或地区的煤炭开采活动，以及其对煤炭的需求。

1. 全球煤炭产量趋势

全球煤炭产量虽然在过去几十年中一直处于增长阶段，但在最近几年出现了一些趋势性变化。以下是全球煤炭产量的主要趋势：

亚洲主导：亚洲地区一直是全球煤炭产量的主要驱动力。中国、印度和印度尼西亚等国家是全球较大的煤炭生产国。亚洲的经济增长和工业化需求推动了亚洲煤炭产量的增长。

产量增速放缓：尽管亚洲仍然占据主导地位，但全球煤炭产量的增速已经放缓。这部分原因是出现了社会对清洁能源和环保的更多关注，以及全球气候政策的推动。此外，煤炭行业也受到金融机构和投资者的影响，投资和融资逐渐减少，导致产量增速减缓。

西方国家减产：一些发达国家，如美国和欧洲国家，已经减少了煤炭产量。这部分原因是对环保和气候变化问题的关注，以及对清洁能源的投资。这些国家已经关闭了一些煤炭发电厂，并采取了减排措施。

替代能源崛起：随着可再生能源如太阳能和风能的发展，煤炭在一些地区逐渐被替代。这些可再生能源的成本逐渐下降，使得它们更具竞争力。

2. 全球煤炭产量的地理分布

全球煤炭产量在地理上存在着显著的不均衡分布。主要的煤炭生产国家包括：

中国：作为全球最大的煤炭生产国，中国的产量一直保持在世界领先地位。中国的煤炭产量主要用于国内需求，包括电力、工业和供暖。

印度：印度是全球第二大煤炭生产国，其产量也在不断增加。印度的煤炭主要用于国内电力生产。

美国：美国是全球第三大煤炭生产国，其产量在过去几年中有所下降。美国的煤炭主要用于电力生产，但其天然气和可再生能源的使用也在增加。

澳大利亚：澳大利亚是全球最大的煤炭出口国之一，其产量主要用于出口市场，尤其是亚洲国家。

俄罗斯：俄罗斯的煤炭产量在全球中也占有一席之地，主要用于国内和国际市场。

此外，其他国家和地区如印度尼西亚、南非、波兰、哥伦比亚、蒙古国等也是煤炭生产国家。

（三）煤炭使用对环境的影响

煤炭生产和燃烧对环境产生了重要的负面影响。这些影响包括：

温室气体排放：煤炭燃烧释放大量二氧化碳（CO_2）和其他温室气体，是主要的气候变化驱动因素之一。这些排放导致全球气温升高，易引发极端天气事件和海平面上升。

空气污染：煤炭燃烧产生大量的空气污染物，包括二氧化硫（SO_2）、氮氧化物（NO_x）和颗粒物。这些污染物将对人类健康和环境造成严重危害，导致呼吸道疾病、心血管问题和早逝。

水资源污染：煤炭在开采和处理过程中会产生废水，其中包含有害物质。这些废水可能会流入水体，导致水质污染，危害水生生物和供水系统。

土地破坏：露天煤矿采煤会导致大面积的土地破坏，包括树木砍伐、土地开垦和采矿废弃物的堆积。这种土地破坏可能影响野生动植物的栖息地，破坏生态平衡。

社会影响：煤炭产业对社会会有重要影响。矿工往往面临危险、煤矿事故和健康问题。煤矿地区可能会受到土地被破坏、污染和社区压力的影响。

为了减少煤炭产量对环境的不利影响，国际社会已经采取了一系列措施，包括减少煤炭使用、提高煤炭燃烧效率和推广清洁能源技术。同时，一些国家已经实施了碳定价政策，以鼓励减少温室气体排放。

（四）未来趋势与展望

未来的全球煤炭产量将受到多个因素的影响。以下是一些未来趋势和展望：

渐进减少：随着全球气候变化问题的日益凸显，越来越多的国家和地区将采取措施减少其对煤炭的依赖。这可能包括逐渐减少煤炭产量、关闭老旧的煤炭电厂，以及加大清洁能源的投资力度。这一趋势将导致煤炭产量在一些地区和国家的下降。

替代能源发展：可再生能源如太阳能和风能将逐渐替代煤炭。这些清洁能源的成本逐渐下降，使它们在能源使用中更具竞争力。此外，核能和天然气也可能在一些国家成为煤炭的替代品。

技术创新：煤炭行业在不断努力提高生产效率和减少其对环境不利影响。新技术，如碳捕获和储存（CCS）、超临界燃烧和煤矸石的再利用，有望减少煤炭产业的环境足迹。然而，这些技术的商业化和广泛应用仍面临挑战。

国际合作：国际社会在气候变化和清洁能源方面的合作将继续加强。国际协议和协调行动有望推动全球范围内的煤炭减排和可持续发展。

总的来说，全球煤炭储量和产量将受到多种因素的影响，包括环境考虑、经济需求和能源政策。未来煤炭将继续在全球能源供应中发挥作用，但其相对重要性可能会减弱，而清洁能源和可持续发展将成为主导趋势。国际社会需要共同努力，以期在减少煤炭对环境的不利影响的同时满足能源需求。

三、煤炭的地理分布

中国是世界上最大的煤炭生产国之一，拥有丰富的煤炭资源。煤炭在中国的能源结构中占据重要地位，被广泛用于电力生产、工业制造、供热等领域。本部分将详细探讨中国煤炭的地理分布，不同类型的煤炭资源，以及其对中国经济和环境的影响。

（一）中国煤炭资源概况

中国拥有丰富的煤炭资源，包括硬煤、亚炽煤、褐煤等不同类型的煤炭。以下是中国煤炭资源的主要特点：

巨大储量：中国的煤炭储量估计约为2000亿吨，是全球最大的煤炭储量国。这些储量分布在全国各地，覆盖了广泛的地理区域。

多种类型：中国拥有各种类型的煤炭资源，包括硬煤、亚炽煤和褐煤。硬煤主要分布在北部地区，亚炽煤分布在中部和东部地区，褐煤分布在西南地区。

多样性质：中国煤炭的质量和性质各异，从高质量的焦煤到低质量的褐煤都有。这使中国能够满足不同用途的需求。

（二）中国煤炭资源的地理分布

中国的煤炭资源分布广泛，涵盖了全国各个省份和地区。以下是中国主要的煤炭资源区域：

华北地区：华北地区是中国最大的硬煤产区，包括山西、河北、陕西和内蒙古等省区。山西省被誉为"煤都"，拥有丰富的硬煤储量，主要分布在大同、晋中、阳泉等地。这些地区的煤炭主要用于电力生产和工业制造。

华东地区：华东地区包括山东、江苏、安徽、浙江等省区，主要产出硬煤和亚炽煤。山东省是该地区最大的煤炭生产省份，拥有丰富的硬煤和亚炽煤储量。山东的煤炭主要用于电力生产和工业制造。

华南地区：华南地区包括广东、广西、福建等省区，主要产出亚炽煤和褐煤。广西壮族自治区是该地区最大的煤炭生产地，拥有丰富的亚炽煤和褐煤资源。这些地区的煤炭主要用于电力生产和供热。

西南地区：西南地区包括云南、贵州、四川、重庆等省市，主要产出褐煤。贵州省和云南省拥有丰富的褐煤资源，主要用于电力生产和供热。

西北地区：西北地区包括陕西、甘肃、宁夏、青海、新疆等省区，主要产出硬煤和亚炽煤。陕西省拥有丰富的硬煤资源，新疆维吾尔自治区则是亚炽煤的主要产区。这些地区的煤炭主要用于电力生产和工业制造。

东北地区：东北地区包括辽宁、吉林、黑龙江等省区，主要产出硬煤。辽宁省是该地区的主要煤炭生产地，拥有丰富的硬煤资源。东北地区的煤炭主要用于电力生产和供热。

这些地理区域代表了中国煤炭资源的主要分布，不同地区的煤炭类型和质量各异，满足了中国经济发展多样化的能源需求。

（三）中国煤炭的经济和环境影响

中国的煤炭资源不仅对国家经济产生了深远影响，还对环境和气候产生了重要影响。以下是中国煤炭资源的经济和环境影响：

经济贡献：煤炭产业在中国的经济结构中占有重要地位。煤炭生产创造了大量就业机会，支持了国内工业和电力生产。另外，煤炭的出口也为中国带来了重要的外汇收入。

能源供应：煤炭在中国的能源结构中占据主导地位，被广泛用于电力生产、工业制造和供热。中国的煤炭需求一直呈增长趋势，以满足国内不断增长的能源需求。

环境影响：煤炭开采和燃烧对中国的环境产生了负面影响。煤炭燃烧释放出大量的二氧化碳（CO_2）和其他有害气体，导致空气污染和大气温室气体排放。中国的一些城市面临严重的雾霾问题，这与煤炭燃烧有关。此外，煤炭开采和运输过程中也会对水资源和土地带来不利影响。

健康影响：煤炭燃烧产生的大气污染物对人们的健康造成危害。空气中的细颗粒物（PM2.5）和有害气体，如二氧化硫（SO_2）和氮氧化物（NO_x），与呼吸系统疾病、心血管疾病和癌症等疾病有关。这将对公众健康构成威胁。

煤炭开采和采矿安全：煤炭开采过程中存在一定的安全风险。矿井事故和煤矿塌陷可能导致人员伤亡和财产损失。中国政府采取了一系列措施来提高煤矿安全标准，但挑战仍然存在。

温室气体排放：中国是全球最大的温室气体排放国之一，煤炭燃烧是主要的温室气体排放源之一。中国政府采取了措施来减少碳排放，包括提高煤炭效能、推广清洁能源和加大碳减排力度。

环境保护政策：中国政府已经意识到煤炭产业对环境的不利影响，采取了一系列环保政策。这些政策包括关闭老旧的煤炭发电厂、推动清洁能源发展、加强污染治理和提高煤炭开采的环保标准。此外，中国还参与国际气候变化合作，承诺减少温室气体排放。

总的来说，中国的煤炭资源在国家经济中发挥了重要作用，但也对环境和健康产生了负面影响。中国政府正在采取措施来应对这些问题，包括提高煤炭效能、加强环保政策和推动清洁能源发展。中国在未来将继续面临平衡经济增长和环保的挑战，以期实现可持续发展。

第二节　煤炭的采矿与生产

一、煤炭的采矿方式

煤炭采矿是获取煤炭资源的过程，它包括多种不同的采矿方式，这些方式在不同地理环境和煤炭类型下都有所不同。本部分将详细介绍煤炭的不同采矿方式，包括地下采煤和露天采煤，以及与这些采矿方式相关的技术、安全问题和环境影响。

（一）地下采矿

地下采矿是指通过在地下隧道和矿井中开采煤炭资源的方法。它通常用于硬煤和亚炽煤的采矿，因为这些煤炭类型质量较高，适合地下开采。以下是地下采煤的主要方式和流程：

竖井开采：这是一种传统的地下采煤方式，矿工通过挖掘竖井（井筒）来进入煤层。矿工使用电梯或斜道下降到井下，然后在井下开采煤炭。这种方式适用于开采深埋的煤炭储量。

斜坡开采：斜坡开采是一种倾斜的井筒方式，通过斜坡进入煤层。这种方式通常用于煤层埋深较浅的情况。

房柱开采：在房柱开采中，煤炭在地下挖掘并留下支撑的房柱。这种方式虽然可以减少矿山塌陷风险，但会浪费部分煤炭资源。

长壁开采：长壁开采是一种高效的地下采矿方式，通过挖掘长壁和控制煤层坍塌来采煤。这种方式适用于较厚的煤层，能够最大限度地提高煤炭采收率。

层柱开采：在层柱开采中，煤炭以层状方式开采，通常伴随着部分层状岩石的开采。这种方式常用于较薄的煤层，可减少岩石移动的风险。

地下采矿的主要挑战包括煤尘多、矿井不安全、通风不畅、瓦斯爆炸风险和煤矿塌陷。矿主必须采取措施来减少这些风险，包括使用个人防护装备、定期检查瓦斯浓度、确保通风系统正常运行等。

（二）露天采煤

露天采煤是一种通过挖掘煤炭露天矿的方式来获取煤炭资源。这种方式通常用于褐煤和一些硬煤矿山，因为这些煤炭类型较浅埋，适合露天开采。以下是露天采煤的主要方式和流程：

地质勘探：露天矿山的开发通常从地质勘探开始，以确定煤炭储量和质量。勘探包括地质勘测、钻探和样品分析。

矿区规划：一旦确定了煤炭储量，矿山公司将规划露天矿山的布局和设计，包括采矿坑、储矿场、设备和基础设施。

爆破和开采：露天采煤首先采用矿山爆破技术，将岩石和土壤覆盖层移除，以露出煤炭矿床。然后，挖掘和装载设备被用来采矿和运输煤炭。

剥离和垃圾堆积：煤炭矿山将覆盖在煤炭上的岩石和土壤剥离出来，并堆放在矿山附近的垃圾堆积场。

环境保护：露天矿山需要采取措施来减少环境影响，包括控制尘埃、处理排水、恢复矿山地貌等。

露天采煤的主要优点包括高产量、低成本和高效率。然而，它也伴有一些环境和社会问题，包括土地被破坏、生态系统被破坏、噪音和灰尘污染，以及对附近社区的影响。因此，露天矿山通常需要遵循一系列法规和环境保护标准，以减少这些问题。

（三）混合采矿方式

除了地下采煤和露天采煤，还存在一种混合采矿方式，被称为"混合采矿"。这种方式将地下采煤和露天采煤结合在一起，以获取煤炭资源。混合采矿方式通常用于那些煤炭储量深浅不一的矿山，以最大限度地提高采矿效率。

混合采矿的过程包括地下采矿和露天采煤的结合，矿山公司可以选择在不同深度的地下和露天进行采矿。这种方式需要精心规划和协调，以确保煤炭资源的最大化利用。

（四）采矿技术和装备

煤炭采矿依赖各种高科技设备和技术，以提高效率、降低成本和提高安全性。以下是一些常用的采矿技术和装备：

矿山爆破：矿山爆破是一种用于露天采煤和地下采煤的常用技术。它包括定时和定量的爆破，将岩石和土壤移除以暴露煤炭矿床。

采矿机械：采矿机械包括挖掘机、装载机、卡车、运输带等设备，用于开采和运输煤炭。

井筒和斜坡：地下采煤通常需要井筒或斜坡，以便矿工进入矿井。

自动化和遥控技术：自动化技术和遥控技术越来越多地用于煤炭采矿，以提高安全性和效率。

瓦斯检测和通风系统：瓦斯检测设备和通风系统用于监测矿井中的有害气体，并保持通风，以减少爆炸风险。

地质勘探技术：地质勘探技术包括地震勘探、地磁勘探和钻探，用于确定煤炭储量和质量。

（五）安全问题

煤炭采矿是一项危险的工作，伴随着许多安全风险。以下是一些与煤炭采矿相关的主要安全问题：

矿山塌陷：煤矿地下采煤过程中，煤层和岩层可能发生塌陷，威胁矿工的生命安全。因此，采煤需要定期进行支护和加强矿山支撑结构。

瓦斯爆炸：地下煤矿中的瓦斯（甲烷）是一种易燃气体，可能导致爆炸。煤矿需要采取措施来监测和控制瓦斯浓度，以降低爆炸风险。

煤尘爆炸：煤尘在空气中形成可燃混合物，可能引发爆炸。煤矿需要采取尘埃控制措施，以减少尘埃爆炸的风险。

地质灾害：矿山可能受到地质灾害的威胁，如地震、地滑和岩石坍塌。因此，地质勘探和监测是至关重要的。

矿井通风：煤矿需要维护良好的通风系统，以保持新鲜空气流动，并将有害气体排除。

矿山救援：为了应对事故和紧急情况，煤矿通常需要建立矿山救援队伍，以提供紧急救援服务。

煤炭采矿的安全问题需要得到高度重视，煤矿必须遵守严格的安全标准和法规，以保障矿工的安全。

（六）环境影响

煤炭采矿和煤炭使用对环境产生了广泛影响。以下是一些与煤炭采矿相关的主要环境影响：

土地破坏：露天采煤导致大片土地被开垦，煤矿区域通常成为永久性的土地破坏区。

这将对生态系统和野生动植物造成严重的破坏，这些生态系统通常无法完全恢复。

水资源污染：煤炭在采矿和加工过程中可能产生废水，其中包含有害物质，如重金属和化学物质。这些废水可能对附近的水源造成污染，影响水质和水生生态系统。

矿山排放：煤炭采矿和加工会产生大量粉尘和废气，其中可能包含有害的颗粒物、硫化物和氮氧化物。这些排放物将对空气质量和大气污染产生负面影响。

地质影响：煤炭采矿可能导致地质问题，如地面下沉、地震风险增加和岩石层的移动。这些地质问题可能对周边地区和建筑物产生影响。

垃圾堆积：露天采煤过程中，覆盖煤炭的岩石和土壤被移除并堆积在矿山附近的垃圾堆积场。这些堆积场需要管理和监测，以减少环境污染。

生物多样性丧失：煤矿的开发常常导致野生动植物栖息地的丧失，可能导致生物多样性的减少。某些物种可能受到威胁，甚至濒临灭绝。

煤炭采矿的环境影响使其成为可持续发展和环保方面的关注焦点。政府和煤矿必须采取措施来减少这些影响，包括采用清洁采煤技术、环境保护措施和矿山复原计划。

（七）未来的挑战和趋势

煤炭采矿面临一系列挑战和变化。以下是一些未来的挑战和趋势：

清洁能源转型：随着全球对气候变化的担忧增加，许多国家正在推动清洁能源转型，减少其对煤炭的依赖。这可能导致煤炭需求减少，对煤炭采矿产业产生影响。

煤炭替代技术：新技术的发展使得一些国家能够使用其他能源替代煤炭，如天然气、核能和可再生能源。

环保和社会压力：公众和环保组织对煤炭采矿的环境与社会影响提出了更高要求，这可能导致更严格的法规和标准的出台。

煤矿安全：煤炭采矿的安全问题仍然存在，需要持续关注和改进。

煤炭国际市场：国际煤炭市场的波动会影响煤炭生产国的经济。煤炭生产国需要灵活应对国际市场需求。

总的来说，煤炭采矿是一个复杂的过程，伴随着许多技术、安全和环境挑战。随着全球能源和环保趋势的变化，煤炭采矿将继续面临重大变革和调整，以适应未来的需求和标准。政府、煤矿和研究机构需要共同合作，以确保煤炭采矿在可持续发展的前提下进行。

二、采矿与生产的技术进展

煤炭的采矿和生产领域一直在不断发展，进而提高效率、降低成本、减少环境影响以及增加矿工人身及生产设备的安全性。本部分将详细探讨煤炭采矿和生产领域的技术进展，包括地下采矿、露天采煤、清洁煤技术、自动化和数字化技术等方面的创新。

（一）地下采煤技术的进展

地下采煤一直是获取硬煤和亚烟煤等高质量煤炭的重要方式。在过去几十年里，地下采煤领域发展了多项技术，以提高采煤的安全性和生产效率。

矿山通风和气体监测：改进通风系统，以保持地下空气质量，减少瓦斯和煤尘浓度，降低瓦斯爆炸和煤尘爆炸的风险。同时，气体监测技术的进步使矿工能够更准确地监测瓦斯浓度和采煤过程中产生的有害气体。

支撑和采煤设备：支撑技术得到改进，以更好地保护矿工免受岩石和煤层坍塌的威胁。采煤机械的使用变得更加高效和安全，以提高采煤速度并减少矿工接触危险环境的时间。

矿山自动化：自动化技术在地下矿山得到广泛应用，包括自动采煤机、运输设备和机器人，以减少矿工的风险，提高生产效率。

煤矿安全：煤矿安全得到更高度关注，采用各种安全技术，如远程监控、救援装备、煤矿灾害模拟等，以提高煤矿运营的安全性。

煤矿环境管理：煤矿采用现代环境管理实践，以减少地下采煤对土地、水资源和生态系统的影响。

（二）露天采煤技术的进展

露天采煤主要用于褐煤和一些硬煤的开采，它需要通过各种技术来提高生产效率和减少对环境的不利影响。

地质勘探和数字化地图：现代地质勘探技术和地理信息系统（GIS）允许煤矿更准确地确定煤炭储量和质量，从而提高采煤计划的精确性。

大型采煤设备：使用大型挖掘机、装载机和卡车等设备，以提高露天煤矿的生产效率。这些设备能够大量挖掘和运输煤炭，减少人力投入。

矿山自动化：自动化技术在露天矿山得到广泛应用，包括自动挖掘机、自动运输系统、无人驾驶卡车等，以提高生产效率和安全性。

环境保护技术：露天采煤领域采用各种环境保护技术，如尘埃控制、水质管理和生态恢复，以减少采煤过程对环境的不利影响。

社区参与和社会责任：煤矿越来越重视与当地社区的合作，制订社会责任计划，以确保矿山开发可以对当地社区产生积极影响。

（三）清洁煤技术的进展

清洁煤技术是为了减少煤炭燃烧和生产过程中对环境的不利影响，包括二氧化碳排放、氮氧化物和硫化物排放。以下是一些清洁煤技术的进展：

燃烧优化：现代燃烧技术可以更有效地燃烧煤炭，减少氮氧化物和颗粒物的排放。

脱硫技术：烟气脱硫技术可以减少硫化物排放，从而降低酸雨的风险。

气化技术：气化是一种将煤炭转化为天然气或合成气的技术，减少了固体煤的燃烧，从而降低了排放。

燃煤电厂效率改进：现代燃煤电厂采用高效的锅炉和涡轮机，提高能源利用效率，并减少碳排放。

CO_2捕获和储存（CCS）：CCS技术允许将二氧化碳捕获并存储在地下，以减少燃烧过程中的二氧化碳排放。这是应对气候变化的一种重要技术。

超临界和超临界燃煤电厂：这些电厂采用高温高压蒸汽循环，提高了燃烧效率，减少了CO_2排放。

（四）自动化和数字化技术的进展

自动化和数字化技术已经在煤炭采矿和生产中得到广泛应用，以提高效率、安全性和生产可持续性。

无人机和遥感技术：无人机可以用于矿山勘探、监测、安全巡视和环境监测。遥感技术可以辅助矿山公司更好地了解地质和环境条件。

自动化设备和机器人：自动化采煤机、运输设备和机器人能够在危险环境中工作，减少了矿工的风险。

互联网和物联网（IoT）：矿山设备和设施可以互联网连接，以实现实时监控和远程控制。这有助于提高生产效率和安全性。

数据分析和人工智能（AI）：数据分析和AI技术可以帮助矿山公司更好地了解生产过程，预测故障和优化生产计划。

数字矿山：数字矿山概念将各种数字技术集成到煤矿生产中，以实现更高效的生产、更好的环境管理和营造更安全的工作环境。

（五）环保和可持续发展

随着全球环保压力的增加，矿山公司越来越注重可持续发展和环保。

矿山复原：现代矿山规划需要考虑如何在采矿结束后将矿山复原为可用的土地，并恢复生态系统。这通常包括重新植树、土壤修复和水质管理。

水资源管理：矿山公司采用各种技术来管理和净化废水，以减少对水资源的影响。

清洁能源采用：一些矿山公司开始使用可再生能源，如太阳能和风能，以减少其对化石燃料的依赖。

社会责任：矿山公司越来越积极地与当地社区合作，制订社会责任计划，改善社区人们的生活条件，并确保矿山开发对当地社区产生积极影响。

总的来说，煤炭的采矿和生产领域一直在不断发展，以应对不断变化的需求和环境压力。技术进步、环保和可持续发展已经成为煤炭工业的主要关注领域，以确保煤炭资源的有效利用，并减少对环境的不利影响。随着科学技术的不断进步，煤炭工业将继续寻求更好的解决方案，以实现可持续发展和达到环保要求。

三、煤炭生产的环境和社会影响

煤炭生产是一项重要的工业活动，它不仅对环境产生广泛影响，还在社会层面引发了许多问题。本部分将详细讨论煤炭生产的环境和社会影响，包括大气污染、水资源污染、社区受影响和健康风险等方面。

（一）环境影响

大气污染：煤炭的燃烧是大气污染的主要来源之一。煤炭在燃烧过程中，二氧化碳（CO_2）等温室气体被释放到大气中，导致全球气候变化。此外，硫化物和氮氧化物也会排放到大气中，导致酸雨和细颗粒物（PM2.5）污染，对人类健康和环境产生负面影响。

水资源污染：煤炭采矿和处理过程中产生的废水中可能含有有害物质，如重金属和化学物质，这些物质可能污染水源，影响水质和生态系统。此外，酸性煤矸石和煤尘可能导致地下水及地表水的酸化。

土地破坏：露天煤矿和地下采煤可能导致大片土地被破坏，矿山区域通常成为永久性的土地破坏区。这对生态系统和野生动植物造成了严重的破坏，这些生态系统通常难以完全恢复。

尘埃和噪声污染：煤炭采矿和加工可能产生大量尘埃和噪音，这些都会对周边社区和生态系统产生负面影响。矿工可能会受到呼吸道问题的威胁。

生物多样性丧失：煤炭生产常常导致野生动植物栖息地的丧失，可能导致生物多样性的减少。某些物种的生存可能受到威胁，甚至濒临灭绝。

气候变化：煤炭的燃烧是主要的温室气体排放源，将导致全球气温升高和气候变化。这对全球气候系统和海平面产生广泛与长期的影响。

煤矸石堆积：煤炭采矿产生的煤矸石需要堆积在矿山附近的垃圾堆积场，这些堆积场需要加强管理和监测，以减少环境污染。

地质问题：煤炭采矿可能导致地质问题，如地面下沉、地震风险增加和岩石层的移动。这些地质问题可能对周边地区和建筑物产生不利影响。

矿山灾害：矿山爆炸、瓦斯泄漏、坍塌和火灾等矿山灾害可能导致矿工失去生命和环境被破坏。

（二）社会影响

社区受影响：煤炭矿山和燃煤电厂通常位于人口稠密的地区，矿山活动对当地社区产生多方面影响。社区不仅可能受到噪音、尘埃、交通尾气和其他污染的困扰，还可能面临土地侵占、迁移和文化破坏等问题。

健康风险：生活在煤炭矿山附近的居民可能面临健康风险，尤其是由于空气和水污染导致的呼吸道疾病、心血管疾病和癌症的风险增加。此外，煤矿工人也可能受到职业健康风险的威胁，包括尘埃暴露、矿井爆炸和其他职业危险。

就业机会：煤炭生产通常提供就业机会，但这也取决于市场需求和采矿技术的进展。随着清洁能源技术的崛起，一些地区可能会面临煤炭就业机会的减少，这可能对当地社区产生影响。

社会冲突：煤炭采矿可能导致社会冲突，尤其是在土地权和资源分配方面。一些煤炭矿山项目可能引发抗议、示威和冲突，需要政府和矿山公司采取措施来解决这些问题。

社会责任：矿山公司越来越注重社会责任，包括与当地社区的合作、环境保护和可持续发展。这有助于改善社区关系和减轻煤炭生产对社区的负面影响。

矿工安全：煤矿工人面临一系列安全风险，包括矿山爆炸、瓦斯泄漏、坍塌和火灾。矿山公司必须采取措施来确保矿工的安全，包括培训、监测和救援计划。

矿工权益：保护矿工的权益和福祉是一个重要问题。这包括薪酬、工作条件、职业安全和健康权益。

社区发展：一些煤炭矿山项目通过在当地社区中投资来促进社区发展。这可能包括教育、基础设施和就业机会的支持。

迁移问题：在一些情况下，煤炭开采可能导致当地社区的迁移，这可能对社区的社会和文化结构产生影响。

总的来说，煤炭生产对环境和社会都会产生广泛而深远的影响。因此，政府、矿山公司和社会组织需要共同合作，采取措施来减少这些影响，确保煤炭生产在可持续发展和环保的前提下进行。同时，发展清洁能源和减少对煤炭的依赖也是减少这些影响的重要途径之一。

第三节　煤炭供应链管理

一、煤炭供应链的重要组成部分

煤炭供应链是一个复杂的系统，由多个重要组成部分组成，包括采矿、加工、运输、储存、分销和最终使用，这些组成部分共同构成煤炭从矿山到最终用户的流程。本部分将详细讨论煤炭供应链的重要组成部分，以便更好地了解这一重要能源的生产和分配过程。

（一）煤炭采矿

采矿公司：采煤的过程通常由采矿公司负责，它们拥有和管理煤炭矿山。采矿公司负责地质勘探、资源评估、矿山规划和采煤操作。

矿工：矿工是采煤过程中的重要参与者，他们在矿山中开采煤炭、运输煤炭和维护矿山设备。矿工需要受过培训，以确保采煤操作的安全和高效。

采矿设备：煤炭采矿通常需要各种设备，包括采煤机、运输设备、支撑设备和通风设备。这些设备用于开采煤炭、运输煤炭和确保矿山的安全运营。

矿山基础设施：矿山通常拥有自己的基础设施，如道路、铁路、电力和水源。这些基础设施是采煤过程的重要组成部分。

土地使用权：采煤过程中，矿山公司需要获取土地使用权，以建设矿山设施和进行采煤活动。这可能涉及土地租赁、购买或政府许可。

（二）煤炭加工

煤炭破碎和筛分：采矿后，煤炭通常需要经过破碎和筛分过程，以减小颗粒大小并去除杂质。

煤炭洗选：洗选是一种去除杂质和分离不同煤种的过程。这有助于提高煤炭质量和符合不同的市场需求。

煤炭热值改进：一些煤炭可以通过改进工艺提高热值，以增加其市场竞争力。

焦炭制备：煤炭可以用于制备焦炭，用于冶金和其他工业过程。焦炭生产通常需要高温炼焦炉。

煤炭气化：煤炭气化是将煤炭转化为合成气或其他化学产品的过程。这需要高温和高压。

（三）煤炭运输

铁路：铁路运输是煤炭运输的重要方式之一，特别是在大规模矿山附近。

公路：卡车运输通常用于煤炭运输，特别是在从矿山到最终用户距离较近的情况下。

水路：河流和港口运输可用于大量煤炭的长距离运输，通常通过船只运输。

输气管道：对一些煤炭气化产品，输气管道是将气体从生产地点输送到最终用户的方式。

运输公司：各种运输公司负责将煤炭从矿山或加工设施运送到最终用户。

（四）煤炭储存

矿山存储：一部分采出的煤炭可能在矿山内临时储存，以等待进一步处理或运输。

煤场：煤场是专门的储煤设施，通常位于港口或终端用户附近。这些场地用于煤炭的分布和储存。

燃料库：一些煤炭储存在能源生产设施附近，用于燃料供应。

（五）煤炭分销

煤炭经销商：经销商负责购买煤炭并将其分销给最终用户，如电力厂、工业企业和个人消费者。

贸易商：国际贸易商在全球市场上进行煤炭贸易，以满足不同地区的需求。

用户：最终用户包括电力厂、冶金工厂、化工企业和个人消费者，他们将煤炭用于发电、制造和供暖等各种用途。

（六）最终使用

电力生产：电力厂通常是煤炭的最大消耗者，将煤炭用于发电，以满足国家和地区的电力需求。

工业生产：煤炭用于冶金、化工、制造和其他工业过程，用于生产钢铁、化肥、水泥等产品。

家庭供暖：一些地区将煤炭用于家庭供暖，特别是在寒冷季节，煤炭被用于锅炉和取暖设备。

燃料：煤炭可用作家庭燃料，如煮食用煤炭炉具。

化学工业：一些化工工业用途需要将煤炭作为原材料，用于生产化学品和合成材料。

出口：一些国家将生产的煤炭出口到其他国家，为本国经济创造外汇收入。

煤炭供应链的重要组成部分包括采矿、加工、运输、储存、分销和最终使用。这个复杂的系统将煤炭从矿山或采煤现场运送到各种最终用户，包括电力厂、工业企业和个人消费者。煤炭供应链在国际贸易中扮演重要角色，影响着全球煤炭市场的稳定性和供需平衡。

随着对可持续发展和环保的日益关注，煤炭供应链也面临挑战和变革。清洁能源和可再生能源的崛起，以及减少对煤炭的依赖，将继续改变煤炭市场和供应链的动态。同时，改进运输、储存和加工技术，以降低环境影响，也是供应链优化的主要方向。

综上所述，了解煤炭供应链的各个组成部分不仅对了解煤炭产业的运作方式至关重要，也有助于思考如何实现可持续的煤炭供应和能源生产。

二、供应链管理的挑战与优化

供应链管理是企业管理的重要组成部分，它涉及产品或服务从生产到最终交付的所有活动和流程。供应链管理的目标是实现高效、可持续和成本效益的产品交付，以满足客户需求。然而，供应链管理面临许多挑战，如供应链复杂性、不确定性、全球化和环境可持续性等问题。本部分将讨论供应链管理面临的挑战，以及如何进行优化，以提高企业的绩效。

（一）供应链管理的挑战

供应链复杂性：现代供应链通常包含多个环节，涉及多个供应商、制造商、分销商和最终用户。这种复杂性使供应链管理变得困难，需要有效的协调和沟通。

不确定性：市场需求的不确定性、供应链中断、自然灾害和政治事件等因素都会导致供应链的不确定性。这使得计划和预测变得复杂，需要采取适应性强的供应链管理策略。

全球化：供应链越来越全球化，涉及不同国家和地区的供应商及市场。跨国供应链管理将面临文化、法规、货币和物流等多种挑战。

供应链可见性：缺乏对整个供应链的实时可见性是一个挑战。企业需要更好地了解和监测供应链的各个环节，以及在供应链中的问题。

库存管理：库存管理需要权衡成本和服务水平，以确保产品可用，同时不产生过多的库存成本。

成本管理：供应链成本包括原材料成本、生产成本、运输成本和库存成本等。有效的成本管理是供应链管理的重要环节。

品质控制：供应链的每个环节都需要加强品质控制，以确保产品或服务符合质量标准，从而满足客户需求。

环境可持续性：越来越多的企业和消费者关注环境可持续性。供应链管理需要考虑环保和社会责任问题，以减少对环境带来的不利影响。

技术和数字化：技术和数字化变革对供应链管理带来了新的挑战和机会。企业需要适应新技术，如物联网、大数据分析和人工智能，以提高供应链管理效率。

安全和风险管理：供应链安全是一个重要问题，涉及信息安全、数据隐私和供应链中断的风险管理。

（二）供应链管理的优化

为了应对上述挑战，企业可以采取一系列策略和措施来优化供应链管理。以下是一些关键的优化方法：

供应链可见性：通过使用供应链管理软件和技术，企业可以实现对整个供应链的实时可见性。这有助于更好地监测和管理供应链中的问题，以便管理者可以更快地做出反应。

合作伙伴关系：建立强有力的合作伙伴关系对供应链管理至关重要。与供应商、制造商和分销商建立合作关系，共同解决问题，提高效率和减少风险。

数据分析：利用大数据分析和预测分析来预测需求、优化库存和提高供应链管理效率。数据分析可以帮助企业更好地了解供应链中的趋势和问题，从而帮助管理者做出更明智的决策。

库存优化：库存管理是供应链管理的重要因素。通过采用现代库存管理工具和技术，企业可以减少库存成本，同时确保产品可用。

供应链网络设计：优化供应链网络设计，包括供应商选择、生产位置和分销中心的布局。这有助于减少运输成本、降低库存水平和提高服务水平。

运输和物流管理：有效的运输和物流管理是供应链管理成功的关键。企业可以考虑多式联运、运输优化和智能物流系统，以降低成本并提高交付效率。

风险管理：制定风险管理策略，包括供应链中断的计划和危机响应。保障供应链的稳定性和弹性，以应对不确定性。

环境可持续性：考虑环保因素，减少供应链给环境带来的负面影响。采用可持续的供应链管理实践，如减少废物、节能和使用可再生能源。

教育和培训：培训供应链团队，使他们熟悉最佳实践和新技术。不断提高员工的供应链管理能力，有助于提高绩效。

技术和数字化：利用技术和数字化工具来改善供应链管理。物联网、大数据分析、人工智能和区块链等技术可以提高供应链的可见性、效率和安全性。

持续改进：采用持续改进方法，如六西格玛和精益制造，以不断提高供应链流程的效率和质量。

风险分析和应对：对供应链风险进行分析，并制订相应的风险管理计划。这包括对供应商风险、自然灾害风险和市场风险的评估。

制定应急计划：为供应链中断制订应急计划，包括备用供应商、备用物流路线和备用库存。这有助于减轻供应链中断的影响。

持续监控和改进：定期监控供应链绩效，并根据结果进行改进。不断寻求提高供应链管理效率和降低成本的机会。

综合考虑，供应链管理是一个动态和复杂的领域，企业需要不断适应变化的市场和技术环境。通过优化供应链管理，企业可以提高绩效、降低成本、提高客户满意度并实现可持续发展。因此，供应链管理作为企业管理的重要组成部分，应该受到充分的关注。

三、煤炭的国际贸易

煤炭是全球能源贸易中的一个重要组成部分，被广泛用于发电、工业生产和供暖等领域。国际煤炭贸易涉及多个国家和地区，具有复杂的市场动态和影响因素。本部分将详细探讨国际煤炭贸易的背景、市场特点、主要参与者以及对全球经济和环境的影响。

（一）国际煤炭贸易的背景

煤炭的重要性：煤炭一直以来是全球主要的能源资源之一，尤其在发展中国家和一些工业化国家中。煤炭广泛用于电力生产、钢铁制造、化工生产和供暖等领域。

能源需求增长：随着全球人口增长和经济发展，对能源的需求将持续增长。煤炭作为相对廉价和丰富的能源资源，在满足这些需求中发挥着重要作用。

能源多样化：尽管可再生能源和天然气等替代能源的使用正在增加，但煤炭仍然在全球能源供应中扮演着重要角色。因此，国际煤炭贸易仍然具有重要地位。

供需平衡：不同国家和地区的煤炭资源分布不均匀，导致出现国际煤炭贸易的需求和供应之间的平衡。一些国家依赖进口煤炭来满足本国需求，而另一些国家则依赖煤炭出口创造外汇收入。

煤炭价格波动：煤炭价格在国际市场上的波动往往会受到多种因素的影响，包括供需关系、地缘政治因素和气候政策等。这使国际煤炭贸易市场变得不稳定。

（二）国际煤炭贸易的市场特点

主要出口国和进口国：国际煤炭贸易的主要出口国包括澳大利亚、印度尼西亚、俄罗斯、美国和南非等，而主要进口国包括中国、印度、日本、韩国和欧洲国家等。

煤种多样性：国际煤炭贸易涉及多种不同种类的煤炭，包括烟煤、无烟煤、褐煤和液化煤等。这些煤种在不同应用领域中具有不同的用途。

运输方式：国际煤炭贸易通常通过多种运输方式进行，包括海运、铁路运输和管道运输。海运是最常见的方式，特别是在远距离国际贸易中。

价格体系：国际煤炭市场通常采用长期合同和短期交易两种价格体系。长期合同通常用于长期稳定的供应关系，而短期交易则更灵活，可以根据市场需求和价格波动进行调整。

地缘政治风险：国际煤炭贸易市场往往会受到地缘政治风险的影响。政治不稳定、贸易争端和出口限制等因素可能对市场造成冲击。

环境问题：国际煤炭贸易涉及煤炭的生产、运输和使用，因此与煤炭运营产生的环境问题密切相关。环保和气候政策的改变可能对国际煤炭贸易产生重大影响。

(三)国际煤炭贸易的主要参与者

煤炭生产商：煤炭生产商通常是国际煤炭贸易的主要参与者之一。他们负责开采、加工和出口煤炭，以满足本国和国际市场的需求。

煤炭贸易商：煤炭贸易商是国际煤炭市场的中间商，他们购买煤炭并在国际市场上进行买卖。他们在供需之间发挥重要的调节作用，同时也提供市场信息和风险管理服务。

运输公司：国际煤炭贸易通常需要大量的运输服务，包括海运、铁路运输和管道运输。运输公司负责将煤炭从生产地点运送到最终用户或港口。

电力厂和工业企业：电力厂和工业企业是国际煤炭贸易的最终用户，他们购买煤炭以供发电、钢铁制造、化工生产和供暖等用途。

政府和监管机构：政府和监管机构在国际煤炭贸易中发挥着重要作用，其可以制定贸易政策、税收政策和环保标准等规定。另外，这些机构还负责监督煤炭市场，确保合规和市场秩序。

国际组织：一些国际组织如国际能源署、世界煤炭协会等致力于推动国际煤炭贸易的合作与发展。它们提供市场信息、研究和政策支持，将促进全球煤炭市场的稳定和可持续发展。

社会和环保组织：社会和环保组织在国际煤炭贸易中起到监督和倡导作用，关注煤炭生产和使用对环境及社会的影响，提倡可持续的煤炭贸易和清洁能源转型。

(四)国际煤炭贸易的影响

经济影响：国际煤炭贸易对各参与国家的经济都有重大影响。出口国可以创造外汇收入和就业机会，而进口国可以获得廉价的能源资源，促进本国工业生产和经济增长。

能源供应：国际煤炭贸易有助于弥补本国煤炭供需之间的差距。一些国家依赖进口煤炭来满足本国需求，因此国际煤炭贸易对本国能源供应的稳定性和安全性至关重要。

环境影响：煤炭的生产、运输和燃烧对环境产生重大影响，包括温室气体排放、大气污染和水资源消耗等。国际煤炭贸易可能导致这些环境问题在不同国家之间出现。

气候政策：随着对气候变化的关注增加，一些国家实施温室气体减排政策，可能会对国际煤炭贸易产生影响。一些国家可能会对煤炭进口征收碳关税或实施更严格的环保标准。

社会影响：煤炭生产对当地社区产生广泛的社会影响，包括土地使用、就业机会、人类健康和安全等问题。国际煤炭贸易可能导致这些社会问题跨越国界。

能源转型：一些国家正在逐渐减少对煤炭的依赖，转向更清洁的能源，如天然气、核能和可再生能源。这可能对国际煤炭贸易产生影响，减少煤炭需求。

地缘政治关系：国际煤炭贸易涉及国际政治和地缘政治关系。一些国家可能利用煤炭贸易来加强或减弱本国对其他国家的影响。

国际煤炭贸易是一个复杂而多样化的市场，涉及多个参与者、多种煤种和多种市场因素。它在全球能源供应和需求中发挥着重要作用，同时也对环境和社会产生广泛影响。因此，国际煤炭贸易需要在经济、环境和社会方面进行综合考虑，以促进可持续发展和能源转型。随着全球能源格局的变化，国际煤炭贸易也将不断演变，并带来了新的挑战和机会。

第四节　煤炭的环境与可持续性问题

一、煤炭燃烧对环境的影响

煤炭燃烧是全球能源生产和消费中的一个重要环节，尤其是在一些国家和地区。然而，煤炭燃烧也伴随着严重的环境问题，包括大气污染、温室气体排放、水资源污染和土壤污染等。本部分将详细探讨煤炭燃烧对环境的影响，以及可能的减轻措施和替代方案。

（一）大气污染

二氧化硫（SO_2）排放：煤炭中含有硫元素，燃烧时会释放二氧化硫。SO_2是大气污染物之一，会导致酸雨的形成，将对大气和水体产生严重影响。酸雨不仅会损害树木、建筑物和水生生态系统，对人体健康也有害。

氮氧化物（NO_x）排放：煤炭燃烧会释放氮氧化物，包括一氧化氮（NO）和二氧化氮（NO_2）。这些物质对大气质量将产生不利影响，导致雾霾和光化学烟雾的形成，对人体呼吸系统和环境产生危害。

颗粒物排放：煤炭燃烧释放大量细颗粒物（PM2.5和PM10），这些微小的颗粒物可以悬浮在空气中，并进入人体的呼吸系统。颗粒物污染与心血管疾病、呼吸问题和癌症等健康问题相关。

汞排放：煤炭中含有汞，燃烧时会释放到大气中。汞是一种有毒物质，对水生生物和人类健康产生危害。当汞沉积到水体中后，它会被转化成甲基汞，进入食物链，影响食物安全。

温室气体排放：煤炭燃烧是温室气体排放的主要来源之一。二氧化碳（CO_2）是最主要的温室气体，它导致全球气温上升，引发气候变化和极端天气事件。除CO_2外，煤炭燃烧还会释放甲烷（CH_4）和一氧化二氮（N_2O）等温室气体。

臭氧生成：氮氧化物和挥发性有机化合物的排放会导致臭氧生成，尤其是在大城市中。地面臭氧对人体呼吸系统和作物产生危害。

空气质量恶化：大气污染物的排放会导致空气质量恶化，对人类健康产生危害。长期暴露于污染的空气中会导致呼吸道疾病、心脏病和中风等疾病的风险增加。

（二）水资源污染

矿井排放：煤矿开采和加工过程会产生大量的废水，其中含有煤尘、废渣和有毒化学物质。这些废水可能流入附近的水体，污染地下水与河流。

燃煤电厂废水：燃煤电厂会使用水来冷却设备和排放废水。这些废水通常含有高浓度的废煤灰、重金属和其他有害物质。如果不经过适当处理，这些废水就可能对水质产生负面影响。

汞排放：如前所述，煤炭燃烧会释放汞，这会导致汞进入水体。汞会在水中积聚，进入食物链，对水生生物和人类健康产生毒性影响。

酸性排放：燃煤电厂排放的二氧化硫和氮氧化物会导致酸性降水，这会影响水体的酸碱平衡，对水生生物和生态系统产生危害。

热污染：燃煤电厂通常使用水来冷却设备，然后将热水排放到附近的水体中。这会导致水体温度升高，影响水生生态系统的平衡。

（三）土壤污染

矿山废渣：煤矿开采和加工过程会产生大量的废渣，包括煤尘、废渣和有毒废物。这些废渣可能被堆放在地表，导致土壤污染。

矿区废弃物：矿区废弃物包括矿山开采和加工过程中产生的废物和副产品。这些废物可能包括有害化学物质和重金属，它们可以渗入土壤中，对土壤质量产生不利影响。

煤灰堆放：燃煤电厂产生的煤灰通常会堆放在指定的场地。如果这些堆放场不得当管理，煤灰就可能渗漏到土壤中，导致土壤污染。

化学物质渗透：煤炭燃烧会释放大量有害化学物质，其中一部分可能渗透到土壤中。这些化学物质将对土壤生态系统和农业产生危害。

（四）生态影响

森林破坏：煤矿开采通常需要大面积的土地，这可能导致森林破坏和生态系统丧失。矿区的破坏会影响当地生态系统的平衡，导致植被丧失和野生动植物栖息地的丧失。

水生生态系统影响：煤矿和燃煤电厂排放的废水和废渣可能进入水体，污染水生生态系统。这会导致水生植物和动物的丧失，破坏水生生态平衡。

鸟类和野生动物：煤炭矿区和燃煤电厂的建设及运营可能对当地野生动植物造成不良影响。这可能包括鸟类的栖息地丧失和对野生动物的干扰。

（五）减轻煤炭燃烧对环境的影响

清洁燃烧技术：使用清洁燃烧技术可以减少大气污染物的排放，包括二氧化硫、氮氧化物和颗粒物。这些技术包括脱硫装置、氮氧化物减排系统和颗粒物捕集装置。

高效发电技术：采用高效的发电技术，如超临界和超超临界燃煤电站，可以提高煤炭的能源利用效率，减少温室气体排放。

燃煤电厂改造：对现有的燃煤电厂进行改造，包括更新设备和安装减排装置，可以减少大气污染物排放。

碳捕获和储存（CCS）：碳捕获和储存技术可以从燃煤电厂排放的二氧化碳中捕获并储存碳。这有助于减少温室气体排放。

使用清洁燃料：替代煤炭的清洁能源，如天然气、核能和可再生能源，可以减少煤炭燃烧的需求。

水资源管理：煤矿和燃煤电厂需要进行严格的水资源管理，包括废水处理和废渣管理，以减少水污染。

采矿复垦：采煤矿区的复垦可以恢复土地生态系统，减少土壤和生态系统的破坏。

生态保护：在煤矿和燃煤电厂建设前，需要进行生态评估，制定保护措施，以最大限度地减少对生态系统的影响。

政策和法规：政府可以制定环境法规和标准，对煤炭燃烧进行监管，促进减排和清洁技术的采用。

（六）替代能源和转型

为了减轻煤炭燃烧对环境的影响，重要的是推动能源转型，减少对煤炭的依赖。替代能源资源，如天然气、核能、太阳能和风能等，可以替代部分煤炭的使用。此外，能源效率改进和清洁能源的推广也是重要措施。国际社会越来越关注气候变化问题，各国都在制定政策并做出承诺，以减少煤炭燃烧和温室气体排放。这将有助于保护环境、减少气候变化影响，以及创造更可持续的能源未来。

煤炭燃烧对环境产生广泛的影响，包括大气污染、水资源污染、土壤污染和生态系统破坏。然而，通过采取清洁燃烧技术、高效发电技术、碳捕获和储存以及能源转型等措施，可以减少煤炭燃烧对环境的不利影响。国际社会需要共同努力，采取措施减少对煤炭的依赖，促进可持续的能源发展。此外，政府、企业和个人还要共同努力，以降低煤炭的使用，提高能源效率，减少煤炭的使用对环境不利的影响。

对政府来说，制定严格的环境法规和标准，监管煤炭燃烧排放，鼓励清洁技术的采用，以及支持清洁能源的发展，都是重要举措。另外，政府还可以提供财政激励和政策支持，以鼓励企业和个人采取可持续的能源及生产方式。

企业在降低煤炭燃烧对环境的影响方面扮演着重要角色。企业可以投资研发清洁技术，改进生产过程，减少排放。另外，企业还可以寻找替代能源来源，提高能源效率，采用可持续的生产和供应链管理方式。

个人在降低煤炭燃烧对环境的影响方面可以发挥作用。通过节能减排，减少能源消耗，支持可再生能源的使用，以及倡导环保意识，个人可以为环境保护贡献自己的力量。

总之，煤炭燃烧虽然会对环境产生广泛的影响，但通过采取各种措施，可以减少这些影响。全球社会需要共同努力，以促进可持续的能源发展，减少对煤炭的依赖，保护环境，减轻气候变化影响，创造更可持续的未来。只有通过全球合作和创新，我们才能应对煤炭运营带来的环境挑战。

二、煤炭的碳排放与气候变化

煤炭的碳排放与气候变化之间存在密切的关系。煤炭燃烧释放大量的二氧化碳（CO_2），这是一种温室气体，对全球气候产生深远的影响。本部分将详细讨论煤炭的碳排放对气候变化的影响，包括温室效应、全球变暖、海平面上升、气象极端事件和生态系统影响等方面。

（一）煤炭燃烧的碳排放

二氧化碳排放：煤炭燃烧是二氧化碳的主要源头之一。在燃烧过程中，碳会与氧结合，生成二氧化碳，并释放到大气中。这些排放来自煤矿、燃煤电厂、工业过程以及家庭供暖等领域。

热能发电：煤炭在电力生产中占有重要地位，燃煤电厂是二氧化碳排放的主要来源。这些电厂通过燃烧煤炭来产生热能，驱动蒸汽涡轮发电机，从而生成电力。

工业过程：煤炭可以用于工业生产，如钢铁、水泥和化工等领域。这些工业过程通常伴随着大量的碳排放。

家庭供暖和烹饪：在一些地区，煤炭仍然是家庭供暖和烹饪的主要能源。另外，煤炭的燃烧在家庭领域也会释放二氧化碳。

未完全燃烧：煤炭在燃烧过程中，不完全燃烧可能会导致一氧化碳和甲烷等其他温室气体的排放，这些气体将会对气候变化产生影响。

（二）温室效应与全球变暖

温室效应：温室气体，包括二氧化碳、甲烷和氮氧化物等，存在于大气中，它们可以吸收来自太阳辐射的热能并将其留在地球表面，从而维持了地球温暖的平衡。这一过程被称为温室效应。

温室气体增加：由于人类活动，特别是煤炭燃烧，大量额外的温室气体被排放到大气中。这些额外的温室气体导致大气中温室气体浓度的上升。

全球变暖：温室气体浓度的上升导致了全球变暖，也就是地球的平均气温升高。这一现象是气候变化的主要体现之一。

气温上升：全球变暖导致了气温的上升。地球的表面温度已经上升了约1摄氏度，这将对气候和生态系统产生深远的影响。

极端天气事件：全球变暖导致了气象极端事件的增加，包括热浪、暴雨、干旱和飓风等。这些极端事件对人类和生态系统都将构成威胁。

冰川融化：全球变暖导致冰川和极地冰盖的融化，加速了海平面上升，将对低洼地区和沿海城市产生威胁。

海洋酸化：大气中的二氧化碳被吸收到海水中，导致海洋酸化。这会对海洋生态系统，尤其是珊瑚礁和贝类产生影响。

（三）海平面上升

冰川融化：由于全球变暖，地球上的冰川和极地冰盖正在迅速融化。这些融化的冰川和冰盖的水流入海洋，导致海平面上升。

热胀冷缩：全球变暖导致了海水温度上升，暖水比冷水更膨胀。这对海平面产生了上升的压力。

海水变得更重：由于冰川和冰盖的融化，大量的淡水流入海洋，使海水变淡，进一步推高了海平面。

海岸侵蚀：海平面上升导致海水向内陆侵蚀，影响了沿海城市和地区。海岸侵蚀加速，将对沿海生态系统和人类社会产生威胁。

淡水资源受威胁：海平面上升还会导致盐水渗透到沿海地下淡水资源中，威胁着淡水供应。

（四）气象极端事件

更频繁的极端天气：全球变暖导致了气象极端事件的增加，包括热浪、干旱、洪水和飓风等。这些事件将对社会、经济和生态系统都带来巨大影响。

洪水：气候变化导致了降雨模式的改变，使一些地区更容易发生洪水。洪水可能导致土地被淹没、财产损失和人员伤亡。

干旱：气候变化会导致干旱的加剧，影响了农业和供水。干旱可能导致农作物减产、食品短缺和水资源紧缺。

飓风和台风：温暖的海水为飓风和台风提供了更多的能量，使它们更强大和更具破坏性。这将对沿海地区构成重大威胁。

（五）生态系统影响

气候迁徙：由于气温上升和气象变化，一些植物和动物种类被迫向更适应的气候迁徙。这可能导致生态系统的不稳定和物种灭绝。

海洋生态系统：海洋中的温度上升和酸化将对海洋生态系统产生负面影响，包括珊瑚礁白化、鱼类栖息地的改变和海洋生物多样性的减少。

冰川生态系统：冰川和极地地区的生态系统对气候变化特别敏感，融化的冰川将影响附近的生物和生态系统。

森林生态系统：气温升高和干旱将加剧对森林生态系统产生影响，可能导致森林火灾和树木死亡。

（六）减轻煤炭碳排放对气候变化的影响

能源转型：将煤炭替代为更清洁的能源，如天然气、核能和可再生能源，是减少煤炭碳排放对气候变化的有效途径。

提高能源效率：改进能源效率可以减少对煤炭的依赖，降低能源消耗和碳排放。

碳捕获和储存（CCS）：碳捕获和储存技术可以从燃煤电厂的排放中捕获二氧化碳，并将其储存在地下储存设施中，从而减少大气中的碳排放。

清洁燃烧技术：采用清洁燃烧技术，如脱硫装置和氮氧化物减排系统，可以减少大气污染物的排放，降低碳排放。

政策和法规：政府可以制定温室气体减排目标和碳定价政策，鼓励减少碳排放。另外，国际社会也可以通过国际协议，如巴黎协定，共同应对气候变化挑战。

煤炭的碳排放对气候变化产生了严重的影响，导致出现温室效应、全球变暖、海平面上升、气象极端事件和对生态系统的不利变化。全球社会必须采取行动，以减少煤炭碳排放对气候变化的不利影响。这包括能源转型，提高能源效率，采用清洁技术，碳捕获和储存，以及政策和法规的制定。

随着全球社会对气候变化问题的认识不断增强，各国和各界人士都在积极寻求减少煤炭使用和碳排放的途径。通过采取综合的措施，我们有望减少煤炭碳排放对气候变化的影响，保护地球的生态系统，降低气象极端事件带来的风险，以及创造更可持续的未来。气候变化是一个全球性挑战，需要通过全球合作和共同努力来解决。

三、可持续煤炭开发与清洁技术

随着全球能源需求的不断增长和对气候变化的担忧，煤炭这一传统能源资源的可持续性和环境友好性引起了社会广泛关注。可持续煤炭开发和清洁技术的研究与实施，成为解决这一问题的重要途径。本部分将探讨可持续煤炭开发的概念，以及与之相关的清洁技术，以减少煤炭开采和燃烧对环境和气候的影响。

（一）可持续煤炭开发的概念

可持续煤炭开发是指在满足当前能源需求的基础上，尽量减少煤炭资源开采和利用过程中对环境和社会带来的不良影响，以确保这一资源的可持续性。可持续煤炭开发需要综合考虑以下几个方面：

矿区复垦：煤炭开采会对土地和生态系统造成破坏，可持续煤炭开发需要规划和实施矿区复垦计划，以恢复受影响的地区的生态系统，减少生态破坏。

环境管理：煤炭在开采和处理过程中会产生废水、废渣和废气等污染物，可持续煤炭开发需要采取措施来降低这些污染物的排放，并进行有效的废物管理。

社会责任：可持续煤炭开发需要关注社区和劳工的权益，确保他们能够从煤炭资源开采中受益，同时也需要关注当地居民的安全和健康。

能源效率：提高煤炭资源的开采和利用效率，减少浪费，对可持续煤炭开发至关重要。

温室气体减排：减少煤炭燃烧产生的温室气体排放，是可持续煤炭开发的重要目标之一。

可持续煤炭开发旨在平衡能源需求与人们对环境和社会的关切，从而确保煤炭资源能够为人类提供能源，同时最小化其负面影响。

（二）清洁煤炭技术

清洁煤炭技术是一组用于减少煤炭开采、加工、运输和燃烧过程中对环境和气候影响的技术。这些技术的目标是降低煤炭资源的排放和污染物产生，以及提高能源效率。以下是一些主要的清洁煤炭技术：

脱硫技术：煤炭燃烧会释放二氧化硫（SO_2），这是大气污染物之一。脱硫技术包括湿法脱硫和干法脱硫，可以将 SO_2 排放减少到最低水平。

氮氧化物控制：煤炭燃烧会产生氮氧化物（NO_x），这些化合物将对大气质量有害。氮氧化物控制技术包括选择性催化还原（SCR）和选择性非催化还原（SNCR），可以降低 NO_x 排放。

颗粒物控制：煤炭燃烧会产生颗粒物，对空气质量和健康有害。颗粒物控制技术包括电除尘器和袋式过滤器，用于捕集和减少颗粒物排放。

碳捕获和储存（CCS）：碳捕获技术可以从煤炭燃烧过程中捕获二氧化碳，然后将其储存在地下或其他设施中，以减少温室气体排放。

高效燃烧技术：采用超临界和超超临界燃煤电站技术，提高燃烧效率，减少燃烧产生的废气和温室气体排放。

旁路气化技术：这一技术将煤炭气化为合成气，然后再进行燃烧，从而减少污染物排放。

燃气化技术：燃气化将煤炭转化为天然气，这样可以减少燃烧产生的污染物和温室气体排放。

燃料电池技术：煤炭燃料电池将煤炭转化为电力，并同时捕获二氧化碳，以减少排放。

这些清洁煤炭技术的使用可以显著减少煤炭资源开采和利用过程中产生对环境和气候的不利影响。通过采用这些技术，可以实现以下几个方面的益处：

减少大气污染：脱硫技术、氮氧化物控制和颗粒物控制技术可以显著减少燃煤电厂的大气污染物排放，改善空气质量，减少呼吸道疾病和其他健康问题。

降低温室气体排放：碳捕获和储存技术以及高效燃烧技术可以减少煤炭燃烧产生的二氧化碳排放，有助于应对气候变化挑战。

提高能源效率：清洁煤炭技术可以提高燃煤电厂的能源效率，减少能源浪费，并提供更多可再生能源的机会。

增加煤炭资源的可持续性：通过降低煤炭资源开采和利用的环境和社会影响，清洁技术可以增加煤炭资源的可持续性，延长其使用寿命。

促进煤炭工业的创新和竞争力：清洁技术的研发和应用可以促使煤炭产业进行创新，提高其竞争力，并为就业创造更多机会。

提供能源多样性：在找到可再生能源发展之前，清洁煤炭技术可以作为过渡能源，确保能源供应的稳定性。

（三）清洁煤炭技术的挑战和限制

尽管清洁煤炭技术具有显著的优势，但也存在一些挑战和限制：

高成本：清洁煤炭技术的研发、部署和维护成本较高，这可能会限制其广泛应用。

能源效率损失：一些清洁技术可能会降低燃煤电厂的能源效率，导致更多的煤炭需要用于生产相同数量的电力。

基础设施要求：清洁技术需要相应的基础设施和设备，这对一些地区可能不太容易获得。

燃料适应性：清洁煤炭技术在不同类型的煤炭上可能表现不一样，一些技术只有需要特定类型的煤炭才能发挥最佳效果。

碳捕获和储存的挑战：碳捕获和储存技术需要大规模地储存二氧化碳，涉及地下储存设施的选择和安全性问题。

燃煤电厂寿命：清洁技术的应用可能需要更新和改造现有的燃煤电厂，这可能需要巨大的投资。

持续研发和创新：清洁煤炭技术需要持续研发和创新，以提高其效率和降低成本。

（四）全球清洁煤炭技术的应用和发展趋势

尽管存在挑战，全球范围内已经开始应用清洁煤炭技术，并且这一领域仍在不断发展。以下是一些应用和发展趋势：

碳捕获和储存：碳捕获和储存技术正在全球范围内进行研发与应用，以减少燃煤电厂的二氧化碳排放。一些国家已经建立了大规模的碳捕获和储存项目。

超临界和超超临界电厂：这些高效燃煤电厂已经在一些国家得到应用，以提高能源效率和减少排放。

煤炭气化：煤炭气化技术将煤炭转化为合成气，可用于发电和化学生产，同时降低排放。

燃煤电厂改造：一些国家正在进行现有燃煤电厂的改造，以应用清洁技术，提高环保性能。

国际合作：国际社会鼓励国际合作，分享清洁煤炭技术和最佳实践，以加速其应用。

持续研发和创新：清洁煤炭技术的研发和创新仍在进行中，以改进技术并降低成本。

总的来说，清洁煤炭技术为煤炭资源的可持续开发提供了重要工具，同时减少了环境和气候影响。然而，需要克服一些挑战，以促进这些技术的广泛应用。全球社会需要继续投资研发和创新，以改进清洁煤炭技术，并推动可持续煤炭开发的进一步发展。以下是一些可能的行动和策略：

政策支持：政府可以通过制定法规和政策，鼓励清洁煤炭技术的研发和应用。这包括制定温室气体排放标准、提供财政激励措施和建立碳市场等。

国际合作：国际社会可以加强合作，分享清洁煤炭技术和最佳实践，促进全球清洁煤炭技术的推广。

投资和资金支持：提供资金支持，以促进清洁煤炭技术的研发和实施。这可以包括政府拨款、私营部门投资和国际援助。

教育和培训：培训工程师和技术人员，以掌握清洁煤炭技术的知识和技能，推动其在实际应用中的成功。

持续监测和评估：对清洁煤炭技术的效率和环境影响进行持续的监测及评估，以确保其达到预期的效果。

推动技术创新：鼓励科研机构、大学和企业进行清洁煤炭技术的研发和创新，以不断提高技术的性能和降低成本。

推广可持续实践：在煤炭开采和利用领域，推广可持续实践，包括矿区复垦、环境管理和社会责任等。

推动能源多样性：鼓励能源部门在可再生能源、核能和天然气等清洁能源上多投资，以逐渐减少其对煤炭的依赖。

可持续煤炭开发和清洁煤炭技术的研究与实施是一个全球性挑战，需要各方的合作和共同努力。虽然煤炭仍然是全球主要的能源资源之一，但通过清洁技术和可持续实践，我们有望减少其负面影响，同时确保能够满足能源需求。在未来，随着科技的不断发展，清洁煤炭技术可能会进一步改进，成为更环保和可持续的能源选择。

第五节　煤炭的替代能源趋势

一、可再生能源对煤炭的替代

随着气候变化问题的日益严重和对环境友好能源的需求不断增长，可再生能源成为替代传统化石燃料。可再生能源包括太阳能、风能、水能、生物质能等，它们具有零排放、可再生、可持续等优势，可再生能源的使用有望减少对煤炭的依赖，降低温室气体排放，改善环境质量，并为未来的能源需求提供可持续的解决方案。本部分将探讨可再生能源对煤炭的替代潜力，以及相关的挑战和机遇。

（一）可再生能源的类型

可再生能源是指从自然过程中获取的能量，它们包括以下主要类型：

太阳能：太阳能是地球上最丰富的可再生能源之一，主要包括太阳光电池和太阳热能。太阳能光伏电池将太阳光转化为电能，太阳热能则用于产生热水和发电。

风能：风能是通过风力涡轮机将风转化为电能的可再生能源。风力发电是一种清洁、无污染的能源形式。

水能：水能包括水力能和潮汐能。水力能利用水流或水位差产生电能，而潮汐能则是利用潮汐运动的动力来发电。

生物质能：生物质能是利用有机物质，如木材、农作物残渣、动植物废料等，转化为热能、电能或生物燃料的过程。

地热能：地热能是指利用地球内部热量来产生电能和供暖。它通常涉及地热泵和地热电厂。

这些可再生能源形式各具特点，可以在不同地区和应用领域中发挥作用，可再生能源的使用可以减少对煤炭等化石燃料的依赖。

（二）可再生能源对煤炭的替代潜力

减少温室气体排放：可再生能源具有零排放的特点，与煤炭相比，使用可再生能源可以显著减少二氧化碳和其他温室气体的排放。这对应对气候变化问题至关重要。

降低环境污染：煤炭在开采和燃烧过程中会产生大量的污染物，如硫化物、氮氧化物、颗粒物等，对空气质量和水质产生不利影响。使用可再生能源可以减少这些污染物的排放，改善环境质量。

保护水资源：煤炭开采和燃烧会导致水资源的污染或消耗，对河流和湖泊产生不利影响。相比之下，水力能、太阳能和风能等可再生能源的使用对水资源的需求较小。

减少对自然资源的依赖：煤炭是有限资源，采矿会导致矿区生态系统的破坏。可再生能源是可再生的，不会对自然资源产生破坏。

提高能源安全性：可再生能源分散在不同地区，不容易受到地缘政治因素的影响。这有助于提高国家和地区的能源安全性。

创造就业机会：可再生能源行业的发展可以创造大量就业机会，从制造、安装、运维到研发等各个领域。

降低能源成本：随着可再生能源技术的发展，成本逐渐下降，使可再生能源的使用变得越来越具有竞争力。这有助于降低能源成本，为消费者提供更实惠的能源。

（三）挑战和限制

尽管可再生能源有很多优势，但也面临一些挑战和限制：

不稳定的能源供应：太阳能和风能等可再生能源受到天气和季节的影响，供应不稳定。这需要建立能源储备和智能电网来解决。

储能问题：有效的能源储存技术虽然对解决可再生能源的不稳定性问题至关重要，但目前的储能技术仍面临挑战，如成本高、效率低等。

基础设施需求：可再生能源需要相应的基础设施，如太阳能电池板、风力涡轮机、水力发电设备等。这需要大量的投资和资源。

初期成本高：虽然可再生能源的成本已经在下降，但一些可再生能源技术的各种初期成本仍然相对较高，包括太阳能电池板和风力发电设备的购买与安装。

地区差异：可再生能源的可行性和潜力在不同地区有很大差异。一些地区可能更适合太阳能，而其他地区可能更适合风能或水能。这需要在地区层面进行合理规划和开发。

社会接受度：可再生能源项目的建设可能会受到当地社区的反对，尤其是在自然保护区或居民区附近。因此，需要通过社会参与和信息披露来提高其社会接受度。

能源转型成本：将能源系统从煤炭向可再生能源转型可能需要大规模的投资和设备更新，这对一些国家和地区来说是一项巨大的挑战。

（四）可再生能源的应用领域

可再生能源可以应用于多个领域，包括但不限于以下几个：

电力生产：太阳能、风能、水力能和生物质能等可再生能源广泛用于电力生产，以减少其对化石燃料的依赖。

交通运输：生物质能可以用于生产生物燃料，如乙醇和生物柴油，用于替代传统燃料，减少交通运输的温室气体排放。

供热和制冷：太阳能热能可以用于供暖和制冷，以减少对天然气和电力的使用。

工业过程：可再生能源可以用于工业生产过程中的加热和制冷，以减少能源消耗和温室气体排放。

城市发展：可再生能源可以用于城市规划和建设，包括太阳能光伏电池板和风力涡轮机的安装，以提供清洁能源。

农业和农村地区：生物质能可以用于农业废弃物的处理和生产生物燃料，以改善农村地区的能源供应。

烹饪和采暖：生物质能可以用于家庭烹饪和采暖，以减少对柴火和煤炭的依赖。

可再生能源在各个领域的应用有助于降低其对煤炭等化石燃料的依赖，改善环境质量，减少温室气体排放，并推动可持续发展。

（五）可再生能源的发展趋势

随着技术的进步和政策的支持，可再生能源在全球范围内迅速发展。以下是一些可再生能源的发展趋势：

成本下降：太阳能和风能的成本持续下降，使其更具竞争力。这将促进可再生能源的广泛应用。

储能技术改进：随着储能技术的改进，可再生能源的不稳定性将得到更好的管理，提高能源供应的可靠性。

智能电网发展：智能电网技术将有助于将可再生能源有效纳入电力系统，提高能源利用效率。

国际合作：国际社会应鼓励国际合作，分享可再生能源技术和最佳实践，以加速其应用。

政策支持：政府的政策支持，如补贴、减税和排放标准，将继续推动可再生能源的发展。

私营部门投资：私营部门对可再生能源的投资将继续增加，可以促进技术创新和市场竞争。

社会意识的提高：公众对环境和气候变化问题的关注将推动可再生能源的发展，促使政府和企业采取更多措施。

可再生能源的发展趋势非常积极，有望成为未来的主要能源来源。它们不仅有助于减少煤炭等化石燃料的使用，还有助于改善环境和减少温室气体排放，从而为可持续未来提供更好的能源选择。

二、新能源技术的发展

随着全球对能源安全和环境可持续性的关切不断增加，新能源技术的发展已经成为应对这些挑战的重要领域。新能源技术包括太阳能、风能、核能、生物质能、地热能等，它们以清洁、可再生、低排放的特点，有望减少对传统化石燃料的依赖，减少温室气体排放，改善能源利用效率，同时为经济增长提供支持。本部分将探讨新能源技术的发展、应用领域、挑战和前景。

（一）新能源技术的类型

新能源技术涵盖了多种类型的能源来源，以下是其中一些主要的类型：

太阳能：太阳能技术利用太阳能光子来产生电能或热能。太阳能电池板将太阳能转化为电能，太阳热能则用于产生热水和发电。

风能：风能技术使用风力来旋转风力涡轮机，将风能转化为电能。风能是一种无污染的能源，适用于各种地区。

核能：核能技术利用核反应来产生热能，然后将其转化为电能。核能虽具有高能量密度和低碳排放特点，但也伴随着核废料管理和核安全等挑战。

生物质能：生物质能技术利用有机物质，如木材、农作物残渣、动植物废料等，转化为热能、电能或生物燃料的过程。

水能：水能技术包括水力能和潮汐能。水力能利用水流或水位差产生电能，而潮汐能则是利用潮汐运动的动力来发电。

地热能：地热能技术利用地球内部热量来产生电能和供暖。它通常涉及地热泵和地热电厂。

这些新能源技术形式各异，适用于不同地区和应用领域，共同构成清洁、可持续的能源未来。

（二）新能源技术的应用领域

新能源技术可以应用于多个领域，以下是一些主要的应用领域：

电力生产：太阳能、风能、水力能和核能等新能源技术广泛用于电力生产，以减少对化石燃料的依赖，降低温室气体排放。

交通运输：生物质能和电动汽车技术正在逐渐替代传统内燃机汽车，以减少交通运输车辆的碳排放。

供热和制冷：太阳能热能和地热能可用于供暖和制冷，以减少天然气和电力的使用。

工业过程：新能源技术可以用于工业生产过程中的加热和制冷，以减少能源消耗和碳排放。

城市发展：太阳能光伏电池板和风力涡轮机等新能源技术被广泛应用于城市规划和建设，以提供清洁能源。

农业和农村地区：生物质能可以用于农业废弃物的处理和生产生物燃料，改善农村地区的能源供应。

烹饪和采暖：生物质能可以用于家庭烹饪和采暖，以减少对柴火和煤炭的依赖。

航空和航天：新能源技术可以航空和航天领域得到应用，以减少航空器和航天器的碳排放。

新能源技术的应用领域多种多样，有助于减少对传统能源的依赖，提高能源利用效率，降低环境影响。

（三）新能源技术的优势

新能源技术具有多方面的优势，包括以下几个方面：

清洁和低排放：新能源技术可以减少大气和水资源污染，减少温室气体和有害排放物的排放，有助于改善环境质量。

可再生和可持续：新能源是可再生的，不会用尽，有助于保护自然资源，减少对有限资源的依赖。

能源多样性：新能源技术可以增加能源来源的多样性，降低对地缘政治和供应中断的敏感性。

创造就业机会：新能源技术的发展和应用可以创造大量就业机会，涵盖制造、建设、维护、研发等各个领域。

提高能源效率：新能源技术通常比传统能源更高效，可以提供更多的能源产出，使能源利用效率更高。

降低能源成本：随着新能源技术的不断发展和成熟，其成本逐渐下降，使其在许多情况下成为经济上可行的选择。

降低能源漏失：新能源技术通常具有更低的能源输送和分布损失，有助于提高能源系统的效率。

减少对传统燃料的依赖：新能源技术有助于减少对有限的化石燃料的依赖，降低对国际能源市场的敏感性。

促进创新和科研：新能源技术的发展可以推动科研和创新，有助于不断改进技术并寻找更高效的解决方案。

（四）新能源技术的挑战

尽管新能源技术具有众多优势，但也面临一些挑战和限制，包括以下几个方面：

不稳定的能源供应：一些新能源技术，如太阳能和风能，受到天气和季节的影响，能源供应不稳定，需要有效的储能和智能电网来解决。

储能问题：有效的能源储存技术对解决新能源的不稳定性至关重要，但目前的储能技术仍面临挑战，如成本高、效率低等。

基础设施需求：新能源技术需要相应的基础设施，如太阳能电池板、风力涡轮机、水力发电设备等。这需要大量的投资和资源。

成本问题：尽管新能源技术的成本逐渐下降，但一些技术的初期成本仍然相对较高，需要政府和私营部门的支持。

社会接受度：新能源技术项目的建设可能会受到当地社区的反对，尤其是在自然保护区或居民区附近，这需要通过社会参与和信息披露提高其社会接受度。

网络和电力系统的升级：为了有效整合新能源技术，电力系统和能源网络需要升级和改进，以满足日益增长的需求。

持续政策支持：政府政策的不稳定性和变化可能会对新能源技术的发展产生不利影响，需要一致的政策支持。

资金和投资：新能源技术需要大量的资金和投资，以支持研发、建设和维护。这可能是一个限制因素。

（五）新能源技术的前景

尽管存在挑战和限制，新能源技术的前景仍然非常乐观。以下是一些关于新能源技术的前景：

技术不断创新：新能源技术在不断创新和改进，以提高性能、降低成本和解决问题。这将促进新能源技术的广泛应用。

持续的政策支持：许多国家和地区正在制定和实施政策，以支持新能源技术的发展，包括补贴、减税、排放标准等。

私营部门投资：私营部门对新能源技术的投资持续增加，促进技术创新和市场竞争。

国际合作：国际社会应鼓励国际合作，分享新能源技术和最佳实践，以加速其应用。

消费者需求：公众对环境和气候变化问题的关注将推动新能源技术的发展，促使政府和企业采取更多措施。

能源多样性：新能源技术可以增加能源来源的多样性，降低对地缘政治和供应中断的敏感性。

提高能源安全性：新能源技术有助于提高国家和地区的能源安全性，减少其对进口能源的依赖。

总的来说，新能源技术的发展是应对气候变化、提高能源安全性和实现可持续能源未来的重要因素。通过不断的创新、政策支持和投资，新能源技术的使用有望在全球范围内取得显著的进展，为我们的社会和经济提供清洁、可持续的能源来源。

三、煤炭业的可持续性战略

煤炭作为传统能源之一，虽然在全球能源供应中扮演着重要的角色，但其开采和使用也伴随着环境、社会和经济问题。随着气候变化问题的突出和可持续发展目标的重要性不断上升，煤炭业正面临着巨大的可持续性挑战。为了确保这一行业的未来发展，煤炭公司和政府部门需要采取一系列可持续性战略，以减少其对环境带来的不利影响、改善社会福祉、提高经济效益。

（一）可持续性战略的重要性

减少温室气体排放：煤炭燃烧是主要的温室气体排放源之一，对气候变化做出了贡献。采取可持续性战略有助于减少这一行业的碳足迹，配合全球气候行动。

降低环境污染：煤炭开采和燃烧会产生大量的污染物，对空气和水质产生不利影响。可持续性战略有助于降低这些环境影响，改善生态系统。

保护自然资源：煤炭开采对土地、水资源和生物多样性造成不可逆的破坏。可持续性战略有助于减轻这一负面影响，保护自然资源。

提高社会福祉：煤矿工人和附近社区可能面临卫生、安全和社会问题。可持续性战略将有助于改善工人和社区的生活质量。

适应能源市场变化：随着可再生能源和清洁技术的发展，煤炭市场正面临逐渐减小的需求。可持续性战略有助于煤炭企业适应市场的变化，减少风险。

提高企业声誉：采取可持续性战略有助于改善企业的社会声誉，吸引投资者、客户和员工，促进可持续的商业增长。

（二）煤炭业的可持续性战略

为了实现煤炭业的可持续性，需要采取一系列战略措施：

清洁煤技术：煤炭业可以投资研发和采用清洁燃烧技术，如超临界燃烧、气化、氮氧化物捕捉和颗粒物控制等，以减少环境排放。

多元化能源组合：煤炭企业可以考虑多元化能源组合，包括可再生能源、天然气和核能，以减少碳排放和降低风险。

提高能源效率：改进矿山和电厂的能源效率，减少能源浪费，有助于减少碳排放和节约成本。

碳捕获与储存（CCS）：CCS技术可以捕获燃煤电厂产生的二氧化碳，并将其储存在地下。这有助于减少温室气体排放，但需要投资和政策支持。

重新植被和生态恢复：在采煤区域实施植被恢复和生态修复项目，以减少土地破坏和促进生物多样性。

社区参与：与当地社区建立积极的合作关系，听取他们的意见，提供支持，以确保社区的利益得到保护。

职业安全和卫生：提高煤矿工人的职业安全和卫生标准，减少事故发生率，改善工作条件。

推动政策和法规：支持政府颁布和实施环保法规和政策，鼓励可持续发展实践，提供激励措施。

投资绿色创新：煤炭企业可以积极投资绿色创新，开发新技术和解决方案，以减少对环境的不利影响。

公众沟通和透明度：积极与公众沟通，增加透明度，解释企业为可持续发展做出的努力，并回应关切和质疑。

减少矿井废弃物：降低矿井废弃物的排放和污染，改进废弃物管理和处理。

发展社会责任项目：支持社会责任项目，如教育、健康和社区发展，提高社会福祉。

煤炭业的可持续性战略至关重要，旨在应对气候变化、环境破坏和社会问题。采取可持续性措施有助于减轻煤炭业的负面影响，提高其可持续性发展水平，促进清洁能源转型。

可持续性战略包括清洁煤技术、多元化能源组合、能源效率、碳捕获与储存、社区参与、绿色创新等多个方面。通过这些战略，煤炭企业和政府部门可以共同实现煤炭业的可持续发展目标，同时为气候保护和可持续未来做出贡献。

第六节 煤炭的技术创新与数字化转型

一、煤炭行业的技术创新

煤炭作为传统的能源资源，虽在全球能源供应中扮演着重要的角色，但也伴随着环境、社会和健康问题。为了应对这些挑战，煤炭行业一直在积极推动技术创新。本部分将探讨煤炭行业的技术创新,包括在采矿、燃烧、清洁化和碳捕获方面的进展,以及这些创新对环境和可持续性的影响。

(一)采矿技术创新

无人机和遥感技术:无人机和遥感技术在煤炭采矿中的应用已经取得了显著进展。它们可以用于勘探、地质调查、矿井设计和安全监测。这些技术的使用提高了矿山操作的效率,减少了人员风险。

自动化和智能采矿设备:自动化和智能化采矿设备已经在矿山中广泛应用,可以执行高风险和重复性工作,减少人员风险,提高生产效率。这包括自动化矿车、采矿机器人和智能化控制系统。

高效煤矿开采方法:煤炭行业在不断探索更高效、更环保的开采方法,以减少资源浪费和环境破坏。这包括短壁煤开采、大型装载机的应用和高效的开采工程设计。

环保煤矿技术:一些煤矿采用环保技术,如水力喷射、尘埃控制和噪音减少技术,以减少环境污染和改善工人的工作条件。

(二)燃煤技术创新

超临界和超超临界燃烧技术:这些技术可以提高燃煤电厂的效率,减少碳排放。超临界和超超临界燃烧技术可以降低单位能量生成的碳排放,有助于减少对环境的不利影响。

生物质混燃:将生物质混燃到煤炭中,可以减少温室气体排放,同时提高能源生产的可持续性。这种混燃技术有助于减少废物和生物质的利用。

清洁燃煤技术:煤炭电厂采用一系列清洁燃煤技术,如氮氧化物和硫氧化物控制、颗粒物捕捉和烟气脱硫。这些技术有助于减少污染物排放,改善空气质量。

燃料电池技术:燃料电池技术可以将煤炭气化产生的氢气用于发电,同时产生热能。这种技术不仅可以提高燃煤电厂的效率,还可以减少碳排放。

(三)清洁化和碳捕获技术创新

燃煤燃料的清洁化:清洁化技术包括煤炭气化、煤炭液化和煤炭生物质化。这些技术可以降低燃煤燃料的碳含量,减少碳排放。

碳捕获和储存(CCS):CCS技术可以捕获燃煤电厂产生的二氧化碳,并将其储存在地下,以减少温室气体排放。CCS技术在全球范围内得到了广泛的研究和应用。

有害废物处理:清洁化和碳捕获技术也可以用于处理煤炭燃烧产生的有害废物,如气体、灰渣和废水。这有助于减少环境污染和废物处理成本。

生物多样性保护:一些煤炭生产国在矿山区域实施生态修复和植被恢复项目,以保护当地的生物多样性。

（四）技术创新对环境和可持续性的影响

环境减轻：技术创新在煤炭行业中的应用可以减轻环境污染，改善空气和水质，减少废物和温室气体排放。这有助于保护生态系统的健康，减少生物多样性丧失，并提高当地社区的环境质量。

资源利用效率：煤炭采矿和燃烧过程中的技术创新有助于提高资源利用效率，减少资源浪费。这包括提高矿石回收率和减少煤矸石的废物。

清洁能源转型：清洁化和碳捕获技术的应用有助于将煤炭转化为更清洁的能源形式，减少对环境的不利影响。这有助于实现煤炭行业的可持续发展，同时减少温室气体排放。

社会福祉改善：技术创新可以改善工人的工作条件，减少职业安全风险，提高生产效率，提供更好的社会福祉。这有助于改善煤矿工人和附近社区人们的生活质量。

可持续性推动：技术创新有助于推动煤炭行业的可持续性，以适应气候变化、环境问题和社会需求。这有助于确保煤炭行业的未来发展，并减少其负面影响。

尽管技术创新在煤炭行业中具有巨大的潜力，但也面临一些挑战。这包括高成本、技术复杂性、政策不确定性和社会接受度问题。因此，煤炭行业需要积极寻求创新解决方案，以应对这些挑战，采用更可持续和环保的生产方式。

（五）技术创新的挑战和展望

尽管煤炭行业的技术创新取得了一些显著进展，但仍然面临一些挑战。这些包括：

高成本：一些清洁化和碳捕获技术的成本较高，这可能限制了其广泛应用。煤炭企业需要考虑如何降低成本，以提高可行性。

技术复杂性：一些新技术在设计和操作方面较为复杂，需要培训和专业知识。这可能需要额外的资源和时间来实施。

政策和法规不确定性：政府政策和法规的不确定性可能会影响技术创新的决策与投资。清晰的政策框架和激励措施对技术创新至关重要。

社会接受度问题：一些清洁化和碳捕获技术可能引发社会争议，需要积极的社会参与和沟通。

未来，技术创新将继续在煤炭行业中发挥重要作用。随着环保和可持续发展目标的不断上升，煤炭企业将不得不积极采用创新技术来减轻其环境和社会影响，同时提高生产效率和可持续性。以下是技术创新在煤炭行业未来的一些展望：

更高效的碳捕获与储存（CCS）技术：CCS 技术将继续发展，以提高二氧化碳捕获效率、降低成本，并提高二氧化碳储存的安全性。这有望成为减轻燃煤电厂碳排放的有效手段。

清洁燃煤技术创新：煤炭电厂将继续寻求更高效和更清洁的燃煮技术，以减少污染物排放和碳排放。例如，燃料电池技术、气化技术和高温氧化法都有望得到进一步发展。

矿山智能化和自动化：矿山将进一步采用自动化和智能化技术，以提高生产效率、降低风险，同时减少人员的参与。这将有助于改善矿山的安全性和可持续性。

环保煤矿技术的发展：煤矿将继续寻求环保技术，以减少污染物排放、改善废物处理和生态修复。这将有助于增加矿山企业的社会责任和可持续性。

清洁煤技术的国际合作：国际社会将继续合作，共同研究和推动清洁煤技术的发展，以实现全球煤炭行业的可持续性和减排目标。

综上所述，煤炭行业的技术创新对于应对环境和可持续发展挑战至关重要。随着全球社会对气候变化和环保问题的日益关注，煤炭企业将不得不积极采用和推动技术创新，以提高其环保和社会责任，同时保持生产效率和竞争力。技术创新将在煤炭行业的可持续发展中发挥重要作用，帮助实现清洁和环保的煤炭生产方式。

二、数字化技术在煤炭业中的应用

数字化技术在各个领域都引起了革命性的变革，煤炭业也不例外。从矿山采矿到电厂发电，数字技术正在帮助煤炭行业提高效率、减少成本、增强安全性，同时减轻环境和社会影响。本部分将探讨数字化技术在煤炭业中的应用，以及其对行业的影响。

（一）数字化技术的应用领域

采矿自动化：数字化技术在煤炭采矿中发挥了重要作用。自动化矿车、采矿机器人和遥感技术帮助提高了矿山企业运营的效率，减少了人员风险。无人机和遥感技术可用于勘探、地质调查和矿井监测，提供精确的地质数据，有助于决策的制定。

矿山安全：数字技术可以改善矿山企业运营的安全性。传感器和监控系统可用于检测危险情况，如气体泄漏或地质运动。工人穿戴的智能设备可以监测其健康和位置，提供及时的救援和应急响应。

电厂优化：数字技术在煤炭电厂中的应用可以提高发电效率和减少排放。超临界燃烧技术、烟气脱硫和颗粒物捕捉系统可以减少污染物排放，提高环保性。智能化控制系统可以监测和调整电厂运行，提高效率。

环保和碳捕获：数字技术可以用于环保和碳捕获。碳捕获与储存（CCS）技术可以捕获电厂排放的二氧化碳，并将其储存在地下。智能监测系统可以追踪和报告碳排放，帮助企业遵守环保法规。

供应链管理：数字化技术在供应链管理中的应用有助于提高物流和库存管理效率。智能传感器和大数据分析可以跟踪煤炭的运输及交付，减少货物的损失和交付延误。

维护和修复：数字化技术可用于设备维护和矿山修复。传感器和数据分析可提前发现设备故障，降低维修成本和减少停机时间。此外，数字技术也有助于生态修复项目的监测和管理。

培训和教育：数字技术在培训和教育方面的应用可以提高工人的技能和知识。虚拟现实和模拟训练可以模拟矿山操作和危险情况，提高培训的实用性和效果。

数据分析和预测：大数据分析和人工智能技术可用于分析煤炭生产和电力发电数据，提供决策支持和趋势预测。这有助于优化生产过程、降低成本和提高效率。

（二）数字化技术的影响

提高生产效率：数字化技术的应用可以提高煤炭生产和电力发电的效率。自动化和智能化系统可以减少人力需求，同时提供更高的产量和达到更短的停机时间。

降低成本：数字化技术可以帮助企业降低成本，包括采矿、电厂运营和设备维护。更高的效率和更少的故障意味着更少的维修费用和更低的能源消耗。

提高安全性：数字技术的应用可以改善煤矿和电厂的安全性。自动化和监测系统可以检测潜在危险，提供紧急响应。工人穿戴的智能设备可以提高其安全性。

减少环境影响：数字技术的应用有助于减少煤炭行业的环境影响。清洁化技术、碳捕获和排放控制可以降低污染物排放和碳排放。这有助于提高煤炭行业的环保性。

促进可持续性：数字化技术的应用有助于煤炭行业实现可持续发展目标。更高的效率、更少的碳排放和更好的社会责任都有助于提高煤炭企业的可持续性发展水平。

提高竞争力：数字技术可以提高企业的竞争力，因为它们能够更好地应对市场需求和变化。更高的效率和更低的成本可以帮助企业更好地应对竞争压力。

（三）数字化技术的挑战

尽管数字化技术在煤炭行业中具有巨大潜力，但也面临一些挑战：

投资成本：数字化技术的实施需要巨大的投资。购买和安装传感器、监控系统、自动化设备以及培训员工等成本很高，这对中小型企业可能是一个障碍。

技术复杂性：数字化技术的应用通常需要高度专业知识和技术能力。企业需要拥有或聘请具备这方面专业技能的员工，以确保技术的有效应用。

数据隐私和安全：数字化技术产生大量数据，这些数据包含敏感信息。确保数据的隐私和安全性是一个挑战，尤其是在面对数据泄漏和黑客攻击的情况下。

技术标准和互操作性：不同供应商的数字化解决方案可能不兼容，这可能导致互操作性问题。行业需要制定技术标准，以确保不同系统之间的数据交换和协同工作。

社会接受度：数字化技术的应用可能引发员工和社区的担忧，因为他们可能担心自动化将导致工作丧失。这需要有效的沟通和社会参与，以确保技术的顺利应用。

道德和伦理问题：数字化技术的应用可能引发伦理和道德问题，如数据隐私、监控和自动化对工人的影响。行业需要制定伦理准则，以应对这些问题。

数字化技术在煤炭行业中的应用已经带来了显著的变革，有望继续改进生产效率、降低成本、提高安全性、减少环境影响并促进可持续发展。然而，应用数字化技术也需要面对一些挑战，如高昂的投资成本、技术复杂性、数据隐私和安全问题、技术标准和互操作性问题、社会接受度问题以及伦理和道德问题。煤炭行业需要积极应对这些挑战，以确保数字化技术的成功应用，提高整个煤炭行业的竞争力和可持续性。

参考文献

[1] 李红艳，田余忠，陈艳艳.新时期煤炭企业供应管理与营销策略研究 [M].长春：吉林科学技术出版社，2021.

[2] 牛克洪，李润平.双碳背景下中国煤炭企业高质量发展之路 [M].徐州：中国矿业大学出版社，2021.

[3] 满慎刚，等.供给侧改革下的煤炭产销协同 枣庄矿业集团煤炭产销创新实践 [M].北京：中国经济出版社，2018.

[4] 匡亚莉.先煤厂管理 [M].徐州：中国矿业大学出版社，2018.

[5] 胡亚会，李光绪.企业管理研究与创新 [M].成都：西南财经大学出版社，2018.

[6] 杨显峰.煤炭营销手册 [M].北京：煤炭工业出版社，2019.

[7] 莫国莉，李岩.煤质分析技术 [M].北京：化学工业出版社，2019.

[8] 郭中山，姜永，李登桐.特大型集群化空分设备运行与维护 [M].北京：中国石化出版社，2019.

[9] 徐宏祥.煤炭开采与洁净利用 [M].北京：冶金工业出版社，2020.

[10] 贺佑国.中国煤炭发展报告 2020 版 [M].北京：应急管理出版社，2020.

[11] 康文泽.煤炭和石墨浮选 [M].徐州：中国矿业大学出版社，2020.

[12] 曹代勇，魏迎春.煤炭地质勘查与评价 第 2 版 [M].徐州：中国矿业大学出版社，2021.

[13] 陈亚飞.煤炭常用术语手册 [M].北京：煤炭工业出版社，2019.